中国学前教育研究会“十五”立项课题

武汉市教育科学“十一五”规划立项课题重点项目

幼儿教师专业成长丛书

成就专业的幼儿教师

——幼儿教师专业发展阶段研究

彭 兵 著

北京师范大学出版集团
BEIJING NORMAL UNIVERSITY PUBLISHING GROUP
北京师范大学出版社

图书在版编目(CIP)数据

成就专业的幼儿教师——幼儿教师专业发展阶段研究/彭兵著.—北京：北京师范大学出版社，2012.6（2020.8重印）
（幼儿教师专业成长丛书）
ISBN 978-7-303-14360-3

Ⅰ. ①成…　Ⅱ. ①彭…　Ⅲ. ①幼教人员-师资培训-研究　Ⅳ. ①G615

中国版本图书馆CIP数据核字（2012）第070094号

出版发行：北京师范大学出版社 www.bnup.com
北京市西城区新街口外大街12-3号
邮政编码：100088
印　　刷：北京京师印务有限公司
经　　销：全国新华书店
开　　本：890mm×1240mm　1/32
印　　张：15.75
字　　数：420千字
版　　次：2012年6月第1版
印　　次：2020年8月第4次印刷
定　　价：29.00元

策划编辑：张丽娟　　　责任编辑：张丽娟
美术编辑：袁　麟　　　装帧设计：天泽润
责任校对：李　菡　　　责任印制：陈　涛

序

我国是一个人口大国，0～6岁的儿童多达1亿3千万，占世界同龄儿童数的1/5。与之相应，据教育部2009年统计，我国有幼儿教师112.78万人。他们凭着一颗爱心，为了儿童的幸福，为了社会的发展，也为了中华民族的振兴在默默做着贡献。

有人称幼儿教育为“根的教育”，它十分生动形象地描绘出幼儿教育在整个教育体系以及人的终生发展中的地位和意义。根是基础，关系全局：根深才能枝繁叶茂，才能繁花似锦，才能硕果累累。然而，因为根深藏地下，它缺少了人们对叶的欣赏，对花的赞美，对果的关注。幼儿教育事业就是这样一种“根”的事业，极其重要却又容易被忽略。但社会不会忘记默默奉献的幼儿教师，当前幼儿教育事业成为社会各界广泛讨论的话题充分反映了这一点。

今天，随着社会经济的发展，时代又对幼儿教师提出了更高的要求，如何在育人的同时育己，在成就事业的同时促进个人专业发展？如何在平凡的岗位上创造性地开展各项教育工作，适应千变万化的教育场景？如何紧跟时代节奏，在知识技能更新的同时改变“内隐”观念，不断生发个人的教育智慧？所有这些都值得每位幼儿教师认真思考。虽然当前存在问题较多，差距加大，但这种改革已经在进行，谁能够把握这一趋势，主动顺应改革，谁就能把握专业发展的主动权。因为，使每一个适龄儿童都能受到优质、适宜的幼儿教育，通过教育激发幼儿巨大的学习潜能，这是提高我国国民的整体素质的迫切需要，是时代赋予当今幼教工作者的历史使命。

彭兵同志的这本书以十年的课题研究为基础，所反映的理念正是指向变革过程中幼儿教师的专业发展。研究在以下两个方面进行了大胆的探索：

其一，关于幼儿教师专业发展阶段的研究。彭兵同志带领的研究团队大多数来自一线的幼儿园，他们本身既是研究者又是被研究者，有丰富的研究资源，着重从实践的维度，通过回顾总结、追踪观察研究，发现了解不同阶段教师不同的成长需求、成长优势或不足、成长中的困难与障碍、需要的帮助等。在此基础上，研究特定群体教师内在专业结构的改进和专业技能的成长变化规律，贴近实际，有利于帮助不同教师群体获得更快的专业发展。

其二，关于不同阶段幼儿教师专业发展目标的研究。彭兵同志带领的研究团队在借鉴参考国内外相关研究成果的基础上，立足现代幼儿教师应具备的专业素质，落实《幼儿园教师专业标准（试行)》，结合我国中部地区幼教发展实际，以武汉市为样本，大胆进行了不同阶段幼儿教师专业发展目标的探索和尝试。突出了关注幼儿的学习与发展，关注教师实际的教育能力等科学理念，围绕幼儿园教师职责和素质结构，幼儿园教师在不同的专业发展阶段的特点及要求，将幼儿教师专业成长划分为四个阶段和六个维度，这反映了幼儿教师专业发展的全面性、开放性、阶段性、地区差异性等特点。这方面研究对于满足当前幼儿园园本培训的需求，满足不同阶段教师专业发展的需求，满足师范学校及职后继续教育的培养需求有积极的参考价值。

本专著还具有以下两个特点：

首先，深入浅出，结合实际，应用性强。作者作为市级教科院科研人员，长期从事学前教育实践和研究工作，与一线幼儿园、教师保持着密切的联系，在沟通政府与幼儿园之间关系、保证教育理论与教育实践的有机结合方面有着丰富的经验。本书立足学前教育改革对幼儿教师教育智慧发展提出的新要求，从心理学、社会学、经济学、行为科学等多学科视角对幼儿教师专业发展进行了探讨，努力体现教育理论具有的科学性、价值性、规范性、技术性等取向，又注重结合一线幼儿教师的实际状况、需求、存在的问题和困难等，体现面向实践、关怀一线幼儿教师基本立场的价值取向，使理论探讨与实践关照相得益彰。

其次，注重操作，结合案例，可读性强。作者在结合历史对幼儿教师专业发展历程进行梳理，对教师专业发展规律、专业发展标准进行探索和解析的基础上，注重运用丰富、生动的具体事例，对相关规律、标准结合幼儿教师所处的不同阶段进行阐释、运用。既能广泛借鉴、合理利用他人研究成果提供的宝贵资源，又能结合幼儿教师专业发展实际提出独到的个人见解；既有对教师专业发展标准的理论框架的探讨、概述，又结合教师专业发展的四个阶段提出了十二项具体的专业发展重点内容及操作要领；既有对不同阶段教师专业发展特点、发展规划、发展建议的理论构建和引领，又有巧妙地穿插来自基层幼儿园教师专业发展的生动案例、具体做法。历史与当下结合、叙述与议论结合、理论与操作结合、策略与案例结合，结合不同阶段幼儿教师专业发展的实际水平，想得到、说得出、做得到。相信不同阶段幼儿教师看到书都会有亲切感，不仅愿意读下去，而且读了就能有所收获！

虽然幼儿教师专业发展已经不是一个新的话题，但就我有限的了解而言，系统探讨不同阶段幼儿教师专业发展的研究尚不多见，本书应是一种非常有益的尝试和探索。

蔡迎旗

2012年1月于华中师范大学

前言

“人生百年立于幼学”。重视发展幼儿教育，抢占人才培养的制高点，已成为今天有远见的政治家、经济学家、社会学家和教育家的共识，成为世界经济发达国家的共同选择。“教育大计，教师为本”，有什么样的教师就会有什么样的教育。站在中华民族伟大复兴新的历史起点，幼儿教师队伍的专业水平决定我们将什么样的儿童早期教育带入21世纪。

第一，幼儿教育事关人的一生发展和民族的整体素质

中华民族历来有重视对子女教育的传统，随着我国经济的发展，人民生活水平的不断提高，老百姓对于子女接受优质学前教育的需求越来越强烈。当前现实生活中普遍存在的“入园难”“入园贵”现象也是这种需求的一种反应。党的十六大报告提出全面建设和谐社会的整体目标，幼儿教育关系到广大人民群众的切身利益，是社会和谐的重要因子，已被列入基本的民生问题予以关注。十七大报告中明确提出：重视学前教育。

近几十年来，大量科学研究的成果深刻地揭示了幼儿教育在人的发展中的意义，也进一步证实了它在社会经济发展中的价值。学前期是人脑和认知发展最迅速、最重要的奠基时期。据联合国儿童基金会提供的资料表明：3岁左右儿童的脑重为成人的2/3，7岁时已基本接近成人①。有关研究还表明，学前期是人的社会性行为、情绪情感、性格和认知等方面发展的关键期，也是人的一生中发展速度最快、可塑性最强的时期。学前期也是好奇心、求知欲、想象力、创造

① 陈晓蓓．关注生命的开端［N］．中国教育报，2005-05-30（3）．

力等重要的非智力品质形成的关键时期，如果缺少丰富多彩的适宜的环境因素的刺激，这些品质的形成将大打折扣。联合国教科文组织1996年在《教育：财富蕴藏其中》的报告中明确指出，“受过幼儿教育的孩子与没有受过这一教育的孩子相比，往往更能入学，过早辍学的可能性也少得多”；“学前教育的不足或缺乏这种教育，均可严重地影响终身教育的顺利进行”。①

学前教育对于家庭和社会的价值也是显而易见的。众多事实表明，孩子能否健康成长和发展已成为决定家庭生活是否和谐幸福与家庭生活质量高低的一个关键性因素。家庭又是社会的细胞，因而学前教育通过影响家庭而牵动着全社会。不仅如此，来自西方国家几项大型追踪研究如“开端计划”（Head Start Program）和“高瞻方案”（High/Scope Project）等又从经济学的角度证明，学前教育不仅为个体和家庭带来收益，而且对国家、社会的稳定和发展起着重要作用。已有研究者指出，相对于个体与家庭的收益来说，国家和社会从学前教育中的获益要大得多。美国佩里方案长达40年的跟踪研究表明，幼儿教育投资是一种最省钱、回报率最大的公共投资，且幼儿教育投资收益具有长效性特点，随着儿童年龄的增长，其回报率越大。当儿童到27岁时，投资回报率为1：7.16；到40岁时，投资的总体回报率高达1：17.07，其中对孩子个人的回报率为1：4.17，对社会的回报率则为1：12.9。②

联合国儿童基金会执行主任卡罗尔·贝拉米认为任何负责任的政府和个人都应把早期孩子放在最优先考虑的位置。他认为必须对早期儿童教育进行投入的原因有：一是孩子有权拥有最佳的人生开端，同时也是今后成长的保障；二是将来它必须会产生巨大的经济效益，可

---

① 联合国教科文组织总部．教育——财富蕴藏其中［M］．联合国教科文组织总部中文科译．北京：教育科学出版社，1996，第78页.

② 冯晓霞，蔡迎旗，严冷．世界幼教事业发展趋势：国家财政支持幼儿教育［J］．学前教育研究，2007（5）.

以在弥补教育、保健和康复等服务领域节省资金；三是有助于缩小社会差异和经济差异，减少社会性别不平等现象；四是为一个国家提供了通过增强国民素质来提高它在全球经济中的竞争力的最佳契机。当下中国社会正谋求由人口数量大国向人力资源大国发展，通过早期教育开发这些儿童巨大的学习潜能是整个教育事业发展的需要，是满足国民日益增长的教育需求的需要，也是提高国民素质，促进经济、社会持续健康发展的需要。

第二，幼儿教师是实现幼儿教育价值的桥梁

幼儿教师作为幼儿教育的具体实施者，是幼儿教育质量的重要保障，是幼儿教育价值实现的重要中介。优质幼儿教育的重要前提是教师能为幼儿发展提供一个良性支持下的社会环境，在幼儿成长过程中为他们提供最大限度的发展机会，保证每个学前儿童，不论年龄、性别、民族、地域，都能接受到高质量的学前教育。

目前我国的学前教育机构承载了太多的社会期望与重托，相对于它的基础和素质，它承受的其实是不堪承受之重。突出表现之一即幼儿教师队伍存在较严重问题：学历起点低、专业化程度低、社会地位只停留在20世纪80年代民办教师的水平上，导致幼儿教育的实然与为了儿童最优发展的应然之间存在巨大的差距。教师占据课堂，儿童成为陪衬，教师讲，幼儿听，教师说，幼儿做等有悖于儿童的学习特点与心理特点的做法大量存在。

如果大部分幼儿园教师还不是真正意义上的教师，那么将把我们祖国的未来带向何方？何谈科学的、高质量的学前教育！这确实是最令人担忧的严峻的问题，也是发展学前教育需要解决的关键问题。通过研究找到问题症结所在，探寻解决问题的方法，促进幼儿教师专业发展势在必行。

第三，幼儿教师专业发展需要支持与保障

受社会职业的专业化潮流影响，教师专业化已经成为世界性的潮流。只有教师专业水平的不断提高才能提高教育的整体水平。不可否认，幼儿教师与医生、律师等职业相比，还处于准专业的水平，需要幼教从业人员通过自身的努力不断提高专业水平，这个过程既包括幼儿教师个体的专业水平提高的过程，也包括幼儿教师群体为争取教师职业的专业地位而进行努力的过程和结果。

同时，幼儿教师的专业发展更需要和谐、稳定的社会给予广泛、积极的支持。一方面，受我国文化传统的影响，幼儿教师长期被认为是带孩子玩，任何人都能胜任的“阿姨”“保姆”工作；另一方面，关于幼儿教育在人的发展中的意义以及它在社会经济发展中价值的认识还没有真正成为社会的共识。这就使得幼儿教育在其发展过程中常常比其他阶段的教育遇到更多的困难和波折。

在此背景下，本人于2001年申报了中国学前教育研究会“十五”第一批立项课题“观念与行为统一，提高教师素质研究”，又于2006年申报了武汉市教育科学“十一五”规划立项课题重点项目“幼儿教师专业成长阶段及影响因素研究”（课题编号：2006A127）。

连续十年的关于幼儿教师专业发展的研究正是在积极支持幼儿教师专业发展思想指导下一种探索和尝试，希望通过研究，揭示幼儿教师专业发展规律，特别是针对不同群体、不同阶段幼儿教师的专业发展规律，有针对性地帮助处于不同阶段的教师获得有效的专业发展。也希望通过本研究，为我国当前正在进行的幼儿教育改革、政策调整、制度设计提供第一手资料，为政府加大投入，深化教师管理改革，完善法律法规保护幼儿教师权利，提高幼儿教师地位、待遇提供政策建议。

连续十年致力于研究幼儿教师专业发展规律，其间，在各类权威学术杂志公开发表阶段成果40余篇，在此基础上，整理完成本专著。本书围绕以下四个主要的问题线索展开：

问题一：专业化背景下的幼儿教师职业发展历程是什么？

本问题主要通过第一章幼儿教师专业化历程予以解答。从历史的维度分析幼儿教师职业由“就业—职业—专业”的发展演变过程，以史为镜，更好的把握现在，展望未来。站在幼儿教师专业发展的角度，选择古今中外有代表性的学者、流派探寻他们关于幼儿教师专业发展的相关论述，采集人类思想长河中的火花，收集智者的真知灼见。通过述评小结，发现共识，找到不足，探明后续研究方向。为本书后续问题的展开作了铺垫。

问题二：幼儿教师专业发展的理论研究探索进展是怎样的？

本问题主要通过第二章、第三章予以解答。这两章中主要将本研究十年来进行的探索、取得的进展和成果予以分享。第二章集中反映了对幼儿教师专业发展规律的探寻，主要有幼儿教师专业发展影响因素的研究、幼儿教师专业发展阶段的研究、幼儿教师专业发展促进方式的研究。研究思路是：从了解研究现状、明确核心概念、掌握相关基础理论入手，确定本研究的基本思路，立足幼儿园教师的实际情况和需求，采取大型调研与个别访谈结合，定量与定性研究相结合的方法，寻找有关影响因素，在数据分析、理性推理、思辨过程中获得幼儿教师专业发展规律。本研究着重对不同阶段幼儿教师专业发展的规律进行了研究和探索，在国内同类研究中有所创新，取得了突破性的成果。为本书后续针对不同阶段幼儿教师专业发展指导奠定了坚实的理论研究基础。

第三章主要展现的是针对当前幼儿教师专业发展研究中的难点问题——幼儿教师专业标准、不同阶段幼儿教师专业发展目标，进行的研究、思考和探索。研究思路是从探讨现代幼儿教师应具备的专业素质入手，借鉴参考国内外相关研究成果，以国家《幼儿园教师专业标准（试行）》精神为指南，思考不同阶段幼儿园教师专业发展目标。充分考虑教师全面发展与专项发展、专业知识与专业精神及专业态度、不同阶段教师专业发展需求之间的关系，思考幼儿园教师在不同的专业发展阶段应确立什么样的发展目标，大胆进行了探索和尝试。将幼儿的学习与发展摆在首要位置，将教师“专业发展”重心直接放在专业能力上。分为四个阶段、六个维度，充分体现目标对教师专业发展的针对性和实效性的促进和导向。满足幼儿园园本研训的需求，满足不同阶段教师专业发展的需求，满足师范学校及职后继续教育的培养需求。

问题三：怎样不断提高幼儿教师的专业水平？

对于每一位一线幼儿教师来说最关心的问题莫过于如何不断提高教师的专业水平了。本问题主要通过第四章、第五章、第六章、第七章予以解答。这部分内容也是本书的重点和理论联系实际的精华部分。本部分对于有志于专业发展的幼儿教师来说是不可不读的内容。读者既可以就自己感兴趣的章节先睹为快，也可以连贯起来慢慢推敲。整体思路是：立足前期进行的关于幼儿教师专业发展阶段的研究发现：教师成长过程经历了四个阶段，即适应期（1～3年）、探索期（4～9年）、成熟期（10年以上）、学者期（15年以上）。阶段与阶段之间具有较为明显的界限，不同阶段之间表现出不同特征，以教师的职业生命为基本线索，以专业化发展需求及要求为标准具有不同的发展任务，据此分别以初任期教师专业发展、探索期教师专业发展、成熟期教师专业发展、学者期教师专业发展独立成章，分别围绕专业特点与发展规划、专业发展重点、专业发展建议等方面展开论述，值得指出的是，本书针教师专业发展四个阶段列出了十二项专业发展重点内容，包括初任期教师发展重点：观察记录、教学设计与实施、家园沟通；探索期教师发展重点：班级管理与建设、环境创设、有效教学；成熟期教师发展重点：实现以游戏为基本活动、评价监控教学、反思总结；学者期教师发展重点：教育科研、教学表达艺术、形成教学风格与智慧。这些内容选择和划分的依据是前期调查发现的此阶段教师普遍感到专业发展难点和困惑内容，在此分别从“是什么”“为什么”“怎么做”几个维度加以介绍、同时结合大量生动、翔实的教学实践操作案例给予剖析，希望对于教师不断改进自己的教学行为，提高专业水平有所帮助。但这种划分并不是截然割裂的，不意味着此项教育技能只针对此阶段的教师，应该说，这十二项教育技能与要求是每位幼儿教师都需要掌握、钻研与娴熟运用的，贯穿和体现在幼儿教师每一天的工作中，是幼儿教师专业素养的重要组成部分。

问题四：如何为幼儿教师专业发展提供社会支持保障？

从我国教育的整体发展情况来看，长期以来，幼儿教育是被忽视的，存在诸多问题，幼儿教师专业化水平较低、起点较低。正因为如此，幼儿教师作为教师中的弱势群体，在努力提高自身专业水平、推进职业专业化进程中需要得到更多的社会支持与保障。如何为幼儿教师专业发展提供社会支持保障？本问题通过第八章予以解答。本章以系统论、环境生态理论、组织管理理论等为依据分别论述了为幼儿教师专业发展提供社会支持保障的重要性，并在此理论框架下，分别从幼儿教师专业发展的工作环境、教师专业发展的社会环境、教师专业发展的政策支持保障三方面展开论述。首先，从建立学习型组织、深入开展园本教研、科学评价教师工作绩效、明确园长的角色定位与职责几方面对幼儿园如何营造有利于教师专业发展的内部工作环境提出了具体的建议。其次，从做智慧的女人，争取家人的支持；提供专业服务，赢得家长的尊重；与社区密切联系，营造良好的社会氛围等方面就如何培养良好的人际关系，建立支持教师专业发展的社会环境对教师个人、幼儿园及社会各界提出了参考建议。最后，以我国幼儿教师专业发展政策支持现状，现阶段我国幼儿教师专业发展面临的挑战切入，通过回顾我国幼儿教育发展历程，立足当下，以相关研究和真实的数据作支撑，就如何解决当前幼儿教师专业发展面临的问题在国家宏观政策层面提出了政策保障建议与展望。

本书所涉及的内容只是对不同阶段幼儿教师专业发展的初步探讨，希望对一线幼儿教师专业发展有所帮助，对幼儿园管理者有所借鉴，也希望对幼儿教育同行有所参考。当然，本书还有许多不足之处，在此恳请各位专家、同行、老师给予批评、斧正。

彭　兵

2011 年仲夏于武汉

目　录

文内附录资源

第一章　幼儿教师专业化历程

随着人类社会由农业社会、工业社会向知识经济时代的发展变迁，人类的社会生存、经济生活从对自然资源的依赖转向了对人类自身素质的依赖，人们对教育的重视程度日益提高。20 世纪 60 年代以来，随着新技术革命的出现、国际竞争的日益加剧，提高教育质量成为各国教育改革关注的核心问题。由此，教师的专业化问题受到了国际社会的广泛关注，成为各国尤其是西方发达国家加强教师队伍建设、提高师资质量必然的、普遍的选择，幼儿教师也不例外。

第一节　幼儿教师专业发展的历史进程

幼儿教师是指在学前教育机构中对 0～6 岁儿童施加教育影响的专职工作人员。幼儿教师在促进儿童智力和社会性发展的形成过程中发挥着重要的作用。随着社会经济文化的发展，教师专业化已成为时代发展的潮流，幼儿教育作为基础的启蒙教育也越来越受到社会的广泛关注，幼儿教师专业化问题也日益突出。为适应现代幼儿教育的要求，探寻促进幼儿教师专业发展之路成为客观的必然。

一、幼儿教师职业的产生

在人类社会发展的历史长河中，教师职业是一个古老而标志文明进程的重要职业。幼儿教师职业作为独立的职业，是生产力发展和社会分工的产物。

（一）幼儿教师职业的出现以人类早期的教育活动为基础

远古时期，人类各方面条件非常低下，生产工具简陋，常受洪水、毒蛇猛兽的袭击，疾病和饥饿也常常威胁他们的生存。从研究40多具猿人化石中，发现有40%的人未满14岁便已死亡。远古的先民们从严酷的现实中深刻认识到，要生存就必须结成集体，只有依靠集体的力量，不断改进工具，并对孩子们进行教育，传授生产和对大自然抗争的经验，才能战胜自然界的困难和毒蛇猛兽的威胁。因此，他们十几人以至几十人结成一群，依靠集体进行生产劳动，也依靠集体来教养子女。“这一时期对儿童实行公养共育，学前儿童的教育尚未与生活相分离。”① 有了教育活动，就要有教育活动的承担者。原始社会教育活动的承担者，主要是部落、民族的一些首领以及有经验的年长者、能人和妇女。他们的从教活动便是幼儿教师职业的萌芽。这些年长者、有经验者靠口传身教，将人类的生存与文化的传衍延续下来。《尸子》载：“伏羲之世，天下多兽，故教民以猎”，就说明了这一点。在远古时代人类产生之后，“老者”“能者”对“幼者”和“不能者”不断传授生产生活经验和与大自然斗争的经验，传授社会意识和社会公德及行为规范，这就产生了“教”和“学”，萌发了原始幼儿教育。

由于原始社会的幼儿教育是人类教育的萌芽，这种教育活动和人类生活浑然一体，既没有从生产中分化出来，也没有从原始的宗教、艺术、政治等活动中分化出来。所以，原始社会的幼儿教育者不是今天意义上专门从事幼儿教育活动的教师，也不可能有必备的教舍、遵循统一的教材，或进行有系统、有计划、有步骤的教学活动。原始社会幼儿教育承担者的活动，只能是幼儿教师职业的萌芽。

---

① 中国学前教育史编写组．中国学前教育史资料选（全一册）［M］．北京：人民教育出版社，1989，第1页.

（二）脑力劳动与体力劳动的分工为幼儿教师职业的出现提供了条件

人类早期的幼儿教育活动，由于受当时生产力水平的限制，它还只是融合在生产劳动中进行，或是在家庭中进行，母亲是天然的教师，还没有成为专门独立的社会活动。在古代的少数富贵人家，幼儿的教养通常由经过挑选的女奴或女仆承担，他们的职责仅仅是照管孩子。如古希腊的雅典，幼儿主要有母亲和家庭女仆照料。到古罗马时期，人们依然认为儿童的学习应从 7 岁开始，7 岁前只需有保姆或仆人照顾，不必让孩子进专门学校学习。

随着生产的发展和知识的积累丰富，为幼儿教师职业的出现提供了条件。第一，生产力发展，出现了剩余产品，使一部分人从劳动中脱离出来，专门从事教育事业和参加学习活动；第二，脑力体力劳动已有明显的分工，社会上有一部分人担任了教师；第三，有了文字书册，具备了教学必备的条件；第四，统治阶级为了培养本阶级的继承人和满足官僚机构各种专门人才的需要，迫切需要举办各种学校、幼儿园。

从严格意义上讲，作为专门职能，教师的活动产生于职业的分离。如在文明发祥地之一的古巴比伦地区，最早出现了形式化的教育机构：苏美尔学校。这是教师职业分离于耕作阶层的开端。在古波斯萨桑王朝时代的教师叫做“马吉”（magi，意为教士教师），马吉已是完全脱离了体力劳动的神职人员。在教师职业未独立化之前，不论氏族长老、年长有经验者，其活动形态具有“原始的丰富性特征”，是综合性而非专门化的。因而可以说有教师活动而无教师职业。

（三）从兼职到专职——幼儿教师职业的产生

这一时期幼儿教师职业的发展大体有以下两个特点。

首先，明确教师是国家公职人员，教育是国家事业，教师的经济待遇由国家保障。

随着生产力的发展，人类社会进入了阶级社会，产生了阶级统治的机器——国家。而教育历来被统治阶级视为最重要的国家统治工具，国家对教育的控制也往往体现在对学校教师的委派、任命上。作为最早的“国际商业中心”的雅典教育受惠于商业的繁荣，开创了“博雅教育”之先河，教师大批云集于新兴的雅典工商地区，大兴收费授徒的私人讲学之风。但这很快就演化为只图利禄、造成教育质量严重降低的局面。于是，国家立即收回教师资格任命权限，其中就包括看护3～6岁幼儿的保姆也由“国家委派”。到古罗马共和与帝国时期，将原来由“地位卑微，被解放的奴隶充当教师”转变为“一律由国家选派”。君士坦丁皇帝奥古斯都颁布敦令：“教师可豁免一切赋税。”这不仅是对帝国时期教师地位的改善，同时也是教育日益成为国家统治工具需要的反映。

在我国，产生于原始社会的幼儿教育，经过唐虞夏商，到西周奴隶制社会全盛时期，已初步形成了制度。我国古代第一个婴儿教养机构——“孺子室”将教养、保育人员分为四种：“教师”“慈母”“保母”和“奶妈”，被称为“孺子室”的“四贤”，由此产生了我国最早的独立专门的幼儿教师。“四贤”因“为国立本”“为国养本”，保育太子、世子有功，常常受到周王和国君的封赠，有的被封为“后”，有的被封为“夫人”，待遇十分优厚。① 汉代统治者为了更好地教育皇室子弟，汉和帝的妻子邓太后“多德政”，创办了我国古代第一个宫廷幼儿教育机关——“邸第”。“邸第”有明确的办学目的，有很强的针对性，设置“师保”，挑选优秀的教师担任教学工作，规定了具体的教学内容。这也是全世界最早的幼稚教育机关。它比西欧空想社会主义者欧文于公元1802年在苏格兰开办的“幼儿学校”（收1～6岁幼儿）要早1683年。但由于中国封建社会经济是自给自足的小农经济，工业不发达，幼儿教育操纵在少数人手里，这种形式的幼儿教育，时间很短，没有形成长效制度，没有得到应有的发展。

其次，对教师任教资格有一定的要求和标准。

---

① 中国学前教育史编写组．中国学前教育史资料选（全一册）［M］．北京：人民教育出版社，1989，第15～17页.

在人文主义教育之前，西欧中世纪往往被称作是“教育的黑暗时代”。但这一时期有一点是值得指出的：对教师实行严格的任职资格的考核、检定制度。如在天主教学校中，教师须经过副主教的考核，方能领到教学许可证书。虽然这种制度仅局限于教会学校的教师任职上，但在确保教师质量方面无疑具有一定意义，这也可以作为后来教师职业资格证书制度产生的起源。

在我国古代宫廷中，虽然没有出现类似西欧教学许可证书的制度，但历代君王在加强封建统治的同时，往往对幼儿教师职业的任教资格有一定的要求和标准，从制度上保障了师资质量。据《礼记·内则》中的描述，西周当时的“孺子室”对教养员、保育员的要求清楚，职责分明。例如，要求教师“宽裕、慈惠、温良、恭敬、慎而寡言”，主要职责是“教以善道”，即教给太子、世子以为善的道理；保母主要职责是“安其寝处”，即管理太子、世子的起居饮食，使其安逸、舒适。两千多年前确定育婴院教师、保母的名称及职责竟与当今幼稚园教师、保育员的称谓与任务大致相仿，我们不能不叹服西周人的远见卓识。

总体来看，古代社会幼儿教育的主要形式仍是家庭教育，学前教育远不是一个明确划分的学习阶段。它是按照儿童所处的社会地位不同而实施不同的教育形式及教育内容，对幼儿教师职业的资格要求，大多只停留在对教师本人性格及粗浅知识和能力的要求上，至于具体学科知识、教师的职业训练，包括教育教学技能方法及教育理论等方面，并无涉及。因此可以说，古代幼儿教师并没有成为专门化的职业。

二、幼儿教师专业化的缘起

幼儿园作为一种社会公共教育机构，是伴随着资本主义工商业的发展而出现的，以后逐步纳入学校教育体系。随着社会生产力的提高和科学文化的发展，幼儿教育越来越被人们所重视。人们开始认识到，一个有知识的人虽然可以做幼儿教师，但如果没有或缺乏职业训练，就会直接影响教育的质量和效果，教师需要进行专门的培养，因而产生了师范教育，社会的要求又逐渐强化了幼儿教师的专业特征。

（一）师范教育——幼儿教师职业专门化的发轫

早期的幼教师资多是通过学徒制、“从做中学”、师训班等形式培养，真正的幼儿师范教育是在进入近代后，随着幼儿社会教育与幼儿公共教育的勃兴才开始产生和发展。1840 年，德国教育家福禄培尔创办了世界上第一所幼儿园。此后，幼儿园这一名称被普遍使用。

从世界范围看，师范教育于 17 世纪末最早出现在法国。1672 年，一个叫德米亚（Demia）的基督教兄弟会神父在法国里昂创立了欧洲第一所教师培训学校，从而开创了近代师范教育的先河。1848 年，法国将一年前由民间创办的托儿所教员培训机构“学习之家”改称为“幼儿师范学校”，并升格为国立学校。这是历史上第一所幼儿师范学校，[①] 较第一所师范学校约晚了近两个世纪。1868 年，美国幼儿教育家皮博迪在波士顿创办了美国第一所幼儿师范学校。到 19 世纪下半叶，幼儿师范学校在各国不断涌现，各国相继颁布了师范教育的法规，师范教育开始出现系统化、制度化特征。这些专门的师范教育机构在注重幼儿教师的教育内容的同时，也开始注重教师教学方法的培训，除了对幼儿教师进行文化知识的教育外，还开设了教育学、心理学等方面的课程，开展教育实习，对教师进行专门的教育训练，并把专门的教育训练看成是提高教育质量的主要手段。

在中国，幼教师资的培养问题首先面临应在教育领域内打破女禁的问题。在 20 世纪之前，最早的幼稚师资训练班是由英国美传教士创办的。1901 年，英长老工会为解决闽南各地蒙学堂的师资，在鼓浪屿怀德幼稚园内附设幼稚师范学校，教育内容以福禄培尔和蒙台梭

① 杨汉麟．外国幼儿教师教育的由来及在 20 世纪的改革发展［J］．黄冈师范学院学报，2006（4）.

利的教育理论、模式为主。[1] 在中国人自办的女学中，湖北巡抚端方于 1903 年 9 月在武昌阅马场创办了我国第一所公立幼稚园，幼稚园内附设女子学堂，培养幼稚园"保姆"，招收 15～35 岁女子专门学习保育科目，[2] 堪称是中国人自办的最早的幼稚师资培训班。

1907 年，学部颁布《女子小学堂章程》和《女子师范学堂章程》，这标志着我国女子教育终于在学制上取得合法地位。在学制上开放女禁的同时，幼教师资的培养也在学制上得到正式确认。《女子师范学堂章程》规定女子师范学堂的要旨是培养女师范生符合"小学堂教科、蒙养院保育科旨趣，使适合将来充当教习、保姆之用"。这与清末以前规定的初识文字或不识字的节妇、乳媪充当保姆及实施蒙养家教合一的教育宗旨前进了一大步。

师范教育是培养师资的专业教育，它的诞生与变革标志着教师职业经验化、随意化的"解冻"以及教师专业发展的发轫。对于确保学术性和师范性的统一，提高教师职业的社会地位，保护合格教师的职位有重要意义。

（二）从数量到质量，幼儿教师职业专业化的兴盛

20 世纪前后，世界各国均面临着师资极为匮乏的情况，纷纷采取了应急措施应付"量"的急需，对于教师"质"的问题有所忽视。20 世纪 60 年代中期以后，世界各国出现了出生率下降、政府财政困难状况，加之学校教育没有达到社会所期望的质量，从而导致公众对教育信心下降，引发社会各界对教师的批评，对教育质量不满，对教师素质的关注达到前所未有的程度，教师专业化运动才逐步发展起来，表现在以下两个方面。

一方面，教师的职业规格和文化定位不断上升。早期的师范学校（包括幼师）对考生学历要求很低，往往招收小学毕业生，这种做

---

① 孙爱月．当代中国幼儿教育［M］．福州：福建人民出版社，1991，第 1 页.

② 同上，第 2～3 页.

法显然难以保证教师的质量。19世纪末至20世纪上半叶，中师（包括幼师）的办学及招生日趋严格。第一次世界大战前后，中小学及幼儿园教师的培养开始了初步的并轨和升格，进入师范学院阶段。如法国的高中毕业生在经过两年的师范训练，通过毕业考试后，还需经过一定阶段的教师试用期，在参加幼儿园教师资格考试，获“教学能力证书”后，方可正式成为幼儿园教师。第二次世界大战以后尤其是20世纪50、60年代，中小学教师的培养归并于综合性大学，从而建立在大学多学科平台之上，培养学者型教师。如在德国，要当一个合格的幼儿教师，须经过两次国家考试：第一次主要考“专业学科”，第二次主要考“基础学科”。另外，为了获得教学经验和技能，还得有一二年的试用阶段，这些都合格了，才能成为一名正式的幼儿教师。① 这一时期，欧美等国在大力推行普及义务教育，促使师范教育获得长足发展的同时，各国政府也加强了师范教育立法，规范了师范教育的发展，促进师范教育朝着制度化、统一化、专业化的方向发展。幼儿教师培养途径的改变，培养规格和文化定位的不断上升，说明幼儿教师社会地位的不断提高，也说明对培养、教育幼儿的工作更加重视了。

另一方面，各国政府和国际机构积极推进教师专业化进程。1966年，联合国教科文组织与国际劳工组织在《关于教师地位的建议》中提出：应当把教师职业作为专门职业来看待。《世界教育年鉴》于1963年以“教师与教师培训”为主题，1980年又以“教师专业发展”为主题，表明了对教师问题的极大关注。20世纪80年代以后，教师专业化运动进一步走向深入，1986年，美国的卡内基工作小组、霍姆斯小组相继发表《国家为培养21世纪的教师作准备》《明天的教师》两个重要报告，同时强调确立教师专业性为教师教育改革和教师职业发展的目标。我国《面向21世纪教育振兴行动计划》明确提出

① 王天一等．外国教育史（下）［M］．北京：北京师范大学出版社，1985，第79页．

实施“跨世纪园丁工程”需要大力提高教师队伍素质。教师专业化运动开始在世界众多的国家中蓬勃发展起来，培养具有专业化水准的教师成为国际教育改革的目标，教师成为专业工作者的观念广为人们所接受。

为促进幼儿教师专业发展，美国颁布了不同的评价标准，针对不同阶段的幼儿教师，采用不同的评价标准予以培训、考核和管理。对于职前培训的评价标准，根据“全美幼儿教育协会”（简称 NAEYC）制定的“幼儿教育职业准备标准”来实施。在职教师的专业发展培训一般以“全美专业教学标准委员会”（简称 NBPTS）制定的“优秀学前教育教师标准”为评价准则。这一标准突出“优秀”二字，代表了对优秀的幼儿教育实践的认同，提供了优秀的幼儿教师的范本。有助于激励每一位幼儿教师通过努力达到此标准而成长为专家型教师。我国在 90 年代陆续颁布的《幼儿园管理条例》《幼儿园工作规程》以及《幼儿园教育指导纲要（试行）》等文件中都有对幼儿教师专业素质和专业行为的具体要求，突出了以专业素养为依据，追求专门的知识和技能，提出幼儿教师职业具有社会功能的不可替代性，把以高质量教育实践的公众服务作为目标的追求和导向。

（三）专业资格认证——幼儿教师职业专业化的重要标志

为了保证教师职业的专业工作者形象，许多国家从制度上进行了这样几方面的规范：一是社会政治地位的保护。几乎所有的国家采取立法的形式，将教师纳入国家公务员管理系列，确保从事教育职业人员的社会政治地位。二是经济利益的保护。西方多数国家规定教师工资要高于普通公务人员的工资。三是专业资格制度。从学历制度、资格证书制度、试用证书制度和考核制度等方面，严格教师从业人员的数量与质量。四是严格教师学术进修制度。不论是高校教师，还是中小学、幼儿园教师，均要定期脱产进修。其中，教师专业资格制度在教师专业化发展的历史进程中起到了举足轻重的作用。

教师专业资格制度，是作为教育事业发展的需要对教师职业提出的资格要求而形成的一种法律制度，是国家对教师实行的一种法定的职业许可制度，是国家教育制度化、现代化的充分体现。

随着现代社会经济、科技的发展，职业种类的增多，社会逐渐对从事专门职业人员的资格提出严格要求，以确保所从事职业的安全性、效率性，导致了世界范围内资格制度的确立。幼儿教师专业资格制度正是在此背景下实行起来的，这是幼儿教师作为一种职业发展的历史必然。

教师职业证照制度随师范教育法令的确立而产生、发展。德国最早颁布了有关师范教育的法令。1763 年，普鲁士发布了《全国学校规程》①，其中明确规定教师必须先参加考试才能予以录用，教师须取得教学执照方能从事教学活动。在中小学校、幼儿园实行证照制度，以美国为最早。此制度早在殖民时期已萌芽，当时幼儿教师检定由美国地方社区负责。至于教师检定制度，则以 1825 年俄亥俄州议会任命县级官员检定学校教师开始。此后，各州竞相效仿，到 1900 年美国各地成立教师检定机构有三千个之多。目前美国各州都设有州级教师检定机构，除美国之外，欧洲发达资本主义国家大多于第二次世界大战后普遍推行，并不断完善。如英国于 1994 年教育法案实施后，中小学、幼儿园教师须经地区师资训练组织考试及格或审查合格，并由教育科学部予以合格教师的认可，方能担任中小学、幼儿园教师。德、法两国的中小学、幼儿园教师专业证书更为严格，须经两次考试及格方能取得合格证书。再经为期一至两年不等的实习训练，经训练期满考试及格后授予合格教师证书，方可担任中小学、幼儿园教师。

在教师的职业训练日益趋向正规化的同时，为了提高未来教师的学术质量，目前相当多的国家已经或正趋向非定向的师范教育，这更有助于提高专业课程的训练水平。在确保学术性的同时，增强师范性的训练，各主要发达国家往往通过颁布教育立法，尤其是通过实施教

① 王天一等．外国教育史（上册）［M］．北京：北京师范大学出版社，1993，第 185 页．

师专业资格制度来保证两者的统一，以期规范教师任职的资格条件要求，奠定教师职业任职资格的基础。

教师专业资格制度作为确保教师学术性和师范性相统一的基准，体现了教师职业的不可替代性程度和专业化发展趋势。美、德、日等发达国家的经验已经证明，教师只有具有名副其实的较高的社会地位，才真正成为具有吸引力和竞争力的职业，进而才能真正形成教育的良性循环。

三、幼儿教师专业发展的基本要求

（一）幼儿教师专业发展的内涵

“专业”（profession）一词，最早是由拉丁语演化而来，原始的意思是“公开表达自己的观点或信仰”，与之相对应的是“行业”（trade），包含着中世纪手工行会所保留的对其专门知识和技能的控制，只能传授给本门派的神秘色彩。由此可见，能称为“专业”的就不是随意的，它包含着对“行业”知识技能进行“控制”和“垄断”的色彩。

传统上最古老而典型的三大专业是牧师、医生和律师，它们有一个可追溯到13世纪中世纪欧洲大学孵育而成长的结盟。然而，直到18、19世纪，当工业化的职业结构在英国和稍后的美国进一步发展时，一些知识含量较高的职业才开始承载特定的“专业”意蕴，并取得了专业称号，如工程师、化学师、会计师、社会工作者、经理、商务专家等。

专业化是指某一职业真正成为一个专业，从业人员成为专业人员得到社会承认这一发展的过程和结果。从个体与群体的角度来分析，前者是指个体专业化，后者是指职业专业化。个体专业化与职业专业化共同构成了专业化过程和结果。因此专业化不仅是专业人员的培养、教育过程，同时也是人才培养、教育的目标和发展趋势，体现了对其专业水平和社会地位的一种肯定和认可。

在教师研究中，“教师成长”或“教师专业发展”常与“教师发展”或“教师专业发展”等术语混用。的确“成长”和“发展”两词的含义相近，不同的研究者站在各自的立场，解释不同，定义也不同，没有统一的规定。“如果加以区分，成长在含义上含有自然而然地‘成长’之意；发展，则带有通过人为的用心去推动、促进、提升或改进之意”①，成长，更多站在个体的角度，更多带有自然、自发的含义；发展，角度更广泛，内涵与外延更丰富。本研究统一采用“教师专业发展”。

教师专业发展是教师的专业发展或教师内在专业结构不断更新、演进和丰富的过程。依教师专业结构，教师的专业发展可有观念、知识、专业态度和动机、自我专业发展需要和意识等不同侧面。②

幼儿教师专业发展是幼儿教师在专业生涯中，习得幼儿教育的专门知识与技能、内化幼教专业规范、形成幼教专业精神、表现专业自主性并实现专业责任的历程。

本书中的幼儿教师专业发展是指幼儿园教师从初任教师，到有经验的教师直至成为专家型教师的持续发展过程。即“是指个人成为幼教专业的人员并且在教学中具有越来越成熟的技能这样一个转变的过程”。③

首先，幼儿教师专业发展强调教师作为一个教育教学的专业人员，要经历一个由不成熟到相对成熟的专业人员的发展历程。进入幼儿园教学工作岗位的教师，虽然经历了职前教育训练并获得了合格的教师资格证书，但并不意味着就是一个成熟的教育教学专业人员，教师专业发展是一个动态的持续的贯穿整个职业生涯的过程，

---

① 傅道春．教师的成长与发展［M］．北京：教育科学出版社，2001，第 89 页.

② 叶澜等．教师角色与教师发展新探［M］．北京：教育科学出版社，2001，第 231～241 页.

③ 刘婕．专业化：挑战 21 世纪的教师［M］．北京：教育科学出版社，2002，第 43 页.

幼儿教师的专业发展空间是无限的，成熟只是相对的，而发展却是绝对的。

其次，幼儿教师的专业发展强调教师作为一个发展中的专业人员，其发展的内涵是多方面的、多领域的，既包含了知识的积累、技能的娴熟、能力的提高，也涵盖了态度的转变、情意的发展。这个过程实际上也就是一个人由“普通人”转化为“幼教工作者”并最终融入教师专业团体的专业发展过程，是一个终生进行的过程。而且，这个过程曲折、复杂，是一个受到多因素影响的动态发展的持续不断而又永无休止的过程。

最后，“幼儿教师专业发展”这一概念有两个基本含义：一是指教师的专业发展过程；二是指促进教师的专业发展的过程（教师教育）。作为专业发展过程，教师发展是一个多侧面、多等级层次的发展。本书中提到的“教师专业发展”，以上两种含义兼而有之，既指教师专业发展过程，也指促进教师专业发展的过程。

在本书中，将以幼儿教师职业生涯为周期，以教师生理、心理变化为基础，重点以幼儿教师专业能力发展为线索，将从内在与外在、个体与群体等多个维度，探讨在一定社会环境影响下（充分体现唯物性、辩证性、实践性），幼儿教师在整个职业生涯中成长变化的规律。即教师内在专业结构不断更新、演进和丰富的过程，包括观念、知识、能力、专业态度和动机、自我专业发展意识等发展不同侧面，以及衡量、评价幼儿教师专业能力发展不同等级、水平标准，为幼儿教师专业发展提供指导和帮助。

（二）幼儿教师专业发展的基本要求

1993年，全美幼教协会发表了《早期教育专业化发展的概念体系》指出，幼儿教师的专业化应体现在：对儿童发展有着深刻的理解和体悟，将心理学、教育学知识运用于实践；善于观察和评量儿童的行为表现，以此作为课程计划的依据和设计个性化课程的依据；善于为儿童营造和保持安全、健康的氛围；计划并履行适宜儿童发展的课程，全面促进儿童的社会性、情感、智力和身体方面的发展；与儿童建立积极的互动关系，成为儿童发展的支持力量；与幼儿家庭建立积极的有效的关系；支持儿童个体的发展和学习，使儿童在家庭、文化、社会背景下得到充分的理解；对教师专业主义予以认同。美国幼教专家凯茨将专业化幼儿教师形象地比喻为，能抓住孩子丢来的球，并且把它丢回去，让孩子想继续跟他玩游戏，并在玩的过程中不断创造出新的游戏来。①

概括起来，幼儿教师专业发展基本要求主要有四点。

1. 在职业道德要求上，从一般的道德要求向教师专业精神发展

1989 年 11 月，联合国教科文组织在北京召开了“面向 21 世纪教育国际研讨会”，澳大利亚未来委员会主席埃利雅德博士提出：90 年代的人都应掌握“三张通行证”，一张是学术性通行证，强调读写和运算能力，强调取得人人要获得能使自己在社会上生活的有意义，满足自我作用的知识；一张是职业性通行证，指在一个技术快速变化的世界上进行劳动所需要的教育；一张是事业性和开拓能力的通行证，具有提出新的创造性思想，发展这些思想，并坚定不移地付诸实施的能力。他还指出，过去人们往往重视前两张通行证，而忽视人的事业心和开拓能力，如果缺乏这方面的素质，学术和职业的潜力就不能充分发挥。

职业精神和职业道德是从事任何一种职业的精神支柱。科学家热爱科学，追求真理；企业家崇尚实业，创造财富；艺术家追求美，发现美、创造美。幼儿教师的职业精神最根本的应体现在热爱教育事业，献身教育事业，体现这种职业精神的职业道德就是热爱儿童，全心全意为幼儿及家长服务，对儿童的未来负责，把儿童的成长、成才作为自己事业的追求和成就。只有如此，教师才能在各种环境和条件下把自己所从事的工作与社会发展的未来联系在一起，把自己的工作看成每个个体的生命价值和每个家庭的希望与幸

① 张元．试析幼儿教师专业化的特征及其实现途径［J］．学前教育研究，2003（1）.

福联系在一起，就会对自己的工作充满事业心和责任感，就会把终生奉献给教育事业。因此，幼儿教师专业精神是教师专业化发展的首要的、基础性的要求。

2. 在专业知识素养要求上，从“窄口径”向“宽口径”发展

科学技术的综合化，教育的社会化，教育、科研一体化的趋势，要求幼儿教师除了具有教学的学科知识之外，还要有宽广的知识背景，即人文科学、自然科学、社会科学的相关知识基础。具体说来，幼儿教师不仅需要教育学、心理学以及有关幼儿发展的各类专门知识，需要自然科学、人文学科方面的基本知识和素养，还特别需要丰富的教育艺术、教育智慧以及熟练的互动策略和技能技巧。学科知识不仅要教给学生，而且在教育活动中与教育学知识可以一起应用，构成幼儿教师教育知识中的应用理论成分，实现学科知识与专业知识的同步发展。幼儿师范、高师幼儿教育专业开设的文化基础学科课程和教育学、心理学等专业课程可以说明，专业化的幼儿教师需要多种知识结构已经成为人们的广泛共识。

3. 在专业能力要求上，从“单一型”向“复合型”发展

过去，人们对于教师的专业能力不够重视，似乎具有学科知识的人都能做教师，这既降低了教师专业资格的要求，也影响了教育教学的效果。随着时代发展，在教育教学法发生深刻变革、学生的主体作用日益彰显的今天，教师的专业能力逐渐具有其独特性和不可替代性。幼儿教师专业能力上的要求包括：第一，要求教师具有教育教学能力，如创设与教育相适应环境的能力、观察了解幼儿的能力、讲解示范能力以及推理思考能力；第二，要有善于与人交往的能力，即与幼儿、幼儿家长实现有效的双向沟通能力；第三，组织管理的能力。如组织好班集体，使这个集体能为每个儿童提供施展才华的机会；第四，教育研究能力。最近，又强调教师应具备熟练而有效地运用信息手段的基本能力。复合型的幼儿教师应既有基础能力，也有一般能力，还有创新发展的能力，这些能力都不是孤立的，而是相辅相成综合发挥作用。

4. 在劳动形态上要求从“教书匠”到“创造者”

教育是创造性的劳动，而不是机械性、简单重复或只要按常规操作的劳动。因为教育者的对象是活生生的人，千差万别，具有主观能动性。同时，教育内容不断变化，具体的教育情境也在不断变化。教师的劳动不可能千篇一律，教育有规律可循，但无固定的模式，即所谓的“教学有法，但无定法”。教育时机的把握和教育矛盾、冲突的解决，需要教师作出正确、及时的判断并采取相应的措施予以解决。正如俄罗斯著名生理学家季米良捷夫说：“教师不是传声筒，把书本的东西由口头传达出来，也不是照相机，把现实复呈出来，而是艺术家、创造者。”日本学者波多野完治说，创造型教师是不僵化的教师，心智灵活随机应变的教师，而且是不断渴求新知识，向往新事物的教师。

面对未来的社会，人们善于在机会出现时抓住机会已经是不够了，而是“应当创造机会。”要求每个人从“等待就业”到“创造就业”。未来社会的这一变化，使越来越多的国家更加重视培养创造型的人才，而培养创造型的人才就需要有创造性的教师。只有创造型的教师，才能培养适应未来社会生存的创造型的学生。

资源 1-1　阅读资料

幼儿教师专业的特殊要求

幼儿教师是全面负责幼儿园一个班幼儿生活与教育的人员，与中小学教师相比，有自身特殊的职业要求，其特殊要求主要表现在：

1. “保教结合”是幼儿教师工作的重要特点。儿童在学前教育阶段身心发展不成熟，生活自理能力差，需要幼儿教师的精心呵护，健康第一，在生活中实施保育与教育相结合的教育。

2. 在知识体系上，要求具备丰富的多学科综合性知识。幼儿教师不仅需要教育学、心理学以及自然科学、人文学科方面的基本知识和素养，还必须学习婴幼儿养护知识和技能，以类似医护人员一样的专业水平来维护儿童的健康发展。

3. 在教育教学方面，强调课程生活化、游戏化。中小学主要在课堂中通过学科学习获取知识。而幼儿园的教学渗透在一日生活的各个环节，儿童通过游戏、直观实物等方式在生活中、在与环境互动的过程中主动地学习。幼儿教师要善于研究、了解儿童，能及时发现儿童的最近发展区，善于利用幼儿园和当地社区的实际条件设计、开发课程。

4. 强调榜样示范、情感熏陶。儿童身心发展不成熟，情绪不稳定，但可塑性大，模仿是儿童学习的重要手段。幼儿教师是儿童模仿的主要对象之一，幼儿教师更需要严格要求自己，树立良好的榜样，同时要关注幼儿情感发育，培养健全的人格。

（本资料由武汉市直机关育才幼儿园课题组提供）

第二节 幼儿教师专业发展的学术渐变

教师专业化是现代社会发展的必然结果，是现代教育的重要标志。传统社会是以农业文明为特征的自给自足、发展缓慢的社会，其教育的特征是经验性的教育，缺乏科学理论的基础及社会保障和管理，对教师的专业发展没有也不可能有全面的认识和具体的要求。随着以现代工业为基础的科学化、民主化、革命化的现代社会的到来，教育的科学化、民主化特征日益显现，现代教育所要传授的知识与技能空前扩展，对人才培养的质量与效益提出越来越高的要求，对教师专业化要求成为必然。

一、国外学界关于幼儿教师专业发展的论述

（一）福禄培尔

弗里德里奇·福禄培尔（Friedrich Froebel，1782—1852）是德

国19世纪著名的幼儿教育家，他创办的幼儿园是世界上第一所以“幼儿园”来命名的学前教育机构，并组织了训练幼儿教师的工作。福禄培尔创立了幼儿教育学，倡导发展幼儿社会教育，唤起社会重视入学前儿童的教育问题，被称为“幼儿教育之父”。他提出的幼儿教育理论和一些教育原则对后世的幼儿教育发展有着广泛而久远的影响。福禄培尔重要的教育著作有《人的教育》《慈母游戏和儿歌》和《幼儿园教育学》等。对于幼儿教师专业发展，他的主要观点如下。

1. 幼儿教师具有促进幼儿全面发展的责任

福禄培尔非常重视幼儿时期的教育，重视童年生活对人一生的影响。他认为，正是从幼儿阶段起，“真正的人的教育就开始了”。① 对于婴儿的主要职责在于养护，对于幼儿更多应注意“心智”的发展。幼儿教师对于幼儿具有多方面的教育任务，主要有保障幼儿的身体健康，发展幼儿的感觉，扩大对周围生活的认识，发展语言和创造力，以及储备道德教育和宗教教育。主张重视开展室外的活动、游戏活动促进幼儿身体发育；发明了“恩物”促进幼儿感官认识能力的发展；强调教师要注意结合所使用的各种材料发展幼儿的语言，不仅要经常与幼儿谈话，而且还要不断增加新的谈话内容。歌曲、朗诵、故事以及游戏对儿童语言的发展具有重要意义；还强调合作游戏的重要性，认为对于形成幼儿的节制、友爱、勇敢等良好的品质十分有益。他认为通过儿童与同伴的共同游戏可以发展社会道德。

2. 幼儿教师应尊重儿童，进行合理地教育

福禄培尔强调幼儿教师进行教育要遵循适应自然的原则，要重视儿童的积极活动，顺应儿童天性的特点。他以修剪葡萄为例提出，如果园丁的工作违背植物的本性及其发展的正确道路，即使出于好心，

① 张焕庭主编．西方资产阶级教育论著选［M］．北京：人民教育出版社，1964，第310页．转引自王天一等．外国教育史（上）［M］．北京：北京师范大学出版社，1993，第350页.

也会损害葡萄的生长，降低它的产量。在《人的教育》中，福禄培尔多次批判“一切专断的、命令的、绝对的和干涉的教育、教学训练”①，因为他们会阻挠、破坏甚至毁灭儿童善良的天性。他既反对教师对儿童过多的压抑、干涉，束缚儿童的发展；也反对成人给予儿童过分的帮助与照顾。

3. 幼儿教师应训练有素，具有爱心，能为家庭教育提供指导和帮助

福禄培尔提出要建立学前教育的专门机构——幼儿园，对幼儿实施社会的公共教育，由训练有素的幼儿教师承担教育职责，让儿童在其中自由地生长，就像植物生长一样。他把幼儿园比作是一座大花园，把幼儿比作花草树木，把教师比作园丁，“园丁”须关怀、爱护幼儿，具有母爱精神。福禄培尔创办幼儿园还有一个目的，就是为了给家庭教育提供一些帮助。他认为家庭生活对于儿童的生长和发展，甚至对于人的整个一生，都是无比重要的，在《人的教育》一书中曾说：“在这一时期，孩子和教育是完全托付给母亲、父亲和家庭的。”② 然而，大多数父母或其他成人缺乏足够的教育知识和训练，对于幼儿教育的内容和方法缺少正确的认识，还不能够承担教育幼儿的重任，因此幼儿教师应主动与家长沟通，给幼儿家庭教育提供指导和帮助。

4. 幼儿教师应具备观察与研究儿童的能力

福禄培尔强调幼儿教师应以观察与研究儿童天性的特点作为正确施教的基础。他说：“只有对人和人的本性彻底的、充足的、透彻的认识，根据这种认识，加以勤恳的探索，自然地得出有关养护和教育

① 张焕庭主编．西方资产阶级教育论著选［M］．北京：人民教育出版社，1964，第310页．转引自王天一等．外国教育史（上）［M］．北京：北京师范大学出版社，1993，第349页．

② 同上，第350页．

人所必需的其他一切知识以后……才能使真正的教育开花结实。”① 他的“恩物”就是在反复观察幼儿游戏、研究儿童的基础上发明的。他曾由衷地赞叹全神贯注的进行游戏、沉醉于游戏之中的儿童，认为那是生活之中一种十分美好的现象。教师只有观察研究儿童，才能更好地追随儿童的天性。

5. 幼儿教师应善于组织和指导儿童游戏，促进幼儿自主和创造性的发展

福禄培尔从热爱儿童并希望儿童快乐幸福出发，十分重视儿童游戏。他认为，游戏是组成儿童生活的一个重要因素，是儿童在童年时代的生活中最快乐的一种现象。福禄培尔通过长期的研究，为幼儿编制了多种游戏活动，一种是运用它所设计的玩具——恩物，进行的游戏；还有一种是模仿自然界的某些现象和周围成人生活中某些动作的游戏，如“小河流水”“蜗牛”等，认为游戏对于儿童具有全面的发展促进作用，并认为游戏是促进幼儿自主性和创造性的最好形式。强调教师要允许儿童自由地、尽情地游戏，不应该干涉和禁止幼儿游戏；同时教师要关心和指导儿童游戏，他恳切呼吁：“母亲呵，培养儿童游戏的能力吧！父亲呵，保卫和指导儿童的游戏吧！”②

（二）杜威

约翰·杜威（John Dewey，1859—1952），美国著名哲学家、教育家，“教育即生活，生活即发展”“教育即生长”“教育即改造”是杜威教育理论的三个核心命题。杜威于1919年来华讲学，传播实用主义教育思想。他还访问过日本、土耳其、墨西哥、苏联和南非。杜威的主要教育著作有：《学校和社会》《儿童与课程》《民主主义与教育》《明日之学校》等。关于教师专业发展，他强调如下几点。

---

① 张焕庭主编．西方资产阶级教育论著选［M］．北京：人民教育出版社，1964，第310页．转引自王天一等．外国教育史（上）［M］．北京：北京师范大学出版社，1993，第349页．

② 同上，第353页．

1. 关注儿童本能

杜威认为，儿童是教育的起点，教育本于儿童的成长。“儿童在没有教育以前，有一种天生的本能，性情和冲动。教育就应该以这些东西为根据”，“儿童自婴孩以至成人，其生长有一定的程序，教育也跟了他的生长，有一定的渐进的程序”，“教育是利用他的本能及环境，使朝着我们所预定的方向走去”。并认为当时“教育的最大毛病，是把学科当作教育的中心，不管儿童的本能、经验如何，社会的需要如何”。改革的方法“只是把教育的中心搬一个家：从学科上面搬到儿童上面。依照儿童长进的顺序，是他能逐渐发展他的本能，直到他能自己教育自己为止”。针对一些人不重视童年的价值，缩短童年期的倾向，他批评说：“他们以为儿童期是完全白费了，哪里知道这是真正的教育的基础。”①

2. 研究儿童生活，联络儿童家庭

教育的本质即生活，杜威说：“生活即是发展；发展、生长，即是生活。”② 又说：“没有教育即不能生活。所以我们可以说：教育即生活。”根据“教育即生活”，杜威提出一个教育原则“学校即社会”，要求把学校办成和现有社会制度一样的环境，以便从中培养能完全适应眼前社会生活的人。同时认为，儿童在主观与客观交互作用中获取经验，必须通过儿童亲身的活动。进而提出其教学理论中心原则“从做中学”。要求教师教学内容的源泉应是儿童自己的活动所形成的直接经验，是儿童本身的社会活动。认为“五岁以前是儿童最有兴趣的时代，他所得知识的经验也最多。他从生活中得到许多必要的生活知识，从他各方面的关系，得到许多道德观念”，教师必须研究儿童的生活，观察他的全部，包括儿童的家庭生活“教员最好与儿童的家庭

① ［美］约翰·杜威．杜威五大演讲［M］．胡适口译．合肥：安徽教育出版社，1964，第98～100页．

② ［美］约翰·杜威．民主主义与教育［M］．王承绪译，北京：人民教育出版社，2001，第58页．

联络，发生一种极有感情的关系，将校内校外的教育联合起来，成为一气，方易收功”。① 关于活动教学实施，他说：“每天的时光分为四期，叫儿童去做下面四件事体：就是游戏、说故事、观察及手工。”② 目前美国及西方学校采用的经验课程和设计课程就源于此。

3. 关注儿童怎样学，做儿童主动学习的引导者

杜威批评传统教学方法仅仅重视教师对儿童的书本知识传授，而不考虑儿童在活动中的主动学习的重要性，认为“儿童所得知识全在活动里，而不在书本里”。强调教师教学方法设计应着重探讨解决儿童怎样学，而不是教师怎样教。认为“幼稚园教授最要紧的方法，必先要知道儿童爱做什么，要知道什么。再去教他做，教他知道，让他从喜欢的地方入手，一步一步去试验，一点一点地去求进步”。强调儿童自己动手试验的重要性，认为“儿童从种种方面做种种试验，可以养成一种创造的观念”，“教员不必代他去做，只是待他做好了，为他改正，告诉他原因”。还认为“教的方法要活泼，不能死记硬背”，“遇着教而不能使儿童发生兴趣的时候，不是儿童不好，也不是材料不好，乃是教的人方法不好”。③ 认为：“我们如要度量学校教育的价值，要看它能否创造继续不断生长的欲望，能否供给方法，使这种欲望得以生长。”④

4. 创设情境，为儿童充分活动提供材料和工具

基于从“做中学”的总原则，杜威对传统的、在一行行排列整齐的课桌椅教室中，儿童只能“静听”而没有活动情境，只能“单纯地学习书本上的课文”，却无处发展儿童的创造与思维的能力现状提出

① ［美］约翰·杜威．杜威五大演讲［M］．胡适口译．合肥：安徽教育出版社，1964，第334～335页．

② ［美］约翰·杜威．明日之学校［M］．转引自王天一等．外国教育史（上）［M］．北京：北京师范大学出版社，1993，第156页．

③ 同①，第344～345页．

④ ［美］约翰·杜威．民主主义与教育［M］．王承绪译，北京：人民教育出版社，2001，第62页．

了批评。他指出：传统教学失败的根本原因在于不能在教学过程中给儿童以“引起思维”的情境，不能让儿童从事主动地活动，而只能让他们被动地死读书本知识。因此，杜威所要求的教学形式是活动教学，教师在课堂中，要为儿童准备充分活动的地方，提供适合儿童活动所需要的各种材料和工具，在学校里设实验室、工厂、园地等，让儿童在制作的活动中学习，而不是静坐在有秩序的桌椅上听教师系统讲授。

5. 教师是儿童活动的助手

杜威反对传统教育中教师所具有的专断性主导作用，提出以学生主动活动为教育中心。他认为，旧日“学校的中心是在儿童之外，在教师，在教科书以及其他你所高兴的任何地方，维度不在儿童自己即时的本能和活动之中”。“现在我们教育中将引起的改变是重心的转移。这是一种变革，这是一种革命，这是和哥白尼把天文学的中心从地球转到太阳一样的那种革命。这里，儿童变成了太阳，而教育的一切措施则围绕着他们转动，儿童是中心，教育的措施便围绕他们而组织起来。”①

他要求教师在以儿童活动为中心的教学过程中，“教员与课本不复成为现实唯一的导师；手、眼睛、耳朵以及身体的全部，都是知识的渊薮。而教员变成发起人，课本变成试验品”。②“教师与学生两方面愈不觉得一方面是在那里教，一方面是在那里受教，那么所得的结果愈好。”③ 这样，教师在教学中就不再是起主导作用，而只是起一种从旁协助儿童活动的助手作用。

---

① [美] 约翰·杜威．杜威教育论著选 [M]．赵祥麟，王承绪编译，上海：华东师范大学出版社，1981，第 31～32 页．

② [美] 约翰·杜威．明日之学校 [M]．第 67 页．转引自王天一等．外国教育史（上）[M]．北京：北京师范大学出版社，1993，第 160 页．

③ [美] 约翰·杜威．民主主义与教育 [M]．王承绪译，北京：人民教育出版社，2001，第 290 页．

（三）蒙台梭利

玛利亚·蒙台梭利是意大利教育家、医生。她的自由教育思想，与她创办的教育机构“儿童之家”及其所用教具和训练方法，对幼儿教育的发展有着广泛的影响。她关于幼儿教师专业发展的观点主要有以下几个方面。

1. 观察儿童、研究儿童

蒙台梭利反对传统的学校教育和旧式的家庭教育，批评他们不了解儿童的本性，只按成人的标准和眼光处处限制儿童的活动和压抑他们的个性。指出，由于人们一直把儿童看做小大人，因此对于儿童心理缺少必要的研究和正确认识，完全不了解自己应予以关怀和教育的对象。

针对这一情况，她呼吁观察儿童，研究儿童，理解他们身心生长发展的需要，严肃地考虑“儿童为了要能按照儿童期的需要充分地生活，他要求些什么”。① 要求教师勤于观察，要像天文学家静坐在望远镜前观察星体在天空的运行那样，在儿童不受干扰的情况下，观察他们的自由活动。注意观察幼儿从最初的无秩序的活动发展到有秩序活动的全过程，认为这是每个幼儿教师都必须诵读和研究的一部书，也是可以从中受到鼓舞的一部书。

2. 精心呵护儿童，个别施教

蒙台梭利反复强调：“儿童发展的时期是一生最主要的时期。”② 人的生命力不仅体现在肉体的生长上，更重要的是天赋的精神力量在自发冲动的推动下，通过活动完成自我发展。为了使生命健康地发展，在儿童期，成人必须以小心谨慎的而不是粗暴的态度，精心爱护儿童的纯洁、敏感的心灵。

蒙台梭利认为，儿童出生以后，就不断地从周围环境中吸收感觉印象，而且在不同的年龄阶段中，表现出对于外部刺激的特殊敏感

①② [美] 蒙台梭利：儿童教育 [M]．见：现代西方资产阶级教育思想流派论著选．北京：人民教育出版社，1980，第 91 页．转引自王天一等．外国教育史（上）[M]．北京：北京师范大学出版社，1993，第 177 页.

性，这种敏感性在每个儿童身上各有差异。因此，进行教育就需要把这种敏感性及其差异性结合起来，要求教师个别施教，符合儿童自发的内在要求。

3. 设置符合儿童身心特点的环境，让儿童充分活动

蒙台梭利认为，儿童精神力量的发展需要一个适宜的环境，正如儿童出生前在母体子宫这样一个适宜的环境发育成熟一样。然而，成人的生活环境并不符合儿童的特点，应该为他们设置一个适合其身心特点的环境，这个环境包含儿童成长所需的一切事物的积极意义，同时也要将所有不利于儿童成长的事物加以排除，让儿童能够充分活动，自由发展。

她所创建的"儿童之家"，就是在经过仔细研究之后确定的一种最适合儿童身心发展需要的环境。例如，按照儿童身材制备大小适宜的、轻便的桌椅，供儿童使用的色彩鲜艳、形状可爱的日用品，还有特制的教具，帮助儿童通过自我活动认识事物、发展智力和练习技能。蒙台梭利认为，处于传统纪律约束之下的儿童是不自由的，因此，在"儿童之家"没有统一规定的时间表，儿童可以根据自己的兴趣和愿望选择教具和进行活动，活动时间的长短也是自由的，可以自己决定。由于儿童的活动是按自己的兴趣选择的，集中注意力从事自己喜爱的活动，自然容易达到和保持良好的秩序。在这样的训练和活动中，就培养了儿童的意志力、合作精神及守纪律的品质。

4. 尊重儿童，教师间接指导

关于教师的地位和作用，蒙台梭利反对传统教育无视儿童的特点与需求，粗暴地限制儿童的兴趣与活动，强迫他们接受成人灌输的东西。强调教师要为儿童的自由活动准备一个有利的环境，即通过提供适宜的环境让儿童的天性在活动中得到自由发展。

在适宜的环境下，教师应处于被动的地位，间接地发挥影响，但这种被动里包含对儿童的尊重以及努力探索儿童心灵秘密的科学好奇心。同时，教师应了解怎样运用教具，引导幼儿开展各项训练活动，并通过观察儿童，提出引导个别儿童深入活动的建议，帮助儿童适应生活。

（四）瑞吉欧教育

瑞吉欧·艾米里亚（Reggio Emilia）是意大利东北部的一个小城市，自20世纪60年代以来，该市的一所学前教育学校——戴安娜学校在著名的学前教育专家洛利斯·马拉古兹（Loris Malaguzzi）的指导下，逐渐探索出了一种颇具特色的学前教育模式，形成了一套独特与创新的哲学和课程架设、学校组织方法以及环境设计的原则，创造了一个与众不同的学前教育构架，形成了一整套从理论到实践的成熟体系。由于其思想理念的先进性和实践的有效性，1991年戴安娜学校被美国《新闻周刊》组织的专家委员会鉴定为世界上最先进的早期教育机构之一，已经受到世界各国学前教育界的普遍关注，成为美国、澳洲、日本和欧洲各国学前教育改革和发展的主要参考和借鉴对象。"瑞吉欧·艾米里亚教育"的成功与其对教师专业化的研究与要求密不可分，在瑞吉欧人的眼里，高品质幼儿教育最主要、最直接的创造者是幼儿教师，是"以专业的眼光赋予学习者和学习以价值的人"（霍钦斯语）。主要体现在如下几个方面。

1. 教师是儿童平等的伙伴、倾听者和活动的参与者

在瑞吉欧教师看来，幼儿是拥有独特权利的个体，他们有潜能，有能力，有可塑性，有成长的欲望，有怀疑与好奇心，有与他人产生关联和沟通交流、互动的渴望。所以，教师和儿童之间是一种平和、平等、自然的关系。教师和儿童的互动关系是瑞吉欧教育体系的核心，他们将教师的成长与儿童的发展看成是一个连续体，是一个不可分割的整合体。教师从心理上、情感上认同自己也是一个学生，必须不断向儿童学习，他们角色转化是在不断的互动过程中实现的。瑞吉欧的教师没有一种居高临下的感觉，儿童和教师互相吸引和融合。

在大多数国家的大多数幼儿教育机构里，如布鲁纳所指出的，师生互动拘泥于繁琐、细碎的管理问题，如常规、收拾、洗涤等，难以产生真正的学习。而在瑞吉欧，互动的大多数内容则集中于儿童的项目工作。教师和儿童的心智在共同感兴趣的问题上汇合；他们同等地

参与到所探索的事物、所使用的材料和方法、所设想的可能性以及活动本身的进程之中。这样的互动包含着智慧的激发与碰撞、经验的交流、情感的共享，每个人都能感受到来自对方的支持。在这样的互动中，教师身上所负载的社会文化不是以由上至下“倾泻”或灌输的方式传递给儿童，而是一种哺育，一种滋润。

“倾听”（包括观察）是互动的前提。在瑞吉欧教师的工作中处于非常重要的位置。教师的重要任务之一就是能通过倾听幼儿，更加了解幼儿。教师不仅要牢固树立“幼儿是自己生长过程中强大的、积极主动的、有能力的主角”的观念，而且还必须要在行为上让儿童相信教师们确实是这样认识的。倾听（包括观察）行为无疑能向孩子传达教师对他们的关注、重视、尊重和欣赏。“倾听”的意义代表着对幼儿全心全意的关注，意味着理解和尊重，意味着对别人以及别人的意见的敞开心扉，意味着教师尝试越过成人世界与儿童世界隔离的高高的围墙，去理解成人曾经走过却已被成人遗忘的儿童世界。作为活动的参与者，教师最为重要的是倾听儿童，倾听儿童最丰富的含义是能够使孩子尽快地进入主动学习状态。教师必须与在团体中的孩子进行一种智慧上的对话，并且参与他们的兴奋与好奇感，① 以游戏和尊重的精神与孩子开展学习探究活动。

资源 1-2　阅读资料

“倾听”的意义

有时候，成人加入孩子们一起工作，有时候只围绕在一旁，所以成人有许多角色。而成人的重要角色之一便是倾听、观察，进而了解孩子在学习情境中所运用的策略。对我们而言，教师的其中一个角色就是担任“时机的分配者”，这个角

① ［美］甘第尼，福尔曼，爱德华兹．儿童的一百种语言．罗雅芬等译．朱家雄审定．南京：南京师范大学出版社，2006，第 178 页.

色对我们而言是非常重要的，也就是让孩子感觉到教师的角色不是法官，而是提供资源的人，在他们需要的时候，可以在我们这里借用一个手势或一个字词。根据维果茨基的论点，假设一个孩子已经从 a 点到达 b 点的位置，而且非常接近 c 点时，他需要在这个特殊时刻，从成人那里获得协助。我们认为假如一个教师要想了解自己如何成为一个能够组织和激发孩童的人，他一方面必须加入孩子的探索过程；而另一方面，也必须成为幼儿发现过程的共同演出者。而且我们对孩子的期望必须是有弹性且多变的，我们也必须和孩子一样，能够感受到惊奇与欢乐。我们必须能够接住孩子丢给我们的球，并以一种让孩子想要继续与我们玩，过程中有可能渐渐发展成其他游戏的方式把球抛给孩子（Filippini，1990）。

（摘自［美］甘第尼，福尔曼，爱德华兹．《儿童的一百种语言》．罗雅芬等译，朱家雄审定．南京：南京师范大学出版社，2006，第 177 页）

2. 教师是环境的准备者

瑞吉欧人认为，优质的教育需要有理想的学习空间，将幼儿学校的环境称为“我们的第三位教师”。教师作为环境的准备者，应能根据儿童的发展情况设计与布置学校环境，为儿童提供发现和学习的机会，引导儿童在讨论与协商中发展项目主题，开展项目活动。教师是儿童与环境之间的动态联结。

在瑞吉欧的学校里，强调没有一处无用的环境，学校的建筑结构、空间的配置、材料的丰富多样化、吸引幼儿探索的物品和设备等，都经过精心的挑选和摆放，以传达沟通的意图，激发人与人、人与物之间的交流和互动。此外，还特别重视环境的多重选择性以及环境成员可能产生的认知机会和成功感。教室应该像工作室，有一排大小不同的空间设计，适合不同人数小组进行合作学习，可让学生个别或与教师等人进行一对一的安静或隐秘的区域。在那里，人人都受到欢迎，每个人都有归属感。①

在物质环境的设计上，无论是装潢设备的品质、空间的规划还是建筑物本身都考虑颇多。这种精心设计不是追求物质环境的豪华，而是着重考虑如何增进环境的开放和资源的综合利用，营造出了一种舒适、温暖、愉快的气氛以及令人感到自由、快乐的情境。总之，瑞吉欧学校优质、开放的环境设计让幼儿能以自己喜欢的方式与同伴表达、反思探索活动中的想法与问题，分享自己的经验，充分实现了“环境教育”的功能。

3. 教师是儿童活动的支持者和引导者

瑞吉欧人认为，幼儿的世界是一个充满可能性的世界。作为教师，要知道在共同建构的过程中，何时提供材料，怎样变换空间，何时介入讨论，何时协助解决疑难，何时将孩子的表达方式总结出来，成为孩子成长的有力支持者。

瑞吉欧教师对儿童学习的支持、引导行为有一些独特的理解。首先，他们认为教师应认真对待孩子的学习活动，让他们感知“教师认为重要之事”，就会自然而然向这方面努力。认真对待即努力追随和参与儿童正在进行的积极主动的学习活动（孩子的“工作”），分享他们的激动和好奇，与他们共同体验喜怒哀乐。同时，教师应明白，幼儿感受成人的期待或者说成人认为重要之事并非是靠语言强调，而是靠他们严肃的注意、深刻的兴趣及欣赏的态度，有时甚至是由衷的喜悦。教师如果对孩子的“工作”（探索、研究活动等）和工作成果常常表现出惊奇、兴趣和欣赏，也是向儿童表达教师对其“工作”的重视。其次，教师支持、引导的作用在于帮助儿童发现、明确自己的问题和疑问。在瑞吉欧的教育者那里，教师支持儿童的学习并不简单地表现为“传道、授业、解惑”。把知识呈现给儿童或回答他们的问题，并不是教师的主要任务。当孩子出现问题时，帮助他们自己发现答案

① ［美］甘第尼，福尔曼，爱德华兹．儿童的一百种语言．罗雅芬等译，朱家雄审定．南京：南京师范大学出版社，2006，第159页.

比前者重要得多。而更为重要的是帮助他们向自己提出问题，提出好的问题。最后，他们鼓励儿童同伴相互交流、共同活动、共同建构知识。教师十分珍惜儿童之间的认知冲突或不一致的意见，不是赶快去压制、协调或统一，而是设法展开它，引起孩子的讨论，或者把它变成一些可以被检验的假设、可实际进行的比较，让孩子们通过讨论、检验、比较来发现“真理”，共同建构知识。

4. 教师是儿童成长的记录者和档案的保存者

瑞吉欧人认为，记录本身是一种支持教育过程的程序，是一种互动学习的过程。照相机、录音机等是教师记录儿童成长的主要工具，它能随时捕捉儿童的动作、表情；这种记录还包括图片、文字、照片、儿童的艺术作品等，对于幼儿来说，可以看到自己的整个学习过程，诠释幼儿在活动中的想法和思考过程，也可以借此评价幼儿；记录还可以协助幼儿进一步回忆与记忆，使他们重新追寻自己成长的足迹。对于教师来说，它能有助于教师完整、多方位地捕捉信息，了解儿童认识世界的方式。记录还可以作为教师的指导，协助教师作下一步的规划，还可以促使师幼互动，促使教师进一步成长，对于家长来说，记录使家长感受到幼儿在幼儿园获得经验的过程，分享孩子在幼儿园的真实经验，密切亲子关系，为家长了解幼儿，与幼儿、幼儿园互动提供了机会。

记录和档案是教师研究的一种重要形式，瑞吉欧的教师视儿童的发展为“连续体”，在与儿童合作开展的项目活动中，教师通过持续、细心的观察、倾听幼儿，从不同的角度对幼儿在不同主题的探索活动中进行原始材料的收集、记录，保存儿童的学习过程和“产品”，为儿童建立“成长档案”。充分利用墙面作为记录儿童作品的场所，每一处墙面都是幼儿或教师作品临时或永久的展示台是瑞吉欧教育的又一大特色。在记录、整理、分析、解释档案的过程中，教师要对各项记录进行选取，更要不断地进行反思，包括对教学策略的思考，对幼儿认知方式的把握，这是教师研究的一种重要形式。

5. 教师是学习者与研究者

学习是终生的，并不只是在就业准备之时。这种持续不断的学习理念在瑞吉欧教育中通过研究者和合作者的角色得以实现。作为学习者的自我形象要求幼儿教师不能把自己看做是一个知识的专门传授者，而是看做一个知识的汲取者、获得者。作为研究者的教师在这种环境中是表现为“课堂人种志学家”。为了收集大量的资料，他们需要把自己沉浸在这种学习背景中；为了更好地理解这些资料，他们需要与人合作，通过分析和解释对话、作品，以及反映学习过程和教室社会文化生活的互动，形成对儿童、对儿童的学习与发展、对教育教学活动的丰厚的描述和解释性资料。

学习者和研究者角色既是使教师的工作保持动态创造的核心，又是促使教师反思和合作的中心。教师在帮助儿童获得全面、和谐发展的同时，不断学习、不断研究，努力提升自己的专业素养。如怎样共同建构项目活动？怎样发现有挑战性又能使孩子得到满足的项目活动？在教育过程中要不要介入儿童的活动、如何介入儿童的活动以及何时介入儿童的活动？如何在遇到困难时与儿童商量？如何倾听儿童的争论，帮助他们自己解决争论？怎样建立一种合作的、支持性的互动的师生、生生关系？

资源 1-3　阅读资料

脚踏车的纠纷

——专业幼儿教师的行为分析

一个幼儿园的中班，有 20 多个四岁的孩子，可全园只有两辆三轮脚踏车，所以脚踏车的投放和使用就成了问题。孩子们常常为此争吵。有一天，一个名叫宝宝的小男孩跑到老师面前抗议说：小莉不让我骑三轮脚踏车。

丽莲·凯兹列举的这个情境，幼儿园经常会发生，不同的专业化程度的幼儿教师会如何反应呢？

非专业人员的做法：

1. 转移注意力，不提三轮车这件事情了。“你看那边的东西多好玩，走，咱们上那边去。”

2. 大声呵止。将三轮车推开或者锁起来。

3. 威胁。“你如果不给宝宝骑，星期五咱们上动物园你就别去了。”

4. 许诺给予某种好处。“如果你让宝宝骑了，一会儿让你给班里小朋友发点心。”

5. 隔离到旁边思过。也有个别老师给孩子讲大道理：“你这样可不好呀！不谦让的孩子不是好孩子。”

6. 受害者至上。谁先到老师那里告状，老师就认为这个孩子是受害者，然后，就会对这个受害者倍加保护和关爱。

7. 强调成人的感受。“小莉我心里很难过，你这样做太让我失望了。”

以上老师的处理方法，都是非专业化的表现，类似于“转移注意力”“讲大道理”“强调成人感受”等做法，被许多教师经常采用，这些方法虽然有效，却对儿童的发展促进不大。

专业人员的做法：

一个专业的或者是受过良好的专业训练的教师，她会用专业的教育理论、知识和实践经验来判断、处理幼儿出现的问题。一般来说，专业教师在处理这样的事情时，要思考三个相互关联的问题。

1. 此情境当中，可以发展幼儿什么？

2. 老师对事件中的幼儿所作的诊断是什么？

3. 课程和管理上应如何处理？

第一个问题的思考：这一情境能否使孩子获得如下四个方面的发展。

1. 发展社交技能：这里面包括轮流、协调、克服困难等。

2. 发展孩子语言技巧：教师鼓励幼儿用清晰有效的语句表达自己的需求，用明确的词语、对话技巧来表达自己的需求。

3. 获得社交知识：包括社交认知、正义观念、旁观幼儿的理解与技巧的学习。

4. 培养情感与品质：重点培养幼儿的同情心及助人的品质、尝试的勇气、避免抱怨和搬弄是非。

重点要利用这一情境来发展幼儿的社交认知，克服困难的社交技能及相关情感与品质的培养。如关于社交认知，教师要利用这一情境帮助幼儿区分什么事情是值得难过的，什么事情是不值得难过的，还可以把话题继续延伸。例如，可以对幼儿说："和所爱的人或者和自己喜爱的小动物分离，这样的事情才值得难过！"还有一种处理方法就是增进孩子们的正义观念。也可以这样说："小莉，该轮到宝宝了，你去玩别的，如果你有困难，我也会帮助你。"或者后半句换成："如果你想玩别的，我可以帮助你。"专业化的老师不但会说前半句，后半句也一定要体现，让停下来的孩子也同样意识到：我也会得到老师的支持。我们要使孩子感受到他们身处于一个公平的环境之中，每一个孩子都希望得到公平的待遇和关爱。不管是挑衅的一方还是受害的一方。在传统的教育中，小莉被定义为不懂得谦让的坏孩子是不可取的。关于社交技能，应帮助幼儿克服挫折，让他明白人不可能永远是赢家，要学着去接受失败和被他人拒绝。例如，老师可以用就事论事的语气来告诉宝宝："没关系，也许小莉等一下就不玩了，幼儿园里还有很多别的事可以做呀！"也可以建议孩子玩适合他的玩具，克服他心理上的挫败感。利用这一情境在情感与品质培养方面的尝试对于孩子的长远发展来说至关重要。要鼓励他们用各种办法来解决人际间的冲突，培养他们不断去尝试的勇气。

第二个问题的思考：如何对事件中的幼儿作出诊断？

作为专业的教师还要进行临床诊断，要思考六个方面：

1. 宝宝今天的行为在过去是不是经常发生？

2. 宝宝这个时候能够接受的挫折度有多少？

3. 小莉当天的行为对她而言是不是一种进步？

4. 如果让这两个幼儿自行处理这件事情，他们会不会学到“适当的”概念和行为？

5. 参与事件的两位幼儿目前所表现的行为模式如果不加以修正会不会留下后遗症？

6. 当事幼儿是不是会为了附和别人所赋予的“形象”个性而表现出某种行为？每个问题都暗含着孩子的不同发展方向。

第三个问题的思考：课程和管理上应如何处理？

专业化程度很高的教师，还要对课程和管理进行思考。如果类似的事情频繁发生，老师就要思考：我们所营造的环境所提供的广义的课程是不是适合幼儿？我们有没有让孩子学会适宜的、相应的社会性行为？我们的课程应该做什么样的改变？我们的班级管理又应该做什么样的改变？

总之，非专业的教师更多地从一般常识或常理出发，而专业的教师会更多地从其行为对幼儿的发展性的角度来思考问题，细心而谨慎地选择与幼儿互动的行为策略。

（摘自丽莲·凯兹.《与幼儿教师对话：迈向专业成长之路》（第十一章）.南京：南京师范大学出版社，2004.）

二、我国学者关于幼儿教师专业发展的论述

（一）陈鹤琴

陈鹤琴（1892—1982），我国著名的儿童教育家。曾在美国获硕士学位。历任幼稚园园长、幼师和幼专校长，新中国成立后，曾任南京师范学院院长、全国教育学会名誉会长、幼儿教育研究会名誉理事长。

他的“活教育”幼儿教育理论和实践对我国20至40年代的幼儿教育影响很大，是我国幼儿教育科学研究的奠基人。其主要著作有《家庭教育》《儿童心理之研究》《智力测验法》《测验概要》等。陈鹤琴对幼儿教师专业发展有深入地观察和思考，主要观点如下。

1. 幼儿教师应是高素质全面发展的人

作为我国幼稚师范教育的开创者，陈鹤琴主张“幼稚园的教师

应当有充分的训练”。① 江西实验幼稚师范学校的课程目标体现了陈鹤琴对未来幼儿教师应具备素质的思考，也是他“活教育”目的论的思想反映。当时江西幼稚师范学校的标语牌上写着：“做人、做中国人、做现代中国人；大自然、大学校，都是活教材；做中学、做中教，做中求进步。”② 对江西实验幼稚师范学校课程目标内容作进一步分析，可以看到在德育方面要求学生要有合作和服务的态度，爱国家、爱人类、爱真理；智育方面要有丰富的知能，扎实的专业知识，拥有建设的能力、创造的能力；体育方面要求有健康的身体。此外，还要求学生能歌善舞，有生产、劳动能力，能吃苦耐劳、自力更生。它包含了对学生认知、情感态度、能力等方面的要求：它要求学生不仅要“专业”，要有丰富的教育理论知识和技能，还要求学生要热爱幼教，在态度和情感上要“敬业和乐业”，要把所学的专业落实到具体行动，懂得“创业”，把自己所从事的幼教事业与肩负的历史使命联系起来，成为“有思想、有认识、能实干、能苦干的教育斗士”。他对幼儿教师的定位是德智体美劳全面发展，高素质的人。

2. 幼儿教师应观察了解儿童心理，尊重幼儿需求

他认为：“若不知儿童的心理而施行教育，那种教育必定没有良好结果的，儿童心理学是幼稚教育的基础。”③ 在江西实验幼稚师范学校，规定每个学生一入学，就要到幼稚园、婴儿园和孩子交朋友，并认定一个孩子做研究对象，定期定项做出详细记录，然后在全班交流观察研究的结果。“明了儿童心理之后，我们才能施以相当的教育，

① 中国学前教育史编写组．中国学前教育史资料选［M］．北京：人民教育出版社，1989，第159页．

② 北京市教育科学研究所编．陈鹤琴全集．［M］．（五）．南京：江苏教育出版社，1991，第16页．

③ 同①，第165页．

而收优良的效果。"①

在1924年撰写的《现今幼稚教育之弊病》中，认为幼稚园团体动作太多是弊病之一，主要表现在儿童居被动地位，而教师反居主动地位，不管儿童此时是否愿意，都必须参加教师安排的活动。认为虽然儿童做事不能任其所愿，但也不能事事随成人的意思去做，未施教以前，我们应当知道儿童的心理，他怎样学的，有什么方法学起来最经济、最有效力。"要知道我们的意思未必尽善尽美，儿童的意思未必都是错。有许多地方，我们还是要随儿童的欲望和意思。"②

3. 幼儿教师应了解儿童在家的情况，主动与家长合作

陈鹤琴认为幼稚教育是一件很复杂的事情，不是家庭一方面可以单独胜任，也不是幼稚园一方面可以单独胜任，必定要两方面共同合作方能得到充分的功效。

对于幼儿教师只管自己教得好不好而不问儿童在家里的情形，不去与家长合作，导致家长所教与幼稚园所学不能融合，甚至发生冲突，认为这种做法不对。

要求幼儿教师应掌握一些与家长合作的方法：①恳亲会：每学期至少两次，一方面展览儿童的成绩和表演的能力；另一方面教师借此与家长相识、沟通；②讨论会：可以每月一次，讨论儿童身心发育各种问题，也可教师与家长相互沟通儿童在家（园）里的情况，及时沟通、合作，共同教育孩子。③报告家庭：即要求教师以书面或口头的形式，将儿童在幼稚园所做的工作和一切品行、习惯上表现，详细与家长沟通，让父母知道在家里教导孩子的重点。④探访家庭：认为幼儿教师应经常探访幼儿家庭，这样既可以了解儿童在家中的情况，也可以增进与家长的情感交流，当以后工作中遇到困难的问题，两方面

① 中国学前教育史编写组．中国学前教育史资料选［M］．北京：人民教育出版社，1989，第165页.

② 同上，第147页.

就容易相互配合，融洽解决。[1]

4. 幼儿教师应当做儿童的朋友，同游同乐[2]

陈鹤琴对于我国传统的私塾先生过于严肃、刻板，导致儿童害怕先生，不愿意进学堂学习的状况很不赞同。认为这样不仅带来师生关系的隔膜，也会导致教与学双方面的困难。主张教师应成为儿童的朋友，主动接近孩子，同玩同学，这样既便于教师了解每个孩子的性情、能力，又可以密切师生情感，所谓“亲其师则信其道”，今后教师教起来容易，孩子也乐于听从教师的引导。

5. 幼儿教师应当具有小组教学、个别指导的能力

陈鹤琴认为我国幼儿园“团体活动太多”，无法适应儿童个性、能力的发展，主张施以个别教育，或小团体教育。[3] 同时，为了培养孩子的独立和创造性，他主张“自由教法”，即让小孩个人自由工作，喜欢做什么就做什么。但教师必须要有充分的准备，必要时有适当的指导，对教师的具体要求是：[4] ①教师要有丰富的知能，学识要高、技能要精。如果在分组活动或个别指导时，教师没有相当的学识去指导儿童活动，那么儿童也学不出什么东西来。②要准备充分的教具材料。如果材料贫乏，每天只让孩子玩一、二种玩具，终日只做一、二项工作，孩子就会缺乏兴趣，不是生厌偷懒，就是妄动胡闹，对于真正的工作，并没有学到。因此教师应准备丰富的教具材料，让儿童自由玩弄，自由试验。③教师要尽责，每天要有充分的准备，如果不尽责，虽有丰富的材料、教具，也是无用的。

（二）陶行知

陶行知（1891—1946），曾留学美国获得硕士学位，毕生致力于

---

① 中国学前教育史编写组．中国学前教育史资料选［M］．北京：人民教育出版社，1989，第150～151页．

② 同上，第159页．

③ 同上，第146页．

④ 同上，第163页．

人民教育、民族解放和社会改革事业，被誉为我国伟大的人民教育家。他创立了生活教育理论和教学做合一的教学方法，同时是我国农村幼儿教育事业的开拓者。他关于幼儿教师专业发展的主要论述如下。

1. 幼儿教师应有爱心、同情心和责任心

陶行知认为，幼年的生活是最重要的生活，幼年的教育是最重要的教育。幼儿园应成为全社会幼儿教育的场所。但由于当时的幼稚园害了三种大病：一是外国病；二是花钱病；三是富贵病。导致幼稚园成为富贵人家的专用品，平民是没有份儿的。而工厂女工、农村主妇是最忙的，幼儿常常无人照应，因此，最需要幼稚园的地方、最欢迎幼稚园的地方是工厂、农村，幼稚园的下乡运动和进场运动必须开始。①

举办平民幼儿园，教师最为重要，认为幼儿教师的基本素质是"天资聪敏，同情富后，"② 应有平等心，一视同仁，热爱一切孩子，不应当以为富贵人家的孩子是好孩子，贫苦人家的孩子是坏孩子，尤其不可迁就富贵人家的意见排斥贫苦人家的儿女。

同时，幼儿教师要有责任心，因为六岁以前是人格陶冶的重要时期，人生所需重要的习惯、倾向、态度多半在六岁以前培养成功。倘使培养得不好，"习惯成了不易改，倾向定了不宜移，态度决了不宜变"，认为培养幼儿的习惯教师要有责任心，"不负责任的教师，只是一味地放任，偶然亲自看见学生做坏事，也不过给儿童一个消极的处分，自害害人不止"。

2. 教师应有丰富的知识和高超的能力，开展保育与教育的能力

陶行知认为：平民幼儿园的教师也应受过严谨的训练，有丰富的知识，因为"幼儿比如幼苗，必须培养得宜，方能发荣滋长"。不得法、不适宜的教育会导致"幼年受了损伤，即不夭折，也难成才"。

①② 陶行知．幼稚园之新大陆．见：陶行知全集．第一卷．长沙：湖南教育出版社，1984.

他要求幼儿园教师应当具有保育的能力。“幼稚园教师应当做健康之神。幼儿的健康比什么事还要紧，幼稚园教师倘没有受过严谨的卫生训练，则幼稚园恐怕要变成传染疾病的中心。”①

同时，幼儿教师应当明白自己的使命，造就好的儿童，应当具有高超的教育能力，善于运用同伴资源，发挥积极因素，控制不利因素，开展育人工作。“幼稚园教师不得随随便便放任儿童，乃是要运用好孩子化坏孩子，运用坏孩子的好处化好孩子的坏处。”

3. 采取徒弟制的方式培养专业的新教师②

在推进中国平民幼儿教育过程中，陶行知先生对于如何培养合格幼儿教师，不断提高幼儿教育质量，有自己的思考和探索。他认为，普及教育的最大难关是教师的培训，这是一个最难的问题；因为不但经费浩大，并且若训练不得其法，办出的幼稚园就会不合国情，幼稚师范是要办的，但幼稚师范必须根本改造才能培养出新幼稚园师资，纵然如此，也不可能专靠正规幼稚师范去培养全部师资。

经过试验乡村师范学校的幼稚师范学院在燕子矶设了一所乡村幼稚园探索后，陶行知认为，徒弟制是一个值得推广的新途径。三百六十行，行行有徒弟，行行都普及。但必须克服徒弟制的流弊：劳力而不劳心，师傅不肯完全传授。教学做合一便是沥青过的徒弟制，假使我们能采取徒弟制之精华而去除他的流弊，必定能帮助幼稚教育普及，并保证质量。

（三）张宗麟

张宗麟（1899—1976），就学于南京东南大学教育系，毕业后即在陈鹤琴创办的南京鼓楼幼儿园任研究员，是我国幼儿园的第一位男

①② 陶行知．幼稚园之新大陆．见：陶行知全集．第一卷．长沙：湖南教育出版社，1984.

教师，对我国幼儿教育做出过较大的贡献。他对幼儿师范及幼儿教师专业也有较深入的思考，主要观点如下。

1. 幼儿教师的专业具有不可替代性

张宗麟曾在1926年发表的《幼稚师范问题》中对幼儿教师专业的不可替代性有过专门的论述，认为幼儿期有其特殊性，在身体、心理、学习内容、学习能力等各方面均与其他学段儿童有较大的差异，“特殊的儿童，应当有受过特殊教育的人才去施教。所以幼稚园应该有曾经受过幼稚教育的人才任教师”。① 同时，“幼稚园里的游戏、音乐、手工、图画、诸科固然不是小学可比，又非小学里的雏形，……断乎不可直抄小学教学法的”。②普通师范生若到幼儿园任教，所学到的教育原理与技能还有一半可以运用，但在教学的技能上是很难应用的。“还有家庭的联络是幼稚教师最重要的职务，恐怕也是普通师范生难做到的，此外如养护上也比小学里更有繁重的责任。凡此种种，都非受过专门训练的人才所能胜任”。因此幼儿教师必须经过严格的幼儿教育专业学习、训练才能上岗执教。

2. 幼儿教师应关注社会，为大多数儿童谋幸福

张宗麟曾在1931年撰写《幼稚教师对社会应有的态度与技能》一文，可算我国较早专门对幼儿教师专业化所做的研究和论述。他认为当今中国妇女在社会上的地位在不断提高，认为幼儿教师在现代教育制度之下，几乎完全是女子的现象不合逻辑，“男子也可以任幼儿园教师”。并以自己的亲身经历证明：幼稚生很喜欢和我在一起。但由于幼儿教师绝大多数都是女性的事实现状，因此，幼儿教师对社会的问题，实际就是妇女问题，伴随着中国妇女解放运动的潮流，幼儿

①② 张沪，张宗麟．幼儿教育全集［M］．长沙：湖南教育出版社，1985，第204页．

教师至少有三点应该觉悟：① 第一，幼稚教师是劳工。女教师是中国新兴的职业，因此幼儿教师为着职业起见，为着妇女运动起见，也为着自身利益起见，应成为独立的劳工，不能不劳而获，或受任何阶级的支配。第二，幼稚教师是为着大多数儿童谋幸福的。幼稚教育对于任何孩子当然要一视同仁，不论贫富孩子都要教育。第三，幼稚教师要深入社会去。幼儿园是社会组织的一部分，幼儿教师就是社会的一分子，不能局限于幼儿园中，应对社会发生力量，直接加入当地的家庭问题、妇女问题，不但欢迎父母们到幼儿园来，还应到家庭里去，到妇女劳工的队伍里去。

3. 幼儿教师知识技能的修养要非常充足②

在《幼稚教师对社会应有的态度与技能》一文中还专门论述了幼儿教师应有的新本领，即在开门办园、与社会打成一片的过程中，幼儿教师应有的新本领。关于技能与常识主要有：③ 能说话，要求口才清楚，语句不俗，任何人都能听懂，并且不带教训的口气，保持平常说话的语调。能演讲，要求当人数众多时，要改换说话的语调，不怕羞，并且说得老练、精当，说明理由、讲故事、讲叙述事情的始末应使听的人字字明白。会医小病，即幼儿教师应有保育的能力，知道极普通的病源与医治的方法，如伤风、沙眼、冻疮、中暑等，能给予无钱看病的普通平民以帮助，赢得百姓的信任和尊重，不断获得社会的认可。懂得本地一切风俗习惯。要求幼儿教师在教育幼儿、做家长工作中，应了解、尊重当地风俗习惯，不应做触犯众怒的事情，充分发挥教育重在感化的功能。明了世界潮流、国家大势。要求幼儿教师，一方面所做的工作不要反乎潮流；另一方面还要把世界潮流、国家现状介绍给其他的人们。此外，还要求幼儿教师会组织合作社、会写文

① 张沪，张宗麟．幼儿教育全集［M］．长沙：湖南教育出版社，1985，第 213 页．

② 同上，第 210 页．

③ 同上，第 216～218 页．

件书信、会看文件、会做日用手工、会招待等。

4. 幼儿教师应注重人品、志向的修炼和培养

张宗麟认为，幼儿教师作为一种社会职业，应有其职业道德和职业态度。最主要的是有“终生从事幼稚教育为社会谋福利”① 的愿望。从业志向尤宜坚忍耐劳、不肯轻易改换。幼儿教师、幼儿教育要得到社会的认可、对社会发挥效力，全在乎这点。

其次，要“事事留心，做到老，学到老”。认为开放办园对幼儿教师新本领的要求很多也很高，“教师决不能在短期的师范教育中学到，况且社会的实际状况，在书本上更难找到。所以只有处处留心的一法”。专业的幼儿教师还应“养成有随时改进、试验研究的精神”②。

在人品上，幼儿教师要“待人宽大，外表温厚”。他认为：聪明受人欢迎，但轻佻会招人厌恶；精细能成事，刻薄会败事；宁可吃亏，勿占便宜；服装上应处处稳重。还要“肯吃苦，能动手做”。幼儿教师要得到社会的认可，第一步就要肯吃苦，干社会工作没一件不苦的，众人知道做事之难，生活的不容易，所以对能吃苦的教师格外敬重。倡导幼儿教师要亲身做，自己动手做，享受做的快乐。

三、述评小结：共识、不足与后续研究方向

综上所述，在学前教育机构正式产生以后，国内外专家学者就开始致力于推进幼儿教师专业化的进程，对于幼儿教师应具备的能力、素质、条件等专业素养以及专业发展的途径从不同角度进行了探索和论述。虽然这些研究多数并不是专门的研究，但仍然积累了丰富的实践和理论资源，为我们当前进行这方面的科学研究提供了一定的基础与可借鉴的资源。不过，虽然国内外专家学者对幼儿教师在教育教学、保育教育幼儿方面应具备专业素质已经形成了一些基本的共识，

① 张沪，张宗麟．幼儿教育全集［M］．长沙：湖南教育出版社，1985，第 219 页.

② 同上，第 205 页.

但对于幼儿教师专业发展的系统研究涉及并不多，存在一些研究的盲点。对此，择其要点简述如下。

（一）共识

应当说，基于学前教育的理论与实践，专家学者对幼儿教师应具备的专业素养和专业发展途径的共识是广泛的，共识包括：

第一，职业道德。对幼儿教师应具备的职业道德的认识高度一致。认为幼儿教师的职业道德一方面包括热爱儿童、理解儿童、给予儿童的示范与引导和对所有孩子负责；另一方面也包括具有教师职业的认同感和使命感、遵守职业规范、奉行教师的道德准则等内容。

第二，教育观念。对于教师教育观念中的核心——儿童观，一致认为儿童期有不同于其他时期的成长和发展特点，儿童在活动中、生活中主动发展。儿童期具有独特的意义与价值，教师应观察、了解儿童的特点，在教育实践中维护儿童的人格尊严，发展儿童的独立个性，丰富儿童的内心世界。

第三，专业知识。认为幼儿教师应掌握关于儿童教养的知识，如儿童生理特点、心理特点和发展规律以及不同行为下儿童的不同需要等。同时应掌握关于教育内容的知识，认为幼儿教师应掌握丰富的知识，应是高素质全面发展的人。

第四，专业技能。幼儿教师有其专门的技能，具有不可替代性。其中包括观察、了解幼儿的能力；创设环境、提供材料的能力；与幼儿有效互动、间接指导的能力；个别教育的能力；家园合作，为家庭教育提供指导和帮助的能力等。

第五，幼儿教师专业发展的途径。随着时代的发展，幼儿教师专业发展的途径日益受到关注，一致认为：做到老、学到老，终身学习，同伴合作、互助，徒弟制的方式，在实践中学习、积累经验是幼儿教师专业发展的有效途径。

（二）不足

在学前教育实践领域及学界虽然取得了上述共识，探讨也由最初对幼儿教师专业发展的基本概念的界定，儿童、教师、教学是什么，深入到具体要求、做法和教师专业培养途径的探索，但对于幼儿教师专业发展的一些核心问题，如幼儿教师自我的价值与认识，哪些因素会影响幼儿教师专业发展，幼儿教师成长阶段以及如何针对不同阶段幼儿教师专业发展特征，提供针对性帮助都还处于起步阶段，研究较少。此外，对于国外的一些经验如何在我国现有国情下加以借鉴、运用也有待实践探索与检验。

第一，对于影响幼儿教师专业发展的因素，研究有所涉及，但较零散，没有从内在与外在，从教师个人、幼儿园、社会相互联系中去分析影响教师成长的关键因素。

第二，幼儿教师专业发展是否存在阶段性，幼儿教师的专业素质与要求，在教师发展的不同阶段各自能够达到何种水平，有什么特点、规律的研究较少，特别是如何针对不同群体幼儿教师专业发展特征提供针对性帮助处于研究的盲点。

第三，对于幼儿教师专业发展的途径虽有研究，进行了一定的探索，但不够全面、多样，特别是对于教师自我反思、教育研究等方式和途径关注不够。

第四，对于幼儿教师职业的社会意义论述较多，但对于幼儿教师自我的价值与认识研究很少，特别是教师个人在自我专业发展中的地位与作用研究更少。

第五，国外的一些先进经验和理念，如团队学习，同伴合作、互助，教师与儿童在学习活动中的地位与关系是否适合我国具体国情，如何在我国现有条件下实现幼儿在前、教师在后，隐性指导等，如何结合、借鉴国外经验值得探索。

（三）后续研究方向

幼儿教师专业素质的高低，决定着学前教育质量的好坏，研究幼儿教师专业发展对提高幼儿教育质量有着重要的意义。本课题组认为，后续研究应基于大家的共识，广泛借鉴国内外已有经验、做法，重点立足于我国现有国情，针对我国前期研究中的薄弱环节，有针对性地展开研究，从而保证研究的创新性。我国学前教育领域相关研究的薄弱环节如下：第一，系统研究幼儿教师专业发展规律不够，包括幼儿教师专业发展阶段，幼儿教师专业发展影响因素，幼儿教师专业发展促进方式等；第二，关于构建幼儿教师专业发展标准的研究不多见；第三，对于不同阶段幼儿教师专业发展的规律、特点缺乏研究，存在研究泛化现象；第四，幼儿教师专业发展促进方式缺少实效性，未能针对不同群体幼儿教师的特点提出专业发展重点和有效发展策略；第五，对于幼儿教师专业发展需要的社会支持及关注度不够。

以上各项研究的不足和薄弱之处，都是本课题确定研究方向的重要选择依据。

第二章 幼儿教师专业发展规律

进入 20 世纪 80 年代，世界教师专业化发展的研究重心转移到关注提高教师个体教育教学水平的内涵式发展道路上。90 年代以来，“为了更有效地提高教师教育的质量，人们将注意力转向了对教师专业发展过程规律性的研究”。①

近几年，随着《幼儿园工作规程》和《幼儿园教育指导纲要（试行）》的颁布以及幼儿园课程改革的深入推进，幼儿园教师的专业发展问题逐渐成为我国幼教界的研究热点之一。幼儿教师素质成为推进改革的“瓶颈”问题，幼儿教师队伍专业化水平亟待提高，成为大家的共识。但对于怎样才能有效促进幼儿园教师的专业发展、幼儿园教师专业发展的影响因素、幼儿园教师专业发展阶段的特征等问题尚未进行深入研究。在此，将我们的研究成果与大家分享。

第一节 幼儿教师专业发展影响因素的研究

教师的发展是一个连续的、动态的、纵贯整个职业生涯的过程。其中，来自教师个体和周围环境各方面因素的影响对教师的发展意

① 教育部师范教育司组织编写．教师专业化的理论与实践［M］．北京：人民教育出版社，2003，第 25 页.

义重大。由于影响因素的不同，教师的发展状态也将大异其趣。了解、掌握相关因素，主动利用积极因素，积极控制不利因素，有利于推进教师专业发展。

一、幼儿教师专业发展影响因素研究的现状

（一）国内外关于影响教师专业发展因素研究的文献综述

根据掌握的资料，研究大致可以分为以下两类。

1. 教师个人因素和环境因素（内因与外因）的研究

这是一种横向的研究，其中费斯勒与格拉特霍恩的教师发展因素论是当代美国比较有影响的教师发展理论，他们运用社会系统理论于1992年提出了动态的、弹性的教师生涯发展模式。在这个模式中，论述了影响教师生涯发展的因素主要来自两个方面：个人环境和组织环境。个人环境因素包括家庭、积极的关键事件、生活的危机、个人气质、业余兴趣、生活方式等；组织环境的因素包括学校规则、管理类型、公共信仰、社会期望、专业组织和工会等。①我国有学者提出教师专业成长的影响因素包括：教师专业发展的社会因素（社会地位与职业吸引力、教师管理制度）；影响教师专业发展的学校因素（校长引领、合作性教师文化的激励、民主管理制度的保障）；影响教师专业发展的个人因素（家庭因素、专业结构因素）。②

束从敏等采用叙事研究的方法，对一位优秀幼儿园教师的成长历程做了研究，初步探索出幼儿园教师专业发展影响因素。她认为：影响幼儿园教师专业发展的因素是多重的，而且这些因素是通过交互的方式起作用的。这些因素主要有特殊的个人生活史，良好的组织环境，勤学习、重积累、善反思的自主成长机制，公众的信任和期望，岗位

① 杨秀梅．费斯勒与格拉特霍恩的教师发展影响因素述评［J］．外国教育研究，2002（5）.

② 刘洁，试析影响教师专业发展的基本因素［J］．东北师大学报，2004（6）.

和获奖压力等。[①] 郑蓉指出关键事件作为幼儿教师专业生活中的重要事件，对幼儿教师的教育观念、专业态度和专业行为产生非常重要的影响。[②] 吴荔红认为，幼儿教师成就动机是影响其专业发展的内部核心因素。幼儿园有效的管理是影响幼儿教师专业成长的外部核心因素。[③]

2. 研究不同发展阶段中影响教师发展的原因

这类研究属于纵向的研究。有学者认为，教师专业发展受多种因素交互作用的影响，在不同的发展阶段，这些因素又各不相同。[④] 教育部师范司编的《教师专业化的理论与实践》一书中曾用不足两页的篇幅分别从师范教育前、师范教育阶段和任教后三个阶段列举了影响教师发展的因素，认为师范教育前的因素对教师职业理想的形成及教师职业的选择有重要影响；师范教育阶段，由多种因素交互作用形成的潜在课程的影响，要超过正规课程的影响；任教后，教师的生活环境（时代背景、社会背景、社区环境、学校文化、课堂气氛）更多的影响教师的发展；另外，还受到教师个人的、社会的、学校的及文化的等多个层面的多种因素的交互影响。[⑤]

（二）对已有研究的评述

综上所述，在第一类研究中，费斯勒关于个人环境因素和组织环境因素的区分比较模糊，二者界限不甚明确，同时，结合我国国情看，工会、教师专业组织等对教师职业发展的影响并不大，因此其研究对我国指导意义有限。束从敏等人的研究来源于对一位幼儿教师的

① 束从敏．教师专业成长阶段及其影响因素探析［J］．幼儿教育（教育科学），2006（6）.

② 郑蓉，龚晖．关键事件与幼儿教师专业成长[J]. 学前教育研究，2005(5).

③ 吴荔红．试析影响幼儿教师专业成长的核心因素［J］．学前教育研究，2005（9）.

④ 刘洁．试析影响教师专业发展的基本因素［J］．东北师大学报，2004（6）.

⑤ 教育部师范教育司组织编写．教师专业化的理论与实践［M］．北京：人民教育出版社，2003，第 52～52 页.

质性访谈研究，虽然深入，但显然不够普遍、典型。

第二类研究肯定了教师发展的阶段性，处于不同发展阶段的教师，影响其发展的原因也不同，虽然更具有针对性，但这类研究的线条仍过于粗犷，如任教后，横跨三四十年，研究大多只是简单地罗列出影响教师发展的因素，并无具体论述，多少显得有些武断。同时，专门针对幼儿教师的研究甚少。

从研究综述中还可以看到，只从横向或纵向开展研究都是不够的，在不同的环境、不同的发展阶段中，影响教师发展的具体原因是不同的；即使在同一个环境中，同一个发展阶段，影响教师发展的原因也会有所不同。对于不同教师来说，其影响原因也会不同。同一个原因对于某些教师来说可能会促进其发展，而对另一些教师则可能会阻碍其发展。因为人的发展作为一种“开放的生成性的动态过程，不是外砾的，也不是内发的，人的发展只有在人的各种关系与活动的交互作用中才能实现”。① 必须将二者综合起来，并且在具体的环境中研究具体的教师，才有可能正确认识和研究教师发展的问题。

二、本研究的基本思路

本研究试图以更加人本的方式关注教师的专业发展，对幼儿教师专业发展的规律性、教师专业发展的历程进行探讨，关注教师个人自主发展，从教师心理发展、社会化水平和周围环境等诸多因素对教师专业发展的影响入手，唤醒教师对自我成长与发展的关注，在专业发展的过程中认识自我价值、实现自我价值，将专业发展与提高自身生活质量相贯通，从而有意识地调节与控制影响专业发展的有关因素，做自我专业发展的主人，对自己的专业发展负责。同时，将运用定性与定量相结合的研究方法，对不同阶段教师发放问卷，同时针对特级教师、市级学科带头人等开展质性访谈，结合教师专业发展阶段、教师的专业内涵和教师队伍的专业工作情境，建立一个立体的、全方位

① 叶澜．重建课堂教学价值观［J］．教育研究，2002（5）．

的研究框架，全面分析了解影响教师发展的多方面的因素及其相互作用。

（一）研究对象的选取

1. 访谈调查对象

选择武汉市特级教师、市级学科带头人等30名。将对这些人员获得相关荣誉时的年龄、从事教师职业时间、专业理念、专业知能、专业服务精神、自我专业发展意识以及心理发展、社会化水平和职业发展中重要事件等方面进行调查。通过对调查结果的分析为后面的研究提供参考和依据（见表2-1）。

表2-1 被访谈教师样本基本情况统计表

类别 / 比例	学历		职称		职务		荣誉称号		
	本科以上	专科	小教高级	中学高级	园长	教师	学科	市优青	省特级、骨干
人数	21	9	19	11	26	4	3	13	3
百分比	63%	27%	57 %	33%	78%	12%	9%	39%	9%

2. 问卷调查对象

武汉市各级各类幼儿园、各年龄段教师若干名。

（二）研究方法的确定

本研究采用行动研究法、教育调查法、质性研究方式、安全分析法等主要方法开展研究。

（三）资料的分析

2007至2008年，我们通过抽样对武汉市22所幼儿园281位教师进行了问卷调查。抽样教师来自武汉市7个城区，既有中心城区，也有新城区；从幼儿园性质来看，有公办园，也有民办幼儿园；从幼儿园类型来看，包括了省、市级示范园，一级幼儿园和二级幼儿园；

具体为公办幼儿园教师 249 人，民办幼儿园教师 32 人。调查主要包括 3 个方面内容：教师专业发展的必备条件、阻碍因素及教师专业发展的关键期。通过对问卷结果进行编码后录入数据库，采用 SPSS13.0 统计软件对其数据进行了分析，完成调研报告（研究资料详见本章后的资源 2-1）。

2008 年，本研究选取了在专业发展中的专家型教师作为研究对象，主要采用问卷调查法（研究资料详见本章后的资源 2-2），为了更翔实地获得第一手资料，辅之以现场观察法和个别访谈法。本问卷是自行编制而成，共涉及 7 个方面的内容，18 道题目。问卷全部是主观题，采用问答形式自由填写。具体内容包括：①成长的关键因素；②个人特质与成功要素；③专业化成长的条件与途径；④对专业化成长的建议。问卷涉及武汉市各区的专家型教师，回收有效问卷 30 份，进过梳理、分析，完成报告。

三、幼儿教师专业发展的影响因素分析

（一）成长的关键因素

1. 成长的关键事件

所谓“关键事件”是指个人生活中的重要事件，该事件引起教师对自己原有专业结构（教育观念、知识、能力、专业态度和动机、自我专业发展需要和意识等）进行反思，并作出某种关键性的决策或某方面的转变。因为关键事件带有强烈的个人意义和个人色彩，突出的是个体自身的感受及其对个体的影响。在此我们将其梳理归类：

（1）成功型事件

“我参加工作第一年的第二个月，就被领导选拔去参加区五项技能竞赛，并取得了全能第三名的成绩。作为一个幼教战线的新兵，这次比赛帮助我树立了很强的专业信心，让我相信自己有能力做好幼教工作。这次比赛也让我懂得了：仅仅具有良好的专业技能不能称之为‘好老师’，良好的教育实践能力才是做好老师的关键。我也由衷地感谢园领导相信一个新手，从一开始就给了我如此宽阔的自我展示的

平台。”

“对我成长有影响的事件：公开教学展示活动、教师职业道德演讲比赛、深入幼儿家庭家访、亲人（特别是妈妈）的随时提醒。”

“我参加武汉市教师五项技能竞赛，与全市大学、职校、中学、小学和幼儿园教师一起竞争获得一等奖并晋升一级工资，这件事情对我激励作用很大，使我觉得幼儿教师的综合素质一点不比高学段的差。”

成功型事件使教师获得专业认同感，增强了专业信心，为专业发展提供了“奠基石”。同时也使教师发现了自我的潜力，增强了教师的自我效能感，更激发了专业发展的内在动力，进一步强化了教师的成就动机，进而进入“获得的成功—成就动机—再次获得成功”的良性循环。

（2）挫折型事件

“上班第二年，一次区级公开研讨活动的任务落在了我的头上，这是我做梦都想不到的，事业上我还是那么的稚嫩！为此，我付出了很大的心血。但是，试教的艰难却是大出我意料的！每一次园长总是提出那么多的不足，一点蛛丝马迹都难逃她专业的眼睛！她是那么的严肃，让我产生了‘公开课真可怕’的念头。试教就是在不断地挑剔和园长严厉的批评中进行，只到最后我获得成功时，我才看见她赞许的笑容，天啊，她比我还高兴！直到多年以后，我才领会到这位老园长对待教育事业、对待青年教师的真爱！”

“1977 年恢复高考，年轻人都以考上大学为荣耀，以学习知识为时尚，以完善自我为追求。1978 年作为高中生的我也抓紧复习准备赶考，谁知，因为生病住院，耽误了复习，考试以 7 分落选，懊悔了很久。本想第二年再考，却因这样或那样的原因没有参考。当年那种良好的社会大环境给了我们那一代年轻人以强大的引导和推动力，使我对学习和知识充满渴求，对‘时尚’敢于追求，对自我提升迫切需要。”

挫折型事件促使教师反思，进而改变其教育态度。自我实践反思是教师专业发展的有效途径之一。美国心理学家波斯纳（G. J. Posner，1989）认为，没有反思的经验是狭隘的经验，至多只能是肤浅的知识。他提出了教师成长的公式：成长＝经验＋反思。而挫折型事件可以引发幼儿教师对其教育行为、态度进行自我反思。事件的发生会触动教师内心深处的教育观念，使其认识到自己的隐性教育观并改变自身的教育行为。

在关键事件中还包括有启发型事件和感人型事件。启发型事件可以是教师参加的一次培训、听的一次讲座、看的一本书、观摩同事的一节课以及与专家进行的一次研讨等。它能激发教师的学习动力，增长教师的专业知识，更新教育观念。感人型事件使教师满足了爱的需要，孩子的爱则是满足教师爱的需要的重要来源。这种“爱”是一种力量，是一种激发教师活力的力量。这种“爱”坚定了教师从事本专业的信念，激发了教师工作的热情和教师自身专业发展的动力，使幼儿教师产生职业幸福感。

2. 成长的关键人物

“关键人物”是从关键时期、关键事件中派生出来的，是影响教师专业发展的又一重要概念。它是指教师在其专业发展过程中受某个人物的影响特别大。

人物描述：

“记得刚参加工作时，园长还是一位教师，那时的她就爱学习，取得了中专学历，人到中年又取得了大专文凭。她的经历也激励我在结婚前完成了本科学历，为我今后的成长打下基础。特别是她对幼教事业的执著，对孩子的爱，踏实的工作作风，深深影响着我。”

“在我的成长过程中，对我影响最大的外在因素是我丈夫。在我专业发展的这28年中，三分之二的时间是和他共同度过的。当我加班加点的工作时，他将孩子接回家支持我工作；当我周末要进修时，他脚踏自行车将孩子送到亲戚家。正如我们单位同事说的：‘你的成功，有爱人的一半功劳’。”

“对我产生过重大影响的人可能要算我父亲，他常常对我说‘吃亏就是得便宜’‘要舍得吃亏’‘年轻人要舍得吃苦，力气走了还会来的’。在我刚参加工作的时候，这些话对我起了很大的作用，慢慢地就成了自己的工作习惯。”

这些生动的描述使我们看到，关键人物对教师的专业发展起到了积极引领、推波助澜的影响。特别是在初任教师时，总要自觉或不自觉地选择某一位教师作为认同的对象和教学行为的基本参照。此后，教师即在此基础上不断改造和更新。并且关键人物在不同关键时期也起到了不可替代的作用。

3. 成长的关键时期

所谓“关键时期”，顾名思义是指关键事件发生的敏感期，教师内在专业结构多在这一时期出现改变，即教师专业发展多在这一时期产生。通过调查一发现，70.1%教师认为工作头五年是自己追求专业化发展愿望最强的阶段，70.8%的教师认为专业发展最佳阶段在工作的五至十年。① 这说明教师的专业发展存在着“关键期”。

调查二显示：“我认为教师专业发展的关键期在第一阶段，最希望得到帮助的是第二阶段。因为第一阶段是职业感、教育观、教育实践能力初步形成的时期，也是人最有精力和上进心的时候，如果此阶段未受到良好的影响和锻炼，则会影响人后续的专业发展。第二阶段则是人困惑或问题最多的阶段，也是人的教育思想、教育行为风格等形成的时期，因此希望得到更多的指导与帮助。”

“感到工作的头五年最希望得到帮助。需要构建好的工作习惯和职业精神态度，以及教学领域的常规基础。还需要保教专业的管理者的不断激励和指导评价。”

“教师专业发展的关键期应该在第一阶段和第二阶段，通过第一阶段激发、树立事业信念和第二阶段专业能力的巩固，教师基本上可以稳定的心态和能力面对今后工作的挑战。教师最需要得到帮助的也

① 彭兵，苏雅琴．幼儿教师专业发展阶段及影响因素调查结果及启示［J］．学前教育，2009（9）．

是这两个阶段，第一阶段的关键是要帮助年轻教师树立对事业的感情；第二阶段的重要性在于帮助教师学会运用正确的方法，更好的驾驭纷繁复杂的日常工作，体验专业成就感，使教师对自己、对工作能树立坚定的信心。”

通过上面的分析，我们不难发现：“适应期”在教师的成长过程中有着举足轻重的地位。在这个阶段教师是否热爱工作、是否熟练掌握教学基本功、是否渴求教育理论与经验、是否具有一定的可塑造性，是他是否能走向成熟，成为名师的关键。从一定意义上讲，“入职适应期”是决定教师能否成长为名师的关键期。这是因为，名师的成长是一个从量变到质变的过程，“入职适应期”属于特殊的“量变”阶段。虽然说教师在发生质的突变成为名师之前都处于量变期，但在量变过程中教师专业素养的发展速度、水平、程度等方面都是不均衡的。

（二）影响教师成长的其他因素

1. 个人特质

每个人都有属于自己的个人特质和气质类型，专家型幼儿教师的气质类型和个人特质也各不相同。调查二发现：个体优良性格特征对其专业发展有一定的推进作用，其中自信、合群、坚韧、宽容尤为明显。

“我主要属于黏液质性格的人。我最突出的性格特征是积极主动、吃苦耐劳、善于思考、坚忍不拔，这种性格对我的专业发展产生了积极的影响作用。”

“我个人觉得自己更倾向于多血质的气质。最突出的性格特征可能是‘追求完美’，虽然我知道‘完美’永远只是一种境界，难以达到，但追求完美的过程却让我对自己有要求，并尽力改变所处的环境条件，向完美的方向努力，同时保持看淡结果的心态。”

一个人的成功，有天赋的一面，有自身努力的一面，也有机遇的一面，教师成功是教师主体主动发展的过程，更为重要的是自己如何能够在工作中保持自己对成功的渴望和激情。主动发展的精神、过硬的功底与才华是名师成功与发展的必备素质，教育信念是名师成功的精神力量和支柱，敬业精神使名师事业更成功更长久。从专家型教师的成功中我们看到共性的因素有如下几个方面。

保持积极进取的心态。例如："成长的关键在于自己，尤其是在如今诱惑纷飞的时代，'坚守自己'是一种难得的境界！正确地看待各种批评和挫折，调整好心态是关键。首先应该找准自己的定位，也就是说弄清我是个什么样的人才，我的兴趣爱好是什么，我需要什么样的工作环境，什么样的工作能够体现我的人生价值并值得我为之去奋斗，有了正确的定位后，就必须排除杂念坚持不懈地走下去。"

保持谦虚谨慎的态度。例如："我认为要正确地评价昨天。要恰当地看到自己的长处，又要看到自己的不足。经常尽可能创造条件，抓住机遇，发扬长处；承认自己的不足，改正自己的不足。同时，客观地认识今天。今天是最好的机遇，不可忽视，一定抓住。"

保持勇于行动的习惯。例如："那时幼儿园教学缺乏教材、教具、图片，可以说教具和图片全靠自己画，因此在那个时代我充分发挥自己绘画的特长，用在工作中，使自己的教育活动很快得到小朋友喜欢和家长认可，同事们和领导也信任我，给了我许多公开课的任务，积累了许多有益的实践经验，为今后的总结提升和撰写理论文章奠定了基础。"

2. 书籍

追寻专家教师成长的轨迹，我们还发现，在其成长的过程中，还有一个比较集中的外在影响就是书籍。包括：名人名著、励志美文、教育专业书籍。100％的专家教师都善于学习，有良好的读书习惯，他们都是坚持读书的典范，把书当作自己的精神食粮。

调查二显示："那时，由于幼儿园教师在社会的地位非常低下，常被人们称作'阿姨''高级保姆'而遭到轻视，年轻的我深为自己的职业身份寒微而感到无颜和羞辱，却又特别希望得到人们的尊敬和爱戴，《简·爱》无疑给自己树立了一个独立自主、争取平等的典范。尤其是它的那句名言'我们在精神上是平等的'，给年轻的我带来了巨大的精神力量。”

“在工作后的第三年，偶尔读到日本作家黑柳彻子写的《窗边的小豆豆》这本书，它给了我很大的震撼。豆豆在巴学园自由、快乐的幸福感受，让我感到作为早期教育工作者‘尊重、爱、给予孩子自然’的教育理念的重要，激发着我也想做一名像小林校长那样能影响人一生的教育智者。”

“两本书：一本是于丹的《庄子心得》；另一本是《宋美玲传》。”

“我有幸拜读了有关陶行知先生的教育著作，感到他很多精辟的见解对我们教育教学有着很强的现实指导意义。读后犹如一丝曙光，引领着我走出教育的误区，走向光明。”

3. 日常工作、社会地位及收入水平

通过调查一发现：日常工作多、社会地位及收入水平低成为阻碍幼儿教师专业发展的外在因素。

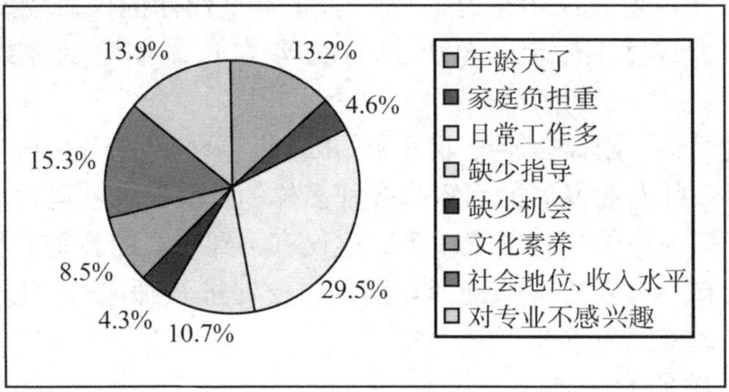

调查一对“阻碍教师专业发展因素的主次顺序”的调查中，问卷提供了八个选项，每位教师根据自己的认识，按主次顺序选择其中的六项，数据结果如上表。其中，主要阻碍因素为：日常工作多占 29.5％；社会地位及收入水平占 15.3％；对专业不感兴趣占 13 9％；年龄大占 13.2％。前四项合计 71.9％，其他四项合计 28.1％。

日常工作琐碎、繁杂的确是幼儿教师职业的特点。幼儿园肩负着保育和教育的双重任务，幼儿教师从早到晚都与孩子在一起，教育寓于一日生活之中，不存在上课、下课之分，手脑并用，精神、体力高强度支出。同时，不同家长对幼儿园工作的要求也是千差万别，需求不一，这些都造成了幼儿教师日常工作饱和甚至超负荷，的确会给专业发展带来一些负面影响。但是，应该看到，教师专业发展与日常工作并不是矛盾的。两者的关系好比船与水的关系，水能载舟也能覆舟，如何在急流中勇进，顺势而为的确需要胆识和智慧。

“幼儿教师社会地位及收入水平低”如果从教师行业内部比较应该是事实。但从整个社会行业比较来看，教师职业以其稳定性和受社会重视程度已日益成为全社会令人羡慕的职业之一。对此，幼儿教师应有清醒的认识。当然，从幼儿园收费标准来看，各地存在较大的差异，就武汉市情况而言，幼儿园收费标准已10年未调整，的确在很大程度上限制了幼儿园的发展，也影响了从业人员的福利待遇。

通过对于“阻碍教师专业发展的因素”调查结果分析中还可以发现，阻碍教师专业发展的因素是多种多样的，答案的趋同性较低，即使是处于第一位的“日常工作多”也仅有不到三成的教师选择，还有四个选项有一成多的教师选择，因此，要促进教师成长，以人为本，区别对待显得尤为重要。

4. 结婚生子

调查一发现：结婚生子对幼儿教师专业发展不会有消极的影响。

幼儿园以女性群体为主，教师一般都会经历结婚生子阶段后逐步稳定下来。那么结婚生子对幼儿教师专业发展存在何种影响呢？调查结果表明：有49.5％的教师认为结婚生子对专业发展无影响；39.1％的教师认为有积极影响；10.7％的教师认为有消极影响。因此，结婚生子对教师专业发展基本上不会有消极影响，相反会对近四成教师产生积极影响，这应该与做母亲后的情感体验变化及对子女更深入细致的观察了解不无关系。

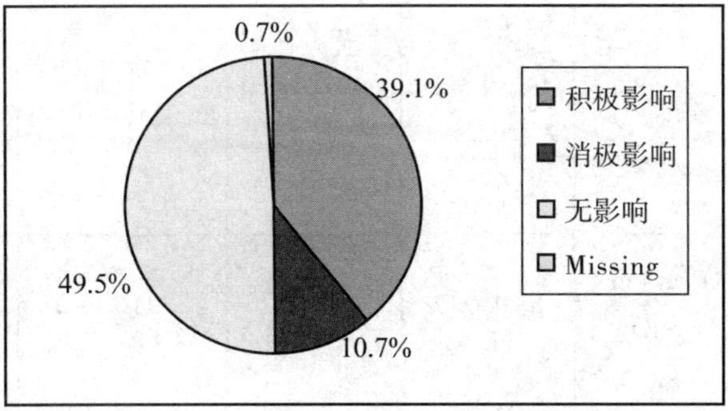

5. 荣誉称号

调查一发现：荣誉称号能够促进幼儿教师专业上的不断发展。

调查一中，我们将教师是否有荣誉称号，与自己对自身目前专业发展满意度、家长对其专业化水平满意度、园领导对其专业发展满意度的结果作相关分析，结果如下：

Correlations		您的荣誉称号是	您对自己目前专业发展状况的态度是	家长对您的专业化水平态度是	园领导对您专业发展状况的态度是
您的荣誉称号是	Pearson Correlation	1	−0.035	.119(*)	.160(**)
	Sig. (2-tailed)	.	0.561	0.049	0.01
	N	281	280	275	259

续表

Correlations		您的荣誉称号是	您对自己目前专业发展状况的态度是	家长对您的专业化水平态度是	园领导对您专业发展状况的态度是
您对自己目前专业发展状况的态度是	Pearson Correlation	−0.035	1	.294(**)	.393(**)
	Sig. (2-tailed)	0.561	.	0	0
	N	280	280	274	258
家长对您的专业化水平态度是	Pearson Correlation	.119(*)	.294(**)	1	.523(**)
	Sig. (2-tailed)	0.049	0	.	0
	N	275	274	275	259
园领导对您专业发展状况的态度是	Pearson Correlation	.160(**)	.393(**)	.523(**)	1
	Sig. (2-tailed)	0.01	0	0	.
	N	259	258	259	259

* Correlation is significant at the 0.05 level (2-tailed).

** Correlation is significant at the 0.01 level (2-tailed).

在对问卷数据进行分析时，将有荣誉称号用“1”显示，以上相关结果显示：

① 有荣誉称号者与自己对专业的满意度呈负相关：r＝0.035，且相关不显著；有荣誉称号者与家长对自己专业的满意度呈正相关：r＝0.119（*），即相关显著；有荣誉称号者与园领导对自己专业的满意度呈正相关：r＝0.160（**），即相关极其显著。

② 自己对自身目前专业发展满意度，与家长对其专业化水平满意度呈正相关：r＝0.294（**），即相关极其显著；自己对自身目前专业发展满意度，与园领导对其专业化水平满意度呈正相关：r＝0.393（**），即相关极其显著。

③ 家长对其专业化水平满意度，与园领导对其专业化水平满意度呈正相关：r＝0.523（**），即相关极其显著。

对结果的分析可以发现：有荣誉称号者与自己对专业的满意度呈负相关：r＝0.035。说明有荣誉称号的教师对自己的专业发展有着较高的要求，更多看到的是自己的不足，不断追求新的发展。正因为他们对自己的专业发展拟定了较高的目标，才使他们成为对自己专业发展最不满意的教师，而这正是他们不断获得专业发展的强大动力。

有荣誉称号者与家长对自己专业的满意度呈正相关：r＝0.119（*），即相关显著；有荣誉称号者与园领导对自己专业的满意度呈正相关：r＝0.160（**），即相关极其显著。这两个相关显示出，有荣誉称号的教师与其家长的满意度、园领导的满意度，有着极高的正相关。这说明两种情况，第一，有荣誉称号的教师，确实是专业发展较好的教师，她们以其较高的专业水平赢得了家长和园领导的认可；第二，有荣誉称号能够鞭策教师不断地努力学习、工作，从而获得专业上的不断发展，由此而赢得家长和园领导的信任。

6. 教育理念

调查二发现：先进的教育理念，是成为专家型教师不懈的探索与追求、不断成长、完善自我的动力。

“我的教育理念是：让孩子游戏中学习，快乐中成长。教学理念是：向孩子学习——学会观察了理解孩子，尊重幼儿的人格，尊重幼儿的自主和独立性；和孩子一起成长——做幼儿的观察者，引领者，合作者，成为幼儿的伙伴和朋友。”

“教育理念：教育需要返璞归真。教学理念：为不教而教。落实教育教学理念过程中，时刻牢记一点，所谓的教材、教学内容都是载体，是为促进幼儿的发展而服务，所以在选择教材教法的时候，不是刻意追求标新立异、好看热闹，而是首先考虑是否对与幼儿的发展具有价值，是否符合幼儿的兴趣和需要。”

“我的教育理念是‘游戏中学习，快乐中成长’；我的教学理念是‘以幼儿为本’。在实际工作中，我始终坚持为孩子提供一个快乐的游戏环境，因为游戏是孩子的基本活动，快乐是孩子理应享受的。”

“教育理念：让每一个孩子拥有健康、快乐的幸福童年。在工作中要求‘健康’，指身心都要健康，因此要加强锻炼和看护，要营造爱的氛围，让孩子们幼稚的心灵得到健康的成长；‘快乐’，是要让孩子们体验到成长的快乐，只有付出努力，获得成功，孩子们才会拥有真正的快乐；‘幸福的童年’是跟游戏结合在一起的，是跟天真烂漫结合在一起的。”

“教育理念：关心每一个孩子的成长。教学理念：让每一个孩子都想学、愿学、乐学。”

综上所述，影响教师专业发展的因素包括关键事件、关键人物和关键时期。从个人方面来说，善于学习，有良好的读书习惯至关重要；优良性格特征对其专业发展有一定的推进作用，其中自信、合群、坚忍、宽容是核心特征；先进的教育理念，是教师不懈探索与追求、不断成长、完善自我的动力；荣誉称号能够促进幼儿教师专业上的不断发展；结婚生子对幼儿教师专业发展不会有消极的影响；日常工作多、社会地位及收入水平低成为阻碍幼儿教师专业发展的外在因素。

四、幼儿教师专业发展的障碍

本课题通过问卷调查、个别访谈、座谈会等多种形式，发现了一些不利于教师专业发展的因素，主要包括以下几个方面。

(一) 外部因素

1. 社会公众的认同和期望

在一些小型座谈会上，许多园长和教师都谈到，我国幼儿园的功能长期以来定位于为广大家长解决后顾之忧服务，“阿姨”“保姆”是幼儿教师的代名词已在一部分人心目中根深蒂固，至今仍有许多家长将孩子送到幼儿园只求吃饱、睡好、不生病；而另有部分家长要求走入教室，充当“督学”，监督教师与孩子的活动，名义上是对自己的孩子不放心，实质的潜台词是：幼儿教师素质差，他们无法对教师的教学充满信任。至于说教师是与“医生”“律师”等同的专业人员，许多人是持怀疑态度的。一般说来，社会对某一职业专业化程度的认可程度越高，相应职业的社会经济地位才能得到提升，其从业人员的质量、相应的物质条件等也才能有所改善。当前，由于社会公众对于幼儿教师职业的认同和期望较低，导致幼儿教师职业的吸引力和教师队伍的稳定性一直处于较低水平。这种现状必然会对在职幼儿教师专业发展的信心带来消极影响。

2. 国家相关政策和制度

由于教师工作的特殊性和职业属性的多样化，决定了教师个人的综合素质在专业化的进程中显得尤为重要。据此世界各国纷纷提高了幼儿教师任职的“门槛”。如美国及许多欧洲国家要求幼儿教师应具有硕士学位，朝鲜要求幼儿教师具有学士学位。

而目前我国幼儿园教师多是初中毕业后经过三年职前培训后直接就职的中专生。近几年，随着众多高校的扩招，幼师生的生源质量有进一步滑坡的趋势，考大学无望，升高中无门的学生才会选择读幼师。基本文化素养较低已成为制约幼儿教师专业发展的重要因素。而在职后培训（在职教育）中，目前培训任务多由幼儿师范学校或区教师进修学校承担，存在着将学科理论知识作为唯一研修目标的倾向，甚至很大程度上只是中师或高师课程的“重复”，忽视了教师专业化的核心——教学实践能力的培训和提高。同时，由于承担培训任务人员自身专业水准与教育水准的局限，导致继续教育的内容无法满足教师专业发展的需求，甚至脱节，延误了教师专业发展的进程。许多教师为此而苦恼，称之既浪费了时间、精力、财力，又无甚收获，但职称的晋升和考核却必须要此种继续教育的“学分”。职称作为对教师专业化水平认定和评判的标尺，直接关系到教师的名誉、地位和经济收入水平，目前却并未与教师的专业发展紧密挂钩，各等级职称教师应达到的相应专业标准和专业服务水平也没有明确而具体的要求和规定。在职称评定过程中，更多看重的是任职时间和资历，按部就班，论资排辈。这样，使得职称评定作为教师组织内部专业约束和激励杠杆的功能大大降低，不利于激发教师专业发展的内在动机。

3. 幼儿园管理及人文环境

俗话说：三个女人一台戏。幼儿园作为特定女性集中的地方，极易出现说闲话、比吃讲穿、说长道短的现象，更有甚者，还会拉帮结派。在对园长访谈中发现一个突出的共同点就是：凡是研究风气浓厚的幼儿园，都在克服女性化弱点中有严格的规章制度，如不许串班、不许上班时间谈家常，同时业务研究活动饱满。反之，不良风气形成，必然会对潜心钻研业务，追求专业发展的教师带来不利影响，饱尝嫉妒、挖苦、冷嘲热讽之苦，产生情感上的迷惘和困惑。同时，传统幼儿园仅仅作为儿童发展的场所，强调教师要好好保育儿童，却没有关注到教师发展的问题，在教师中心、师道尊严背后，掩盖着的是对教师发展的漠视或遗忘。加上幼儿园长期形成的封闭化管理模式以及多数园长缺少现代管理意识和方法，教师仅被当作人力资源、管理的对象而非管理的主人，工作中缺少支持和鼓励，缺少与同行、专家及社会其他职业人员（包括男性）交流沟通的机会，专业发展更多是以一种“自然成熟”的方式进行，这种自发的、不自觉的成长过程，往往需要几年、十几年，甚至更长的时间才能完成，难免会使教师产生更多的孤独寂寞感。长期的心理问题得不到疏导，自会带来消极情绪及个人内省智能和思辨思维成熟的障碍，从而影响个人的进步和成长，使教师专业化进程停滞不前。

（二）内部因素

1. 教师观念和思维方式

幼儿教师群体多是单一的女性，与之整天打交道的是天真无邪的孩童。因此，幼儿园教师在许多人印象中如同儿童般单纯天真，从某种意义上来说是幼儿园管理及人文环境单一缺失的直接反映，也隐含了幼儿教师在观念和思维方式上的障碍。如因循守旧、安于现状；不求有功，但求无过；事不关己，高高挂起等。而作为择偶对象，幼儿教师深受男同胞的欢迎，认为她们温柔、贤惠、懂教育，是难得的贤内助。在此环境和定位之下，部分教师生活、活动范围越来越小，关注的事务越来越少，家庭、幼儿园两点一线成为她们生活的全部，至于国际国内形势、社会的发展变化往往置若罔闻。这种状况与当今知识经济出现端倪、社会发展一日千里的现状格格不入，表现在思想观念保守、陈旧、落后，思维方式单一、静止、封闭。当教育改革日益频繁、广泛而深刻，一些新的教育思想、教育课程、教育手段和方法层出不穷时，无法及时从情感和意志上不断自我调节，以开放的心态接受新事物、新观念，并适时做出评价与讨论，只能消极被动地迎接时代对教师职业提出的挑战，在社会对教师提出的专业发展面前也显得紧迫感不够、智慧不足。

2. 教师学习和工作习惯

幼儿教师承担着保育和教育的双重职责，整天都和孩子在一起，手脚不停，十分辛苦。这也使部分教师养成了勤于动口、动手，疲于动脑，不愿动脑的习惯。集中表现在“组织开展教育活动”这一教师专业性高度体现的环节，长期存在着“依靠教材、背教材、教教材”的现象，部分教师离开教材甚至不会教。而有的教师却认为这是理所应当的事情，理由是幼儿教师太忙、太辛苦，无精力也无能力自己设计、创造性地开展教育活动。现场教学活动观摩作为一种学习方式，在幼儿教师中十分受欢迎，某种程度上也是这种工作习惯和心理定势的又一表现。而以专业人员的标准衡量，其工作的独立性与创造性是非常重要的指标。过于依赖教材必然会导致教师较多地丧失了工作的独立性和创造性，也掩盖和限制了教师不同的专业水平和专业发展。至于说到读书这一专业人员应有的习惯和行为，部分幼儿教师并未养成，有些教师读书仅限于教材和教参两本书，很少浏览科学、人文及工具性书籍，即使在当前教育改革十分强调教育活动生成性的背景下，某些教师对于一些“借鉴”性教材的要求依然是“配套”，希望通过“配套”减少查询资料、制作教具、思考设计等的麻烦，能拿着教材直接进课堂。重经验轻理论，重操作轻思考，重实践轻总结的工作和学习习惯，使得这些教师只能滞留在“教学技工”的水平上，机械地重复既定的教学工序，无法进入以独立性、创造性为特征的专业人员行列。

3. 教师教育信念与工作态度

信念是“人所具有的抽象思考方式，是一种思考和想象的无知觉过程，会影响个人对外在真实世界作评估和解释，进而成为个人行为判断的依据”。信念主导行为，教师的“信念系统”，包括对教与学的过程的信念、教师角色的信念、学科与自我学习的信念、学习环境与教学模式的信念等。教师的教育信念不仅影响其教育教学行为，而且对教师自己的学习和成长有重大影响。集中体现在以下几个方面。

（1）关怀的伦理观

关怀既表现为对全体儿童的关怀，也表现为对自己的关怀，这是教师专业发展的原动力。有人说：教育本质上是一个人道主义的事业。具有关怀伦理观的教师深深领悟了教育的本质，并将其转化为一种高度的责任感、一种发自内心的工作热情、一种对教育教学工作精益求精的态度，视工作为事业，一个值得自己把智慧、情感、精力融入其中的生命过程，视专业发展为自己的生命与众多儿童的生命一起闪光的过程，因而感到无比的自豪和满足。不具备关怀伦理观的教师，工作仅仅被当做一种职业，一种谋生的手段，整天有诸多的烦恼与不情愿，关怀仅仅选择那些聪明伶俐、活泼开朗、相貌好看或符合自己某些标准的儿童，时常会发出“点燃自己照亮他人”的感叹，自然也就难有专业发展可言。

(2) 多种身份的角色观

当今社会，随着教育功能的深刻变化，体现在教师身上主要就是多种身份的角色变化。要求教师能以学习者、支持者、合作者的角色与幼儿互动、交往，创造性地开展工作，还能够以学习者、研究者的角色在研究中学习，在学习中成长。这既是社会对教师的期望，也是教师专业发展的需求。倘若教师无法顺应时代的要求，实现自身角色的转变，依然仅以“知识的传授者”自居，不仅无法体会教师职业挑战性和创造性，也必然会限制教师个人的专业发展。

(3) 创造性地解决问题的教学观

现代教学论认为：“教”是为“学”服务的，由于儿童本身的需要、兴趣、经验和能力是极为多样的，决定了教学具有多样性、变动性和不确凿性。要求教师在教学过程中能利用各种条件和自己的主观因素，对教育活动做出最佳选择，能采取多种教育策略，创造性地解决问题，满足儿童的不同需求。教师本人也只有通过这种创造性的劳动才能实现自我专业的发展与完善。不具有此种教育信念的教师，工作中只有模仿，教学中追求操作程序和工作手册，而教育一旦变成某种固定的程序，就已经失去了教育的本色。这样的教师当然也就无法找到专业发展的生长点。

第二节　幼儿教师专业发展阶段的研究

教师专业发展阶段是教师专业发展研究的一个重要方面，它重在捕捉教师的专业素质随着年龄和经历的时间轨迹所发生的变化。了解幼儿教师的专业发展阶段理论、掌握教师专业发展阶段规律，不仅可以使幼儿教师清楚自己目前的发展水平，还可以观察、借鉴其他经验丰富的教师的专业发展状况，明确自己的专业发展方向，意识并预计自己将要发生的变化，并以此为基础来制订自己的专业发展计划，加快实现专业发展。同时，对幼儿教师专业发展阶段的描述可以使幼儿教师产生一种团体意识，使其不再感到孤单。此外，探寻幼儿教师专业发展阶段规律对幼儿园管理人员和幼教师资培训人员在选择培训内容、培训方式等方面非常有帮助，能帮助他们针对教师的专业发展状况设计培训项目，给予教师及时的帮助，从而促进教师的专业发展。

一、幼儿教师专业发展阶段研究的现状

（一）国内外幼儿教师专业发展阶段研究综述

早在20世纪60年代起，西方的一些学者就开始对教师的专业发展阶段进行研究，美国学者费兰西丝·富勒（Frances Fuller）以教师关注事物的变化为基点，将教师的专业发展分为教学前关注、早期生存关注、教学情景关注、关注学生四个阶段，① 即关注阶段理论。在这以后，教师专业发展阶段成为教师专业化研究的热点问题。研究者从不同角度出发，划分教师专业发展的阶段，探究不同阶段的特征。有代表性的主要有以下理论：② 以布顿（Burden）的求生存阶段、调整阶段、成熟阶段为代表的三阶段说；以傅乐（Fuller）的任职前关注、早期生存关注、教学情景关注、关注学生和卡茨（CKatz）的生存阶段、巩固阶段、更新阶段、成熟阶段为代表的四阶段说；以伯利纳（Berliner）的新手阶段、进步的新手阶段、胜任者阶段、能手阶段、专家阶段，费斯勒（Fessler）的职前教育阶段、引导阶段、能力建立阶段、热心和成长阶段、生涯挫折阶段、稳定和停滞阶段、生涯低落阶段、生涯退出阶段和斯德菲（Steffy）的预备生涯阶段、专家生涯阶段、退缩生涯阶段、更新生涯阶段、退休生涯阶段为代表的多阶段说，即职业生命周期理论。在上述各个理论中，布顿以实证方法总结归纳了教师职业能力的发展过程；傅乐所关心的是教师关注点的变化；卡茨和伯利纳的研究则以教师发展全程为研究维

① 陈琴，庞丽娟，许晓晖．论教师专业化［J］．教育理论与实践，2002（1）：38～42.

② 肖丽萍．国内外教师专业发展研究述评［J］．中国教育学刊，2002（5）.

度；费斯勒从教师生涯整体上考察教师发展历程；斯德菲从人的需要的角度看待教师生命全程的发展。各理论都揭示了教师职业发展的阶段特性及各阶段的发展特征，反映了教师职业发展的顺序和方法。

我国研究者大多从教师社会化角度展开研究，吴康宁将教师专业化过程分为预期专业社会化时期和继续专业社会化时期①；傅道春将教师职业成熟分为角色转变期、开始适应期和成长期②；刘捷指出教师专业发展必须经历由低到高的三个持续的一体化发展阶段：从师范生到入门教师，从入门教师到合格教师，从合格教师到优秀教师，各阶段面临不同成长问题和需求。③ 白益民以教师自我专业发展意识为分析依据，将教师的专业发展划分为五个阶段：非关注阶段、虚拟关注阶段、生存关注阶段、任务关注阶段、自我更新关注阶段④。

在幼儿教育领域，涉足研究教师专业发展的学者并不是很多。其中韩京之描述幼儿园青年教师专业发展的阶段及其特征，即第一阶段：幼苗期，对教材不熟、对学生不熟、对教法不熟；第二阶段：成长期，基本适应教育教学工作，对教材、教法、学生已基本熟悉；第三阶段：开花期，教学经验较为丰富，取得一些成果和荣誉，能够影响和带动周围同志的时候，标志着他已成为骨干教师；第四阶段：果实期，已具备了适合于自己的教学思想和教学风格，具有成功的教学

---

① 吴康宁．教育社会学［M］．北京：人民教育出版社，1998，第215～221页．

② 傅道春．教师行为访谈［M］．哈尔滨：黑龙江教育出版社，1995，第116～117页．

③ 刘捷．专业化：挑战21世纪的教师［M］．北京：教育科学出版社，2002，第150页．

④ 叶澜等．教师角色与教师发展新探［M］．北京：教育科学出版社，2001，第276～321页．

经验，取得了显著的教学成果①。常宏根据丽莲·凯兹的观点提出，幼儿教师专业发展一般要经过四个基本发展阶段，即一是为本专业的生涯而适应的阶段；二是具备了适应本专业能力的阶段，这时，教师的教育能力从原来形式的层面开始转入到与教育及儿童发展切实相关的一些具体问题上；三是开始厌倦与儿童一起做同样事情的阶段，教师的专业发展已开始进入到理论层面；四是本专业相对成熟阶段，教师的专业已开始升华到教育的精神层面，对于“教育”有了相对成熟的理解②。

（二）对已有研究的简要评述

综观以上研究，可以看到，近50年来，教师发展阶段的相关理论研究已成为一个蓬勃的研究领域。我国也已开始重视教师专业发展的研究，并且已意识到这项研究对我国教师职前培养及职后教育的价值。各理论的侧重点不同，存在着差异，但也有一些共同特点。首先，都采用生涯发展或时间序列研究思路，即将年龄作为主要参数把教师的职业发展过程划分为不同的阶段，强调教师的职业特点随着时间而发展变化。其次，承认教师发展过程中的个体差异，并在此基础上提出个别化培训的需求。最后，随着对教师发展研究的逐步完善，研究者能完整地看待教师的整个发展历程，这是一个漫长的、动态的过程，有高潮也有低谷。

至于幼儿教师专业发展阶段的研究，虽从不同的侧面探讨了幼儿教师成长的轨迹，比较切合教师成长的每个侧面，但对于全面反映教师专业发展过程轨迹略显不足。对于幼儿教师专业发展规律的表述比较抽象，大多数研究描述偏离教师实际所经历或表现出来的发展情形，对于各阶段教师不同的专业发展内容、水平、特性、需求、心

① 韩京之，张则香．把握关键阶段促进青年教师成长［J］．中小学教师培训，2000（7）．

② 吴捷．教师专业发展过程及其影响因素研究［J］．教育探索，2004（10）．

态、信念等了解不够充分，导致教师教育培养模式、教师培养培训的内容和形式差异性、针对性不够，缺乏教师成长阶段的个案研究和实证考察，无法充分满足每个阶段教师成长需求。

二、本研究的基本思路

本研究将采取实证研究的方法，以历史唯物主义和辩证唯物主义观点为指导，以教师职业生命历程为基本线索，以专业化程度为主要标志，沿着“就业—职业—专业”的发展轨迹，追踪教师职业的专业发展过程，兼顾实际工作中可操作性、可观测性需要，提出划分教师专业发展阶段的基本假设。从实践的维度，紧密贴近幼儿教师的职业生活，以教师从事教师职业时间为坐标将教师划分为不同阶段的群体，关注幼儿教师的具体发展周期，对其教学进行追踪观察研究，发现了解不同阶段教师不同的发展需求、发展优势或不足、发展中的困难与障碍、需要的帮助等，在此基础上，研究特定阶段群体教师内在专业结构的改进和专业技能的成长变化规律，从教师自身要做的工作以及需要的外在支持和帮助等多视角、全方位探询有效的改进专业结构、促进专业知能发展变化的方法和策略。帮助不同教师群体获得更快的专业发展。

（一）研究对象的选取

1. 调查对象

对从事教师职业时间为1年、5年、10年、15年、20年及以上的幼儿教师抽取样本237人进行问卷研究，同时各阶段选择8～10名教师进行个案研究。

2. 访谈对象

访谈对象以调查对象的20%比例抽取。根据以往工作和研究经验发现，教师成长不仅与大的社会环境相关，而且与园所文化、环境、教师个人经历、家庭背景、能力、性格和特长等因素都有一定的相关。因此，在选取访谈研究对象时，尽可能考虑到教师整体特点的异质性，以求得最终的研究结果能最大限度地覆盖研究主题中的不同情况。

（二）研究方法的确定

1. 调查法

通过对不同教龄、不同发展层次教师的问卷调查，及时分析发现的问题，总结现有经验。

2009年，本研究样本抽取了武汉市10所不同类型幼儿园、不同教龄的教师共237人，其中1～3年的教师75人，占32%；4～9年的教师49人，占20%；10年以上的教师52人，占22%；15～25年的教师61人，占26%。在工具与方法上，采用自编问卷及“幼儿教师职业发展阶段及特征调研”访谈提纲。内容针对不同职业阶段，涉及教师职业发展各阶段的特征等。例如，“作为幼儿教师，现阶段你每天最关心的问题是什么?”“教学中你面临的最大的困难是什么?”“优势和不足表现在哪些方面?”“在专业发展中你的最大的障碍”等，每阶段分别4个问题（研究资料详见本章后的资源2-3、资源2-4）。

2. 访谈法

通过在研究前与个别幼儿教师的预访谈，研究者初步对幼儿教师成长阶段、各阶段发展现状、存在的障碍、最需要的帮助等有了大致的了解，在此基础上，设计、修改问卷及访谈提纲（研究资料详见本章后的资源2-5）。

在研究过程中，研究者以被访者方便为原则，分别在各个幼儿园进行，注重为被访者创设一个温馨、随意的环境，以非正式的谈话形式进行。由于前期与这些幼儿园教师都有教科研方面的工作往来，建立良好的互助合作关系，访谈进行顺利，教师都能敞开心扉，谈出自己的真实感受和想法。访谈过程做现场笔录，访谈结束后进行整理、分析和归类。

根据设计好的开放性问题，对被访者进行半结构性访谈。访谈重点是对调查内容作补充和修正。本研究的最大特点是来源实践，贴近幼儿教师生活，反映她们真实的想法与发展现状，从问卷中可以看到，许多问题是对她们主观感受、体验和需求的了解，而幼儿教师受工作环境、工作对象的影响，常常存在考虑问题不全面、理解问题不深刻、思考问题不连续的状况，需要研究者在认真倾听、理解的基础上，适当的给予追问和回应，帮助教师更加清晰、准确的反映她们的真实感受和需求。

此外，研究中综合运用了观察法、经验总结法、文献法及三角互证法等多种研究方法。

（三）资料的分析

通过对问卷结果进行编码后录入数据库，采用SPSS13.0统计软件对其数据进行了分析，完成调研报告。

研究者对访谈资料的整理和分析是同步进行的，每次访谈完毕，研究者都及时对资料进行整理，梳理出能说明资料内容的观点，如果发现观点资料间有矛盾，应及时做些回访或电话联系，加以明确，最后把从资料中得到的观点加以分类，并力求在资料间建立联系。在对研究资料的整理分析过程中研究者发现：从一个新教师成长为一名合格的、优秀的教师乃至知名的教育家，不是一蹴而就的，就专业成熟的过程而言，是一个长期的发展过程，需要经历一系列的发展阶段。根据心理学对“阶段”的定义：“阶段”是用来描述结构重组的一般进程。其结构重组过程中发生的变化是质的变化，而非量的增减。我们认为，教师专业发展的不同阶段不仅表现在教师的教育教学行为或技能在数量上的增加，而且还表现在教师个人思维方式或行为方式的新的改组或新模式的出现。换句话说，教师专业发展阶段是指教师专业发展过程中以其教育教学行为或技能质的变化（如教学关注、教师角色、课堂教学行为和专业发展需求等）为发展特征的时段或阶段的序列。

三、幼儿教师专业发展阶段研究

关于幼儿教师发展阶段划分状况，100%的高级教师都认为教师的职业成长是呈阶段性的，具体分为哪几个阶段，则存在两种观点：

一种是四阶段论，70%的人认为教师成长过程经历了四个阶段，即适应期（1～3年）、探索期（4～9年）、反思期（10年以上）、学者期（15年以上）；另一种是三阶段论，30%的人认为教师成长过程经历了三个阶段，即初任期、成熟期、创造期。阶段与阶段之间具有较为明显的界限。76%的人认为职称可以作为各阶段区分的标志；92%的高级教师认为不同阶段之间表现出不同特征，以教师的职业生涯为基本线索，以专业化发展为标准具有不同的发展任务。经分析发现，三阶段论者与四阶段论者所提的前两个阶段特征基本一致。根据对每一阶段的调查显示，我们将各阶段特征归纳如下。

（一）适应期或初任期

持续1～3年（完成幼儿园班级教学一个循环）。这一时期，作为刚从幼师学校毕业走上教育工作岗位上的新教师，处于从事教师职业的尝试阶段，她们的优势是时间、精力充沛，有饱满的工作热情和良好的工作态度，经过专业的训练，幼儿教师所需要的弹唱跳画等专业技能比较强，主要挑战是缺乏实践经验，因此面临的主要任务是适应幼儿园环境，熟悉幼儿年龄特征、一日生活常规、组织开展教学、完成教学任务等，调查显示见表2-2。

表2-2 适应期（1～3年）教师职业发展阶段及特征

访谈内容		百分比
自身长处（优势）	有饱满的工作热情、良好的工作态度	89%
	某方面的专业技能相对突出	76%
面临的主要任务（有待丰富加强专业知识技能）	教学经验不够丰富	56%
	与家长沟通的技巧不够	38%
最关心的问题	组织教育教学的能力	72%
	家长对自身工作的认可度	54%

续表

访谈内容		百分比
最担心的问题	孩子的安全	61%
	教师的工资收入问题	43%
教学最大的困难	因班级孩子多、教（学）具准备压力大	64%
	还不能有效地实施教学，完成教育目标	53%

受访者现阶段每天最关心的问题中72%显示为自己组织教学的能力，54%是家长对自身工作的认可度。由此体现出初入职教师在“因班级孩子多，教具、学具的准备不够充分或不足”“不能有效地实施教学，完成教育目标”等方面存在困难，80%的教师希望在专业发展中寻求有经验的老师指导和专业培训。

在这一阶段，教师最关注的问题是自己能否适应新的环境和新的工作，例如，幼儿会不会喜欢自己，同事会不会接受自己，领导会不会认可自己干得不错等，在专业方面，他们关注的重点还未涉及幼儿教育本质及内在问题，如“教学质量”“有效教学”的问题，而是“如何开展教学”“适应教学”的问题。这一时期相当于师范生的见习期和小教三级阶段。

（二）探索期

经过1～3年的工作适应期，教师开始进入对幼儿园教育教学规律的正式探索之中。此阶段教师开始重视规划自己的职业生涯，呈现出青年时期思维活跃、大胆尝试、精力旺盛的特点，拥有人一生中最旺盛的进取精神和生命活力。经过初任期锻炼，教师已经具备一定的常规工作经验和工作的次序感，开始能够独立地、较熟练地从事教学，面临的主要任务：一是熟练掌握运用专业理论知识，形成自己的教学特色；二是不断丰富家长工作、班级管理的经验和多元化策略；三是不断提高实践经验的提炼、文字总结撰写能力。详情见观察和访谈结果。

表 2-3 探索期（4～9 年）教师职业发展阶段及特征

访谈内容		百分比
自身长处（优势）	丰富的常规工作经验，工作有秩序感	97.6%
	思维活跃，精力旺盛，积极进取工作态度	83%
面临的主要任务（有待丰富加强专业知识技能）	在实践中理解、运用基本教育理论，熟练掌握专业理论知识，形成自己的教学特色	43%
	家长工作、班级管理的丰富经验及多元化策略	33%
	实践经验的提炼，文字总结撰写能力	31%
最关心的问题	如何引领家长达成与幼儿园教育观的一致性	65%
	幼儿的心理感受和心理的发展	63%
最担心的问题	幼儿在园的安全	98%
	职业的发展，工作上的突破	68%
教学最大的困难	教学材料和资源不充分或不足	96%
	对个体特殊儿童的教育缺乏相应的经验	82%

经过前三年的锻炼和成长，她们基本掌握了教育教学技术，适应了教师工作，融入了幼儿园组织，在家长和幼儿中具有一定威信。此时她们除了关注幼儿的安全健康外，已经能更多关注到幼儿的发展、能系统思考如何控制各种教育因素，以促进幼儿最优发展。如 65%

的教师关注家园如何协调一致，63%的教师关注如何根据幼儿年龄特点和心理需求引导幼儿获得感知经验等，68%的教师除担心幼儿在园安全外，还在思考个人职业的发展，工作上的突破，表现出较强的专业发展意识，体现出于当前现状的一致性。事实上，在此期间，由于主观与客观、内因与外因多种因素的相互作用，教师间的发展的确出现分化，不同潜质教师的个体差异也在这一期间开始明显地凸现出来，一些优秀青年教师会在此期间脱颖而出。这一时期相当于小教二级阶段。

（三）成熟期

这一时期的教师一般工作 10 年以上，完成幼儿园班级教学三个循环，持续时间不等。此阶段教师最大的长处是爱孩子，有高度的责任心，已经具备了较丰富的教学经验，初步建构了自己的教育教学专业结构，不仅在教育教学方面表现出个性化的专业特点，而且在与家长沟通，在对儿童的个别教育和观察、交流艺术等方面逐渐体现出一些个性化的特征。工作上驾轻就熟，心态平和稳定，比较满足于现状。值得注意的是，由于多种因素的影响，不同教师在专业方向、发展速度和发展水平出现差异，其专业特质和层次也各不相同，导致本阶段教师的专业发展出现进一步分化，质的差距进一步加大。部分教师在批判性反思的帮助下，继续保持着不断开拓创新的专业进取精神，具有的共同特点是爱学习、爱钻研，在追求自己专业理想和专业发展中，善于发现和培育自己的专业优势，注重理论指导实践，不断总结反思自己的教学经验，努力形成自己的教育教学理念、教学方法和教学特色，从而登上了更高的专业发展平台而独树一帜、有所建树，成为“名师”进入“学者期”；有的教师则自我满足，故步自封，专业结构仍处于中上水平或一般化，进入“专业发展高原期”；有的甚至出现“职业倦怠”“做一天和尚撞一天钟”，被动应付工作，对于日新月异的教育改革难以理解，力不从心甚至束手无策。

表 2-4 成熟期（10年以上）教师职业发展阶段及特征

访谈内容		百分比
自身长处（优势）	高度的责任心，对孩子有爱心	100%
	工作经验丰富，形成了个人的教学风格	59%
面临的主要任务（有待丰富加强专业知识技能）	提高深入的研究能力、反思能力	72%
	进一步加强理论联系实际，理论指导实践的意识	62%
最关心的问题	幼儿习惯的养成教育	68%
	幼儿的身心和谐发展	61%
最担心的问题	幼儿在园的安全	99%
	家庭和幼儿园间的热点和难点问题	67%
教学最大的困难	教育理论与实践所产生的矛盾，不知如何处理与平衡	74%
	抓住教育契机，适时反思与调整教学行为	65%
	独立地、创造性设计与实施教育教学的能力	53%

10年以上教师所关注的问题已从自身或外在问题转变到对幼儿教育内在和本质问题的思考和关注，能站在终生教育的角度思考幼儿发展，例如，68%的教师能关注幼儿习惯养成教育，61%的教师能在教育中关注幼儿身心和谐发展，67%的教师在担心家庭和幼儿园间的热点和难点问题能否处理好。教学中最大的困难分别是“教育理论与实践所产生的矛盾，不知如何处理与平衡”“独立地、创造性设计与实施教育教学的能力”和“抓住教育契机，适时反思与调整教学行为”，成熟教师的特征已充分显现，这一时期是教师专业发展中的重

要分化期，相当于小教一级或高级阶段。

正如调查二中，一名中学高级教师所言："如果一个教师从执教的第一天起就认真成为实践的研究者，拿起笔来写好'教育笔记''教学病历''工作案例'，通过反思自身实践，利用各种研究渠道，积极进行教育实践研究，不断地认识和改造自己的教学行为、教学观念，在此基础上积极参与教育科研，不断提高自己的教学水平和研究能力，其发展速度必然加快，缩短成为'名师'的进程。"

（四）学者期

能进入这一阶段的教师，一般任职15～25年，年龄约在35～50岁左右，持续时间不等。这一阶段教师的特征是有创新精神和能力，教学风格与模式个性化；开始总结、提炼自己的教育教学观点和理论，教学科研成果丰富且有分量，在幼儿园内外已经产生较大影响。

作为一名幼儿教师，能否从"无名"到"有成"，从技术熟练工到"人师"、教育家，起决定作用的是教师是否具有强烈的自我专业发展意识和较强的教育教学的反思能力，善于适时反思。事实上，一名具有强烈专业发展意识的教师，当教学中面临困难和矛盾时，正是教学反思的良好契机和开始。如果教师能够正视困惑和挑战，理清问题，在理论指导下，通过深入反思，积极探寻解决问题的对策，就能不断提高自己教学实践的能力，并从中获得成长，逐步进入学者期。

在这一阶段，他们以自己擅长的教学领域为突破口，通过研究具体的教育情境，形成了自己独特的教学风格和流派。有极强的创新意识和精神，对幼儿园教育教学融会贯通，有自己独特的教育思想和教育理念，在实践中总结出一套指导自己教学实践的比较完整的教学思想理论体系及独特的实践操作体系。带头开展教育科研，自觉以理论指导实践，他们探索规律，著书立说，有的在各处讲学，有的带徒弟，有的办学校，努力宣扬自己的教育思想，教学风格，教学方法。这种做法会产生很大的社会效益，使教育科研转化为生产力，推动教育理论的发展。名师之路，平凡又充满奋斗。这一时期相当于中教高级或具备市学带和特级教师称号。

四、幼儿教师专业发展阶段研究讨论与启示

(一) 研究发现与讨论

1. 幼儿教师的专业发展具有阶段性

访谈者普遍认同专业发展呈现阶段性，且每一阶段有其自身特点和任务。初任期（任职开始的头一两年时间）的发展重点是适应工作环境和工作内容，顺利实现由学生向教师角色的转化，获得积极的工作体验，形成积极的职业态度，积累一定的教学经验。在这一时期，他们体现出一些共同特征：工作比较理性化，倾向于在分析和思考的基础上处理问题，但在处理问题时刻板地依赖特定的原则规范和计划，缺乏灵活性；探索期到成熟期（完全适应教育教学工作，掌握教学主动权，各方面都成熟后成为教学骨干的阶段）的发展重点是拥有工作成就感和强烈的工作动机以及较高的教学效能感，开始形成自己独特的教学风格，拥有明确的专业发展意识和新的发展方向，成为教学和科研骨干，具有坚定的教育信念。他们具有较强的直觉判断能力，教学行为已经达到快捷性、流畅性、灵活性的程度，教学技能方面接近了认知自动化水平；创造期（教育教学开始进入探索和创新的时期，形成了自己的独到见解和教学风格）的发展重点是具有明确、自觉的专业发展意识，追求卓越和专业成熟，有强烈的事业心和使命感，对教育理论和实践有自己独到的见解和主张，有一部分业务精干型教师发展成为专家型教师。

2. 专业化成长是动态性发展过程

幼儿教师的专业发展是一个极其复杂的、具有个体性、持续性的过程，这个过程是外在的社会因素，通过教师自身内部不断完善、更新、探索与发展的良好动机而不断向前延续和拓展的，并伴随教师整个的教育职业生涯。要严格划分出一个阶段来并切实准确地概括每一阶段的特征是困难的，本研究将幼儿教师专业发展成为四个阶段，通过调查分析、研究概括出的每一个阶段的特征及专业发展需求、每个阶段跨度时间都不是固定、一成不变的，具体到每个教师身上差异可

能更大，有的新教师可能经过一、二年就能较好的适应幼儿园工作，进入个人专业发展探索期；有的教师经过探索期的发展，他们想的、说的比做的要好，他们当中还存在着一类“写得好，但教不了书”的教师，或者由于职业倦怠的原因，部分教师与学者期教师无缘。当然，教师专业发展又是一个动态的过程，在现实中，有的教师很可能会“跳过”其中一个甚至几个阶段，出现跨越发展的态势。另外，教师的人格、气质、情感等因素在专业发展中的作用也是不可忽视的。

近年，我国学者还提出了“自我更新”取向教师专业发展的阶段模式，强调每一阶段教师自我专业发展意识和动力，责任在教师专业发展中的作用，并要求通过自我反思、自我专业结构剖析、自我专业发展设计与计划的拟定等来实现自我专业发展。

3. 良好应对职业发展的停滞阶段

在这个漫长的、动态的、贯穿整个职业生涯的历程中，幼儿教师的发展既有高潮亦有低谷。当教师发展陷入低谷时对教师的影响至关重要，这也是有的学者称为的“高原期”或“挫折期”。处于这一阶段的教师一方面接受新知识、新挑战已感觉吃力；另一方面满足于自身职业的日常成就状况，不思进取，带有明显的职业倦怠倾向。加拿大著名心理大师克里斯汀·马斯勒将“职业倦怠”患者称为“企业睡人”。职业倦怠最常表现出来的症状有：对工作丧失热情，情绪烦躁，对前途感到无望；工作态度消极，厌倦与幼儿在一起或缺乏耐心；对自己工作的意义和价值评价下降。而这一阶段正是四阶段论与三阶段论区别之关键所在。

教师经过了10～20年的教育教学实践，作为资深的老教师，他们拥有的教育经验和技巧使之对工作充满自信，并滋长了职业的自满情绪，由此失去专业发展的热情和动力，其兴趣在于“做自己乐意的事”。这种可能因为“职称”到顶而不思进取，抑或是因为在“小环境”的领先，因自满骄傲而产生的“职业懈怠”的心理，对教师的成长非常不利。大部分教师不能成为名师就是因为毕生都无法突破这一发展的“高原平台”。

而名师在这一阶段通常开始埋怨教师职业缺乏挑战性，大胆进行教育试验，批评学校组织管理中的弊端，甚至怀疑自己是否适合做老师、是否是合格胜任的老师等。正是“教然后知困”，才使得他们不满足于现状，又向前迈进一大步！能否走出低潮是教师职业专长能否继续发展，达到顶峰的关键。

（二）启示

通过上述研究特定群体教师专业发展内在结构特点和专业技能的成长变化规律，同时在教师个人发展的大背景下，从教师心理发展、社会化水平和周围环境等诸多因素对教师的专业发展的影响分析，为帮助不同阶段教师群体获得更快的专业发展，将专业发展与提高自身生活质量相贯通，从而有意识地调节与控制影响专业发展的有关因素，做自我专业发展的主人，特提出以下建议。

1. 提升教育理念，激发教师专业发展内在需求，促进主动发展

教育理念是指教师在对教育工作本质理解基础上形成的关于教育的观念和理性信念。① 叶澜教授从当代教师专业素养的基本要求的角度，认为教育理念为教师专业行为提供了理性支点，将作为专业人员的教师与非专业人员区别开来。在教师的职业生涯中，教学工作是被当作谋生的手段，受环境所迫被动的专业化，还是把教学工作当作是不断追求自身完善的载体，自觉提升自己的教育理念，不断改进教学实践，主动追求专业化成长，是教师能否快速成长的决定性因素。

幼儿教师的专业发展以热爱孩子，热爱教育事业，对工作倾注自己的全部爱心和责任为起点，因为教学首先是一种道德和伦理的专业，新的专业精神需要重申以此作为指导原则。在得到孩子喜欢和同行的认可后，能否逐步明晰和确立个人专业发展目标是关键。以前衡量一位老师是否专业，更多关注她属于哪个级别的骨干教师，论文获奖级别、教学公开课获奖级别是什么等，也就是说比较看重教师作为一个个体所表现出的成就。而现在专业化发展所关注和需要的不仅是

① 叶澜．新世纪教师专业素养初探［J］．教育研究与实验，1998（1）．

教师在教学方面的成就与贡献，更在于教育教学工作对教师人生的意义，积极的态度是实现人持续发展的必要条件。[①] 要求教师能以积极主动的态度来实现自己作为教育生活的主体，教师这种主动发展的精神品格表现在教育教学实践中，往往外化于不断的“学习—目标—实践—研究—修炼”这五个环节中。正如朱永新教授所述“一个理想的教师，他应该是个天生不安分、会做梦的教师。教育的每一天都是新的，每一天的内涵与主题都不同，只有具有强烈的冲动、愿望、使命感、责任感，才能提出问题，才会自找麻烦，也才能拥有诗意的教育生活”。所以名师之所以成为名师，是因为他们努力要成为名师。

2. 把握幼儿教师专业发展阶段及发展趋势，因势利导，获得专业发展效益最大化

教师是人类文化的继承者、传播者、促进者和新文化的创造者。作为社会中一种职业，教师的职业有其发生、发展过程，今天的新手幼儿教师，多数已是计划生育的一代，很多还是父母手心的宝贝，却要走进幼儿园，照顾孩子的吃喝拉撒、饮食起居，开展教育教学，成为呵护幼苗的园丁，承担对幼儿保育和教育的双重任务。从面对哭闹的孩子手足无措到从容不迫，从面对家长语无伦次到专业引导，从不了解教材、教法、幼儿年龄特点到积累丰富的教学经验，得心应手开展教育教学，无不反映出教师专长的从无到有、从少到多、从低级到高级的发生发展过程。通过调查一和调查三得知：幼儿教师的职业发展呈现阶段性，每一阶段有其自身特点，优势、长处各不同，关注的重点问题有差异，面临的困惑也不一样，因此促进幼儿教师专业发展，就不能胡子眉毛一把抓，不顾教师年龄和工作经验，以相同的策略对待所有的教师，而应根据教师所处的不同专业发展阶段，把握主要矛盾和矛盾的主要方面，因

① 朱小蔓．教育的问题与挑战——思想的回应［M］．南京：南京师范大学出版社，2004，第141页

势利导，获得专业发展效益最大化。

首先，注重对工作前五年教师的积极引导和培养。入职初期教师一般都对工作怀有满腔的热情和美好的理想，专业发展愿望强烈，此时的积极引导和关怀，能对教师未来的专业发展奠定坚实的成长基石。这种引导和培养除了开展幼儿园教育教学必备的弹、唱、跳、画、说、做等专业技能及教育技能外，培养重点还应放在帮助适应期教师树立正确的人生观、价值观、人生目的、人生价值，决定人的生活态度、职业态度。马克思主义的人生观及价值观认为，人生的目的及价值是为社会作贡献，其核心价值体现于幼儿教师，则是尽最大努力全方位的培养幼儿，而要实现此目标，教师必须追求专业能力的不断发展，只有通过多种活动、多种方式，引导教师树立马克思主义的人生观及价值观，才能奠定教师持续专业发展的思想动力。

其次，在教师专业发展的关键期积极创设发展的有利条件。针对幼儿教师专业发展的最佳期在工作后 5～10 年的结论，如何创造条件，把握时机，获得专业发展的加速发展，是各方面人士必须考虑的问题。从幼儿教师自身来说，为自己设定怎样的人生目标，希望成为什么样的教师，如何工作和生活，显得尤为重要。内因在事物的发展中起决定作用。只有目标明确，有强烈的专业发展内在需求的，不断追求卓越，敢于超越自我的教师，同时具备勤奋刻苦，好学上进的良好品质，才是智慧的等待机会，锻炼内功，有准备的教师。从幼儿园外部环境来说，园领导如何在最佳期为教师专业发展创设有利条件，注重从管理制度，到园所文化氛围的营造，在充分尊重教师的各种需要基础上，激发每位教师实现自身价值的内在愿望，并通过提供学习进修机会、发展机会，正面鼓励等多方式去提升和满足教师实现自身价值的精神需求，使教师发展自我的意识和我们现代教育的追求得到统一，从而形成一种坚定的职业信念，成为自觉追求专业发展的行动指南，其中有大量的工作需要做。

3. 明确不同阶段教师专业发展目标，提供针对性的帮助，满足差异化需求，更好地促进教师专业发展

幼儿教师由于面对的教育群体是人类的最初阶段，最无能、最弱小、最需要保护，同时又孕育着最巨大的发展潜力，身心发展的特殊性要求，决定了此时知识教学不是最主要的，感知发展、情感教育、习惯养成、潜能开发尤为重要，决定了幼儿教师专业发展的技能与其他学段教师有着较大的区别。这些能力主要包括：创设适宜的教育环境的能力；有效与家长沟通，开展家长工作的能力；观察了解幼儿，实施个别教育的能力；科学、有效地设计和实施教育计划的能力；正确评价教育对象及教育行为的能力；科学的研究能力等。这些能力是以教师的文化知识、专业知识、专业技能为基础，通过在教育实践中的灵活运用、大胆实践、科学研究及有效反思而逐步提高的。根据幼儿教师专业发展不同的阶段特点，细化教育技能专业要求，一来利于教师明确专业发展具体标准和要求；二来也有利于为幼儿园和不同阶段教师群体积极创造条件，提供针对性的帮助，满足差异化需求，更好地促进教师专业发展（详见资源 3-2）。

4. 促进幼儿教师专业发展，既要关注教师教育技能的不断提高，更要关注教师良好心态、性格和合作能力的培养和提高

在一般人眼中，幼儿教师能歌善舞，能说会画。的确，一名优秀的幼儿教师需要弹、唱、跳、画、说、做等全面专业技能及教育技能，这是幼儿的年龄特点所决定的。促进幼儿教师专业发展，不断提高其专业技能技巧和教育技能，的确是一个重要的内容和方面，也是一直以来幼儿园在促进教师专业发展中所重视的。但通过课题研究我们发现，教师的专业发展与教师自身的个性品质和工作态度有重要的相关性。促进幼儿教师专业发展，既要关注教师教育技能的不断提高，更要关注教师良好心态、性格和合作能力的培养和提高。主要是：坚定不移的目标和追求，为实现目标坚韧的行动，正确对待他人评价的态度，自我调整心态的能力等。一个教师要想获得质的飞跃性的发展，要能有“安于现状”的心态去抵御外界的诱惑，克服急躁和

功利思想，静下心来研究孩子——关心孩子的需求和发展；研究教法——关注自身的知识结构与能力结构，不断的学习，自觉在实践工作中不断更新自己的驾驭理念和教学方法。同时，专业发展也需要合作，需要外力和内力协同作用的才能产生 1+1>2 的效应。幼儿园良好的人际氛围、同事互助合作意识和能力，也是幼儿教师能否实现快速专业发展的又一要素。作为个人，要找准自己的发展目标，在努力不断提高专业技能及教育技能的同时，注重自我内在修养，培养积极的人生态度，勇敢面对生活的不如意，克服女性狭隘心理，敢于接受挑战、善于与人合作，常怀一颗感恩的心，将爱带给身边的每个人。乐于尝试、脚踏实地、平实心境是专业发展的内在要求。

5. 把握关键时期、关键事件和关键人物，促进专业化成长

关键时期、关键事件和关键人物是一组相互关联的概念。专家型教师在各自的发展历程中，都在最初的“关键时期”（入职适应期），经历过“关键事件”，也就是对他的后续发展起巨大促进作用的“第一次”事件。并在“关键人物”的影响下，进一步激发了内在努力向上的决心和信心，坚定的目标，获得了促进专业发展由量变到质变的动力，为后期的专业化成长奠定良好的基础。

在关键时期把握关键事件，学习关键人物，一辈子感恩“关键人物”，对教师专业发展至关重要。教师要认识到，事件的出现是偶然的，这个时期、这个事件是否是你的关键时期、关键事件最终取决于个人的把握与利用。保持对关键时期和关键事件发生的敏感性，面对关键事件，能进行有利于自我职业形象和自我职业认同的抉择，对自己内在专业结构的合理性、适应性做某些改变。尝试记录对自己专业发展影响较大的关键事件，不仅可以为事后回顾、反思自己的专业发展历程提供基本的原始素材，而且叙述过程本身就是对自己过去的教学经历予以归纳、概括、反思、评价和再理解的过程。即“与自我保持专业发展的对话”，自我专业对话，也是自我澄清过程，个人思维的清晰化过程，有利于对包括教师个人教育观念在内的教师专业结构的解构和重构。在此，反思是关键，“反思的本质是一种理解与实践

之间的对话，是这两者之间的相互沟通的桥梁，又是理想自我与现实自我的心灵上的沟通。它是教师超越自己的思维能力，是一种创造能力在教育实践中的体现。”①

总之，机遇总是留给有准备头脑的人。在机会均等、资源有限的年代，只有对机遇的到来敏感并善于把握机会的教师，才能利用资源实现个人的专业发展。

第三节　幼儿教师专业发展促进方式的研究

幼儿教师专业发展本质上是教师个体专业由不成熟到成熟的主动发展历程。这一过程是持续的、终生的，教师必须终身学习，不断改善自身的教育专业素质，不断超越自我，努力进入学者期，成为研究型教师。

我国《关于深化教育改革全面推进素质教育的决定》中明确提出了对教师政治、思想、道德与业务素质等方面的要求，其中包括教师要遵循教育规律，积极参与教育科研，在工作中勇于探索创新等方面。随着基础教育新的质量标准和目标的明晰。随着《幼儿园教育指导纲要（试行）》的颁布和实施，幼儿教师专业化的呼声越来越高，它要求教师的“专业化”水平由近代“技术熟练者”向现代“反思性研究者”转化，成为善于反思学习、研讨和实践的研究型幼儿教师。基于此，我们认为幼儿教师专业发展的合理目标应定位于学者期，研究型幼儿教师。通过对特级教师的追踪研究及查阅相关文献资料，我们认为：“学者期（研究型）幼儿教师，即具备研究问题的素养及能力，能在教育实践中开展研究，自我学习、自我教育、与幼儿共同成长的教师。”

研究幼儿教师专业发展促进方式，探讨教师个体主动专业化的机

---

①　朱小蔓．教育的问题与挑战——思想的回应［M］．南京：南京师范大学出版社，2004，第337页．

制，建立幼儿教师专业发展标准，寻求促进教师专业发展的有效策略和制度保障，对于建构幼儿教师专业发展理想模式，为我国开放的一体化幼儿教师教育提供建设性的研究成果，不断促进幼儿专业发展具有重要的意义和价值。

一、幼儿教师专业发展促进方式研究的现状

（一）国内外幼儿教师专业发展促进方式研究的研究综述

促进幼儿教师专业发展的途径研究是幼儿教师专业化研究的落脚点。这部分不仅有专家学者的研究，也有幼儿教师对自身经验的总结。长期以来，研究者们一直致力于教师专业化范式的探讨，西方学者的三种基本范式的框架分别是：熟练型实践者范式、研究型实践者范式和反思型实践者范式。不同的专业范式表现了对教师专业发展的不同要求。国内的学者熊川武在研究和反思性分析国外的反思性教学的理论和实践基础上，尝试构建了符合我国实际的反思性教学理论体系和实践模型。[①] 俞国良等综合国内外的有关研究成果和教学经验，提出了包括录像反思法、对话反思法、教学反思法等在内的一系列完整的反思训练方法。在国内一些实验中小学教师中应用后，收到了良好的效果，对提高专业能力起到了促进作用。[②] 傅建明汇总了九个促进教师发展的策略：自我规划、校本培训、同僚教练、个别指导模式、观察与评估模式、实践模式、临床视导、反思性实践、参与研究。[③] 国内传统的、普遍运用的促进教师发展策略有师徒帮带、集体备课、听—说—评课等，后来也普遍的引入西方的行动研究、校本科研等策略。

在幼儿教师研究方面，母远珍等进行了从“师傅”的角度解读幼

① 熊川武．反思性教学［M］．上海：华东师范大学出版社，1999.

② 俞国良等．反思训练是提高教师素质的有效途径［J］．高等师范教育研究，1999（4）：69.

③ 傅建明．校本课程开发中的教师与校长［M］．广州：广东教育出版社，2003.

儿园师徒制教师专业发展模式的研究，认为师徒结对的过程也是一个教学相长的过程，对“师傅”而言与新教师结对、带“徒弟”对她们既是压力也是动力，同时“徒弟”是“师傅”很好的“倾听”对象。[①] 陈妍、姜勇等通过“反思”对幼儿教师专业发展作用的个案研究，提出“把平行的反思途径连接成网络，把单独的反思变成连续性的反思”的反思模式能够有效促进教师的专业发展。[②] 还有研究认为，幼儿园领导创建符合幼儿教师专业发展特点与规律、尊重幼儿教师主体性的园所文化能够促进幼儿教师的专业发展。[③] 幼儿教师作为研究者可以通过行动研究和案例研究有效地促进自身专业发展。如有学者认为，教育行动研究能提升幼儿教师的社会地位和学术声誉，促进其专业化发展；能唤起幼儿教师的主体意识，促进教师主动发展。教育行动研究能成为我国幼教改革“胶着期”的突破口。[④]

（二）对已有研究的简要评述

当前教师发展研究尤其是中国的幼儿教师发展研究，是对处在重要的社会转型期的教育变革中的教师发展研究。研究者们对基于开放化前景的教师专业发展促进方式进行了细致的研究。但从总体上看，国内教师专业发展促进方式问题研究还比较多地停留在经验总结与概念澄清阶段，注重外部要求多，注重教师自我教育内化少，注重组织建设多，注重文化建设少。实证性研究、跟踪研究、草根研究不多，问卷调查、访谈等方法的使用也较为少见，缺少定量分析。许多宣称能够促进教师发展的策略并没有收到预期的效果，很少见到关于这些

① 母远珍，沈俊，罗兰·从“师傅”的角度解读幼儿园师徒制教师专业发展模式［J］．学前教育研究，2010（2）.

② 陈妍，姜勇，汪寒鹭．“反思”对幼儿教师专业发展作用的个案研究［J］．学前教育研究，2010（2）.

③ 黄翠萍．以教师为本创建促进教师专业发展的幼儿园文化［J］．学前教育研究，2008（10）.

④ 李焕稳．教育行动研究是幼儿教师专业发展的重要途径［J］．天津师范大学学报：基础教育版，2002（12）.

策略运用的实效报告。这其中很重要的原因是对教师发展过程的规律特别是“内动力”机制不甚清晰，对教师在成长过程中何时、何地、何种场景下会遇到何种问题、他们需要何种类型、何种程度的帮助不甚清晰。[①] 幼儿教师专业发展促进问题是一块尚待深入研究的新领域。

二、本研究的基本思路

本研究以培养学者期（研究型）幼儿教师为目标，深入幼儿园，采取草根研究的方式，跟踪一批教师的专业发展过程，紧密结合基层教师的工作实践，通过实证研究探寻有效的促进幼儿教师专业发展的策略。我们认为，策略不同于具体操作方法，它是将理念转化为具体操作方法的中间环节。教师发展需要教师有发展目标（理想的职业形象）和实际行动，但发展目标不一定会自动促使教师行动，这就需要使用策略，策略的目的与价值在于唤起教师的主动发展意识，侧重于“成人”，结果是教师产生“我要做……”的愿望。如果教师没有主动发展意识，那么促进教师发展的方法就可能变成外在于教师的任务，其效果就因人而异了。而过去已有研究中的“策略”多是方法，侧重于“做事”，是“要教师做……”。本研究立足幼儿教师边学习边工作，边工作边研究的现实，在相关理论指导下，以唤起教师的专业发展意识为重点，以解决教师观念与行为脱节的现实问题为突破口，从中总结切实可行的理论思考和实践参与的完整过程模式，从而提高教师素质，促进教师成长。

（一）研究对象的选取

本研究所选择的研究对象分布在全市各中心城区和大单位，不仅具有一定的代表性和教科研基础，而且是市教科院多年的合作伙伴，具备本研究所需要的研究者与研究对象之间相互信任的合作关系。研

① 叶澜等．教师角色与教师发展新探［M］，北京：教育科学出版社，2001，第208～210页.

究对象是来自武汉市省级示范园及一级园，处于教学第一线的青年教师20名及若干市级学科带头人和特级教师。

（二）研究方法的确定

本研究主要采用行动研究法、教育调查法、个案研究法、质性研究法等方法，辅之文献研究法、经验总结法等教育研究方法（详见本章后资源2-6）。

（三）资料的分析

本研究抽样100名各区优秀青年教师进行问卷调查，跟踪20名优秀青年教师成长研究。召开园长座谈会一次、优秀青年教师座谈会两次、各区教研员座谈会一次。通过对问卷结果进行编码后录入数据库，采用SPSS13.0统计软件对其数据进行了分析，完成调研报告。

通过调查、座谈发现，目前，我国幼儿教师专业发展的研究尚处于初级阶段，还刚刚起步。国外尤其是美国、英国、意大利等学前教育发达的国家，对教师专业化研究较早，已积累了一定的经验，形成了一定的特色。对幼儿教师专业理论素养的培养要求较高，在对幼儿教师进行能力培养时，并不太重视唱歌、跳舞、绘画等技能技巧的传授，而对教师教育能力、观察能力、研究能力和创新能力的培养却极为重视。反观我国，由于幼儿教师学历水平普遍偏低，又过于重视说、唱、画、跳等技能技巧的培养，加之幼儿园的工作繁琐而具体，由此导致许多教师存在思维的惰性，喜欢模仿，不善于研究，因而专业化水平较低。这已成为学前教育界学者和领导颇感头疼的问题，并引起了各界人士的普遍关注。正如刘焱教授所指出的："显概念"水平上的教育理论或观念对教育行为的影响作用不是直接实现的，实际上以对"隐观念"的影响和改造为中介。由于"显概念"和"隐观念"之间存在着这种关系，所以我们往往在教育改革的实践中可以看到知行分离、言行脱节的现象。① 虽然在继续教育领域，各方面也在

① 陈帼眉，刘焱主编．学前教育新论［M］．北京：北京师范大学出版社，1996，第19页．

尝试通过各种培训提高教师的研究能力，提升专业化水平，促进教师知行的统一，然而实际效果并不显著。基于此，我们认为研究型幼儿教师的成长是幼儿教师专业发展的合理目标定位。本研究试图探索出具有实效性的研究型幼儿教师培养模式，以帮助教师不断提高自身专业水平，适应学前教育改革的需要。

三、幼儿教师专业发展的条件

通过走访师资力量相对雄厚、教师队伍建设颇有经验的省、市示范性幼儿园园长及与市级学科带头人所做成长经历的交谈发现，教师要成长为学者期（研究型）幼儿教师，必须具备以下几个条件，依其重要性排列如下。

（一）教师自我专业发展的意识和需求

在教师的专业发展中，教师本人具有主观性和能动性，在将外在因素转化为自身专业发展的过程中起着不可替代的作用，特别是教师自我专业发展的意识和要求更有其独特的作用。许多园长反映：年轻教师人笨一点不要紧，关键要有要求上进的愿望，否则脑袋瓜子再灵，也不会用到工作上来，自然不可能培养成为研究型教师。就人的一般发展而言，自我意识非常关键，“因为，它意味着人不仅能把握自己与外部世界的关系，而且具有把自身的发展当作自己认识的对象和自觉实践的对象，人能构建自己的内部世界。只有达到了这一水平，人才在完全意义上成为自己发展的主体”，“独立的自我意识和自我控制能力的形成，它把个体对自己发展的影响提高到自觉的水平。这是一种影响性质的变化，不纯粹是强弱、大小的变化。”① 教师的自我专业发展意识包括三方面：对自己过去专业发展过程的意识、对自己现在专业发展状态和水平所处阶段的意识以及对自己未来专业发展的规划意识。具有较强专业自我发展意识的教师，会在自己的专业发展中处于自觉状态，随时保持对自己专业发展的关注，经常将教师

① 叶澜．教育概论［M］．北京：人民教育出版社，1991，第 217～219 页．

专业发展的有关理论与自身发展现状相结合，对照自己过去的专业发展轨迹和目前实际提出今后的发展规划，并大胆实践。在实践过程中，自我发展意识会随时保持监控，及时调控教师的专业发展行为方式和活动安排，自觉利用、发现、创造各种机会和条件，争取规划的实现，以至最终获得理想的专业发展。

当教师的自我专业发展意识转化为自我专业发展要求时，就会增强对自己专业发展的责任感，对自己的专业发展负责。主要体现在三个方面：一是教师拥有个人专业发展自主。自主是专业的基本特征之一。对于教学专业来说，教师专业自主也是教学专业的一个基本特征，包括教师专业发展自主，即专业发展和获得自我发展能力的自主。只要有利于个人专业发展、有利于获得自我发展能力，“自主”与外在因素之间可以达成协调。二是实行自我专业发展管理。要求教师无论在正式的教师教育情境下，还是在非正式的日常专业生活中，教师均表现出实施自我教育的意愿和能力。三是能够自觉地在日常专业生活中自学。要求教师的专业发展不仅仅以正式的教师教育来获得专业发展，而是将专业发展与自己日常的专业生活紧密结合起来，即学习、实践、发展相结合。承担起自己专业发展主要责任的教师，经过一定时间专业生活的积累，还会逐渐形成自我专业发展能力，为教师进一步专业发展奠定基础，并成为促进教师专业发展新的因素。可见，只有当教师具备了自我专业发展的意识和要求时，才会在实践工作中通过自我反省、自我专业结构剖析、自我专业发展设计与规划的拟定、自我专业发展计划的实施和自我专业发展方向调控等使自己的专业发展永远处于“自我更新”的状态，通过由低级到高级的动态发展的循环，不断朝积极的方向发展，促进专业化水平的不断提升。

（二）教师的终身学习与职业实践

促进教师专业发展的关键是提高教师的内在素养，改进个人的专业结构，树立教师专业“成长”观。专业“成长”观把教学看做是一项复杂、多维的活动，教师学会教学不是弥补缺陷的过程，而是作为一名艺术实践者不断追求完善的过程，是教师积极主动的、创造的过程。[①] 教师成为终身学习者不仅是社会对教师的要求，也是教师专业发展的条件。因为不会学习的教师很难培养出能适应未来社会善于学习的儿童。同样，不会学习的教师也很难在专业发展中取得长足的进步。只有具备终身学习理念和行为的教师才可能实现自我专业发展管理，按照教育发展的要求及时做出专业学习的决策，如需要学习哪些内容、如何学习以及何时学习等，帮助自己快速成长。在当前幼儿园课程改革中出现了一些新的教学形式，如项目教学、研究性学习等都对教师提出了由专才向一专多能转变的要求。教师仅靠现有的知识已无法完成引导幼儿探究的任务，必须有广博的知识做支撑。对于在职幼儿园教师来说，拓展知识面，学会渗透性学习，提高学习能力显得尤为重要。就一般人来说，其学习能力会受到学习观和对自己作为学习者的认识（如对自己所能够学习内容的范围和性质的认识）的限制。有的人可能认为某些内容只有专家才能理解或专家才需要掌握，还有的人认为他们只能在别人（如教师）的帮助下才能学会某些东西。因此，学习者的学习效果如何，在一定程度上与学习者对自身学习的意识和定位相联系。渗透性学习一直是杨振宁教授所倡导的。它要求学习者对新知识、新事物保持广泛的兴趣和好奇心，只要不会的、不懂的就去学，不要怕一知半解，往往在不太懂的时候，好像是乱七八糟的状态下，就学习到了很多的东西。他强调中国传统教育培养出来的人尤其要学会渗透性学习。因为中国文化强调按部就班，循序渐进，“知之为知之，不知为不知”，而美国学生经常在乱七八糟中把知识学了进去，热衷于吸收各学科的成就，然后通过辩论剔除混乱的知识体系中的谬误，从而迅速进步，这就是渗透性学习。

教师的终身学习与职业实践是密不可分，相互促进的。教师的成长和发展关键在于实践性知识的不断丰富，教师的专业性是靠实践性

---

① 叶澜等．教师角色与教师发展新探［M］．北京：教育科学出版社，2001，第 214 页.

知识的成熟来保障的。教师在以“学习”“反思”为主要特征的行动研究中不断获得对专业实践经验的反思能力，增长实践性知识和教育智慧，进而获得专业发展。教育教学工作本身是很复杂的，因而需要教师在实践工作中不断学习、不断地总结与思考。实践中蕴涵着许多新知识、新策略的来源：最新的研究成果、新教材和新手段、观摩研讨、对教学的自我反思、同事和集体等，教师要做有心人，善于灵活地、及时地充实自己教与学的知识库。学会在日常教育工作中促进自己的专业发展，如随时记录自己最近想研究的课题，收集相关资料，寻求对同样课题感兴趣的同事；能对自己的专业发展需求做出诊断，寻求可能的学习策略，选择恰当的学习方式（如阅读有关部门资料、个人自学、请专家辅导或参加专门的研讨班等）；确定包括学习目标、学习资源、学习方法在内的系统的行动计划，安排专门的时间阅读有关资料，进行反思和实践；及时从学生或同事那里获得反馈，不断对自己的专业发展实施评价等。

（三）外部环境和机制

人是环境的产物，离开教师的生活环境，促进教师的专业化发展将会成为空中楼阁。教师的生活环境，既包括时代背景、社会背景等大环境，也包括社区环境、幼儿园文化、班级气氛等小环境，对教师的发展都有重要意义。教师的专业发展总是处于一定环境之中的，教师也正是在与周围环境相互作用的活动中获得专业发展的。前面的章节已对教师生活的时代、社会背景进行了论述，教师的专业发展正是社会、时代大环境的要求，下面将着重分析有利于教师专业发展的小环境。

根据生态学的观点，人必须与他所处环境的生态圈相适应、相协调，他才能生存得较好，人的言行中或多或少都会有环境的烙印。幼儿园作为幼儿教师每天生活的场所，幼儿园的文化、氛围对于教师群体专业发展起着至关重要的作用。幼儿园领导要解放思想，转变观念，积极营造有利于教师专业化成长的环境和机制。把领导全园教职工创造性地实施幼儿素质教育作为重要职责，把促进教师队伍专业发展当成一项重要工作。在当前市场经济条件下，幼儿园生存压力大，生源竞争激烈，随着我国加入 WTO，这种竞争还会越来越激烈。要在激烈的竞争中保持不败，关键要靠幼儿园的教育质量，最终还取决于幼儿园教师队伍的素质。因此，如何为教师专业化发展创造条件是每所幼儿园必须认真思考的问题。

1. 加强幼儿园文化建设，为教师的专业发展创造民主、宽松、适宜创造的环境

结合教师专业发展的要求来说，当前急需树立教师专业自主权的意识，保障教师拥有个人专业发展自主权。教师专业自主一般可分为个人自主和团体自主两方面。教师个人专业自主即教师依其专业技能来从事教学有关工作时，能自由决定、不受他人干扰控制。特别在当前幼儿园课程改革中，教师不再是旁观者、执行者，而是课程改革的参与者、开发者、研究者，幼儿园要鼓励和引导每位教师参与行动研究，使教师有机会对改革中出现的问题进行公开而自由的讨论，鼓励思维的独立性和创造性，防止任何形式的压制个人专业见解的做法，保护教师研究、创造的积极性，保证教师拥有专业自主权，能形成自己的教育理念和独特的教育风格，使课程改革的过程成为教师专业发展的一个重要途径。

2. 幼儿园要成为学习型组织，提高教师的学习能力

未来的竞争是人才的竞争，关键是人的学习力的竞争。学习力包括学习的动力、学习的毅力和学习的能力，每个成员学习力的提高会带来组织竞争力的提高。构建学习型组织，培养团队精神已成为国际管理发展的潮流。学习型组织的管理理论是 20 世纪末，在知识经济条件下、在现代管理理论与实践中发展起来的一种全新的管理模式。他要求全体成员能全身心地投入学习，有能力不断吸收、处理和运用多种信息，不断改建和创新现有的工作，提升理论层次，提高工作质量和境界。在这样的组织里，学习是前提，思考是基础，创造是灵魂。通过学习促进每位教师不断处于“更新”状态，时时踏准时代的节拍，通过思考把握事物的本质，看准前进的方向。学习思考的最终

目标是创造，要让每位教师都有创造的意识、创造的理想、创造的要求。在科学的管理制度和激励制度下，教师不仅能勤奋地工作而且能聪明地、有创造性地工作。在实践中学习，在学习中实践，教师间相互启发、相互观摩、剖析、深入交流和讨论，使幼儿园集体成为教师成长的摇篮。

3. 建立“科研兴园”机制，提升教师专业化水平

“科研兴园”目前已被广大幼儿园所认同，而“科研”作为“兴园”的手段是以提升教师专业化水平为中介的。传统幼儿园的管理要求教师按幼儿园的规定和教师行为规范去教育教学，倾向于让教师照本宣科和遵循教学常规，教师的视野被狭隘地限定于教学内容和传授方式上，对教师的要求是以“胜任为本”，胜任的教师也就是“教书匠”式的教师。这样的教师可以模仿别人的教学实践，但不能解释这些教学实践背后的原理或理念。而当“科研兴园”作为幼儿园的管理策略实施时，就对教师的专业水平提出了新的要求，要求教师成为研究者，能在日常工作中发现问题、提出问题，对问题进行分析和诊断，对其成因进行科学的解释，给出解决的办法。这时候，学习、反思成为必然的活动，教师被迫进入积极主动的学习、研究状态，随着问题研究的深入开展，教师的知识得到拓展，经验得以丰富，教育的观念得到转变，教育的智慧得以开启，专业化水平随之得到提高。所以，当“科研兴园”作为一个幼儿园的教师管理策略时，就会使教师生活的生态环境发生根本变化。一旦全园教师的科研意识被激发，形成了“科研兴园”的氛围，就有利于教师的角色由教书匠转变为研究者，将教师纳入奋发向上，勤奋学习，积极主动改革和勇于探索创新的发展轨道，从而促进教师专业化水平的提高，实现教师发展与幼儿园教育改善之间的同期互动。

四、幼儿教师专业发展的培养模式

（一）幼儿教师专业发展的培养模式

学者期（研究型）幼儿教师具有强烈的求知和探索欲望，乐于学

习；独立意识强，不迷信权威，勤于实践和反思；具有开拓进取、勇于创新的精神；平易近人，注意对人的终极关怀。

学者期（研究型）幼儿教师的培养虽无固定模式可循，但还是有一些基本规律可以把握的：

1. 已有的培养途径：理论型培养模式和实践型培养模式

根据查阅的相关资料，我们发现，已有研究中学者期（研究型）幼儿教师的培养途径，主要有两种培养模式。

（1）注重理论素养的培养模式

顾名思义，理论型培养模式是一个先务虚再务实，偏重于理论学习的过程。如前所述，学者期（研究型）幼儿教师的专业发展定位对幼儿教师的理论修养和研究能力提出了较高的要求，这已成为许多有志于成长为研究型幼儿教师成长过程中的最大难点。因此，加强对科学教育理论的学习，尤其是科研理论的学习就显得尤其重要。理论型培养模式一般要求幼儿教师在脱产和半脱产的前提下，全面认真地进修教育基本理论和教育科学研究基本方法。待理论基础夯实，教师的理论修养有了较大提高后，再结合教育实践从研究问题的选择、资料收集、方案设计、计划实施及总结研究成果的各环节进行实际演练，从而达到理论与实践融合的目的，帮助教师成长为研究型幼儿教师。

理论型培养模式适用于有长期实践经验的幼儿教师，有利于学者期（研究型）幼儿教师脚踏实地成长，因为理论的修养是一线幼儿教师最急缺的。针对大多教师第一学历为中专，理论修养偏低的现实，让教师在一定时间和空间内潜心进修专业理论知识，能有效地提高教师的理论水平。如果理论培养能切实到位并落实，且能与教师们所熟悉的教育实践挂钩，自然此种理论型培养模式是比较理想的。但现实中，由于职前和职后幼儿教师理论培养的实效性较低，常常导致培训的内容空洞，过于理论化，存在理论脱离实践的弊端，最终导致许多教师理论的学习和实践研究成为两张皮。因此，削弱了理论型培养模式在教师专业发展过程中的实效性和推广价值。

(2) 注重实践操作的培养模式

与理论型培养模式不同，实践型培养模式是一个先务实再务虚，偏重于实践操作的过程。此种模式适用于大专以上学历教师和文化水平较高的教师，它更为注重幼儿教师的教育实践，强调结合教师本人的兴趣和工作需要，研究所遇到的教育现象和问题，在教育实践中理解和内化相关理论，从而将理论与实践融会贯通，成长为研究型幼儿教师。

实践型培养模式以贴近教育现实、更能适合广大一线教师，成为当前学者期（研究型）幼儿教师培养的重要模式，但由于目前幼儿教师群体中大专以上学历教师和文化水平较高的教师所占比例偏小，对于多数中专学历和文化水平较低的教师，由于理论修养未跟上，会感到进一步提高的难度较大，许多教师专业发展的后劲略显不足。

可见，两种培养模式各有利弊，从我国当前教育实践来看，由于理论培训的实效性较差，教育观念和教育行为常常存在脱离的现象，所以，要求我们在对教师进行培养时，既不能只重观念、理论的传授，而忽视实际教育行为的改善。也不能只教给教师具体的行为方式或方法，而忽视理论基础的建构。

2. 本研究提出：理论与实践相结合的研训一体化的培养模式

理论与实践相结合的研训一体化培养模式既注重理论也重视实践，强调在理论的指导下开展教育实践，在教育实践的过程中进一步消化、吸收、丰富理论。只有将教师的教育观念与行为有机结合，并帮助教师在实践中加以自觉地运用，教师素质才有可能真正得到提高，研究型教师才能顺利涌现。为了实现这一教育理想，针对广大幼儿教师的工作实际和要求，在本研究过程中通过有意识地将两种模式加以融合，取长补短，逐渐形成了理论与实践相结合的研训一体化的培养模式。理论与实践相结合的培养模式主要有以下几种方式。

(1) 参与教育研究的方式

教育研究涵盖的范围较广，大至各级各类立项课题的研究，小至幼儿园内自己开展的各种教育教学研讨活动。目前，幼儿园内研究的问题日趋多样化，为教师参与教育研究实践提供了便利的条件。教师可以独立研究，也可联合其他人一起做研究，还可参与别人的研究。在这一过程中，教师将通过自己的摸索或向他人请教，慢慢地熟悉研究主题、制订研究方案、收集资料、撰写研究报告等教育研究的流程，经过不断地锤炼，并及时总结教育研究过程中的经验与教训，从而有效地提高自己的研究能力。

（2）自我反思的方式

针对一线幼儿教师积累了大量教育经验的现状，以此为基础，通过教师自我总结与批判，进行提炼与升华，这也是学者期（研究型）幼儿教师专业发展过程中最主要的实践形式。反思的过程不仅是以实践为基础，对教师教育观念与行为进行再探索的过程，更重要的是它是教师的自我超越。总结重在将经验与理论连接，实际上是对经验进行筛选、验证、推广与升华的研究过程。批判重在发现问题，它是对教育现实重新审视和探讨的研究过程。总结与批判的结合能有效地加强教师的研究意识，提高教师发现和解决问题的能力，促进教师理论与实践水平的同步提高。

总之，不管那种方式，我们重点强调反思—学习—研讨—实践等环节，几个环节之间既相对独立，又相互联系，相互融合，通过四个环节循环往复、螺旋上升培养研究型幼儿教师。我们称之为学者期（研究型）幼儿教师研训一体化的实践培养模式（参见下图）。它的根本目的是帮助教师提高专业理论修养和教育研究能力，培养善于自我反思、自我学习、自我教育的学者期（研究型）幼儿教师。它的基本出发点是在反思、学习、研讨、实践的过程中，通过解决教育实践中的各种问题，以研究促教育实践，以教育实践带动教师的研究工作，力图让理论学习与实践研究更有效地结合，使教师的专业发展水平得到提升，更多的学者期（研究型）幼儿教师得以涌现，从而更好地满足学前教育发展的需要。

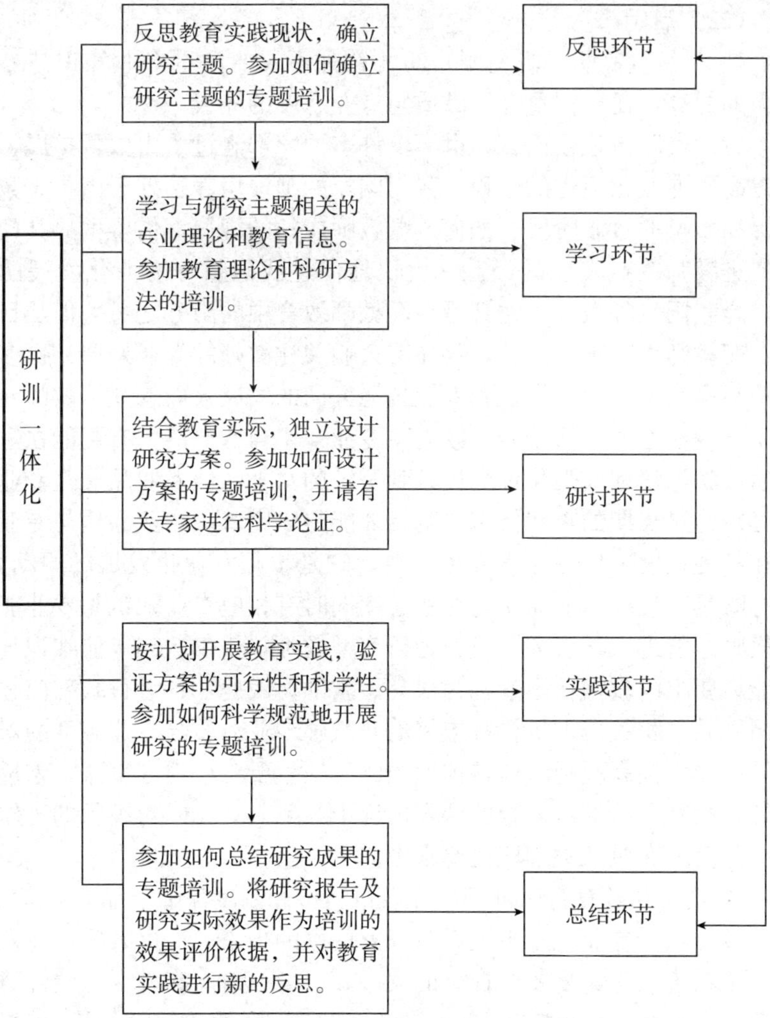

学者期（研究型）幼儿教师理论与实践结合
研训一体化培养模式的操作流程图

（二）启示

1. 培养学者期（研究型）幼儿教师不仅要注重专业知识与专业能力的提高，还要注重专业品质与专业态度的养成

就师资队伍建设而言，世界上许多国家都走过了由数量扩展、质量提高向专业化迈进的过程。我们国家的师资培养正处于由扩充数量到提高质量的过渡阶段。如何遵循教师成长的规律，借鉴世界其他国家促进教师专业发展的经验，更快地促进我国教师专业化发展的进程，是我国教师教育，尤其是在职教师教育中的当务之急。但从目前对在职教师培养现状来看，存在着人们关注教师的专业发展，更多注重的只是教师的专业知识和专业技能方面的发展，而忽视了教师专业品质与专业态度方面培养的倾向。专业知识与专业能力有可能在短期内通过学习培训或强化训练提升到一定的水平，但专业品质与专业态度必须经过长期的自我修炼与陶冶才能得以完善。专业品质与专业态度在某种程度上比专业素养更重要，它是教师专业化发展的原动力，只有既具有良好专业品质与专业态度同时有相应专业知识与专业能力的教师才能进入学者期，成长为研究型教师，仅仅达到专业知识与专业能力要求的教师还不能称为研究型教师。因此，各级行政部门、幼儿园领导、相关培训机构都应将幼儿教师专业品质与专业态度的塑造和养成作为提高教师队伍整体素质的一项重要工作内容来抓，渗透进幼师及教师职后继续教育的课程内容中，融入幼儿园对教师的工作考核中并反映在对教师的职业要求中。

2. 政府和教育行政部门应在政策支持和制度保障上加大力度

教师队伍专业化水平关系到国家民族的未来，促进教师专业发展是一个系统工程，需要全社会的关心和努力。政府和教育行政部门应在政策支持和制度保障上加大力度。不断提高幼儿教师的社会地位，提高幼儿教师起始学历的要求，引导、吸引更多优秀的中学毕业生和优秀人才加入幼师队伍，同时加强对教师内部管理的力度。首先要制订统一、规范的幼儿教师职业标准，为培养、培训、任用和管理教师提供依据，在内容上应当包括教师的道德标准、专业技能标准、学术

水平标准、自我发展能力标准等几个方面。同时建立与之相配套的制度，包括职业准入制度、从业教师的基本管理制度等。当前虽然有幼儿教师职业准入的要求，但在实际中缺乏执行的力度，特别是对私人办园难以监督和执行。从业教师的管理制度，一般包括教师的专业技术职务制度、聘任或任用制度、工作或业务考评制度、身份及待遇等有关制度。在实际操作中，这些制度除职务制度实施较好外，聘任制度和考核制度尚缺乏配套的法规，缺少可操作性，因而并未得到较好的实施。尽快建立和完善各项配套制度，是我国教师专业化建设的当务之急。

3. 幼儿园应注重创设有利于教师专业发展的环境和条件

幼儿园作为幼儿教师工作和成长的微观环境，是教师工作、生活和学习的主要场所，是教师育人的主要场所，也是教师本人成长发展尤其是专业发展的关键所在。在教师专业化的进程中，教师所在园所的作用也越来越受到重视，日益成为教师专业发展的重要促进力量。幼儿教师专业化发展的过程也就是幼儿园、幼儿、教师、甚至家长同步成长、发展的过程。幼儿园应注重创设有利于教师专业发展的环境和条件，具有使教师获得持续有效的专业化发展的功能，不断丰富和完善现行幼儿园育人的功能。在办园目标、环境创设、制度建设、评优评先、工作考核等各个方面渗透以促进教师、儿童共同成长的价值追求，努力营造充盈、浓郁的人文气息，关怀教师学习，引导教师成长。让教师在宽松自由、和谐民主的氛围中自觉修身养性、研究学问、提高水平，并着眼于全体教师专业化成长，打破现有封闭的管理模式，为教师制订切实可行的培训计划。按照幼儿园的发展规划，根据教师的实际情况，努力构建学习型组织，加强与外界环境互动，为教师提供与同行、专家及社会其他职业人员（包括男性）交流沟通的机会，保障教师的专业自主权，促使教师在充实专业知识、提升研究境界、完善自身人格的过程中朝着研究型幼儿教师的方向不断发展。

4. 幼儿教师本人应掌握自我专业发展的主动权

教师专业技能是通过体验、思考和实践逐步形成的，是对专业知识和理论进行感悟、内化，并与个人的应用情境相融合而成的。这是教师的本色所在，也是教师专业得以成立的基础。作为专业发展的主体，教师本人应自觉顺应时代的要求，追求自我专业发展，在专业发展的过程中认识自我价值、实现自我价值，通过不断地“内省”，确立“学习即生活、学习即工作、学习即责任、学习即生命的重要组成部分”的价值判断，不断提高自己的理论素养，自觉用理论指导实践并不断反思自己的教育实践，在学习、实践、反思中追求与幼儿的共同成长，用自己高质量的工作改变人们对幼儿教师职业形象的传统偏见，赢得社会和家长的信任和支持，用自己为公众提供专业服务的水准树立幼儿教师是专业人员的社会公众形象。

5. 建立教师培训制度，采用研训一体化的实践培养模式

实践证明：教育科研是促进教师专业发展的有效方式。即建立“科研兴园”的机制，结合幼儿园各自的实际情况，深入开展教科研活动。以课题为载体，增强教师的专业责任感，调动教师专业发展的积极性，促进他们自觉地运用专业知识审视教育实践，发现、分析、研究、解决问题。在研究中重点强调反思—学习—研讨—实践等环节，通过四个环节循环往复、螺旋上升，促进教师在反思、学习、研讨、实践的过程中，通过研究解决教育实践中的各种问题，以研究促教育实践的深入，同时在研究解决现实问题的实践中提高教育技能，实现幼儿教师的专业化发展，使更多的善于自我反思、自我学习、自我教育的幼儿教师得以涌现，能够进入学者期，成为研究型教师，最终更好地促进幼儿的发展，更好地满足学前教育事业发展的需要。

资源 2-1 研究资料

幼儿教师专业发展条件调研

老师：

您好！感谢您参与我们的调研。随着社会的不断发展，人们对幼儿教师专业化水平的要求越来越高，为了解影响教师专业化发展的有关因素，帮助教师获得更好更快的发展，我们开展了此次调研。希望您能如实反映您的意见与想法。

谢谢您的合作！

2007 年 4 月

您所在的幼儿园性质是____（公办、民办）等级是____（示范园 一级 二级），您的教龄有____年，是幼儿园的____（正式或聘用）教师，您的职前学历是____，最高学历是____，您的专业职称是____，荣誉称号____。

1. 教师专业发展必须具备一些条件，您认为按重要性排序依次为：（1）____ （2）____ （3）____ （4）其他____（请具体说明）。

A. 教师个人内在需求 B. 参观学习机会 C. 领导支持帮助 D. 专家指点 E. 家庭支持 F. 幼儿园的管理机制及园所文化

2. 您对自己目前专业发展状况的态度是____，家长对您的专业化水平态度是____，园领导对您专业发展状况的态度是____。

A. 满意 B. 较满意 C. 不满意

3. 在您的专业发展中，您的父母对您的专业发展持____态度。您的丈夫（妻子）对您的专业发展持____态度。

A. 理解支持，并提供帮助 B. 支持

C. 随意 D. 不关心

E. 反对

4. 在您专业发展中，对您实际帮助最大的人是____，给予您最多精神支持的人是____。

A. 园长　　B. 同事　　C. 朋友

D. 父母　　E. 专家　　F. 丈夫（妻子）

5. 您认为阻碍幼儿教师专业发展的因素主要有，按主次排序依次为：（1）____　（2）____　（3）____　（4）____　（5）____　（6）____。

A. 年龄大了　　B. 家庭负担重　　C. 日常工作多

D. 缺少指导　　E. 缺少机会　　F. 文化素养

G. 社会地位收入水平

6. 您认为您周围专业发展较好的教师，他们共同具有的特点按主次排序依次为：（1）____　（2）____　（3）____　（4）____。

A. 勤奋刻苦、爱学习　　B. 悟性高

C. 有个人追求　　D. 领导重视支持

E. 有学习提高机会　　F. 人际关系和谐

G 心理健康

7. 以您目前的状况看，要获得更进一步的专业发展，您最希望得到的帮助依次为：(1)____　(2)____　(3)____。

A. 学习进修机会　　B. 空闲时间

C. 专家指导　　D. 领导支持

E. 发展机会

8. 您认为教师专业化水平高或成熟的表现，按重要性依次为：(1)____　(2)____　(3)____　(4)____　(5)____。

A. 家长敬佩　　B. 领导同事认可

C. 专业职称高　　D. 荣誉称号多

E. 教育教学水平高　　F. 教育研究能力强

9. 以您个人的经历和对周围教师的观察，您认为教师追求专业发展愿望最强的阶段是____，发展最迅速的阶段是____，综合来看，教师发展是否存在最佳阶段____（是或否）。

A. 工作 5 年以内　　B. 工作 5～10 年

C. 工作 10～20 年　　D. 工作 20 年以后

10. 您认为结婚、生子对幼儿教师专业发展存在____。

A. 积极影响　B. 消极影响　C. 无影响

资源 2-2　研究资料

武汉市幼儿园“专家型”教师成长调查问卷

各位幼儿园特级教师、中学高级教师、市学科带头人，为了更好地探索教师成长规律，引领教师专业发展，我们设计了如下调查问卷，请您认真填写，于 2008 年 5 月 20 日前完成。感谢您的支持和配合！

武汉市教科院《教师专业发展阶段及影响因素研究》课题组

姓名：　　性别：

学历：　　职称：　　职务：

荣誉称号：

1. 在您的成长过程中，哪一些外在因素（比如某些书籍、某些人、某些事件或者其他因素）对您产生过重大影响，起了关键作用？为什么？表现在哪些方面？请予以说明。其他影响您成长的外部因素还有哪些？

2. 您成长与发展的主要动力来自哪里？（提示：如生存竞争、职务职称晋升、得到社会认可、自身专业发展需求感、实现教育理想等）是否有明确的奋斗目标？请予以说明。

3. 成长的关键在于自己，在您走向成功的各项要素（提示：如人格魅力、强烈的发展需求、渊博知识、吃苦耐劳、良好的人际关系、有悟性、执著的追求等）哪些发挥了重要的作用？首要的要素是什么？您取得今天的成就的主要经验和体会是什么？

4 作为一名幼儿教师，您的知识结构和教育理论结构的长处和短处（或缺陷）是什么？您一般是以什么样的方式来弥补这些方面的不足的？

5. 哪些途径对您获取教育理论信息最为重要？（提示：如自主阅读学习、听专家报告、同行交流研讨、各种短期培训，学历进修等）您是如何对待学习的，如何处理学习和工作的关系？

6. 您认为参与教育科研对您的专业发展有没有作用？作用多大？有没有必要？请举例说明。

7. 回顾自己的发展历程，您的成长大致可以分成几个阶段？每个阶段的持续时间和您的年龄大致如何？

8. 从您自己的成长发展情况来看，您认为教师专业发展的关键期应该在哪个阶段？最希望得到帮助的是哪个阶段？为什么？

9. 您认为，一位教师的专业发展需要什么条件？在幼儿园外部因素中，哪些对您的成长和发展起的影响作用最大？请说明。在幼儿园内部因素中，哪些对您的成长和发展起关键性影响作用？请说明。（幼儿园内部和外部因素，如社会氛围、政策制度、运行机制、人际氛围、领导水平、教师评价方式等）

10. 在您的专业发展过程中，您遇到的最大挫折、困难或外在障碍是什么？您是怎样面对和战胜它的？

11. 说说您的性格特点。您认为，自己大致应当属于哪种气质类型？您自己最突出的性格特征是什么？这种性格特征对您的专业发展产生了怎样的影响作用？举例说明。

12. 您最大的业余兴趣爱好是什么？您平时的业余生活都是如何安排的？

13. 您的人生信条是什么？您最喜欢的一句格言是什么？

14. 您的教育理念是什么？您的教学理念又是什么？您在自己的教育教学工作中，是如何实践、落实自己的教育教学理念的？举例说明。

15. 都说教师的劳动是创造性的。那么，作为已经具有一定成就的骨干教师，您平时在从事教师职业劳动中的创造性都体现在哪些方面？举例说明。

16. 平时您是否经常注意反思自己？您习惯于反思什么？您都是如何进行反思的？举例说明。

17. 对于专业发展，您还有哪些感受和建议？（例如，从一个“无名”教师到成为“专家型”教师，是否可以实现快速度式的专业发展？关键在哪里？）

18. 关于教师的专业发展，您还有什么体会和想法要告诉我们？

资源 2-3　研究资料

幼儿教师职业发展阶段及特征调研（教师）

教师职称：____________________

起始学历：____________________

工作年限：1～3 年　4～9 年　10 年以上

1. 作为幼儿教师，现阶段您每天最关心的问题是__________

____，

最担心的问题是____。

2. 作为幼儿教师，现阶段您认为您的长处（优势）是______

____，

不足（需要加强、提高、积累哪方面的经验）是______________

____。

3. 教学中您面临的最大困难是__________________________

____，

在专业发展中您的最大障碍是______________________________

____。

4. 您对自己专业发展的目标和具体要求是____，为达到上述目标，您已经或准备采取的措施有____，在专业发展中您最需要的帮助是____。

备注：可选择考虑因素有：

A. 个人因素：a 个人认知发展 b 自我发展动机和意愿 c 心理健康成熟（成就感、自信心） d 人际关系的发展等

B. 家庭因素：a 家庭角色期望 b 家庭成员健康 c 家庭经济状况 d 家庭和婚姻和谐等

C. 学校因素：a 园长领导方式 b 组织和文化气氛 c 校内人际关系 d 工作负担和行政规定 e 教师评价

D. 社会因素：a 社会变迁 b 教师收入 c 教师社会地位和声望 d 个人荣誉称号

E. 其他因素

资源 2-4 研究资料

幼儿教师职业发展阶段及特征调研（园长、高级教师）

教师职称：____________________

职务：A. 园长 B. 副园长

1. 请您回顾一下您的从教历程，您认为您从一个师范生成长为一名高级教师，是否经历了一些发展阶段？

A. 是 B. 不是

2. 关于幼儿教师发展阶段有人认为大致分为三阶段：初任期、成熟期、创造期。还有人认为大致分为四阶段：适应期、探索期、反思期、学者期。您同意：________。

A. 三阶段说　　B. 四阶段说　C. 个人认为分为____阶段。

（注：适应期为工作后 1～3 年，探索期为工作后 4～9 年、反思期与学者期根据个人发展情况而定，并非每个人都能达到学者期阶段）

3. 您认为初任期教师的最大特点（优势和长处）是________________________________，面临的主要任务是________________________。

4. 针对初任期教师特点，幼儿园需要提供的最主要帮助是________________和________________________。影响此阶段教师专业发展的最重要影响因素是________________和________________________。

5. 您认为探索期教师的最大特点是________________________________，面临的主要任是________________________。

6. 针对探索期教师特点，幼儿园需要提供的最主要帮助是________________和________________________。影响此阶段教师专业发展的最重要影响因素是________________和________________________。

7. 您认为反思期教师的最大特点是________________________，面临的主要任务是________________。

8. 针对反思期教师特点，幼儿园需要提供的最主要帮助是________________和________________________。影响此阶段教师专业发展的最重要影响因素是________________和________________________。

备注：影响因素分为：

A. 个人因素：a 个人认知发展　b 自我发展动机和意愿　c 心理健康成熟（成就感、自信心）　d 人际关系的发展等

B. 家庭因素：a 家庭角色期望　b 家庭成员健康　c 家庭经济状况　d 家庭和婚姻和谐等

C. 学校因素：a 园长领导方式　b 组织和文化气氛　c 校内人际关系　d 工作负担和行政规定　e 教师评价

D. 社会因素：a 社会变迁　b 教师收入　c 教师社会地位和声望　d 个人荣誉称号

资源 2-5　研究资料

幼儿教师职业发展阶段及特征调研（教师）

访 谈 提 纲

要求：

1. 根据下内容进行访谈，不能直接抛出问题的回复。

2. 针对这些，相符的做好记录，如有补充的请补充上去。

3. 访谈样本数，相对进行选择：有思考的老师，能够反应出东西。每个阶段选择。

4. “参考选项”和“旁人认为”仅供大家参考，更多地倾听被访谈对象的表达。

一、1～3 年教龄的教师

1. 作为幼儿教师，现阶段您每天最关心的问题是（侧重于教育教学与职业发展方面）：

参考选项：A. 对职业的适应能力　B. 家长对自身工作的认可度　C. 自己组织教育教学的能力

补充：____

最担心的问题是：

参考选项：A. 孩子的安全　B. 幼儿身心健康发展　C. 教师的工资收入问题　D. 家长沟通　E. 家长对教师的认可度　F. 突发的安全事故，教学中的突发事件　G. 认可程度（管理层的、同伴、家长）

补充：____。

2. 现阶段，作为幼儿教师，您认为您的长处（优势）是：

参考选项：A. 个人有良好的态度，如在工作中认真、勤奋、热情、喜欢孩子　B. 某方面的专业技能相对突出，表现自信，如美术、音乐、英语等

旁人认为：

补充：____________________

不足（需要加强、提高、积累哪方面的经验）是：

参考选项：A. 对幼儿的保健常识相对缺乏　B. 教学经验不够丰富　C. 与家长沟通的技巧不够　D. 自身的撰写能力有待加强

旁人认为：A. 性格的偏激问题（如脾气暴躁）　B. 对工作程序不熟悉　C. 协调和独立工作能力不足，实际操作经验相对缺乏　D. 教育理念与教学行为相互脱节

补充：____________________

3. 教学中您面临的最大困难是：

参考选项：A. 因班级孩子多，使之教具、学具的准备不够充分或不足　B. 还不能有效地实施教学，完成教育目标（其中包括预设活动目标的能力和自身单方面的能力表现不够，如语言表达能力、对孩子的组织能力等）　C. 针对孩子的个体差异进行随机教育的能力不够

补充：____________________

在专业发展中您的最大的障碍：

参考选项：A. 所学的专业知识不能满足实际工作的需求　B. 没有学习的时间与机会　C. 缺乏专业化的指导

旁人认为：A. 缺少一些善于学习的方法和能力　B. 个人的认知发展不够和心理不够成熟　C. 家庭或朋友对她的引导

补充：____________________

4. 在专业发展中您最需要的帮助是：

参考选项：A　需要有经验老师进行指导　B. 参加学习和培

训活动

补充：________________

二、4～9 年教龄的教师

1. 作为幼儿教师，现阶段您每天最关心的问题是（侧重于教育教学与职业发展方面）：

参考选项：A. 幼儿的心理感受和心理的发展 B. 如何引领家长达成与幼儿园教育观的一致性 C. 自我的专业发展前景和规划（如得到园长与同行的认可）

旁人认为：发展的空间

补充：________________

最担心的问题是：

参考选项：A. 孩子在园的安全 B. 幼儿园所提供的福利待遇问题 C. 正常的教学秩序被打乱（学期目标不能预期完成）

补充：________________

2. 现阶段，作为幼儿教师，您认为您的长处（优势）是：

参考选项：A. 有丰富的常规工作经验，工作有秩序感 B. 能开展好家长工作（能和家长沟通与指导） C. 逐步形成了个人的教学特色或风格 D. 个人的工作态度较好：踏实、稳定、有爱心和责任心、钻研、创新意识强

补充：________________

不足（需要加强、提高、积累哪方面的经验）是：

参考选项：A. 继续学习不足，专业理论知识有待提高 B. 撰写的能力不强，实践经验的提炼不够 C. 个人的创新意识不强

旁人认为：对个体特殊儿童的教育缺乏相应的经验

补充：________________

3. 教学中您面临的最大的困难是：

参考选项：A. 有效地实施优质教育教学的能力（包括发挥

师生互动、对幼儿情绪的调动、分组教学和活动气氛的提高）

B. 教学材料和资源不充分或不足

补充：__________________________________

在专业发展中您的最大的障碍：

参考选项：A. 缺少专业的指导　B. 客观条件：工作的负荷重　C. 工作负担与家庭负担没有很好的协调　D. 在工作中缺乏成就感

旁人认为：A. 自我的动机和成长的愿望　B. 个人心理的成熟情况（如机遇与挑战、压力与成长的关系的认识等）

补充：__________________________________

4. 在专业发展中您最需要的帮助是：

参考选项：A. 专业的引领　B. 个人心理的辅导　C. 园部的支持和帮助，同伴的认可

补充：__________________________________

三、10 年教龄以上的教师

1. 作为幼儿教师，现阶段您每天最关心的问题是（侧重于教育教学与职业发展方面）：

参考选项：A. 幼儿的身心和谐发展　B. 幼儿习惯的养成教育

补充：__________________________________

最担心的问题是：

参考选项：A. 孩子的安全　B. 幼儿园的福利待遇　C. 家庭和幼儿园间的热点和难点问题（如隔代抚养问题、教育理念、幼儿的自由与规则的问题、教育的理想与现实的矛盾如何解决等）

补充：__________________________________

2. 现阶段，作为幼儿教师，您认为您的长处（优势）是：

参考选项：A. 高度的责任心，对孩子有爱心　B. 工作经验

丰富，形成了明显的个人的教学风格 C. 有比较娴熟的教育技能（如有一定专业观察能力、能创造性的开展工作） D. 能与家长进行较好的、适宜的沟通

补充：________________

不足（需要加强、提高、积累哪方面的经验）是：

参考选项：提高深入细致地研究能力

旁人认为：A. 进一步加强理论联系实际，理论指导实践的意识 B. 缺乏吸收或及时运用新的信息，创造性的开展工作的能力

补充：________________

3. 教学中您面临的最大的困难是：

参考选项：A. 教育理论与实践所产生的矛盾，不知如何处理与平衡（如教具学具的问题、教学的最优化） B. 抓住教育契机，适时反思与调整教学行为 C. 独立地设计与实施教育教学的能力（创新课程的能力）

补充：________________

在专业发展中您的最大的障碍：

参考选项：A. 突破超越自我的意识 B. 人际关系 C. 专业发展的平台与空间

旁人认为：A. 幼儿园提供的平台 B. 对职业的倦怠 C. 个人因素（如身体健康状况、工作中怕出错、工作压力与工作的平衡、自我成长的愿望）

补充：________________

4. 在专业发展中您最需要的帮助是：

参考选项：A. 有针对性比较强的学习与培训 B. 外出学习，开阔视野

旁人认为：A. 帮助获得更多地荣誉 B. 适当地参与专业指导与管理

补充：________________

资源 2-6　研究资料

幼儿教师课堂教学专业化评价指标

活动名称：________________

教学重点领域：________________

年龄班：________________

教师姓名：________________

工作年限：________________

表 1　教师课堂提问观察统计表

类型 / 频次	简单判断	记忆推理	联想创造

表 2　教师课堂回应观察统价表

对幼儿答问的回应			幼儿提问的回应			
类型 / 频次	简单回应	有针对性指导回应	回避	正确回答	不正确回答	适当引导

表 3　教师课堂语言观察评价

等级 指标	优（9～10 分）	良（7～8 分）	一般（5～6 分）	不足（1～4 分）
清晰、明确连贯（无语病）				
条理性、逻辑性强				
生动、丰富有感染力				
符合年龄及教学内容要求				

表 4　教师课堂教学程序观察评价表

等级 指标	优（9～10 分）	良（7～8 分）	一般（5～6 分）	不足（1～4 分）
目标及内容有挑战性，符合本班幼儿最近发展区				
活动内容围绕主要目标，体验领域特点				
各环节体现层层递进或横向拓展				
目标完成好，能有效促进幼儿发展				

表 5　教师课堂指导观察评价表

指　　标	等级	备注
教学组织形式、教学方式方法适宜、多样，能激发幼儿的学习兴趣，体现幼儿的主体地位		
材料投放有差异，操作性强，能满足多数幼儿兴趣和需求		
尊重幼儿已有经验，关注幼儿、倾听幼儿		
师生互动、生生互动形式多样、适宜，擅长运用非语言形式		
个别教育能力强，指导时机适宜，方法得当，效果好		
预设与生成相结合，灵活处理意外事件，教育机智、教学艺术水平高		

注：此表中等级分为优、良、一般、不足。备注中记录给予等级的理由及表现。

第三章　幼儿教师专业发展标准

教师专业发展的相关研究，总体包括三大主题：教师教育改革研究，包括政策改革、课程改革、制度改革等；教师专业标准研究，包括师德与专业素质标准、学科教师标准等；校本教师发展，包括新课程教师培训、学科教师发展等。在2005年国际教师教育论坛会议上，钟启泉教授指出，总体说来，制约教师专业发展的因素具体表现在：（1）教师研究滞后；（2）教育学科背时；（3）专业标准缺失。[①] 教师专业标准的问题进一步凸显，成为促进教师专业发展的教师教育领域迫切需要解决的课题。幼儿教师专业发展面临同样的问题。幼儿教师专业发展标准已经成为促进幼儿教师专业发展理论与实践中的热点、前沿问题，更是一个难点问题。因此，明确幼儿教师专业素质，制订体现幼儿教师专业发展的教师专业标准是我国学前教师教育改革的当务之急。

① 钟启泉．我国“教师教育”制度设计的课题［A］．国际教师教育论坛论文资料集，2005，第19页．

第一节　现代幼儿教师的专业素质

自20世纪80年代以来，在世界范围内，“教师教育”的概念逐渐替代原来的“师范教育”，这一转变绝对不是什么文字游戏，而是意味着发展观的转变和发展方式的转变。教师形象由“教学技术人员”走向“反思性教学专家”，讲究“专业素质”是“教师教育”发展的脉络之一。①

一、什么是教师素质

(一) 素质与教师素质

1. 素质

由于应用的范围和使用的语境不同，“素质”一词的意义也不同。素质一词在《辞海》中解释为：“人的先天的生理解剖特点，主要是感觉器官和神经系统方面的特点。”这是生理学、心理学对素质的认识，也就是狭义的素质，是特指人生来就具有的某些解剖生理的特点和感觉运动器官的解剖生理特点。

以马克思主义哲学观点分析，人具有两种基本属性，即人的自然性和社会性，因此，人的素质具有两方面的内涵，即自然性和社会性。人的素质的自然性，即前面所谈的遗传素质，即狭义的素质。人的素质的社会性，即人的知识结构和个性心理特征。因此，人的自然素质和社会素质两个方面共同构成了人的整体素质，即素质是指在先天禀赋的基础上，通过环境和教育的影响所形成和发展起来的相对稳定的身心组织的要素、结构及其质量水平。它既指可以开发的人的身心潜能，又指社会发展的物质文明和精神文明成果在人身心结构中的积淀；既可指人的个体素质，又可指群体素质。

---

① 钟启泉．我国“教师教育”制度设计的课题［A］．国际教师教育论坛论文资料集，2005，第19页.

2. 教师素质

教师素质是人们经常使用的概念，对教师素质概念的不同理解，直接影响着教师培养和培训工作的目标。教育界对教师素质的表述和界定可谓多种多样。本研究认为：教师素质就是教师在教育教学活动中表现出来的、决定其教育教学效果、对学生身心发展有直接而显著影响的思想和心理品质的总和。教师素质是在一般生理条件具备的情况下，经过科学教育和自我修养而形成的。需要指出的是，科学的教师素质内涵应具备以下几点。

第一，要切实体现教师这一职业的特殊性，反映教师职业独特的本质；

第二，对于教师素质的理解，要有深刻的理论背景，不能由研究者凭空设计；

第三，教学活动是教师工作的中心任务，教师素质的定义必须着眼于教学活动本身；

第四，反对那种元素主义的教师素质观，应将教师素质看成是一个系统的结构，其内部包含着复杂的成分；

第五，教师的素质是结构和过程的统一，发展性、动态性是其精髓；

第六，教师素质的定义既能为教育实践和教师培训工作提供理论指导，又具有可操作性。

（二）教师素质的特征

一般说来，教师素质具有以下特征。

1. 教师素质的时代性

教师素质所反映的是一定社会，特定历史时期社会对于合格教师的总体要求。这就决定了对教师素质的认识和把握是随着时代的发展和社会的进步而变化发展的。

2. 教师素质的开放性

这是当今教师素质的典型特征，其主要标志是解放思想。要求教师从书斋、教室、学校走出来，把视野多角度地扩展到外部世界；不断吸收、借鉴、内化国内外先进的教育思想、教育观念和教育教学方法。

3. 教师素质的多元性

教育活动与其他活动的不同，教师不仅仅传授知识，而且还要教育正在成长中的青少年。教师职业的特殊性决定了教师素质是非单一的，具有多元性。教师素质是教师履行职责，完成教育教学任务时所必备的各种素质的质的要求及将各种素质有机结合在一起的能力，[①]是知识、能力和信念的集合。

4. 教师素质的可测性

教师素质是当代教师队伍质量的集中表现，对于教师职前培养、教师职业录用过程中以及教师职后专业发展都起到控制和调节作用，对教师素质的界定应十分注重可测性，即强调教师素质的测量和评价。

二、幼儿教师专业素质的内涵

（一）幼儿教师专业素质的含义

专业素质是专门职业对从业人员的整体要求。在教师职业专业化进程中，人们对专业素质给予了广泛的关注。

幼儿教师专业素质是指教师在育人过程中，建立在先天禀赋基础上的稳定的必备的职业品质，是教师职业形象、育人知识、育人能力的综合反映。

幼儿教师职业从性质上看具有专业的意义，表现在要担任幼儿教师任职前必须接受过中专以上学前教育专业教育，幼儿教师必须具有专业资格证书，入职、聘用、解职有严格具体规定，有不同的职称标志专业水平的差异，职称的晋升需经过专家的评审等。但从目前实际情况来看，幼儿教师实际专业化程度不够，被称为“准专业”，尚需经历专业化的过程。这个过程包括教师个体专业化以及教师群体职业专业化，而幼儿教师专业地位能否确立最终还取决于教师专业素质水

① 王洪明．教师素质的构成及培养［J］．教育探索，2001（8）：82.

平的高低，要求幼儿教师要通过持续的学习与探究，积累并反思教育经验，逐渐完善自己的专业素质结构，提升自己的专业素质水平。在这种完善、提高的过程中，幼儿教师经历了由不成熟到相对成熟，由普通人到专业人员的成长过程。

（二）幼儿教师专业素质的结构

促进教师专业发展是当今幼儿教师教育的重要任务，实现这种过程不仅需要幼儿教师自身主动的学习和努力，以促进和提高自己的专业能力，而且也需要创设良好的外部环境。无论哪方面都需要对幼儿教师专业发展过程进行了解和考察，而对幼儿教师专业发展过程进行考察，必须明确从哪方面进行考察，这便是幼儿教师专业素质结构需要解决的问题。

实际上，教师的专业素质是以一种结构形态而存在的，有学者认为，教师素质是“教师拥有和带往教育情境的知识、能力和信念的集合”。[①] 对教师素质结构的分析、研究有很多，西方国家的教师研究主要集中在教师的个性品质、教学能力、知识结构和教育观念四个方面。从某种意义上说，这四个方面可以看做是西方学者对教师素质结构的看法。在我国，关于教师专业素质结构的分析中，有代表性的研究见下表：

研究者	教师专业素质结构
叶澜[②]	1. 专业理念；2. 知识结构；3. 能力结构
艾伦[③]	1. 学科知识；2. 行为技能；3. 人格技能

① 郑燕祥．教育的功能与效能［M］．香港：广角镜出版有限公司，1991，第122～123页．

② 叶澜．新世纪教师专业素养初探［J］．教育研究与实验，1998（1）．

③ 艾伦．教师在职培训：一项温和的建议［M］．北京：人民教育出版社，1991，第494～512页．

续表

研究者	教师专业素质结构
林瑞钦[1]	1. 所教学科的知识（能教）；2. 教育专业知能（会教）；教育专业精神（愿教）
曾光荣[2]	1. 专业知识；2. 服务理想
申继亮，王凯荣[3]	1. 职业理想；2. 知识水平；3. 教育观念；4. 教学监控能力；5. 教学行为与策略

在学前教育方面，关于幼儿教师专业素质结构的分析中，有代表性的研究见下表：

研究者	幼儿教师专业素质结构
庞丽娟[4]	1. 对儿童和儿童发展的承诺；2. 全面、正确地了解儿童发展的能力；3. 有效地选择、组织教育内容的能力；4. 创设发展支持性环境的能力；5. 领导和组织能力；6. 不断地专业化学习
李辉[5]	1. 普通素养；2. 专业素养；3. 专业态度；4. 人格特质

① 林瑞钦．师范生任教职志之理想与实证研究［M］．高雄：复文图书出版社，1990.

② 曾光荣．教学专业与教师专业化：一个社会学的阐释［J］，香港中文大学教育学报，1984，12（1）.

③ 申继亮，王凯荣．论教师的教学能力［J］．北京师范大学学报，2000（1）.

④ 庞丽娟．新纲要与幼儿教师专业素养［M］．南京：江苏教育出版社，2008.

⑤ 李辉．幼教改革对幼儿教师现有素质结构的冲击及有关对策［J］．学前教育研究，2004（5）.

续表

研究者	幼儿教师专业素质结构
张元①	1. 学科知识和专业知识；2. 实践智慧；3. 合作反思能力；4. 人文素养；5. 批判理性
张博②	1. 有先进的教育理念和较高的教育能力；2. 掌握先进的教育手段和技术；3. 高水平的活动设计能力；4. 与幼儿进行高水平互动的能力；5. 与家长沟通的能力；6. 对环境的设计和使用能力；7. 对问题和幼儿进行研究的能力

面对21世纪教育改革对幼儿教师提出的要求，结合我国幼儿教师专业化发展水平现状，笔者认为："专业知识、专业技能、专业精神、实践智慧"这四个要素是幼儿教师专业素质结构中必不可少的要素，现分别阐述如下。

1. 专业知识

幼儿教师的专业知识是教师从事教学工作所必须具备的知识方面的素质结构，包括普通文化知识、幼儿园课程领域专门知识、教育科学理论知识、心理学知识、课程与教材、教育管理和教育科研方法知识等。

学前教育是启蒙教育，这决定了幼儿教师有不同于其他教育阶段教师的专业特征。幼儿教师不一定要求掌握某一门学科的高深的知识，或成为某一门学科的专家，但应当成为通晓人文、自然等多种学科知识的通才，同时在音、体、美等方面有一定特长的综合性、全能性人才。

① 张元．试析幼儿教师专业化特征及及其实现途径［J］．学前教育研究，2003（1）．

② 张博．我心目中理想的幼儿教师［J］．学前教育研究，2003（9）．

另外，幼儿教师不是专业理论工作者，但是教育专业理论知识是支撑教育实践活动的基本要素。教师要能够走进幼儿的心灵世界，遵循幼儿身心规律实施教育，必须具备一定教育学、心理学等基础教育理论知识，成为深刻理解儿童心理的儿童教育专家。幼儿教师应当具有拓展和培育自身教育理论素养的意识，成为具有人文精神、科学素养、创新能力统一的新型教师。

2. 专业技能

幼儿教师的专业技能是指教师为实现教育目标，在开展各种教育教学活动过程中表现出来的能力素质结构。从学前教育特点出发，基于教师专业化对幼儿教师的新要求，结合对优秀的幼儿教师必须具备的良好专业技能的考察，笔者认为幼儿教师的专业技能主要包括：一般技能技巧与综合教育技能两个方面。一般技能技巧指教师引导幼儿活动所必备的弹琴、唱歌、舞蹈、绘画、手工制作、讲故事、护理幼儿等专业基本技能。综合教育技能是协调运用各种基本技能的教育行为，包括创设教育环境、设计与实施教育活动、开展班级管理与个别教育、进行教育评价、开展家长工作、深入教育研究等。

学前教育的对象是 0～6 岁幼儿，幼儿生理的脆弱性，幼儿心理特征如认知的具体直观形象性，情感的多变易感性，个性的多样性等特点，决定了幼儿教师要采用不同于中小学的教育手段方有成效。要求幼儿教师在教育教学中充分发挥其弹、唱、跳、画、编等基本技能，将枯燥的知识形象化，使刻板的教学活跃化，让幼儿在操作中获得经验，方能调动幼儿学习的兴趣，激发学习热情，使教育教学达到最优化的效果。要求具备唱、弹、跳、画、手工制作、保育护理等多方面的技能技巧和实际操作能力，这也是幼儿教师不同于大、中、小学教师的突出特点。

幼儿园课程与其他学段的显著不同在于从传统意义上狭义的“上课”变为广义上的“教育活动”，并要求教育活动要贯穿于幼儿园一日生活中。因此，对教师的教育能力要求的范围也扩大了，即凡是开展幼儿园教育活动需要的能力都在其范围之内。要求幼儿教师必须承担多重社会角色：适宜环境的营造者，认知发展的促进者，社会化的指导者，合作交流者，管理指导者，同时又是一个具有不断探究与创新意识的儿童教育研究者。

3. 专业精神

教师的专业精神是指教师为从事教育工作所必须具备的非智力心理素质结构。它包括职业理想、专业道德、专业情操、专业性格、专业法治观念、专业创新精神等因素。

专业精神是近年来教师专业化研究中特别强调的概念。专业精神的强弱是体现一个专业人成熟程度的社会心理和伦理标准，是制度要求的心理内化。专业精神水平与技术水平没有直接关系，比如救死扶伤是医生的专业精神，不做假账是会计的专业精神，依据事实是律师的专业精神。在教师专业精神的各要素中，职业理想是教师对教育教学理想境界的认识和追求；专业道德是教师在教育教学工作中应当恪守的职业道德；专业情操是教师对自己所从事的工作持有的理性价值判断及情感体验；专业性格是教师作为一名成熟的教学专业人员应当具备的健康人格特征或个性品质；专业法治观念是教师应当具有坚定的依法执教观念，是教师作为专业人员生存和发展的法律素质基础；专业创新精神要求教师在工作中不满足于现状，锐意改革，勇于创新，是教师专业可持续发展的力量源泉。教师的任务是培养人，工作特点的长期性、复杂性，需要教师付出无私的、艰辛的劳动。因此，教育专业比其他专业更强调专业精神。对于幼儿教师而言，爱心、公正、善良是专业精神的核心和基础。

4. 实践智慧

除了上述三项基本的专业素质以外，近年来人们开始关注对教师实践智慧的研究。“专家—新手”教师的比较研究结果表明，专家的知识至少有三方面的特征：一是专家知识是专门化的；二是专家知识是有组织的；三是专家所知道的大部分知识是缄默的知识。这种具有个性化的和缄默特征的实践知识即教师的实践智慧。有学者认为：教师的教育实践智慧是教育科学与艺术高度融合的产物，是教师在探求教育教学规律的基础上长期实践、感悟、反思的结果，也是教师教育理念、知识学养、情感与价值观、教育机智、教学风格等方面素质高度个性化的综合体现。[①] 因此，有必要构建以专业智慧为核心的教师专业素质结构，以便从根本上提升教师的专业素质。当今幼儿教师在“专业知识、专业技能、专业精神”这三个基本要素的基础上，还应当具备“实践智慧”这一富于时代特征的基本专业素养。

实践智慧就是指教师对教育合理性的追求，对当下教育情景的感知、辨别与顿悟以及对教育道德品性的彰显。可以说，教师的教育智慧是教师专业素质结构中高于其他基本素质的一种专业素质要素，是教师知识、能力、德性的统一，是认知与情感的统一。它难以通过他人的直接教学来获得，只能由当事人本人在完成任务的经验中去建构。正如钟启泉教授所言：真正意义上的教师专业发展不是基于行为主义基础之上的教师能力本位的发展，而是基于认知情境理论的“实践智慧”的发展。

《幼儿园教育指导纲要（试行）》指出：“教育活动的组织与实施过程是教师创造性地开展工作的过程。”教师要“善于发现幼儿感兴趣的事物、游戏和偶发事件中所隐含的教育价值，把握时机，积极引导”。这些都是对教师实践智慧层面的要求，要求幼儿教师的知识能力积累必须能够转化为实践智慧和情景性知识，能够将理论与个人经验进行恰当地转换、修正和反省。当教师面对生动的、变化的教育对象和特定的教育情境时，要善于关注幼儿在活动中的表现和反应，敏感地察觉他们的需要，调动有关心理学、教育学知识，及时判断并作出合乎教育规律的反应，满足幼儿的发展需要。教师的实践智慧还表现在家园互动沟通、教育活动设计、组织实施和评价以及提高教育的有效性等方面。

综上所述，新时代幼儿教师的专业素质结构应当有专业知识、专业技能、专业精神、实践智慧等四方面构成。

① 田慧生．时代呼唤教育智慧及智慧型教师［J］．教育研究，2005（2）.

三、现代幼儿教师必备的基本专业素质

(一)符合时代精神、与时俱进的教育理念

教育理念是指教师在对教育工作本质理解基础上形成的关于教育的观念和理性信念。[①] 叶澜教授从当代教师专业素养的基本要求的角度，认为教育理念为教师专业行为提供了理性支点，将作为专业人员的教师与非专业人员区别开来。作为21世纪幼儿教师的教育理念，应是在认识基础教育对人类社会和时代发展具有未来性、生命性和社会性的基础上，形成的新的教育观、儿童观和教育活动观。

新的基础教育观是教育价值取向的定位。21世纪的基础教育的价值取向不同于传统教育中把基础主要定位于基础知识、基本技能上，而是把每个幼儿潜能的开发、健康个性的发展、终身学习能力的培养作为最重要的任务。“儿童期不只是为成人期做准备，它具有自身存在的价值。儿童不能只为将来活着，它们也为现在而生活，他们应当充分享用儿童期的生活，拥有快乐的童年。”[②] 它强调人与社会发展的需求在基础教育中应得到充分具体的体现。

儿童观是关于儿童认识的集中体现。传统教育中过多强调的是幼儿脆弱无能、需要照顾的一面，而忽视其潜在的、积极发展的可能性。新的儿童观要求教师既看到幼儿的幼稚和不足，更强调将幼儿看成具有旺盛生命力，具有多方面发展可能性的人；是有主观能动性，有独立活动、充分活动能力和权利的人；是在学习活动中处于主体地位、主动发展的人，同时又是具有个体差异、有不同特点的人。幼儿教师应有这样一个信念：每个幼儿都能够学习，能够发展，都能成为优秀幼儿和未来社会的合格公民。教育活动是学前教育的实践方式，是将教育理想转化为幼儿发展的中介桥梁。现代幼儿教师应认识到幼

---

① 叶澜．新世纪教师专业素养初探［J］．教育研究与实验，1998（1）．

② 鲁洁，赵志毅．幼儿教育现代化的关键——观念现代化［J］．教育研究与实验，1995（6）．

儿是在与周围环境、他人的积极主动的相互作用中主动发展的，环境是幼儿教育重要的教育资源和幼儿发展的条件。放弃狭隘的教育活动观，树立幼儿园一日活动都是教育活动的观念，为幼儿创设健康的、丰富多彩的、充满关爱与尊重的支持性活动环境，通过提供多种材料，创设多种“问题情境”，激发幼儿在与环境、情境、问题以及同伴和教师的主动相互作用中获得主动、全面和谐的发展。

（二）多层复合的知识结构

传统教师的知识结构过多局限在“学科知识＋教育学知识”的模式中，表现在幼儿教师身上即是重视弹、唱、跳、画等专业技能技巧和各科教学法的知识，而忽视教师本人的普通文化知识，特别是有关当代科学和人文两方面的基本知识及教育基本理论知识，如对幼儿本质的认识、教育哲理的形成、教育管理的策略、教学活动设计策略、现代教育手段的运用及教育研究等方面的知识与技能。导致在当前课程改革中，面对大量涌现、不断更新的各种教育理论及现象，有的教师迷惘、彷徨、不知所措；有的教师只知学习不知思考，永远跟在别人的后面亦步亦趋，无法形成自己的特色；有的教师虽大胆实践，但不善反思提高，无法集百家所长为己所用，从而快速成长。近些年，随着对教师专业素质研究的深入，人们日益重视教师的“个人实践知识”，强调知识不仅是书本上的，普遍适用的“原理”或“规律”，而是富有个人特征的，是教师个人在实践中的接纳、积累、发展的过程，反映着教师过去的经验、现在的行为以及将来的可能的表现，是教师个人“实践的智慧”。这对教师拥有的知识提出了更高的要求，它要求教师的知识积累必须转化为教育实践智慧和情景境知识。因此，作为专业人员的幼儿教师必须追求多层次复合的知识结构，以适应未来教师工作的创造性及角色的丰富性，工作中不仅是实践者，而且是研究者，不仅会教知识，更能展现人类发展、创造知识的过程，激发幼儿发现、探索、创造的欲望，从而实现科学精神与人文精神、知识与人生的统一，表现出教育行为的科学性、艺术性和个人的独特性，实现自己的教育理想和追求。

（三）创造性地设计、开展教育活动的能力

长期以来，幼儿园教师在开展教育活动的过程中，存在“依赖教材，背教材、教教材”的现象，部分教师离开教材甚至不会教学。而以专业人员的标准衡量，其工作的独立性与创造性是非常重要的指标，过于依赖教材必会导致教师较多地丧失了工作的独立性和创造性，也掩盖和限制了教师不同的专业水平和专业发展。同时，随着教育观念的转变，人们更多地用动态、发展的眼光分析看待教育因素，实施教育。如承认尊重每个幼儿的认知、行为、情感、需求是不同的；强调教育内容是活的、动态变化的，有明显的针对性和适宜性，离不开幼儿的发展和生活经验；要求教育评价抛弃选拔、甄别，为幼儿的发展服务，评价的方法与标准应多样化，评价与幼儿的发展应融为一体等。教育的多样化、变动性要求教师不再是一个现有教育方案的执行者，而必须成为一个决策者，“把课程看做是暂时的和需要不断建构的，看做是由人类主体构筑而成的，进而认为课程是可以被教师和学生拆除和重新建构的”①。通过创设多样的、开放性的环境，提供多样化的活动，促进幼儿与环境、幼儿与幼儿、幼儿与教师间的积极的互动与交流，形成合作探究式的生生互动、师生互动，引导幼儿主动探究、主动发展。教育活动不再只是特定知识的载体，不再是教师个人预先准备好的表演。要求教师结合本地、本园、本班的实际，充分利用当地社会、文化、自然和人文资源，全面分析本班幼儿的认知、行为、情感的发展状况，结合幼儿现实生活及成长需求制订出切实可行的教育计划。在执行过程中，能根据特定情景中生动、变化的教育对象的表现及反映，敏感地察觉他们的需求，准确判断生成和变动过程中可能出现的教育价值和因素，运用有关知识和实践智慧，及时决策和选择，做出合乎教育规律的反应。并能把握教育时机，促成幼儿已有认知矛盾和冲突的转化，切实处理好教育的计划性

---

① ［美］Stephen D. Brookfield. 批判反思型教师 ABC［M］. 张伟译. 北京：中国轻工业出版社，2002，第 50 页.

与灵活性、预成与生成的关系，将幼儿的发展落到实处，使课堂成为知识的启蒙、思维的碰撞、情感的交融的场所，教育活动成为教师和幼儿共同探索新知、共同体验有限生命的快乐、共同获得成长与发展的过程。

（四）沟通和反思的能力

教育的对象是人，教育系统是以人为主体的工作系统。尽管随着教育技术现代化的加速，教师的一部分工作可能会被机器所代替，但是教师与学生精神的沟通、情感的交流、潜移默化的影响等工作和活动，却是机器无法代替的。因此，在现代信息技术条件下，教师一方面要努力提高掌握和运用现代技术的能力，自觉提高信息素养，另一方面要不断增强理解他人，与他人沟通、交往、合作的能力。“交往的基本属性是互动性和互惠性，强调双方动态的信息交流，从而达到共识、共享、共进。对教学而言，交往意味着对话、意味着参与、意味着相互建构，它不仅是一种教学活动方式，更是一种教育情景和精神氛围。对学生而言，交往意味着心态的开放，主体性的凸现，个性的张显，创造性的解放。对教师而言，交往意味着上课不是传授知识，而是一起分享理解；上课不是无畏的牺牲和时光的消耗，而是生命活动、专业发展和自我实现的过程。”① 作为教师要善于在交往的过程中实现沟通与合作。沟通，包括与幼儿的沟通、与同事和集体的沟通、与家长和社区机构的沟通等。要求教师学会聆听幼儿的观点，摒弃那些所谓合乎“标准”的价值判断，努力理解幼儿的百种语言；能与其他教师和教师群体友好合作，相互交流、碰撞，共同学习提高；能争取家长和社区机构的理解、支持和参与，共同营造更加和谐的教育环境和氛围。

反思是教师专业发展必备的一种能力，是教师以自己的职业活动为思考对象，对自己在职业中做出的行为以及由此所产生的结果进行

① 钟启泉等主编．为了中华民族的复兴，为了每位学生的发展［M］．上海：华东师范大学出版社，2001，第 273 页．

审视和分析的过程。作为专业人员的教师，不能仅是专业知识和技能的继承者和实践者，也应成为专业知识的发展者。而发展、创造必以反思为基础，教师只有在自我教育实践中，不断自我学习、思考、审视、判断、总结，不断调整教育教学过程，规范自己的教育行为，获得专业发展与成熟的基础，才可能成为专业知识发展的促进者。作为专业人员的反思，它要求教师能把自己的教育实践上升到理论的层面来思考，能对自己的教育行为及背景进行分析、讨论、评估；能将各种信息连接理论与实践，从多角度分析问题；能够评价教育实践中内涵的道德与伦理问题。教师要经常与自己进行专业性的对话，用专业人员的标准对自己的职业实践进行价值判断，尤其要对教学情景做出专业性判断，包括教学情景产生的原因、存在的价值、发展的阶段、教学情景的结果分析等。当前，由于教育类专业知识的缺乏，在教学过程中许多教师仍然是直觉多于理性的分析，充满了未经深思熟虑的做法和个人表现意愿上的抉择或判断。教师非专业性评价的大量存在削弱了教师专业化与其他专业工作相比较的优势，在一定程度上降低了教师专业工作的技术含量。只有当教师对教学情景做出的评价是基于教育专业知识时，这种评价才能被称为是专业性评价。① 而教师专业性评价能力的获得也是以反思能力为前提和基础的。总之，在强调人性化教育和注重教师专业发展的今天，沟通与反思的能力已成为教师专业素养中不可缺少的要求。

（五）教育研究的能力

具备科研意识、知识与能力是所有专业人员的共同特征。由于以往过多强调教育对知识的传递功能，导致人们忽视了教师劳动的创造性特征，因此，提高教师职业专业化水平，必须强调教师教育研究的能力。教师成为“研究型教师”不是让教师专门搞研究，而是要求教师要具备研究问题的素养和能力，能结合自己的教育实践工作和教育

① 傅道春．新课程中教师行为的变化［M］．北京：首都师范大学出版社，2001，第15页．

对象开展研究。研究的过程也就是教育教学的过程，在这个过程中发现问题、研究问题、解决问题。研究的目的是改进教学，提高教育教学质量，促进幼儿的发展。幼儿教师的研究能力首先表现在对日常工作保持一份敏感和探索的习惯，会对发生在自己身边的看似平常的教育现象进行思考和探索，善于从中发现问题，会对自己的教育实践进行判断和反省，不断改进自己的工作并形成理性的认识。教育研究能力的进一步发展则是对新的教育问题、方法、手段等方面的探索和创造的能力，要求教师时时关注学科发展的动态，将学习中接触到并认同的教育教学理念作为自己实施改革的指导思想，处处收集教学反馈信息，能运用多方面的知识、综合创造性地形成解决新问题的多种方案，并能在研究、实践的过程中凝聚生成教育智慧，形成个人独特的教学风格。教师只有将研究作为自己的一种专业的生活方式，才能在自己的职业实践过程中体现教师劳动的创造性，享受工作中获得成功的快乐，体现个人生命的意义和价值。

第二节 幼儿园教师专业发展标准

幼儿教师专业化是国际教师教育发展的必然趋势，也是真正提高幼儿教师地位的重要途径。幼儿教师专业化发展及其标准在世界范围内教师专业化发展浪潮中逐渐形成，我国为此已建立了幼儿教师资格证书制度，但我国幼儿教师专业标准尚不清晰，这势必导致幼儿教师专业化发展方向的迷失，研究建立我国幼儿教师专业发展标准势在必行。

一、什么是教师专业发展标准

(一) 教师专业发展标准的含义

所谓教师专业发展标准，是指作为教师应当具备的资格、条件及专业素质水平。对教师标准进行深入研究，是近几年教育界的一个热点话题。从理论上说，这是研究教师职业与教师教育的一个基础，意在通过建立教师专业标准加强教师队伍建设、提高教师质量，以指导教师专业化进程向着预期的目标发展。从实践上说，只有明确教师标准，才能为教师的培养和教师的专业发展等一系列问题指明方向。许多发达国家与地区在运用法律、经济、政策等措施推进教师专业化的同时，也大都重视通过教师专业标准的制订促进教师专业化。

（二）教师专业发展标准的特征

我国学者叶澜认为："教师专业发展是一个多侧面，多等级层次的发展过程。教师专业发展或教师内在专业结构不断更新、演进和不断丰富的过程。"① 目前，我国教师专业化程度相对不高，相应的社会地位也未达到其他专业人员的水平，专业化水平还处在初级。通过建立教师专业发展标准，能使教师明确专业发展目标和方向，在此基础上，通过持续的学习与探究，积累并反思教育经验，逐渐完善自己的专业素质结构，提升自己的专业素质水平。概括起来，教师专业发展标准具有以下特征：

1. 专业性

教师的专业性源自教师工作的独特性，它是复杂教育工作赋予教师及其职业的特有属性和独特品质。正是这些属性、品质才决定了教师职业是教师而非其他职业人群，决定了教师需要独特的、专门的评价标准。因此，作为体现这一行业独特性的教师专业发展标准，必须尽力凸现出教师工作及其职业的唯一性和独特性，使其成为衡量和评价教师这一特殊行业的重要尺度。

2. 国际性

专业化是当前世界范围内发展教师、建设教师行业的主要思路，其实质是要提高教师的职业地位、增强教师职业的不可替代性品格，实现教师工作方式的专业化。教师专业发展标准应具有普遍性，立足国际视野，反映各国共同认可的普遍性规律，如，在教师专业标准的遵循原则上，强调教师对学生和教学负责，关注教师专业发展与学生

① 叶澜．教师角色与教师发展新探［M］．北京：教育科学出版社，2001.

成长的有机结合；在教师专业标准的构成要素上，不仅关注专业知识、专业技能、专业情意等层面要素，更关注教师实践智慧，将知识、技能融入实践，嵌入教育生活中去，把专业品质、教学反思、从经验中学习、协作精神作为核心要素，让教师“学会教学”。

3. 终生性

教师的专业发展伴随教师的终生，终身学习和终生教育的概念已经为大多数教育工作者所接受。教师专业发展阶段的研究表明，教师在不同的发展阶段有不同的专业要求，阶段的划分使教师对自己的专业发展有一个明晰的认识，促使教师不断地反思，向更高的职业目标迈进。在教师专业标准建立时应当考虑覆盖教师生涯的不同阶段，充分关注教师专业发展中的困难和问题，强调教师专业发展的层次性、递进性，体现教师专业发展的阶段性和连续性，激励教师不断地调整自己的职业发展规划，确保教师专业发展与个体成长的连续性。

4. 发展性

没有跨越时空的普适专业标准，只有适应特定时代要求的具体专业标准。任何教师专业标准合理与否取决于教师教育改革的特殊形势和当下需要，而非专家共同体的论证，正如有的学者所言：“任何国家的公共政策都不是一劳永逸地制定出就完事，而总是处在不断调整、修改和完善之中的”。① 标准不是固定不变的，而是灵活动态的。教师专业标准只能是动态发展的内涵和条目，试图用一条或一份专业标准来评定一切地区的一切教师的想法是不切合实际的。如美国教师专业标准，采用每5年修订一次的方式，便体现了内容的时代性和管理的动态性。

5. 区域性

我国是一个多民族、多文化的国家，社会经济发展水平不平衡，尤其是东部与西部、城市与乡村、汉族与少数民族地区之间的发展不

① 陈振明．政策科学［M］．北京：中国人民大学出版社，1998. 第143～144页.

平衡矛盾将长期存在，与之相应，我国不同地区教育发展水平也是极不均衡的，教师队伍基础不同，对教师的专业要求也应有差异。在此情况下，我国教师专业标准的研制就必须客观地面对这一实际情况，“一刀切”的政策不可能解决所有的问题，努力制定出适合不同地区教育发展要求的教师专业标准，把标准的多样性和整体性科学地衔接起来。

（三）幼儿教师专业发展标准的意义与作用

学前教育由于历史的原因发展相对较晚，幼儿教师与小学、中学、大学其他学段教师相比，专业化面临着更加艰巨的任务，是一个长期的过程。这意味着幼儿教师为促进自身专业发展，不仅要学习和掌握学科专业知识，还要具备终身学习和发展的能力，促进各种教育教学能力的发展以及情感态度与价值观的全面提升。

1. 教师专业标准的意义

资格认证可以保障进入某专业领域的人必须接受过严格的培训。教师作为一个专业领域也需要经过资格的认证。然而取得了教师资格并不等于就此达到了专业标准，儿童兴趣、需要的多样性，教学情境的复杂性、多变性决定了幼儿教师必须通过不断地实践积累才能达到相应的专业标准。对于幼儿教师来说，标准是目标。教师在实现自己目标的过程中也促进了儿童的学习和发展。正如美国学者瑞维奇（Ravitch）所说，“标准”是一种目标，同时，“标准”又是一种模式，是一个样本，是大家做出判断或决定的依据，是测量通向目标进展的测量仪。

2. 教师专业标准的作用

如果幼儿教师专业发展标准建立不起来，或者表述模糊不清，将意味着幼儿园教学仍然只能停留在“职业”而非“专业”的阶段。幼儿教师专业标准将为界定和交流“什么是更有效的教学”提供强有力的机制，同时也有助于为教师专业学习与发展提供有价值的参考。具体说来教师专业标准的作用有以下几方面。

（1）明确标准，追求专业主动发展

设立教师专业标准，便于教师明确幼儿教师专业性的具体要求和体现，纠正某些教师思想中存在的“取得教师资格就是合格幼儿教师”的认识上偏差。从某种意义上看，教师专业标准不是建立在教师水平均值之上的“平均标准”，而是考虑教师的成长过程及教师所处的不同发展阶段，为了给教师发展创造一个“最近发展区”，同时，无论哪类教师专业标准，它们都体现着社会、学生、家长等教育相关利益群体对教师专业水平的适当期待，能激起教师专业学习的动机和热情，追求专业主动发展，自觉提高专业服务水平，最终促进教师专业的快速发展。因此，这些标准的提出必定能对教师专业发展产生一定的牵引力和推动力，它们就是驱动教师专业发展的动力和引擎。

（2）设立最低标准，实施教师质量控制

任何标准都是一系列由低到高、有序排列的指标构成的系统，其中，最低一级的指标，即底限指标，是对教师专业水准的最低要求，是确保教师最低质量的一道门槛。从某种意义上说，任何“标准”都是“上不封顶，下有底限”的，底限指标定位水平较低，是所有从业人员都应达到的要求，对所有评价对象都适用的，教师专业标准的通用性也主要体现在它对教师质量的底线要求上，它体现着社会、行业、学生对教师群体的起码要求、最低要求，达不到这一底限要求的教师就应该被教育行业淘汰出局。相对而言，在教师专业标准中最高的指标常常是教师努力的方向，是难以统一严格规定的，从教师队伍建设和管理的角度看，教育管理者应创造条件促进教师朝着最高的标准发展，同时，掌握和控制最低标准，即教育事业对教师工作的起码要求、一般要求，确保教师队伍质量。也正是在这意义上，我们说教师专业标准是对教师行业实施最低质量控制的有力工具。

（3）细化标准，不断优化教育教学过程管理

教师专业发展的最终目的是不断优化教育教学过程，促进儿童全面和谐发展。教师专业标准蕴含优质教学的理念和要求，教师在对照标准追求专业发展的同时，自身的教育行为在不断优化。在教育活动

中，教师达成预定教学效果的路径是多样化的。其中，有些途径尽管是立竿见影的，如以惩罚、威胁，但它对儿童未来发展却是致命的打击；有些途径是见效缓慢的，如激励、诱导，但对儿童未来发展却是具有长远意义的。教师专业标准正是立足于儿童未来终生的发展，是先进教育理念转化为教师教育行为的桥梁。教师专业标准的确立就是通过细化专业标准，为教师不断优化教育教学过程管理提供参考和依据，确保教育过程的科学性。

（4）统一标准，科学评价教师教育绩效

绩效管理是实现目标的有效手段，教师专业发展也必须关注教师的教育绩效。教师作为社会服务行业，理应接受业内及业外社会大众对教师绩效的双重评价。长期以来，业内人士与业外人士在教师工作质量评价中一直存在着较大的偏差和分歧。教师专业标准制定的目的之一就是要为教师的业绩评价提供一个业内人士与业外人士共同认可的共通性评价标准，以引导教育相关利益群体去全面评价教师的工作业绩，包括教育管理部门对教师业绩管理的全面化，幼儿园内部考核评价管理改革和治理的科学性、适宜性，社会公众对教师业绩评价的公正化等，提供一种权威性的评价尺度。

总体说来，上述预期功能及作用构成了制定教师专业标准的潜在目的，它和教师专业标准的研制背景一起“一内一外”地决定着教师专业标准的实质构架。当然，现实情境的需要和制定标准的内在意图需要凭借物质性的框架和形式来将之融入教师的日常教育生活中去，使之转化成为干预教师教育行为方式的现实力量。因此，在教师专业标准制定上，我们更需要借助于国外在教师专业标准研制上所采取的新技术、新规定来顺利实现这一转化。

二、幼儿教师专业发展标准研究的现状

（一）国内外幼儿教师专业发展标准研究的研究综述

20 世纪 80 年代，各国开始从国家战略的高度构建教师质量保障体系，以促进教师教育改革，提升教师质量。其中教师专业标准体系

的构建成为教师教育突破改革瓶颈的关键举措。经过 20 多年的发展，国外在教师专业标准的研制上积累了丰富的经验，已成为促进教师发展的一种制度和推动力。

美国已建立了从联邦到州、从政府到社会第三部门、相对成熟的教师专业标准体系。这些标准已被广泛地应用于教师教育课程建设、教师资格认证及学校教师评价实践中。

英国 1994 年出台了《教师职前教育标准与质量评估框架》，在此基础上又出台了《合格教师资格认证标准》，之后又出台了一系列标准，如“新教师标准”（Induction standards《New Qualified Teacher—NQT》）、“老教师标准”（Threshold standards《The Senior Teacher》）、“高级教师标准”（Advanced skills teacher，AST）、“优秀教师标准”（Standards for the excellent teacher），从而形成了相对完备的国家教师专业标准体系。

澳大利亚借鉴了英、美的做法，从国家到州都建立了“教师专业标准体系”。国家教师标准适应于各种教育类型的教师，无论是基础教育教师、职业教育教师、高等教育教师，都必须符合国家教师标准要求，各地方各州的教师标准的制定必须符合国家教师标准的基本要求。同时，学科教师专业标准与一般教师专业标准并存，也有针对不同水平教师的专业标准。①

国外“教师专业标准”框架大体依据的是有关“教师知识”（Teacher knowledge）及“胜任力”（Competence）的相关研究成果。有的标准更多的参照了“学科取向”的教师知识研究。例如美国国家专业教学标准所依据的“给成功教师的五条核心建议”及其标准框架；有的标准则更多的参照了“实践取向”的教师知识研究。例如英国“优秀教师专业标准”从六方面来评价教师在专业实践中的表现；另外，还有依据教师胜任力模型建立起的教师专业标准框架。例如

① 王强．国外教师专业标准体系构建的经验与启示［J］．全球教育展望，2008（7）．

“英国合格教师专业标准”是从“专业价值和承诺”“专业知识与理解”“教育教学实践”三方面表述的。

参照美、英两国和国际IBSTPI（即“国际培训、绩效、教学标准委员会”）提出的教师专业标准，我们可以看出，国外教师专业标准的具体内容是丰富多彩的。在此，我们试图跨越文化差异，利用关键词梳理的方式，将之归结为“4个方面22项内容”。具体表述如下：[①] 其一是专业基础，包括专业人格、专业知识、专业责任、交际能力、驾驭教育资源能力等内容；其二是教学能力，包括教学规划、教学策略、教师分析、教学方法、教学管理、学生激励、学习指导、学习环境创设、教学创新、教学评价、教学反馈等；其三是工作效果，包括学生成绩、学生进步、社会贡献等；其四是专业发展能力，包括专业态度、专业学习、专业发展实践等。可以说，这22个方面是将制定教师专业标准的意图和目的物质化的直接依托。

在幼儿教师专业标准方面，美国针对不同阶段的幼儿教师，采用不同的评价标准。[②] 对于职前培训的评价标准，根据“全美幼儿教育协会”（简称NAEYC）制定的“幼儿教育职业准备标准”来实施。对于新教师入职培训标准，美国大部分州参照或采用“美国洲际新教师评估与支持联合会”（简称INGASC）提出的10条标准，从知识、专业态度与实践操作三个维度对新教师提出了具体要求。在职教师的专业发展培训一般以“全美专业教学标准委员会”（简称NBPTS）制定的“优秀学前教育教师标准”为评价准则。从理解儿童，公正、公平和多元化，教育评估，促进儿童的发展和学习相关综合性课程的知识，促进儿童有意义学习的多种教学策略，家庭和社区伙伴关

① 折延东．论当代我国教师专业标准的合理内涵与理想框架［J］．教育科学，2010（3）．

② 王晓岚、丁邦平．美国学前教育师资培养的方式、特点及其启示［J］．学前教育研究，2010（10）．

系，专业合作伙伴，反思性实践等 9 个方面，[1] 规定了优秀幼儿教师的专业标准。这一标准突出“优秀”二字，以专业素养研究为依据、以高质量教育实践为目标，既规定了优秀幼儿教师应具有的结构性的专业知识与技能，又明确了其应具备的过程性的专业态度与能力。这种评价方式以专业行为为核心，各个评价维度相互衔接，形成了有机的评价体系。这些评价标准有效地激发了教师专业发展的内在动力。

我国关于构建幼儿教师专业发展标准的研究并不多见，目前只有上海做出了构建幼儿园教师专业标准的尝试[2]，但尚需进一步的完善。

（二）对已有研究的简要评述

国外教师专业标准的研究为我国教师专业标准的制定提供了前车之鉴。

1. 关于教师专业标准功能定位

世界各国关于教师专业标准功能定位不尽相同，主要源于国情和教育制度的差异。如美国之所以采取幼儿教师专业标准与资格标准相脱离的模式，与其各州在地方分权制度和教师资格证书制度实施上的各行其是有极大关系。目前，国外的教师专业标准在其功能定位上基本存在着三种模式[3]。第一种，与教师资格标准相挂钩的专业标准，突出反映合格教师的基本专业要求，如英国、日本的教师专业标准。第二种，分级分类的教师专业标准，兼顾教师专业的一般合格要求和高标准要求，既有总体要求，又有阶段要求，可为教师动态的专业发

① 易凌云．美国优秀幼儿教师专业标准及其启示［J］．学前教育研究，2008（10）．

② 郭良菁．上海市幼儿园教师专业发展自我评价体系研制简介——构建幼儿园教师专业标准的尝试．学前教育研究，2007（7～8）．

③ 施克灿．国际教师专业标准的三种模式及启示［J］．比较教育研究，2004（12）．

展和素质评价提供参照。这种模式以澳大利亚为典型代表。第三种，与教师资格认证相互脱离的专业标准，以美国为代表。美国模式的专业标准强调统一性与高标准化。

可以发现，教师专业标准可以拥有的功能或发挥的作用，主要有以下3个方面：其一，为幼儿教师的资格认证提供基本专业要求或依据，即作为幼儿教师入行的“门槛”；其二，为幼儿教师教育（含职前和职后）提供专业培养的目标参照；其三，确定幼儿教师（在获得入门资格后）专业化发展的目标和评价幼儿教师专业水准的指标。

2. 关于教师专业标准的基本框架

各国教师专业标准框架维度体现了对教师综合专业素质的要求．标准内容强调教师的专业理念，要求教师具备较为完整的教育教学知识体系并凸显对教师专业实践能力的要求，尤其突出教师专业交际能力，强调教师的德性，社会责任感，扮演多重角色，履行重要的社会服务等要求。同时，各国标准都以促进教师的终生专业发展为重要目标，关注不同层面教师的专业发展。各国教师专业标准虽然在教师专业发展阶段划分方面略有差异，但都根据教师专业发展各个阶段的一般进程和发展水平，为每个层次和水平的教师制定了相应标准，并注重通过设立标准来促进教师的终生专业发展。

虽然我国幼儿教师专业标准研究还刚刚起步，但深入探讨和研究我国幼儿教师专业标准的构建也应成为幼儿教师专业发展研究的重点。

三、我国幼儿教师专业标准的新视角

2011年12月12日，为贯彻落实《国家中长期教育改革和发展规划纲要（2010—2020年）》，促进教师专业发展，建设高素质教师队伍，教育部通过官方网站向社会公布了《幼儿园教师专业标准（试行）》（以下简称《专业标准》），面向全国范围公开征求意见。专业标准的出台构筑了幼儿教师基本的专业标准框架，为教师队伍建设指明了发展方向。

（一）我国幼儿园教师专业标准框架

我国幼儿教师专业标准是由基本理念、基本内容与实施建议三大部分构成。基本理念提出教师要以幼儿为本，师德为先，能力为重，终身学习。基本内容由维度、领域和基本要求组成。实施建议分别对教育行政部门、教师教育机构和幼儿园、中小学及教师提出了相关要求。

具体说来，《专业标准》分三个维度，从专业理念与师德、专业知识、专业能力对幼儿教师提出了应当具备的专业条件。在此基础上，分十四个领域提出了具体 62 条基本要求。

其中，专业理念与师德包括：（一）职业理解与认识，（二）对幼儿的态度与行为，（三）幼儿保育和教育的态度与行为，（四）个人修养与行为四个领域，20 项指标。

专业知识包括：（一）幼儿发展知识，（二）幼儿保育和教育知识，（三）通识性知识三个领域，15 项指标。

专业能力包括：（一）环境的创设与利用，（二）一日生活的组织与保育，（三）游戏活动的支持与引导，（四）教育活动的计划与实施，（五）激励与评价，（六）沟通与合作，（七）反思与发展七个领域，27 项指标。

《专业标准》的颁布，是党和国家高度重视学前教育及从业人员的具体体现。制定并实施教师专业标准，也是当前幼儿教师队伍建设中一项十分紧迫的任务，对幼儿教师的培养、准入、培训、考核等工作提供了重要依据。有助于加快教师专业化的步伐，为教师提供专业发展的方向和指南，促进教师专业化；有助于实现幼儿教师师资力量的均衡化，进而缩小我国东西部之间、城乡之间差距，促进学前教育教育均衡化发展；有助于培养幼儿教师与国际接轨，适应国际教师教育的发展趋势。努力造就一支师德高尚、业务精湛、结构合理、充满活力的高素质专业化教师队伍。

（二）《幼儿园教师专业标准（试行）》内容及价值取向

《专业标准》，在基本内容上从横、纵两个方向形成系统的标准体系：横的方向体现了幼儿教师专业素质要求的基础性和全面性；纵的方向体现了对幼儿教师专业要求从抽象到具体的层次性，最终实现专业标准的可操作性。

《专业标准》体现了对幼儿教师专业发展的素质要求。教师的专业发展是一个多维度发展的过程，教师专业发展有观念、知识、能力、专业态度和动机、自我专业发展需要意识等不同侧面。教师专业标准对教师的专业伦理、工作态度、专业知识、专业能力及实践水平等，确立了质量规格。具体有四个特点：

第一，突出师德要求，要求教师要履行职业道德规范，增强教书育人的责任感和使命感，践行社会主义核心价值体系。

师德是教师职业的本质要求，一名教师首先应是具有爱心的人，每个幼儿各有不同的特点，教师不能因为幼儿的家庭、外貌长相、聪明与否而区别对待，更不能因为幼儿的错误而讽刺、挖苦甚至体罚幼儿，这样很容易打击儿童的自尊心和自信心。面对正在成长道路上的孩子，多一些正面的鼓励，积极的引导，每个儿童才能自信地在阳光下成长、成才。“热爱学前教育事业，具有职业理想，践行社会主义核心价值体系，履行教师职业道德规范”是宏观的标准，而“关爱幼儿，尊重幼儿人格，富有爱心、责任心、耐心和细心；为人师表，教书育人，自尊自律，做幼儿健康成长的启蒙者和引路人。”则对教师的德行给出了具体的标准。这些标准让老师们在具体工作中有章可循，教师的行为可以折射他的德行，“关爱”“尊重”“爱心”“责任”“耐心”“细心”“自尊”“自律”，像这样的词语，使教师的行为有了标准，如果教师能够做到，就说明这是一名有师德的教师，能够成为幼儿健康成长的指导者和引路人。

第二，强调幼儿主体地位，要求教师要尊重幼儿人格，关爱幼儿，充分调动幼儿的主动性，为幼儿提供适宜的教育，促进每个幼儿主动、生动活泼地发展。

《专业标准》中明确，幼儿教师要树立以幼儿为本的教育理念，“尊重幼儿权益，以幼儿为主体，充分调动和发挥幼儿的主动性；遵循幼儿身心发展特点和保教活动规律，提供适合的教育，保障幼儿快乐健康成长。”

具体内容中，更是有多达10条的具体规定进行描述，诸如“关爱幼儿”“尊重人格”“平等对待”等都是对一个幼儿教师而言最基本的要求，可以说，做不到这些根本就不具备一名幼儿教师的最基本资格。而实现以幼儿为主体的前提是对幼儿心理和年龄特点的把握，例如，“掌握不同年龄幼儿身心发展特点、规律和促进幼儿全面发展的策略与方法”，“注重保护幼儿的好奇心，培养幼儿的想象力，发掘幼儿的兴趣爱好”。第52条强调要“关注幼儿日常表现，及时发现和赏识每个幼儿的点滴进步”，这些都说明了国家对于幼儿教育的要求已不仅仅局限在保护孩子的安全、关注孩子健康成长、顺利完成小学准备这些基本层面，而是从幼儿园开始，就要尊重孩子个性发展，让不同类型、性格的孩子都能够得到适合的教育，尊重孩子个性，更是对幼儿为本的最好体现。

第三，强调实践能力，要求教师要把学科知识、教育理论与教育实践相结合，不断研究，改善教育教学工作，提升专业能力。

在幼儿教师专业能力方面，《专业标准》专门针对幼儿教师工作特点分别提出“环境的创设与利用”“一日生活的组织与保育”“游戏活动的支持与引导”“教育活动的计划与实施”等方面要求，例如，“科学照料幼儿日常生活，指导和协助保育员做好班级常规保育和卫生工作”“提供符合幼儿兴趣需要、年龄特点和发展目标的游戏条件”等，较好地体现了幼儿园教师的工作特点。

在此基础上更强调“实践智慧”积累，注重教师专业知识与实践经验的有机结合，强调教师的教学机智能力及综合处理问题的能力。例如，在“教育活动的计划与实施”中要求“在教育活动中观察幼儿，根据幼儿的表现和需要，调整活动，给予适宜的指导”；在“一日生活组织和保育”中强调“充分利用各种教育契机，对幼儿进行随机教育”。

教学是一个充满不确定因素的复杂过程。教学的复杂性决定了它不是教师展现知识、演练技艺的场所，而是教师实践智慧的体现过程。要求在教学实践中，通过对具体的教学情境和教学事件的关注和反思，将感性的、表面化的经验提升，使其内化为教师的实践能力。教师的实践能力是教师专业发展，教学实践活动不断趋于合理和完善的有力保证。

第四，体现时代特点，要求教师要主动适应经济社会和教育发展的要求，不断优化知识结构，不断提高文化修养，做终身学习的典范。

幼儿教师的专业发展是时代和社会发展的必然要求，具有强烈的时代特征。幼儿教师专业发展标准理应体现时代和未来社会的要求。在人类进入知识经济新时代的今天，终身学习越来越成为人们生存和发展的第一需要。只有具备终身学习意识和习惯的教师才能培养出终身学习的儿童。联合国教科文组织在许多文件和报告中反复强调："终身学习是 21 世纪的生存概念。"对幼儿教师来说，学习不仅应该成为一种压力，更应该成为一种自觉。学习先进学前教育理论，了解国内外学前教育改革与发展的经验和做法；从教师专业发展角度看，自我专业发展需要意识是教师专业发展的内在主观动力，强调教师对自己专业发展的责任感，"勤于学习，不断进取""制定专业发展规划，积极参加专业培训，不断提高自身专业素质"。具有终身学习与持续发展的意识和能力，做终身学习的典范。

资源 3-1　阅读资料

幼儿园教师专业标准（试行）

为促进幼儿园教师专业发展，建设高素质幼儿园教师队伍，根据《中华人民共和国教师法》，特制定《幼儿园教师专业标准（试行）》（以下简称《专业标准》）。

幼儿园教师是履行幼儿园教育工作职责的专业人员，需要经过严格的培养与培训，具有良好的职业道德，掌握系统的专业知识和专业技能。《专业标准》是国家对合格幼儿园教师专业素质的基本要求，是幼儿园教师开展保教行为的基本规范，是引领幼儿园教师专业发展的基本准则，是幼儿园教师培养、准入、培训、考核等工作的重要依据。

一、基本理念

（一）师德为先

热爱学前教育事业，具有职业理想，践行社会主义核心价值体系，履行教师职业道德规范，依法执教。关爱幼儿，尊重幼儿人格，富有爱心、责任心、耐心和细心；为人师表，教书育人，自尊自律，做幼儿健康成长的启蒙者和引路人。

（二）幼儿为本

尊重幼儿权益，以幼儿为主体，充分调动和发挥幼儿的主动性；遵循幼儿身心发展特点和保教活动规律，提供适合的教育，保障幼儿快乐健康成长。

（三）能力为重

把学前教育理论与保教实践相结合，突出保教实践能力；研究幼儿，遵循幼儿成长规律，提升保教工作专业化水平；坚持实践、反思、再实践、再反思，不断提高专业能力。

（四）终身学习

学习先进学前教育理论，了解国内外学前教育改革与发展的经验和做法；优化知识结构，提高文化素养；具有终身学习与持续发展的意识和能力，做终身学习的典范。

二、基本内容

维度	领域	基本要求
专业理念与师德	（一）职业理解与认识	1. 贯彻党和国家教育方针政策，遵守教育法律法规。 2. 理解幼儿保教工作的意义，热爱学前教育事业，具有职业理想和敬业精神。 3. 认同幼儿园教师的专业性和独特性，注重自身专业发展。 4. 具有良好职业道德修养，为人师表。 5. 具有团队合作精神，积极开展协作与交流。
	（二）对幼儿的态度与行为	6. 关爱幼儿，重视幼儿身心健康，将保护幼儿生命安全放在首位。 7. 尊重幼儿人格，维护幼儿合法权益，平等对待每一位幼儿。不讽刺、挖苦、歧视幼儿，不体罚或变相体罚幼儿。 8. 信任幼儿，尊重个体差异，主动了解和满足有益于幼儿身心发展的不同需求。 9. 重视生活对幼儿健康成长的重要价值，积极创造条件，让幼儿拥有快乐的幼儿园生活。
	（三）幼儿保育和教育的态度与行为	10. 注重保教结合，培育幼儿良好的意志品质，帮助幼儿形成良好的行为习惯。 11. 注重保护幼儿的好奇心，培养幼儿的想象力，发掘幼儿的兴趣爱好。 12. 重视环境和游戏对幼儿发展的独特作用，创设富有教育意义的环境氛围，将游戏作为幼儿的主要活动。 13. 重视丰富幼儿多方面的直接经验，将探索、交往等实践活动作为幼儿最重要的学习方式。 14. 重视自身日常态度言行对幼儿发展的重要影响与作用。 15. 重视幼儿园、家庭和社区的合作，综合利用各种资源。
	（四）个人修养与行为	16. 富有爱心、责任心、耐心和细心。 17. 乐观向上、热情开朗，有亲和力。 18. 善于自我调节情绪，保持平和心态。 19. 勤于学习，不断进取。 20. 衣着整洁得体，语言规范健康，举止文明礼貌。

续表

维度	领域	基本要求
专业知识	（五）幼儿发展知识	21. 了解关于幼儿生存、发展和保护的有关法律法规及政策规定。 22. 掌握不同年龄幼儿身心发展特点、规律和促进幼儿全面发展的策略与方法。 23. 了解幼儿在发展水平、速度与优势领域等方面的个体差异，掌握对应的策略与方法。 24. 了解幼儿发展中容易出现的问题与适宜的对策。 25. 了解有特殊需要幼儿的身心发展特点及教育策略与方法。
	（六）幼儿保育和教育知识	26. 熟悉幼儿园教育的目标、任务、内容、要求和基本原则。 27. 掌握幼儿园各领域教育的学科特点与基本知识。 28. 掌握幼儿园环境创设、一日生活安排、游戏与教育活动、保育和班级管理的知识与方法。 29. 熟知幼儿园的安全应急预案，掌握意外事故和危险情况下幼儿安全防护与救助的基本方法。 30. 掌握观察、谈话、记录等了解幼儿的基本方法和教育心理学的基本原理和方法。 31. 了解0～3岁婴幼儿保教和幼小衔接的有关知识与基本方法。
	（七）通识性知识	32. 具有一定的自然科学和人文社会科学知识。 33. 了解中国教育基本情况。 34. 具有相应的艺术欣赏与表现知识。 35. 具有一定的现代信息技术知识。
专业能力	（八）环境的创设与利用	36. 建立良好的师幼关系，帮助幼儿建立良好的同伴关系，让幼儿感到温暖和愉悦。 37. 建立班级秩序与规则，营造良好的班级氛围，让幼儿感受到安全、舒适。 38. 创设有助于促进幼儿成长、学习、游戏的教育环境。 39. 合理利用资源，为幼儿提供和制作适合的玩教具和学习材料，引发和支持幼儿的主动活动。

续表

维度	领域	基本要求
专业能力	（九）一日生活的组织与保育	40. 合理安排和组织一日生活的各个环节，将教育灵活地渗透到一日生活中。 41. 科学照料幼儿日常生活，指导和协助保育员做好班级常规保育和卫生工作。 42. 充分利用各种教育契机，对幼儿进行随机教育。 43. 有效保护幼儿，及时处理幼儿的常见事故，危险情况优先救护幼儿。
	（十）游戏活动的支持与引导	44. 提供符合幼儿兴趣需要、年龄特点和发展目标的游戏条件。 45. 充分利用与合理设计游戏活动空间，提供丰富、适宜的游戏材料，支持、引发和促进幼儿的游戏。 46. 鼓励幼儿自主选择游戏内容、伙伴和材料，支持幼儿主动地、创造性地开展游戏，充分体验游戏的快乐和满足。 47. 引导幼儿在游戏活动中获得身体、认知、语言和社会性等多方面的发展。
	（十一）教育活动的计划与实施	48. 制定阶段性的教育活动计划和具体活动方案。 49. 在教育活动中观察幼儿，根据幼儿的表现和需要，调整活动，给予适宜的指导。 50. 在教育活动的设计和实施中体现趣味性、综合性和生活化，灵活运用各种组织形式和适宜的教育方式。 51. 提供更多的操作探索、交流合作、表达表现的机会，支持和促进幼儿主动学习。
	（十二）激励与评价	52. 关注幼儿日常表现，及时发现和赏识每个幼儿的点滴进步，注重激发和保护幼儿的积极性、自信心。 53. 有效运用观察、谈话、家园联系、作品分析等多种方法，客观地、全面地了解和评价幼儿。 54. 有效运用评价结果，指导下一步教育活动的开展。
	（十三）沟通与合作	55. 使用符合幼儿年龄特点的语言进行保教工作。 56. 善于倾听，和蔼可亲，与幼儿进行有效沟通。 57. 与同事合作交流，分享经验和资源，共同发展。 58. 与家长进行有效沟通合作，共同促进幼儿发展。 59. 协助幼儿园与社区建立合作互助的良好关系。
	（十四）反思与发展	60. 主动收集分析相关信息，不断进行反思，改进保教工作。 61. 针对保教工作中的现实需要与问题，进行探索和研究。 62. 制定专业发展规划，积极参加专业培训，不断提高自身专业素质。

三、实施建议

（一）各级教育行政部门要将《专业标准》作为幼儿园教师队伍建设的基本依据。根据学前教育改革发展的需要，充分发挥《专业标准》引领和导向作用，深化教师教育改革，建立教师教育质量保障体系，不断提高幼儿园教师培养培训质量。制定幼儿园教师准入标准，严把幼儿园教师入口关；制定幼儿园教师聘任(聘用)、考核、退出等管理制度，保障教师合法权益，形成科学有效的幼儿园教师队伍管理和督导机制。

（二）开展幼儿园教师教育的院校要将《专业标准》作为幼儿园教师培养培训的主要依据。重视幼儿园教师职业特点，加强学前教育学科和专业建设。完善幼儿园教师培养培训方案，科学设置教师教育课程，改革教育教学方式；重视幼儿园教师职业道德教育，重视社会实践和教育实习；加强从事幼儿园教师教育的师资队伍建设，建立科学的质量评价制度。

（三）幼儿园要将《专业标准》作为教师管理的重要依据。制定幼儿园教师专业发展规划，注重教师职业理想与职业道德教育，增强教师育人的责任感与使命感；开展园本研修，促进教师专业发展；完善教师岗位职责和考核评价制度，健全幼儿园绩效管理机制。

（四）幼儿园教师要将《专业标准》作为自身专业发展的基本依据。制定自我专业发展规划，爱岗敬业，增强专业发展自觉性；大胆开展保教实践，不断创新；积极进行自我评价，主动参加教师培训和自主研修，逐步提升专业发展水平。

（引自教育部文件教师［2012］1号）

第三节　不同阶段幼儿园教师专业发展目标

教师是履行教育工作职责的专业人员，需要经过严格的培养与培训，具有良好的职业道德，掌握系统的专业知识和专业技能。《幼儿园教师专业标准（试行）》（以下简称《专业标准》）对教师的专业伦理、工作态度、专业知识、专业能力及实践水平等，确立了质量规格，作出了明确规定，有利于引导教师朝着不断提高综合素质方向发展。但从幼儿园实践看，新教师与老教师使用同一套评价标准，缺乏对教师专业发展处于何种等级水平教师应有行为具体的描述，很难从真正意义上提高教师质量，探索不同阶段教师专业发展目标显得尤为重要。

一、探索不同阶段幼儿园教师专业发展目标的必要性

此次颁布的全国统一的幼儿教师专业标准，定位为国家对幼儿园合格教师的专业基本要求。国内外学者对教师专业发展阶段的具体分类虽有不同观点，但在教师由不成熟到成熟的发展过程中经历不同发展阶段这点已达成共识。不同发展阶段的教师在教学行为、人格特征、专业发展需求等方面存在差异性，所以，如何进一步细化，明确不同层级教师的基本素质要求，促进幼儿教师专业素养提升成为持续终生的、动态过程，成为贯彻落实《专业标准》的关键。

（一）明确教师队伍现状，探索不同阶段幼儿园教师专业发展目标

我国社会经济、学前教育发展的不平衡性，决定了幼儿园教师专业发展标准应具有针对性、地域性。我们立足武汉市，结合武汉市学前教育发展、教师队伍发展的实际情况，探索不同阶段幼儿园教师专业发展目标。

在本次国家基础教育课程改革中，武汉市学前教育课程改革在全国率先而动，20 世纪，成为全国三个幼儿园教育纲要改革试点城市之一。2001 年，在国家《幼儿园教育指导纲要（试行）》（以下简称《纲要》）颁布后，出台了《武汉市幼儿园课程指导纲要（试行）》，2002 年，配套出版了我市的地方教材《幼儿园主题探究课程》。学前教育新课程改革正式在各级各类幼儿园中全面展开，目标明确：贯彻落实国家、地方两个《纲要》的精神，以地方课程建设为抓手，促进

教师专业发展，促进幼儿富有个性的发展。各级教科研工作在此过程中自然展开，要求教研紧密结合教师的困惑、结合幼儿园的实际问题，结合幼儿的全面发展。在总结经验的基础上，2006 年，参与了全国“以园为本教研制度建设”项目研究，出台了《武汉市幼儿园教育教学研究工作评价标准（试行）》，2008 年又出台了《武汉市幼儿园 2～6 岁儿童素质发展水平评价体系》（实验稿），今年又修订出台《武汉市幼儿园办园水平综合评估标准（试行）》。

我市整体推进新课改的背景，给各个幼儿园教师专业发展提供了多种平台和极大的空间。武汉市素有“九省通衢”之称，具有悠久的历史，我国历史上第一所幼儿园就产生于此。一批幼儿园有悠久的办园历史，教师队伍学历达标、资格达标较好。伴随着新课程改革，通过收集、整理地方教学资源，构建地方课程体系；加强幼儿园教研组规范建设，评选优秀星级教研组；以发展性评价理念为导向，科学评价幼儿发展；开展园本教研，建立新型教研文化；遵循教育规律，科学评估幼儿园办园水平等多种手段，我市幼儿园保教质量整体水平不断提升，教师专业化进程不断推进，家长、社会满意率不断提高。如何在现有基础上，通过明确不同阶段幼儿园教师专业发展目标，进一步引领教师朝着专业化、现代化方向发展，对办人民满意的学前教育，满足我市广大人民群众对优质幼儿教育资源的需求将起到关键作用。

（二）探索不同阶段幼儿园教师专业发展目标的必要性

人人都希望获得优质教育，优质教育最关键的前提是有优良的教师。教师是一种职业，但不是一般的职业，它具有专业性和不可替代性。目前幼儿教师队伍的一个重大问题，就是整体素质水平参差不齐。因此，探索不同阶段幼儿园教师专业发展目标，为教师提供专业发展的方向和指南，能够正确引导教师向专业化方向发展，不断提升幼儿教师队伍的专业水平。

第一，满足不同阶段教师专业发展的需求

随着国家各项幼教政策法规的颁布，教师地位、待遇的不断提高和落实，幼儿园管理中对教师专业发展考核的量化要求不断严格，家长对优质学前教育需求的不断提高，幼儿教师专业发展的自我需要和意识也在不断增强和提高。多数幼儿教师在自觉实践终身学习的理念，不断追求着自我专业发展，自觉在教育实践中不断调节和监控自身专业发展的路线，努力使自己的专业发展构成一个动态发展的循环，促进专业发展朝着积极地方向不断推进。但由于缺少专业标准，教师不了解专业发展的一般阶段及具体要求，使得教师在追求专业发展的具体过程中，在对自己未来专业发展的规划中处于茫然状态。制定《不同阶段幼儿教师专业发展目标》，有利于教师对自己的专业发展保持自觉和监控，有意识将自己的专业发展状态与教师专业发展的一般路线相比照，使追求理想的专业发展成为自觉行为，及时调整自己的专业发展行为方式和活动安排，以最终真正实现理想的专业发展①。

第二，满足幼儿园园本研训的需求

2006 年 7 月教育部基础教育司委托教育部基础教育课程教材发展中心组织实施的“以园为本教研制度建设”项目（以下简称“项目”）正式启动了。武汉市在市教育局基础教育处的直接领导下，有 30 余所幼儿园参加了“项目”研究，主要是省、市级示范性幼儿园和少数一级园，覆盖了武汉市所有的地区。我们认为：“以园为本教研制度建设”项目研究最终目的是建设幼儿园教研新文化，全面提升教师专业素质，促进幼儿园和教师自主发展。② 以教研文化建设为重点，促进教师专业发展成为幼儿园日常工作的重要内容，成为幼儿园管理、教科研工作、园本教研的重要组成部分。很多幼儿园还有专门

① 叶澜等．教师角色与教师发展新探［M］．北京：教育科学出版社，2002，第 240 页．

② 彭兵．开展园本教研，推动幼儿园文化建设［J］．学前教育研究，2008（8）．

的教师队伍发展计划、教师园本培训计划等。同时为每个教师建立了专业发展档案，制订教师个人专业发展计划或规划等。而制订专业发展促进计划或规划的一个重要前提，就是要明确不同阶段教师各自的专业发展目标、具体要求及发展的理想状态。在此基础上，将全园教师队伍发展现状进行分析、对照，比较，制订幼儿园教师分层培养目标、计划，开展园本教研、园本研修，提供有针对性的研究、指导和帮助，才能提高园本研训的质量和效益。而由于缺少能针对不同阶段教师的专业标准，导致幼儿园对不同层面教师专业发展现状把握笼统、模糊，专业发展促进效益不能令人满意，及大地影响了园本研训的效果。

第三，满足师范学校及职后继续教育的培养需求

在师范学校对幼师生的培养，以及职后继续教育中同样存在类似的问题，导致幼师生毕业后，弹唱跳画技能技巧尚可，而一线实践中所需的教育技能严重缺失，如创设环境、组织指导游戏、家园沟通、一日生活组织与保育等。幼师生自己的感觉是学的东西不够用，幼儿园的感觉是有了教师不好用，幼儿园必须进行上岗前二次培训方能勉强上岗，要达到合格、优秀标准，后续培训任务依然繁重。在职后继续教育中，由于缺少不同阶段幼儿教师专业标准，培训更多停留在理念讲解和初级培训上，不能满足不同层次教师的需求，对教师专业发展指导帮助不大，教师参与职后培训的积极性不高。制定教师专业标准可以满足师范学校及职后继续教育的培养需求，为确定培养或培训目标、设置课程、评价效果等方面提供参照，为师范教育的未来发展方向选择提供价值判断依据。

二、细化国家标准，探索不同阶段幼儿园教师专业发展目标

我们常说要促进幼儿教师专业发展，不断提高教师专业化水平。但幼儿教师专业发展究竟体现在哪些方面，即当我们说某教师在专业

发展发面有进步时，意味着教师在哪些方面的变化，大家常常说不出所以然，只是笼统、模糊地印象。《专业标准》明确了教师的具体专业发展标准，包括教师专业伦理标准、教师专业知识标准、教师专业能力标准等内容，有关部门和教师本人可以依此来衡量与评价教师专业发展的基本水准。全国统一的标准如何满足和指导不同层次、阶段教师的专业发展，值得探索。

（一）探索不同阶段幼儿园教师专业发展目标的思考

教师专业发展是一个多侧面、多等级层次的发展过程。在这里，我们把教师专业发展理解为教师的专业发展或教师内在专业结构不断更新、演进和丰富的过程。依据教师专业结构，教师专业发展可有观念、知识、能力、专业态度和动机、自我专业发展需要意识等不同侧面；依据教师专业结构发展水平，教师专业发展可有不同等级。① 而如何认定幼儿教师专业发展所达到的层次或等级，目前尚无公认的判断标准。我们认为，衡量教师专业发展水平可从“内容”和“程度”两个角度来考虑。具有相同发展“内容”的教师，从同一内容的不同发展“程度”可区分他们之间发展水平的高下，即采用“内容”和“程度”相结合的指标。而“内容”指标如何确定呢？我们认为应紧密结合幼儿教师教育对象特点、幼儿教师工作内容和要求考虑。

幼儿教师要胜任自己的工作，首先要达到专业理念与师德目标，同时应具有良好的专业知识，更应具有较强的专业能力。我们认为《专业标准》中专业能力提出的七个领域：环境的创设与利用、一日生活的组织与保育、游戏活动的支持与引导、教育活动的计划与实施、激励与评价、沟通与合作、反思与发展等，具有较强的外显性，看得见、摸得着，易于考察和衡量，更可以综合体现教师的专业理念

① 叶澜等．教师角色与教师发展新探［M］．北京：教育科学出版社，2001，第222～226页．

与师德以及专业知识，从实践层面来看，对教师的教育行为有较强的指导性，便于教师以此为镜对自己专业发展水平对照衡量和把握，便于幼儿园以此为抓手建立一支合格的教师队伍，不断满足家长对优质学前教育的需求。所以，我们认为以幼儿教师“专业能力”维度的指标作为衡量教师专业发展水平“内容”指标基础比较合适，结合幼儿园教师实际工作和可操作性，选择确定以下六个方面：环境的创设与游戏指导、一日生活的组织与保育、教育活动的计划与实施、教育评价与激励、家长工作与沟通、反思发展与合作等，讨论设计细化内容指标。再根据前期进行的关于幼儿教师发展阶段的研究发现：教师成长过程经历了四个阶段，即适应期（1～3 年）、探索期（4～9 年）、成熟期（10 年以上）、学者期（15 年以上）。阶段与阶段之间具有较为明显的界限，不同阶段之间表现出不同特征，以教师的职业生命为基本线索，以专业化发展为标准具有不同的发展任务。这里，以不同阶段代表性教师的典型专业能力行为表现为依据，根据《纲要》的精神，将专业结构中其他因素：观念、知识、专业态度和动机、自我专业发展需要意识等，结合课程改革对教师教育行为的具体操作要求相互结合渗透，确定“程度”要求，即构成了对幼儿教师专业结构的一个分析框架。尽管从动态发展角度看，教师的专业结构作为教师成长的“横向剖面”在不同阶段有所不同，但要说明教师专业发展过程，提出不同阶段教师专业发展目标有其合理性和必然性。

（二）不同阶段幼儿教师专业发展目标体系定位

建立不同阶段幼儿园教师专业发展目标体系，必须在多种功能中作出适合本地区教师队伍现状的权衡和选择。在对专业标准功能予以合理定位的基础上，科学规划幼儿教师专业发展目标的内容，建立不同阶段幼儿教师专业发展目标体系（详见资源 3-2　研究资料　不同阶段幼儿教师专业发展目标）。

第一，把幼儿的学习与发展摆在首要位置，作为教师专业发展的核心和依据。促进幼儿身心健康和谐发展是幼儿园一切工作的出发点和归宿，当然也应成为幼儿教师专业发展的核心和依据。因为制订专业发展目标，本质上是要确定教师的哪些工作表现直接或间接地影响着儿童的发展，肯定其中有利于儿童发展的表现，约束那些有害于儿童发展的表现，为幼儿园教师的工作确立一套基本的原则。① 本目标从幼儿身心发展的特殊性、幼儿园教育的特殊性、幼儿园教师必须承担多种角色和保育和教育两大类职责出发，围绕幼儿的一日生活各环节、各要素尽可能全面地罗列幼儿教师的工作和职责，目标内容涉及教师组织的专门学习活动，还涉及教师在日常生活中与儿童的互动、环境的布置和创设、作息和活动规则的制订、与家长的沟通和合作各个方面。如“充分利用一日生活各种教育契机，对幼儿进行随机教育。使每一个幼儿都能感受到安全、愉快和成功”；“充分利用与合理设计游戏活动空间，精心为幼儿提供丰富、适宜的游戏材料，支持、引发和促进幼儿的游戏”等。

第二，目标体系力图体现最新的教育理念。教师的教育理念不仅影响其教育、教学行为，而且对教师自己的学习和成长也有重大的影响。本目标虽立足于教师怎样做，但更关注支配教师行为的教育理念，要求是在先进、正确的理念指导下产生的行为。本标准体系中涉及学习者和学习的信念，关于教学的信念，如“相信每个儿童能主动获得发展”“创设适宜的幼儿生活、学习环境，引发幼儿积极与环境互动”“认真倾听、耐心等待、适时引导”“积极促进、追求每个幼儿和谐健康发展”；有反映教和学多方面联系的理念，如教学的整体观，要求教师形成“教育合力”的观念，如“充分认识家庭环境和社会的多种因素对儿童学习的影响”“建立与社区的广泛联系，培养儿童积极的社会价值观，促进学习效果的提高”；也有关于自我和教学作用的信念等，如“通过经常性的在职进修，继续不断地参加各种正

① 郭良菁．上海市幼儿园教师专业发展自我评价体系研制简介——构建幼儿园教师专业标准的尝试．学前教育研究，2007（7～8）．

式或非正式的教育活动，借此在专业知识、能力和成就等方面与时俱进”。这对于具有特殊性的教师专业来说是至关重要的。

第三，本目标将教师“专业发展”重心直接放在教师实际教育能力上。我们认为，教师专业发展目标不能抽象地谈教师的发展，而应围绕幼儿教师日常工作，紧扣开展教育、实施教育教学必备的能力才更加具有操作性和指导性，即创设教育环境的能力、设计与实施教育活动的能力、开展家长工作的技能、进行教育评价的能力等。表述上尽可能直接用具体情境中的“工作表现”来阐述目标要求，如“能根据幼儿的年龄特点、兴趣和需求，创设与课程匹配的动态教育环境”“能综合考虑空间、材料、幼儿、教育等多种因素，精心为幼儿创设活动区角”等。这样更贴近教师在幼儿园工作情境中的实际，有助于教师将自己的行为与此对照，引起认知上的冲突，从而防止目标要求流于空洞。

第四，依据幼儿教师不同发展阶段的专业需求和发展实际制定相应的专业发展目标，使标准对教师专业发展的帮助具有针对性和实效性。标准制定前期，我们在武汉市进行了关于幼儿教师专业发展阶段的调查和研究，对不同阶段教师专业需求和发展实际有充分的了解，为制定标准提供了第一手资料。同时对于不同发展阶段教师的工作表现期望，不仅作了程度上的区分，也在性质上有所区别。例如，在开展家长工作方面，与家长沟通、建立良好的合作关系指标，对适应期（1～3 年）、探索期（4～9 年）、成熟期（10 年以上）、学者期（15 年以上）分别提出“主动向家长介绍幼儿园的保育教育工作，具有一定的沟通和协调能力，班级家长工开展较顺利”“能与不同类型家长有效沟通，家园沟通形式灵活多样，家园共育氛围温馨健康”“通过有效沟通、认真听取和采纳家长的合理建议，与家长建立和保持良好的合作关系，家长工作成效显著”“善于通过形式多样的有效沟通与家庭、社区建立良好的合作关系，保持密切的联系。形成幼儿园、家庭、社区良性互动、共同发展的局面”。

第五，充分关注教师专业发展中的困难和问题，体现目标的实效性和人本性。通过前期调查发现，由于当前幼儿教师入口标准的下降，幼师生文化水平普遍差强人意，导致幼儿教师普遍存在“做的比说的好，说的比写的好”，基本写作能力普遍较差的现状。对此，本标准对适应期（1～3 年）、探索期（4～9 年）教师分别提出：“在理论指导下开展教学和研究，不仅会做，而且能说、会写，会撰写教育笔记、观察记录、各类计划和总结。”“能清晰而又正确地运用专业语言与他人进行书面的、口头上的交流。”针对成熟期（10 年以上）教师专业发展最大的障碍是缺乏突破超越自我的意识的现状，在专业发展标准中提出“具备较强的自我专业发展意识和能力。通过自我反思、自我专业发展设计与调控实现自我专业发展和自我更新”。同时针对幼儿园女性居多，思想较保守、思维单一的问题，在不同的方面分别提出：“有问题意识，不满足现状和现成的答案”“能认真听取同伴的不同意见，觉察自己可能存在的偏见、成见、陈规等消极因素”“有强烈的反思倾向，具有较强的反思能力，敢于质疑和提出改进意见”等。本标准力图充分考虑不同的发展阶段教师存在的最大障碍、最渴望解决的问题及发展愿景。

总之，本目标体系既建立静态的专业目标，同时又为教师的动态发展、终身学习提供制度上的保证是我们的追求。分等级的专业目标可以形成对教师有效的激励机制和监督机制。

三、不同阶段幼儿园教师专业发展目标体系特点

本目标体系立足促进武汉市不同阶段幼儿教师专业的持续发展，帮助不同阶段幼儿园教师明确专业发展方向，指导教师专业化进程向预期目标发展。具体有以下几个特点。

1. 全面性

我们认为，高素质的教师不仅在专业知识和专业能力方面具有较高的发展水平，同时在专业伦理（包括教师完善自身人格以及履行外

部职责时所需要的各种优良品质）等方面也具有很高的发展水平。本目标体系以教师内在专业结构为依据之一选择指标、设计框架，具体内容的制定中也围绕专业结构的诸要素（专业理念、专业知能、专业服务精神、自我专业发展意识等）展开，分为四个阶段、六个维度，使本标准内容涵盖的范围逐步扩大，突破了传统幼儿教师标准中仅仅强调教师知识发展的局限，涵盖了教师的专业知识、专业能力、专业精神、专业伦理，而且突出了教师专业态度与价值观、专业品质的重要性，从而改变了以往对教师素质中“软”的方面不受重视的局面，将教师素质中“软”的方面和“硬”的方面都得到充分关注和体现，使幼儿教师专业发展标准具有全面性特点。

2. 和谐性

教学工作的复杂性决定了教师专业结构的复杂性。就教师专业发展而言，专业发展只是教师个人全面发展的一个侧面，与个人其他诸方面发展，如心理发展、职业周期、社会化水平之间存在着的复杂的交互作用关系。本目标体系选择了以教师作为专业人员最为重要的专业能力系统，尤其是幼儿教师在实践中获得和必须的部分作为“内容”指标，但为了更如实地反映教师专业发展的综合、复杂过程，在目标制定表述过程中力求将教师专业能力发展与教师心理发展、职业周期发展、社会化发展之间的复杂的交互作用关系体现出来，体现各方面素质发展的和谐、稳定要求，让各方面认识到教师专业发展是各种素质综合作用的结果，追求各方面素质发展程度达到一种均衡、和谐的状态。这样说并不意味着教师各个方面的素质发展水平处于绝对平均的状态，而是指其各种素质发展的程度力求达到了一种相对均衡的理想状况。

3. 差异性

在教师发展的不同阶段，其关注内容表现出明显的阶段性，面临的专业发展任务也各不相同。本目标体系的“程度”指标设置即以幼儿教师专业发展过程一般需经历的四个阶段，即适应期（1～3 年）、探索期（4～9 年）、成熟期（10 年以上）、学者期（15 年以上）的典型表现为基础制定的，分为四种水平，充分考虑了教师专业发展的阶段性规律，具有较强的差异性、针对性。比如，对新教师，即适应期（1～3 年）教师，作为刚从幼师学校毕业走上教育工作岗位上的新教师，她们关注的内容主要是自己能否胜任教育教学工作以及家长对自身工作的认可度。主要挑战是缺乏实践经验，面临的主要任务是适应幼儿园环境，熟悉幼儿年龄特征、一日生活常规，组织开展教学、完成教学任务等。基于此，对她们提出了不同于探索期（4～9 年）、成熟期（10 年以上）、学者期（15 年以上）教师的标准与要求，即专业发展第一阶段。本目标体系中关于不同阶段教师专业发展目标的制定为教师教育提供了赖以确定教师需要和能力的基础，为教师职前培养和职后继续教育提供了方向上的指引，同时为幼儿园帮助、支持教师专业发展指明了道路，更有助于教师个人选择、确定近期和远期的专业发展目标。

4. 开放性

教师专业发展具有强烈的时代色彩，专业化教师本身就是一个历史的概念，每一个特定的时代和社会都有自己所定义的高素质教师。本目标体系不仅关注了教师不同发展阶段的专业能力发展要求，而且也关注了教师素质发展的时代性内容，即将社会发展变化对教师素质发展的新要求，将《专业标准》提到的，比如信息技术能力，终身学习的能力融入教师专业目标中。同时，对教师教育理念和专业态度中的开放性、生成性给予关注，如“有开放的心态和批判性思维，思想开放而能接受多元观点”“勤于学习，善于反思，能够较深刻分析教育过程中出现的问题，并不断改进，提升教育教学水平”“善于质疑和寻求答案，善于在反思的基础上总结和提升教育教学经验，用理论指导、支撑教育行为”等，体现了较强的开放性。作为一个具有广泛适应性的高素质教师，其素质结构必须是开放的，这样才能不断依据时代变化和社会发展需要及时更新自己的素质。

资源 3-2　研究资料

不同阶段幼儿教师专业发展目标

阶段 维度	适应期教师 （1～3 年）	探索期教师 （4～9 年）	成熟期教师 （10 年以上年）	学者期教师 （15 年以上）
环境创设与游戏指导	1. 了解环境对幼儿发展的独特意义和价值。掌握绘画、书法、美工等创设环境必需的基本专业技能，创设班级环境。 2. 掌握幼儿园环境创设、游戏与教育活动的知识与方法，能考虑本班幼儿年龄特点，根据开展实施的教育主题，进行主题墙面的设计和制作。 3. 能根据幼儿的年龄特点，创设有助于促进幼儿成长、学习、游戏的活动区角，提供相应的成品和半成品操作材料。	1. 重视环境和游戏对幼儿发展的独特作用熟练运用绘画、书法、美工等基本专业技能，引导幼儿共同参与、创设富有教育意义的环境氛围，将游戏作为幼儿的主要活动。 2. 提供符合幼儿兴趣需要、年龄特点和发展目标的游戏条件。能吃透主题课程精髓，巧妙创设与主题课程相适应的动态环境，有效促进幼儿发展。	1. 创造性地运用绘画、书法、美工等各种基本技能，创设幼儿生活、学习环境，引发幼儿积极与环境互动。 2. 能根据幼儿的年龄特点、兴趣和需求，创设与主题课程匹配的动态教育环境，使之相互渗透、自然融合，并充分体现环境的教育功能。 3. 充分利用与合理设计游戏活动空间，能综合考虑空间、材料、幼儿、教育等多种因素，精心为幼儿提供丰富、适宜的游戏材料，支持、引发和促进幼儿的游戏。	1. 巧妙地将“环境育人”的理念渗透在幼儿园的环境创设工作中，环境创设技能娴熟，得心应手。灵活自如地指导教师进行富有个性化的环境创设工作，为幼儿提供优质的学习、生活环境。 2. 善于发掘课程中环境的隐性教育功能，充分体现课程与环境渗透的教育理念。引导幼儿在游戏活动中获得身体、认知、语言和社会性等多方面的发展。 3. 能指导教师充分发挥三维空间、区角活动、主题墙面的互动功能，让幼儿与材料有效互动，利用环境促进幼儿全面发展。

续表

阶段 维度	适应期教师 （1～3 年）	探索期教师 （4～9 年）	成熟期教师 （10 年以上年）	学者期教师 （15 年以上）
环境创设与游戏指导	4. 合理利用资源，能根据教学的需要，为幼儿提供和制作适合的玩教具和学习材料，引发和支持幼儿的主动活动。 5. 有综合利用各种资源促进幼儿全面发展的意识，能利用幼儿园、班级和家长等现有资源为创设环境服务。 6. 爱孩子，能运用适合孩子的方式与他们交流，注重班级良好精神环境的创设，建立民主、平等、和谐的师生关系。	3. 根据幼儿的年龄特点和全面发展的教育目标，精心利用三维空间、合理安排设置活动区角，提供的操作材料符合教育要求，具有多样性和可变性，利于幼儿主动学习和发现学习。 4. 能根据课程的需要，创造性地制作各种教玩具。鼓励并指导幼儿参与教玩具的制作。充分体验游戏的快乐和满足。 5. 能合理有效利用资源，充分利用幼儿园、家长和社区资源为创设环境服务，为开展教育服务。 6. 尊重孩子的意愿，善于营造安全、温馨、和谐的精神环境，师生共同创设有班级特色的班级文化，使家长、幼儿都喜欢班集体。	4. 能合理调整课程内容并制作与之相匹配的教玩具，鼓励幼儿自主选择游戏内容、伙伴和材料，支持幼儿主动地、创造性地开展游戏。 5. 能整合幼儿园、家庭与社区的资源创设儿童乐于参与、有选择、互动性的环境。 6. 能以个人阳光、开放、积极的生活态度和良好的精神状态潜移默化影响幼儿，形成团结、和谐、温馨、积极向上的班级文化，受到各方面肯定和认同。	4. 能指导教师创造性地制作各种各类的教玩具，并且进行总结推广，形成具有个性特点的教玩具系列成果。 5. 具有较强的专业敏感性，善于挖掘一切社区、家长中有利于环境创设的资源，为创设教育环境服务。指导教师提升相关经验并进行交流。 6. 以个人对幼教事业的热爱和执着追求带动、影响周围的人，共建合作开放、追求卓越的精神文化，形成幼儿园独特的园所文化氛围。

续表

阶段 维度	适应期教师 （1～3年）	探索期教师 （4～9年）	成熟期教师 （10年以上年）	学者期教师 （15年以上）
一日生活组织与保育	1. 重视自身衣着、语言和举止对幼儿的影响，衣着整洁得体，语言规范健康，举止文明礼貌。有面向全体，因材施教、保教结合的教育意识。具备初步的观察能力，能关注幼儿在活动中身体和情绪反应。有安抚幼儿情绪的能力（哭闹、自律能力差等）。 2. 理解幼儿保教工作的意义，富有爱心、责任心、耐心和细心，科学照料幼儿日常生活，以关怀、接纳、尊重的态度与幼儿交往，建立良好的师幼关系，帮助幼儿建立良好的同伴关系，让幼儿感到温暖和愉悦。	1. 重视自身日常态度言行对幼儿发展的重要影响与作用。能较熟练地运用“面向全体，因材施教”的教育原则，根据动静结合、室内外交替的原则合理安排幼儿一日活动。 2. 科学实施保育和教育，指导和协助保育员做好班级常规保育和卫生工作。建立良好班级秩序与规则，营造良好的班级氛围，让幼儿感受到安全、舒适。 3. 合理安排幼儿一日生活，熟知幼儿园的安全应急预案，掌握意外事故和危险情况	1. 重视生活对幼儿健康成长的重要价值，积极创造条件，让幼儿拥有快乐的幼儿园生活。能在幼儿一日生活的各个环节熟练驾驭“面向全体，因材施教”的教育原则。全面了解班级儿童个性发展特点，有针对性地进行指导和帮助，效果好。 2. 充分利用一日生活各种教育契机，对幼儿进行随机教育，使每一个幼儿都能感受到安全、愉快和成功。 3. 合理安排和组织一日生活的各个环节，将教育灵活地渗透到一日生活中，有效保护幼儿，及时处理幼儿的常见事故，危险情况优先救护幼儿。	1. 信任幼儿，尊重个体差异，主动了解和满足有益于幼儿身心发展的不同需求。指导教师贯彻落实“面向全体、因材施教”的教育原则，通晓儿童个性发展特点和规律，能发现青年教师个别教育中存在的问题，给予有效指导和帮助。 2. 爱护、尊重每个幼儿，重点针对班级、园所个别特殊幼儿指导、带领团队进行个案研究，积极创造条件，让幼儿拥有快乐的幼儿园生活。 3. 指导青年教师合理安排和组织一日生活的各个环节，关注全园各

续表

阶段 维度	适应期教师 （1～3 年）	探索期教师 （4～9 年）	成熟期教师 （10 年以上年）	学者期教师 （15 年以上）
一日生活组织与保育	3. 掌握幼儿园一日生活安排、保育和班级管理的知识与方法。了解幼儿园的安全应急预案及幼儿安全防护与救助的基本方法。 4. 能通过观察幼儿的语言和行为识别特殊儿童，努力理解幼儿的想法与感受，支持、鼓励幼儿大胆探索与表达。 5. 具有一定的自然科学和人文社会科学知识，掌握关于幼儿发展知识，幼儿保育和教育知识，做好班级管理和幼儿教育工作；学习运用教育叙事、观察记录等文本方式，积累教育经验。	下幼儿安全防护与救助的基本方法。 4. 了解有特殊需要幼儿的身心发展特点及教育策略与方法。尊重幼儿在发展水平、已有经验、学习方式等方面的个体差异，有效针对特殊儿童的表现，进行科学、合理的指导。 5. 能运用各种专业知识开展班级管理和教育教学工作，能熟练运用教育笔记、观察笔记、教育叙事等方式整理、提炼教育教学中的有效经验，制定个别化教育方案，不断改进班级保育和教育各项工作。	4. 了解幼儿在发展水平、速度与优势领域等方面的个体差异，掌握对应的策略与方法。用适当的方式给予各类特殊儿童帮助和指导，能够根据幼儿的个体差异，开展分层指导，效果较明显。 5. 不断丰富自身各种知识，了解 0～3 岁婴幼儿保教和幼小衔接的有关知识与基本方法。指导年轻教师开展日常特殊儿童个案观察活动，提炼质量较高的个案观察记录、教育笔记、叙事研究等文本资料，成效明显。班级管理建设有特色，深受家长信任和爱戴。	班级活动安排的平衡性和协调性，协助处理好全园的意外突发事件。 4. 在一日生活各个环节中指导青年教师综合运用各种方法，使用各种教育教学手段，对各类特殊儿童进行辅导，效果明显；帮助青年教师不断提升个别指导的能力。 5. 灵活掌握和运用关于幼儿发展知识、幼儿保育和教育知识、通识性知识，理论功底深厚，积极组织全园教师定期开展一日生活组织与保育专题研讨，提高全园教师科学实施保育教育的水平，注重总结教育实践经验，提炼专题研究成果并在国家级、省、市级刊物上发表，有一定的影响力。

续表

阶段 维度	适应期教师 （1～3 年）	探索期教师 （4～9 年）	成熟期教师 （10 年以上年）	学者期教师 （15 年以上）
教育活动计划与实施	1. 贯彻党和国家教育方针政策，遵守教育法律法规。热爱学前教育事业，关爱幼儿，重视幼儿身心健康，将保护幼儿生命安全放在首位。注重保教结合，培育幼儿良好的意志品质，帮助幼儿形成良好的行为习惯。 2. 认真学习《纲要》，了解幼儿的学习特点和学习规律，熟悉执教年龄段幼儿年龄特征和各领域教育的目标、任务、内容、要求和基本原则，制订阶段性的教育活动计划和具体活动方案，选择的内容适合，活动目标能围绕三个维度书写。	1. 贯彻落实党和国家各项教育方针政策，法律法规。热爱学前教育事业，具有职业理想和敬业精神。理解幼儿保教工作的意义，注重保教结合，培育幼儿良好的意志品质，帮助幼儿形成良好的行为习惯。 2. 认真领会《纲要》精神，理解幼儿的学习特点和学习规律，熟练掌握 3～6 岁幼儿年龄特征和幼儿园教育的目标、任务、内容、要求和基本原则。根据本班幼儿的年龄特点，制订较完整的课程计划，较准确地书写三个维度的活动目标，较科学地开展教育活动。	1. 自觉贯彻落实党和国家各项教育方针政策，法律法规。时时处处尊重幼儿人格，维护幼儿合法权益，平等对待每一个幼儿。注重保教结合，培育幼儿良好的性格、意志品质和行为习惯。 2. 掌握不同年龄幼儿身心发展特点、规律和促进幼儿全面发展的策略与方法。熟悉幼儿园教育的目标、任务、内容、要求和基本原则，并灵活运用于教学实践中，根据班级幼儿年龄特征及个体差异调整教育教学目标，注意群体及个体目标之间的差异。能创造性地编写教学活动方案，有示范和指导意义。	1. 有较高的政治觉悟和政策水平，注重保护幼儿的好奇心，培养幼儿的想象力，发掘幼儿的兴趣爱好。有深厚的教学功底，形成了独特的教学风格，沉着睿智，相机而教。 2. 指导教师根据《纲要》要求及班级幼儿的年龄特点，制定科学规范的课程实施方案，不断提高青年教师制定活动方案，实施课程的能力。关注本园课程建设，适时反思、调整，不断提高课程对本园幼儿的适应性。

续表

阶段 维度	适应期教师 （1～3年）	探索期教师 （4～9年）	成熟期教师 （10年以上年）	学者期教师 （15年以上）
教育活动计划与实施	3. 能依据教材，结合本班孩子发展水平认真备课，掌握幼儿园各科教学法，选择恰当的教学组织方式和教学策略，预设教学活动方案，活动方案完整、科学。 4. 能根据预设教学活动方案顺利组织和完成教学活动，使用符合幼儿年龄特点的语言进行保教工作，有一定的组织和实施能力。能协助主班教师完成班级学期保教工作计划。	3. 能精心准备和创造性地实施基础课程，能根据幼儿年龄特点、发展目标，在教育活动的设计和实施中将各领域教育内容有机联系、相互渗透，体现趣味性、综合性和生活化，并能根据幼儿的兴趣和需要，生成新的主题。 4. 有较丰富的教育教学经验，能运用各种组织形式和适宜的教育方式，合理整合利用家庭和社区各种资源，较好完成教学目标。成为幼儿学习活动的支持者、合作者、引导者。	3. 能根据全面发展培养目标，整合多元化的课程内容设计出符合幼儿经验与兴趣、激发儿童思考、解决问题的活动，处理好预设与生成的关系，并因时因地因材料进行调整。 4. 教育教学技能娴熟，教学幽默、风趣，有感染力，注重激发幼儿学习兴趣，灵活运用多种教育策略和教育资源，有效组织和实施教学；能指导年轻教师教育教学，具备“传、帮、带”的能力。	3. 有较强的创新能力，能创造性实施课程，对课程中不完善之处能因地制宜地进行调整和完善。具有较强的园本课程开发能力和创新能力。能带领教师团队研发和实施具有园所特色的园本课程。 4. 有独特的教学风格，充分彰显个性魅力，有自己擅长的学科领域，且有一定的影响力；指导青年教师掌握各种组织形式和适宜的教育方式，促进幼儿的发展成效明显。

续表

阶段 维度	适应期教师 （1～3年）	探索期教师 （4～9年）	成熟期教师 （10年以上年）	学者期教师 （15年以上）
教育活动计划与实施	5. 信任、尊重幼儿，重视丰富幼儿多方面的直接经验，将探索、交往等实践活动作为幼儿最重要的学习方式。在活动中能引发幼儿学习动机与兴趣，灵活开展学习活动；关注大多数幼儿的反应，积极回应幼儿，注重师生互动，生生互动。 6. 具备较全面的弹唱跳画说等方面的专业技能，具有相应的艺术欣赏与表现知识，能结合实践积极运用。	5. 善于倾听、理解幼儿，成为儿童发展的支持力量；能敏感觉察到幼儿需求并以适时、适当的方式做出回应；师生互动、生生互动积极有效，注重随机教育，面向全体与关注个体相结合。 6. 积极学习优秀的教学经验与方法，能利用自身特长形成教学特色。	5. 相信每个儿童能主动获得发展，提供更多的操作探索、交流合作、表达表现的机会，支持和促进幼儿主动学习。在儿童完成任务的过程中能耐心等待、给予幼儿“试误”的机会有效促进每一个孩子的发展。 6. 自身特长及教学风格相对稳定。善于吸收并积极尝试优秀的教学经验与方法，灵活调整教学策略，实施教育教学。	5. 教育活动中做到：认真倾听、耐心等待、适时引导，追求教育实践的不断完善；及时发现青年教师教学中提问、回应中存在的问题并给予针对指导，形成高质量的师幼互动。 6. 注重把学前教育理论与保教实践相结合，突出保教实践能力。注重幼儿教师形成团队建设，指导自己的教学团队效果明显，有一定的影响力。

续表

阶段 / 维度	适应期教师（1～3年）	探索期教师（4～9年）	成熟期教师（10年以上年）	学者期教师（15年以上）
教育评价与激励	1. 对教育评价工作有正确认识，掌握观察、谈话、记录等了解幼儿的基本方法。能自觉运用评价促进每个幼儿发展，提高幼儿园教育质量。 2. 在评价过程中，能与幼儿园、班级各方成员共同参与、相互支持与合作，积极开展教育评价。 3. 有初步的个案观察和教育诊断能力，关注幼儿日常表现，及时发现和赏识每个幼儿的点滴进步，注重激发和保护幼儿的积极性、自信心。	1. 高度重视教育评价，能通过开展教育评价不断提高自己教育教学技能，促进自我专业成长。 2. 将教育评价渗透到一日活动各个环节中，能准确判断儿童发展水平和教学活动效果；能发动同事、家长和幼儿多主体参与评价，有效运用评价结果，指导下一步教育活动的开展。 3. 坚持在一日活动中全面观察和分析幼儿，兼顾群体需要和个体差异，公正、客观评价的同时给予幼儿指导与帮助。促进幼儿在原有水平上获得发展。	1. 明确教育评价对幼儿园课程建设的重要性，自主参与建立、健全幼儿园教育评价制度，促进幼儿园课程的发展与完善。 2. 善于听取园长、教师、家长、幼儿及其他人员对教育评价工作的意见和建议，科学分析与评估，随机调整教育目标、内容、策略等，增强教育教学效度。 3. 一日活动中灵活掌握和实施“面向全体，因人而异”的教育评价原则，关注每个幼儿，重视与特殊个体有效沟通，了解他们的发展需求和发展潜能，帮助每个幼儿建立自信，富有个性地发展。	1. 有成熟的教育评价理念和科学有效的评价行为，自觉将教育评价行为融于常规活动，建立动态、科学的教育评价制度，将教育评价作为幼儿园课程的重要环节认真组织。 2. 熟练掌握各种评价方式，注重评价主体的多元化（园方、教师、幼儿、家长、社区等），将评价结果进行及时地反馈与沟通，帮助儿童体验成功感，效果明显。 3. 指导教师灵活掌握“面向全体、因材施教”的原则，准确把握幼儿内在心理需求，通过评价对每位幼儿的语言、行为后面的原因能进行深入分析并给予适时、

阶段 维度	适应期教师 （1～3年）	探索期教师 （4～9年）	成熟期教师 （10年以上年）	学者期教师 （15年以上）
教育评价与激励	4. 能综合采用观察、谈话、家园联系、作品分析等方法，客观地、全面地了解和评价幼儿。主动向家长客观反映幼儿在园发展状况，更新家长的评价观，寻求家园合力，共促幼儿健康成长。 5. 能通过教学反思、教育笔记、观察记录等方式，发现教育教学过程中的问题，改进教育教学行为，提高教育教学技能，促进自我成长。	4. 建立健全幼儿成长档案，灵活运用过程性评价与结果性评价等评价方法，多渠道多途径地开展教育评价，获取多元信息，促进幼儿全面发展。 5. 能综合运用多种教育理论，结合实际情况，对教育评价结果进行科学分析，整理、提炼教育评价过程中的有益经验，为开展集体和个别化教育提供依据。能根据幼儿的表现和反应灵活调整计划，给予孩子积极的支持。	4. 自觉以评价理论指导教育实践，不断丰富评价理论知识和实践经验，灵活运用多种观察评价方式，发现和记录幼儿典型行为表现，促进幼儿个性化发展。建立完善本班幼儿素质发展评价实施体系，不断提高实施发展性教育评价的能力。 5. 科学利用教育评价结果，指导青年教师通过多种方式适时向家长、幼儿反馈评价情况，制订个别化教育方案，不断调整、改进教育实践，撰写一定质量的教育评价分析报告，提高教师专业素养。	适宜的指导，促进幼儿在原有水平上获得发展和进步。 4. 教育评价理论功底扎实，建立、完善本园课程评价、幼儿发展等评价体系，推广优秀评价活动的经验。 5. 能根据需要制订具有班级特色、园本特色的评价方案，善于总结本园教师科学教育评价的成功经验，提炼教育评价的专题教科研成果，切实发挥教育评价的作用和功能。有一定的影响力。

续表

阶段 维度	适应期教师 （1～3年）	探索期教师 （4～9年）	成熟期教师 （10年以上年）	学者期教师 （15年以上）
家长工作与沟通	1. 明确家庭是幼儿园重要的合作伙伴。对本班不同类型家长群体的家庭背景、知识层面、职业特性等有一定认识，能发动家长为幼儿园教育提供支持与配合。 2. 了解幼儿发展中容易出现的问题与适宜的对策。尊重家庭文化、社会背景的差异，使幼儿在家庭中获得的经验能够在幼儿园的学习活动中得到应用。通过专业技能和师德素养赢得家长的信任与配合。	1. 本着尊重、平等、合作的原则，争取家长的理解、支持，能有效管理和引导家长主动参与“家教义工、家长助教”等活动，家园合作关系良好。 2. 在细致观察与分析每个幼儿的基础上，结合其发展特征有针对性地向家长介绍育儿策略，宣传育儿知识，实现幼儿园、家庭教育的一致性。 3. 能与不同类型家长有效沟通，家园沟通形式灵活多样，能充分调动家长参与幼儿园教育的积极性，共同创设班级文化，家园共育氛围温馨健康，工作得到家长认可。	1. 以丰富多彩的活动内容与组织形式，达成幼儿园和家庭在教育上的有效合作，推动幼儿生活习惯和学习经验的连贯性积累与习得，扩大和延伸幼儿园教育的效益。 2. 了解关于幼儿生存、发展和保护的有关法律法规及政策规定。熟悉每个幼儿的家庭环境和家教方法，耐心帮助家长理智分析幼儿发展现状，为幼儿提供个性化教育。 3. 认真听取和采纳家长的合理建议，与家长联手共建具有明显班级特色的班级文化，家园共育氛围健康和谐，家长工作成效显著。	1. 有成熟的家长工作方式和独特的家长工作方法。积极主动创设家园共育的和谐氛围，以精湛的专业技能、个人魅力扩大优质资源辐射面，指导青年教师，带动家长科学育儿观的更新和态度的转变，推动班级家长工作特色形成。 2. 积极热情为家长服务，准确把握幼儿成长中的家庭教育规律及影响因素，引导家长根据家庭具体情况找到有针对性的育儿教育措施。成立“家长工作指导室”或设立“家长服务专线”，为更多的家长提供优质指导资源。

续表

阶段 维度	适应期教师 （1～3 年）	探索期教师 （4～9 年）	成熟期教师 （10 年以上年）	学者期教师 （15 年以上）
家长工作与沟通	3. 主动向家长介绍幼儿园的保育教育工作，具有一定的沟通和协调能力，语言表达基本准确，家园沟通方式多，班级家长工开展较顺利。 4. 耐心倾听、了解家长对幼儿园教育的需要、家庭教育中存在的困难和需要得到的帮助等，能主动服务，积极帮其解决，基本发挥幼儿教师专业人员的服务、引导作用。 5. 能协助班长主持召开全班家长会，让家长了解幼儿园的基本教育内容和方法；较	4. 全面了解、掌握本班幼儿的特点和家庭的需要，有针对性地开展家庭教育引导工作。积极为家长排忧解难，共同解决幼儿教育中存在的问题。丰富家长科学育儿知识和方法，增强家长工作实效。 5. 能顺利主持家长会、开展常规家园开放活动，全面承担班级“家长学校”的授课任务，不断增强家长家园配合的意识，使幼儿在园获得的学习经验能够在家庭中得到延续、巩固和发展。	4. 能根据家长需求，适时为家长提供育儿心理辅导、卫生保健、社会服务、法律服务等，帮助家长树立科学育儿理念，提高科学育儿的能力。通过家园有效沟通、积极合作扩大幼儿园美誉度。 5. 能灵活运用家访、个别谈话、电话、网络联系、家长会等多种途径向家长宣传国家的教育方针、政策及最新家教信息，增强家长科学育儿的自觉性和专业性。建立与家庭、社区密切的合作关系，共同为幼儿的发展创造良好的条件。	3. 善于通过形式多样的有效沟通与家长、社区建立良好的合作关系，保持密切的联系。形成幼儿园、家庭、社区良性互动、共同发展的局面。 4. 带动幼儿园教师团队不断更新家园共育知识，开展家园共育的教科研活动或者专题研究，申报国家级、省市级相关课题，总结提炼家长工作规律，不断提高家长工作的实效性。 5. 积极传授家长工作经验，主动承担“家长学校”的授课任务，定期授 课，开展入户指导、跟踪观察等相关延伸活动，将“家长学校”的工作做出特色。

续表

阶段/维度	适应期教师（1～3 年）	探索期教师（4～9 年）	成熟期教师（10 年以上年）	学者期教师（15 年以上）
家长工作与沟通	好地完成家长半日活动开放等接待任务。 6. 能不断学习，反思和总结开展家长工作过程中的不足与问题，注意征求家长的意见和建议，不断改进班级家长工作，共同实现教育目标。	6. 善于接受家长的建议，注重家长工作经验的总结、交流与推广，帮助年轻教师掌握家园沟通技巧，丰富其家长活动的组织经验，共同提高家长工作能力与水平。	6. 积极探索并推广高效务实的家长工作技巧，建立健全班级家长工作制度，带动同伴、家长共同参与班级管理，推动家长工作走向深入，家园共建局面良好。	6. 善于管理家长群体资源，组织推荐家长代表委员会，推广家庭育儿好的经验，利用家长的资源普及科学育儿知识。
反思发展与合作	1. 具有良好职业道德修养，为人师表。努力学习先进学前教育理论，思维活跃，思想开放而能接受多元观点，积极参与教研活动并大胆质疑。	1. 了解国内外学前教育改革与发展的经验和做法，有开放的心态和批判性思维，勤于学习，善于反思，能够较深刻分析教育过程中出现的问题，以此作为改进教学的依据。	1. 了解中国教育基本情况，敢于对权威和传统的信条提出质疑和挑战，善于质疑和寻求答案，善于在反思的基础上总结和提升教育教学经验，用理论支撑教育行为。	1. 认同自己的职业并为之感到自豪。乐于开展教科研工作，长期坚持自主学习，专业积累厚重，形成了扎实的专业知识，具有深厚的教科研技能，深入扎实开展各类研究。

续表

阶段 维度	适应期教师 （1～3年）	探索期教师 （4～9年）	成熟期教师 （10年以上年）	学者期教师 （15年以上）
反思发展与合作	2. 注重自身专业发展。有问题意识，研究幼儿，遵循幼儿成长规律，经常反思自身教育行为是否得当，并努力改进。 3. 乐观向上、热情开朗，有亲和力。积极融入团队，善于向同伴学习，建立良好的同事关系，顺利完成班级管理、教育教学研究任务。	2．认同幼儿园教师的专业性和独特性，有问题意识和研究意识，不满足现状和现成的答案，能够通过课题研究的途径解决教育教学中遇到的实际问题。提升保教工作专业化水平。 3. 具有团队合作精神，积极开展协作与交流。善于自我调节情绪，	2. 有较强的问题意识，能够带着问题去研究，在考虑多种方案和多样意见时有极大的灵活性；及时总结经验与教训，有效提高自己的研究能力。 3. 能在幼儿园团队建设、合作研究中发挥积极的作用，幼儿发展、教育教学、教师培训、教育评价等与其他教育团队进行合作研究。	2. 具有终身学习与持续发展的意识和能力，有强烈的反思倾向，具有较强的反思能力，敢于质疑和提出改进意见。专业敏锐，善于抓住教育教学现象后的本质问题，逻辑缜密。 3. 组建研究团队，着力打造教师梯队，引领团队开展有实效性的研究，并成为团队中的核心支柱。

续表

阶段 维度	适应期教师 (1～3 年)	探索期教师 (4～9 年)	成熟期教师 (10 年以上年)	学者期教师 (15 年以上)
反思发展与合作	4. 树立“终身学习”的学习观念，养成读书的习惯。在理论指导下开展教学和研究，不仅会做，而且能说，会写，会撰写教育笔记、观察记录、各类计划和总结。尝试理论结合实际进行论文的撰写。 5. 会使用电脑、投影等多媒体设备和互联网技术。具备对信息的判断能力和选择能力。	保持平和心态。能认真听取同伴的不同意见，觉察自己可能存在的偏见、成见、陈规等消极因素，能通过同伴互助，团队合作不断提高自己专业水平。 4. 注重与时俱进地更新和充实自己。对教育研究有兴趣和热情，掌握基本的教育科学研究基本方法。能清晰而又正确地运用专业语言与他人进行书面的、口头上的交流。每学期能够提炼质量较高的教育笔记、观察记录、叙事性案例、论文等教科研成果 1～2 篇。	4. 具备较强的自我专业发展意识和能力。善于通过自我反思、自我专业发展设计与调控实现自我专业更新。能灵活运用教育科研的基本方法，联系实际开展教育教学研究，有较高的研究水平和能力，能运用教育理论分析、解释教育行为背后的意义。每学期能够提炼质量较高的教科研专题总结、论文、研究报告等，并在区级及以上刊物发表或在各级各类评比中获奖。 5. 有较强的信息处理、判断、选择及学习的能力。有效地将信息技术运用于教学、班级管理和专业发展活动之中。	4. 做实践、反思、再实践、再反思的表率，乐于尝试在工作中运用新的教育思想与方法，享受职业幸福与专业成长的快乐。能发挥自己专业特长，参与教师的培训工作，指导教师学会反思探究，开展园本培训和园本研究，帮助年轻教师提高总结、提炼、撰写的水平，效果明显。 5. 勤于学习，不断进取，做终身学习的典范。熟练掌握案例研究、叙事研究、课例研究等多种研究方式，文字功底扎实，善于提炼教育教学研究成果，在国家级、省、市级幼教刊物上发表，并有一定的影响力。

续表

阶段 维度	适应期教师 （1～3 年）	探索期教师 （4～9 年）	成熟期教师 （10 年以上年）	学者期教师 （15 年以上）
反思发展与合作	6. 积极参加学历培训、专业培训和课题培训，通过多种方式不断丰富、提高自己的专业知识和综合素质，注重理论与实践的链接，积极开展教学研究。	5. 熟练地掌握多媒体电教技术和互联网技术，具有批判精神，对信息进行筛选，分出主次，并很好地运用到教育教学和教科研工作中。 6. 能自主根据教学实际中存在的问题开展专题研究，或参与 1～2 个课题研究，并成为课题组的核心成员，承担教研组长等职务。	6. 主动承担各类课题研究，在教科研工作中经常提出合理建议，并参与制定研究主题和方案、收集资料、撰写研究报告等教育研究任务，并鼓励和带动青年教师积极参与教育研究，协助营造浓厚的教育研究文化氛围。	6. 主动承担各类课题的管理、指导和研究任务，成为课题组的核心人物，善于带领教师开展教育科研活动，科研成果丰硕，且实效性强。

（注：参与本标准具体研制的执等人员有：彭兵、金锦绣、陈瑞华、李娟、骆萍等，统稿：彭兵。在此表示感谢！）

第四章 初任期教师专业发展

第一节 初任期教师专业特点与发展规划

一、专业特点

这是个年轻而充满活力的群体。他们刚刚踏上教育教学岗位，对工作充满着热情却缺乏经验。他们往往毕业于师范院校，具有一定的专业知识和教育理论水平，但缺乏教育实践经验，“不了解幼儿”“不知道怎样教孩子”“无法组织半日活动”是他们常常会遇到的问题。工作一段时间后，有的新教师会突然发现，在教学实践中遇到的问题越来越多，而且觉得自己所拥有的知识与技能无法解决遇到的各种问题。

对新教师来说，关键是如何通过短短两到三年的教育实践，尽快完成理论与实践的初步结合，初步形成自己的教学实践技能和技巧，使自己适应教育教学工作的基本需要。

新教师迫切要实现两个转变，一是由师范生向教师角色的转变；二是教学知识向教学能力的转变。这要求新教师一方面，要加强自身教师的角色意识，明确教师的职责与要求，自觉在实践中践行；另一方面，要自觉强化教师角色行为的规范训练，在师德规范、教学规范、管理规范上下工夫，尽快进入角色，适应幼儿园工作要求，成为合格的幼儿教师。

资源4-1　案例资料

我是幼儿教师

从幼师学校毕业后，我怀着激动又忐忑的心情进入了幼儿园，成为一名幼儿教师。记得，刚刚踏上工作岗位时，一切都是那么陌生而又熟悉。“老—师—好!”一声声稚嫩又悦耳的童音在耳边响起，“小朋友们好!”我心中有些激动又有些紧张，从今天起我就是老师了。

幼儿教师看起来似乎很简单，其实，诸多本领要样样俱全，弹、唱、跳、画，讲什么都要会。我相信每一个新教师都曾有过这样的困惑，我们带着激动、兴奋、新鲜以及紧张、陌生、不安的心情来到了自己向往已久的教师岗位上，想把每一件事情都做好，却发现看似平凡简单的工作要想做好并不是那么容易，和孩子之间总感觉很有距离。“为什么孩子听不懂我在说什么?”“为什么事先设计好的活动孩子们并不感兴趣?”“为什么我极力想把工作做好，家长却依然不满意?”内心很茫然，甚至怀疑自己是否真的适合这份工作。

为了坚守内心这份对幼教事业的热爱，为了孩子有更好的发展，我不断地加强理论学习，不断地努力，现在我对这项工作更加熟练、得心应手，也与孩子们真正的融为一体了。久而久之，一个眼神、一个动作、一段音符，孩子们都能心领神会。当我感到劳累、想休息片刻时，孩子们呼喊着“我来帮老师捶捶背”，此刻，我会感到无比幸福。

（本案例根据湖北省实验幼儿园徐金晶教师的案例改编）

二、发展规划

古人云：“凡事预则立，不预则废。”规划对人的发展与成长具有指导作用。教师专业发展规划与设计，即教师在对职业自我的观察、判断、评价以及感受的基础上对自身职业发展进程的设计。教师专业发展规划是对终身学习、可持续发展的设计，前提是教师要对自己的发展负责，要有专业发展意识。对于挖掘教师的潜在价值，指引教师的专业发展，体验成长的快乐，享受职业的幸福有积极意义。

从新教师入职之初，可采取“先行动，再规划，缺什么就快速地补充什么”的策略，养成自觉检测专业发展的起点，把握自身专业发展的现状，进行自我专业发展规划与设计的习惯。这里，通过教育实践行动，明确自己缺少什么，不足在哪里，在此基础上尽快确立清晰的发展目标是关键。这一目标应该具有挑战性，但通过努力就可以实现。目标包括总体目标和阶段性目标、分项目标，总体目标是3～5年后教师专业发展的结果，阶段性目标和分项目标应当具体、明确。另外，清楚实现职业目标的必须条件，将目标分解出阶段性小目标以便于实现，还要根据外界环境变化，及时修正自己的目标也尤为重要。

一般说来，教师在制订专业发展规划时，应注意以下几点：①

1. 正确认识自己当前所处的专业发展阶段，并接纳自我；
2. 明确当前职业工作提出的职业要求；
3. 审视自身条件和职业要求，判断自己的发展方向；
4. 制订总体规划和研修计划，确定发展目标和行动策略；
5. 实施计划，收集相关资料；
6. 整理资料，积累经验，提炼成果；
7. 评价自己的专业发展业绩，提出改进意见，设计下一阶段的研修计划。

对于刚从幼师学校毕业走上教育工作岗位的新教师，其专业发展规划的重点可以放在适应工作环境，尽快熟悉职业基本专业要求，成为一名合格的幼儿教师上。专业发展规划的主要内容：首要的是树立正确的人生观、价值观。其核心价值体现于幼儿教师，则是尽最大努

① 周冬祥．校本研修：理论与实务［M］．武汉：华中师范大学出版社，2007，第174页.

力全方位的培养幼儿。青年教师只有树立马克思主义的人生观及价值观，才能奠定教师持续专业发展的思想动力。其次要继续夯实专业技能的基础。一方面，可以针对较弱的技能进行低起点的学习与训练；另一方面，可以发扬自己的强项进行高起点的提升。争取做到全面发展，术有专攻。最后还要关注自身教育技能和专业能力的不断提高。如，明确幼儿教师的职业责任，道德要求；观察了解幼儿，熟悉幼儿年龄特征；了解幼儿园一日生活基本常规及要求；了解常规教学基本流程，能独立开展和实施教育教学，完成教学任务等。

第二节　初任期教师专业发展重点

一、学会观察记录

观察记录是幼儿园教师的一项重要日常工作，是教师的一项基本技能。《幼儿园工作规程》明确指出：教师必须观察，分析并记录幼儿的发展情况。《幼儿园教育指导纲要（试行）》明确指出：评价必须是在日常活动与教育教学过程中采用自然的方法进行。平时观察所获的具有典型意义的幼儿行为表现，是评价的重要依据。

（一）观察记录的意义与价值

写观察记录的意义与价值可以用三句话来概括，即了解幼儿，改善教育，促进每一个幼儿全面和谐地发展。

1. 做好个案观察记录，了解个体差异，因人施教

如我们所知，幼儿这个概念是由无数个非常复杂的成长中的人组成的。每个幼儿都有不同的情感、行为和学习方式。通过观察获得第一手资料，才能了解每个幼儿的兴趣、爱好、水平和发展需要。对于刚走上工作岗位的新教师来说，通过观察记录，体验幼儿的心理和情感，是教师能否走近幼儿，为孩子接受和喜爱的前提。同时，一个教师要使自己的教育有的放矢，就必须通过认真细致的观察，了解幼儿如何与同伴交往，如何与环境、材料相互作用，从而了解每个幼儿获

取信息的方式，在教学中根据幼儿的个别特点给予指导。

2. 随时随地观察幼儿，制订教育计划，适时进行教育

以幼儿为对象进行教育，必须植根于细致的观察之中。在幼儿园的活动室里，教师通过留意观看幼儿在教学活动、游戏中的反应，了解不同幼儿对各类教学活动的兴趣，各自喜爱的游戏，乐意模仿或谈论的神奇人物。由此，教师在观察中找到自己的教学切入点，并将之贯穿到教学中去，才能使教学活动既能满足幼儿的兴趣又充满情趣。

3. 通过观察及时反馈调节，确保教育目标落实到每位幼儿身上

观察是幼儿教育有效的评估方法。教师应有目的地对个别幼儿一日活动中的行为表现、兴趣爱好等情况进行观察记录。可以先从特殊幼儿（如家庭离异、体弱、顽皮等）开始记录，每周每位教师至少观察 2～3 名幼儿、每学期对本班幼儿至少做一次观察记录，针对个别幼儿具体情况进行教育。也可以选择一日生活中的某个环节，对班上每一名幼儿学习活动表现用表格形式进行记录，如幼儿口语表达，动作发展能力，绘画、音乐、游戏等活动表现。在观察过程中，教师通过分析，评价幼儿可以发现："强强其实很会讲故事""晓晓的绘画与别人不一样""萌萌比原来爱发言""月月的语言表达能力还需加强""小伟的动手操作能力还需提高"等。通过观察分析幼儿，使教师对每个幼儿的发展情况做到心中有数，为与家长沟通，制订个别教育计划提供依据，也为教师反思集体教学活动目标拟定是否恰当，调整教学目标提供依据，确保教育目标落实到每位幼儿身上，促进每位幼儿全面和谐地发展。

（二）怎样做好观察记录

教师如何观察、观察什么，什么样的观察记录最有质量、最有价值，体现了教师的基本技能水平。会观察的教师能看到幼儿行为与发展的关系，能从幼儿的角度，对幼儿的行为进行分析，解读幼儿，并将观察的现象记录下来，为分析幼儿、反思教育行为提供素材。但并非所有的观察和记录都能实现以上价值，有的教师做了大量的无用功，观察记录被束之高阁。为此，笔者建议教师在写观察记录时，应

注意以下几个方面。

1. 观察的对象和方法

从观察对象来分，基本的观察有两种，即对幼儿个体的观察和对幼儿全体（小组）的观察。从观察方法来分，具体方法有很多，目前幼儿园常用的主要有描述观察法和抽样观察法。描述观察又可分为连续的日记式观察与事件描述观察两种类型。抽样观察又可分为时间抽样法和事件抽样法两种类型。因此，教师在观察之前，首先要确定观察对象和观察方法。

2. 观察（记录）的内容

教师每天与幼儿接触，总会发生许多事情，并不是所有的事情都能作为评价幼儿的依据，也不需要对幼儿发生的事情一一记录，哪些内容值得记录，一方面取决于教师的研究需要；另一方面取决于教师对幼儿发展特点的了解。

（1）观察记录幼儿在教师特定组织的活动中的表现

由于每个幼儿发展的层次、速度不同，在活动中常有不同的表现，这时，我们可以有目的地观察记录个别幼儿的行为表现，如幼儿参与活动的积极性、主动性；认知能力（操作能力）；语言表达能力；初步的想象力和创造力；自我控制能力（规则意识、任务意识）等。通过一系列的观察，便于教师判断此次教育活动目标制订，教育内容、教育方法与形式的选择是否恰当、适宜，有针对性地进行调节、改进。

（2）观察记录幼儿在游戏活动中的行为表现

游戏活动是幼儿最为放松的活动，幼儿在游戏中有着最真实的自我表现。心理学研究结果表明：幼儿的游戏行为是其发展水平的最真实反映，幼儿任何游戏行为都能作出发展意义的解释。因此，对教师来说，细心观察幼儿的游戏行为有着极其重要的价值。教师在游戏中随机观察，去关注每一个幼儿寻常时刻的反映，作为自己了解幼儿、引导幼儿的依据。观察可从幼儿兴趣、行为类型、行为的持续时间、行为的目的性、影响行为的因素、行为的社会性和情绪状态等方面进行。如幼儿喜欢在户外还是在室内活动？对班级环境是否关心？对班级活动区里出现的学具、材料是否关注？是否会用、会玩？适应的速度如何？教师作为游戏过程的观察者和指导者，其目的是为了从本质上认识、了解幼儿，并提供符合幼儿实际需要的指导与帮助。

（3）观察记录幼儿的情绪、态度、个性行为的变化

幼儿的情绪、态度直接影响他今后的生活和学习。要让幼儿身心和谐地发展，教师要关注到幼儿的情绪、态度和个性行为，观察幼儿的兴趣、爱好、特长等，观察幼儿与同伴的关系，如幼儿是合群还是孤僻？是群体中的领袖还是处于从属地位？与小朋友的关系是否融洽？等等。以便教师今后进行有针对性的引导。

（4）观察记录幼儿与教师之间的谈话

教师与幼儿谈话的机会很多，谈论的话题也各有不同，教师首先需要观察幼儿与教师的关系，如对教师是亲近、拒绝，还是不冷不热。其次，需要抓住能够反映幼儿内心世界的谈话进行记录。记录中教师与幼儿间交往的细节反应、谈话的内容要详细描述，以便于分析、整理，寻找出幼儿真正的内心世界及想法。

（5）记录教师对幼儿的指导行为

观察最终的目的是针对幼儿行为作出相应的指导。通过观察，我们能得到幼儿特殊行为的第一手材料，并记录此行为发生的次数和强度。作出分析后，我们要对幼儿进行指导，与此同时，我们要详细记录教师所采取的指导的方法、手段以及幼儿的反映，并分析所采取的方法是否有效，效果如何，是否需要改进指导的方式方法等。通过记录有利于把握转变幼儿行为的机遇，为后续制订个别教育方案提供依据。

3. 记录的方式

写观察记录没有统一的要求，但有四个部分不可缺少，这就是：观察目的、观察实录、观察分析、教育措施。

（1）观察目的

指通过本次观察，希望能解决的某方面问题。

（2）观察实录

教师在如实记录幼儿表现的同时，应重点注意：①抓住幼儿的特殊表现、独特行为。应通过观察，发现并记录幼儿的一些独特行为、特殊表现，为有针对性的教育提供依据。②体现幼儿的发展变化。观察记录里，应有幼儿生活状态、心理及行为方式的描述，将这些记录积累下来，就可以了解幼儿的发展状态，发现幼儿的变化。在此基础上，考虑给予什么样的指导和帮助。

（3）观察分析

主要分析内容包括：①对幼儿的发展分析。幼儿的兴趣、爱好、能力的发展，社会性的发展、行为习惯的掌握等；幼儿生活环境分析；某种情绪情感、行为产生的原因分析等。总之，分析应该紧紧围绕观察的目的进行观察分析。②教育效果分析。教师教育的目标、内容是否恰当；幼儿园、家庭采取的教育的方法、手段是否适宜，是否调动了幼儿学习的积极性、主动性；幼儿园教育环境、家庭环境是否适应了幼儿发展的需要，是否促进了幼儿的发展，存在哪些问题等。

（4）教育措施

在透过现象挖掘原因的基础上，考虑加强或改善哪些教育行为，制订或调整哪些教育计划。如一位教师本来设计好一节艺术活动课，让全班幼儿用剪刀剪直线，以锻炼幼儿手的灵活性，促进小肌肉的发展，经过一段时间的观察，她发现全班幼儿在用剪刀方面存在较大的差异，于是，她调整了教案，在同一节课上设置了三种不同的内容：一部分幼儿剪短直线，一部分幼儿剪长直线，一部分幼儿剪弧线，使全班幼儿都在各自不同的水平上获得了发展。

（三）对教师做好观察记录的几点建议

幼儿教师在做观察记录时，由于不理解观察记录的具体要求，或者教学经验不足，常常会出现虽然做了观察记录，但却发现不了问题，或发现了问题却不知道采取什么样的措施解决问题等现象。因此，要想科学地运用观察记录，提高幼儿教师的观察记录能力显得尤为重要，以下注意事项，对于教师正确掌握观察记录的要求，灵活运用各种记录方法，不断的总结经验，提高自己的观察反思技能会有所帮助。

1. 周密计划准备，提高观察质量

可以说，科学的观察都是建立在一定严密计划的基础上的。严密的观察计划，是指观察者对观察活动的时间、顺序、过程、对象、使用仪器、记录方法、表格设计等预先做好充分的准备和安排。这样不仅可以提高观察的效率和质量，而且可以增强所得资料的准确性和可靠性。从这个意义上说，任何科学观察都是一种有控制的观察，而不是随意的观察。①

观察准备还包括一定知识的准备。我们观察和判断任何事物，都是在一定的知识经验基础上进行的。比方说，一位优秀的幼儿教师看到，班上某个幼儿在做轮流过小桥（走平衡木）游戏时显得忧心忡忡，总想在教师不注意时站到队伍的末尾去。这个教师根据以往的经验和幼儿当前的表现判断出：这个幼儿害怕从事这一活动，缺少走平衡木的技能。根据这位教师所掌握的关于幼儿发展的知识，五岁幼儿应能自如的走过这座“小桥”，这个幼儿的表现说明他迫切需要在这方面得到改进。于是教师就注意进一步观察，并采取措施，及时帮助、鼓励这个幼儿练习走平衡木。从这个例子可以看到，观察的质量好坏与观察者是否具备相应的知识有密切关系。

对一名幼儿教师来说，利用观察手段去了解、评价、教育幼儿应当具备两方面基本知识：其一是关于儿童发展方面的科学知识。如关于幼儿体智德美各方面发展的特点和速度频率，幼儿发展必须建立的不同阶段。每一阶段质和量的特色，相应的关键点，什么年龄应达到哪些起码的标准，某些基本的能力等。其二是关于观察方法的基本知识，这类知识可以帮助教师提高观察效率，使观察更加客观、有用，观察结果令人信服。

① 周兢，王坚红．幼儿教育观察方法［M］．南京：南京大学出版社，1990，第13页.

2. 明确观察目的，记录典型的、有价值的行为

（1）根据观察目的，选择观察内容

记录幼儿的行为并不是不分轻重缓急地记流水账，而是“教师一定要清楚自己需要观察什么内容，要始终把观察的内容与所要研究的问题联系起来，根据观察的目的去选择观察内容”。① 记录一定要在明确观察目的基础上，选择合适的情境，选择恰当的行为样本，从多方面观察记录。

（2）明确观察目的，记录典型的、有价值的行为

教师应该根据观察目的，选取合适的观察角度去发现自然情境下有价值的行为、事件。如教师想要了解幼儿发展方面的问题、学习状况、进餐饮食情况或者与人交往的能力，教师应进行系统的、长期的观察记录，才可能做出解释，“记录幼儿的行为，最为重要的是要抓住能反映幼儿所思所想的东西，记录和整理有益于认识、理解幼儿的材料和有益于儿童认识自己的材料”。② 一些行为只是平常发生的，却是当中比较典型的、能够说明问题的行为，或是某个幼儿年龄阶段最容易出现的行为或问题，它与该时期教育教学相联系，也是需要发现和值得记录的。

（3）观察记录的内容要抓住关键点

每天老师所观察到的是面面俱到的各个点，但教师要善于根据观察目标，抓住关键点，记录最有价值的信息。如要通过观察去研究4～5岁幼儿友爱行为的问题，教师注意观察的关键点就是中班一日生活中两个以上幼儿一起友好从事活动的情况。其中包括一起活动持续的时间，活动的性质和类型，活动中谁是发起者，谁是承受者，活动的结果如何等。教师在捕捉与观察目标有关的关键信息的同时，可以有意识地忽略关于幼儿具体生活中的其他大量信息。既可以避免观察

① 吴为民，李忠．教育叙事与案例撰写［M］．上海：华东师范大学出版社，2007，第51页．

② 张婕，朱家雄．“纪录”记什么［J］．幼儿教育，2005（7）．

无从下手，资料杂乱无章，也避免了蜻蜓点水般的流水账，才能够帮助教师更有针对性地进行分析和反思。

3. 把握观察记录基本要求，确保记录与评价的客观性

一份较完整的观察记录内容包括：幼儿姓名（年龄）、时间、发生地点、观察目的、观察实录、观察分析、教育措施。一份好的观察记录应具备以下基本要求。

①观察是有目的的，观察的是幼儿的言语、动作、表情等行为表现；

②记录的过程是客观的，多采用描述性语言，并通过对一些细节的举例来支持评价，没有任何偏见的，真实、完整的记录行为发生的过程；

③分析是对观察实录中行为的解释，不是固有偏见的强加；

④措施是符合教育规律、幼儿发展实际需要，切实可行的。

总之，观察记录应力图保持儿童的行为和教师的原始印象，保留事件发生的原始顺序，提供一种收集信息和发现关键行为的方法，为以后更加系统化的观察提供线索。

资源 4-2　案例资料

丽丽怎么了

观察对象：丽丽

幼儿年龄：4 岁

观察地点：幼儿园教室

观察时间：2010 年 10 月 21 日

观察目的：了解丽丽最近的变化

观察实录：

丽丽今天很迟才来幼儿园。当时，别的孩子都已经在积极地从事各种游戏活动了，而她却只站在走廊上四处张望，约有半分钟一动不动。后来，她终于向教室角落的图书角走去，但走得很慢，每走一步都要用左脚尖在地上刮一下。她走到图书角的桌边坐下，没有跟已经在看书的小朋友打招呼，小强倒是主动邀请她

一块看书，但她却回答说不会读，小强建议先看图画，她慢吞吞地表示同意，但眼睛却望着积木角那边，显得心不在焉。在小强到书架上取书时，她随手翻了翻在桌上的书。小强取回了书，并想靠近丽丽一块坐下看书，丽丽却移开了一些，使他们之间保持着一段距离。乐乐问他们在干啥，小强回答说："不用管，我们正忙着呢。"而丽丽却毫不理睬，没有任何反应，站起身来往积木区走去。这时，老师说："收拾玩具的时间到了。"而丽丽仍毫无反应，也没有参加收拾玩具。

观察分析：

今天是丽丽第三次很迟才来园。我记得，前两次迟到时，她也是显得不同寻常。平时丽丽很喜欢看图书，但今天对小强的邀请却无动于衷，这是反常的。我无法理解为何丽丽不愿和小强靠近坐在一起，似乎对小强有所排斥，但平时他们之间接触还是不错的。近期丽丽出现这种不合群的现象，是家庭原因还是在幼儿园里发生了让她不开心的事情？又或许只是一时心情不好？我想，有必要对丽丽做进一步的观察。

教育措施：

1. 与本班其他老师一起谈谈这个问题，进一步了解丽丽最近的变化。

2. 与丽丽家长联系，就丽丽近期现象进行沟通。

3. 采取同伴互助的办法，老师物色几位性格开朗的孩子多与丽丽在一起玩，另外，老师也多带领丽丽和小朋友一起玩。

4. 给丽丽讲有关的故事、看有关的动画片、听有关的"小喇叭"，看完、听完以后帮她复习、巩固，要她复述，使她印象深刻并愿意模仿。

5. 可以和她谈点"道理"，请她和小朋友一块玩，小朋友都喜欢和她玩。

总之，对待孩子情绪的变化要仔细的观察、耐心的指导，以慢慢培养改善她这种不良的情绪。

（根据湖北省直机关第三幼儿园程小燕教师案例改编）

在上面这篇观察记录中，程老师能够将该幼儿发生的行为背景完整的记录下来，同时对这种行为发生的原因进行详细的分析，并提出自己的解决对策。从中我们可以看出，要想科学的、客观的进行观察记录，了解观察记录的基本要求是前提。

4. 多种记录方式相结合，提高记录的准确性

要使观察成为理解幼儿、改进教育方法的有效手段，必须对所观察的信息作认真、客观、细致、有时需要是系统周密的记录。一般说来，观察幼儿特殊行为表现，用文字的形式记录。但由于每个班级的幼儿人数比较多，想在短时间内找出解释个别幼儿问题的资料，抓住幼儿反复出现的行为，只靠单纯的文字观察记录很难，而借助系统的表格形式则是一种可行的记录手段。可以根据不同幼儿的需要、特点和表现，建立相应的表格作为评价工具，如上课注意力集中评价表、阅读能力检核表、幼儿攻击性行为记录表、进餐行为观察表等进行观察记录，使之观察记录能够有重点、全面深入进行。

资源 4-3　案例资料

幼儿进餐行为观察记录表

记录人：雷敏

班级：大（二）班　　　　时间：2011 年 3 月 2 日

幼儿姓名	进餐习惯（方法、“三净”）	进餐量	进餐速度	是否挑食	分析与对策
江奕杰	☻	✿	☻	☻	吃饭速度较快，能够保持桌面、地面及自身的干净，但进餐量不太够，需鼓励多吃一点。
姚成勋	✿	❊	✿	❊	吃饭速度及卫生习惯还不错，但不爱吃蔬菜，先帮助他了解吃蔬菜的各种好处，鼓励其少吃一点。

续表

幼儿姓名	进餐习惯（方法、“三净”）	进餐量	进餐速度	是否挑食	分析与对策
姚志奥	☻	✿	✿	✻	不爱吃鱼，觉得吐刺麻烦，需引导学习正确的吐刺方法。
许枭帅	✻	☻	✿	✻	进餐卫生习惯较差，喜欢把不爱吃的菜到处扔，需与家长联系共同纠正其不良进餐习惯。
熊泽希	☻	☻	☻	☻	各方面都很好，进行表扬鼓励。
徐诗语	✿	☻	✿	✻	不爱吃胡萝卜，其他情况良好。可慢慢教育引导。
苏佳慧	✿	✿	✻	✻	由于挑食，导致进餐速度较慢。需联系家长共同帮助纠正其挑食的习惯。
杨思涵	✿	☻	☻	☻	进餐习惯良好，只是速度太快，提醒其要细嚼慢咽。
李雅静	☻	✿	✻	✿	进餐各方面习惯还不错，加以表扬，鼓励以后稍微吃快点儿。

注：新学期开始了，经过一个寒假和春节，幼儿饮食习惯较上学期有了一些退步。不少幼儿变得比较挑食，不爱吃蔬菜；部分幼儿只爱吃菜，不爱吃米饭；少数幼儿存在进餐速度慢、桌面脏的问题。针对这些情况，本班老师设计了此表进行一个阶段的跟踪观察记录，以便重新帮助幼儿培养良好的进餐习惯。同时配合班级卫生角的“瞧我吃得多棒”幼儿进餐自评表，让幼儿自评与教师评价相结合，更好地帮助幼儿建立起良好的进餐习惯。本表格“☻”表示很好，“✿”表示不错，“✻”表示未达到要求，需加油。

（本案根据武汉隆达石化幼儿园雷敏教师提供案例改编）

一般说来表格设计应简单明了，在各种观察表上要有具体的观察项目，表格中要有具体的、简洁、明了的相关文字，并显示时间，便于教师填写、家长检阅。

现代科技的发展给信息的记录提供了无限的可能，通过录音、拍照、摄像等手段，允许我们把观察到的资料如实地全部记录下来，待事后再重复再现，以便反复深入地加以研究和分析。不过，整理这类资料需要花费大量的时间和精力。

总之，观察记录的方式多种多样，教师应根据观察目的和条件选择使用。无论用哪种记录方法，都应尽量使观察资料保持客观性和准确性。

5. 观察分析紧紧围绕实录，确保教育措施的有效性

观察分析即对观察结果的解释和评价。观察是接受外界信息，感知某种刺激的过程。观察所感受的信息往往并不能自己说明什么问题，而是要通过一定的加工和解释。① 观察分析的目的是对观察中幼儿出现的行为进行解释，阐述行为发生背后的因素，教师恰当运用观察结果即可寻找适合教育幼儿的方法和手段，从中找出改进的方案，确保教育措施的有效性。

对观察现象作出正确的、有针对性的解释，需注意以下几点。

（1）分析紧紧联系幼儿行为，避免将分析泛化、扩大，超越可以观察到的现实作出某种解释，或对幼儿作绝对性的评价或假设。例如，你观察到帅帅总是企图需求老师的赞同（可观察到的事实），于是，你作出解释，说他是个在情绪上是依赖性很强的孩子，可能他的父母经常在家强化他该类行为（你对未曾观察的现象进行了推论）。

（2）观察分析立足于多方面的资料收集，有效了解其行为的意义。事件的发展过程往往以各种不同的面目呈现出来的，在各种不同的情境中，人们表现出来的行为往往也是不同的。一个事件是不能帮

① 周兢，王坚红．幼儿教育观察方法［M］．南京：南京大学出版社，1990，第58页．

助我们准确认识幼儿的，偶发事情大量存在，缺乏强烈的说服力和代表性。观察分析因此不能草率地对幼儿的行为做出正式的结论。只有在不同背景下多次观察某个幼儿，多方面的收集资料，才能真正了解其行为并作出有效解释。

（3）观察分析时，要学习用理论知识解释现象。无论是好是坏，对象的分析都要透彻：这是一种什么性质的行为？为什么会出现这种行为或事件？原因背后体现了幼儿什么样的特点？从哪些方面入手可以有效解决观察到的问题？等诸如这些方面的思考，都能帮助教师对具体的现象进行深入的剖析，从而发现问题症结所在。然后及时做出适当的调整，采取相应的措施，这些措施必须是可行的、有效的，以促进幼儿更好的发展。

因此，我们必须对“为什么幼儿会发生这种行为”给予解释，或者找出背后的原因，一切应围绕着“观察实录中的行为”进行，以事实作为分析的依据。

二、学会教学设计与实施

（一）教学设计的基本理论

教学设计自 20 世纪 80 年代传入我国，就以它独特的程序化、精确化和合理化现代教学技术的魅力，受到人们的普遍关注和青睐。何谓“教学设计”呢？设计就是为实现某一目标所进行的决策活动，教学是一个有目标的活动，因此，教学设计就是研究教学目标、制订决策计划的教学技术学科。即教师根据教学对象和教学内容，确定合适的教学起点与终点，将教学的各个要素进行有序、优化的安排并形成教学方案的过程。进行教学设计要遵循教学过程的基本规律，选择教学目标，把教学原理转换成教学材料和教学活动的计划，以解决教什么、怎么教的问题。

教学设计的理论基础主要有系统理论、传播理论、学习理论和教学理论四种，此外，哲学、心理学、社会科学、计算机科学、系统动力学、传播学等，都成为理解教学和教学设计过程的基础学科，在这其中对教学设计影响最深，贡献最大的是学习理论。在国外，林林总总的教学设计研究有一个共同目标，那就是建立一座能够沟通学习理论（如行为学习理论、认知学习理论）与教育教学实践的知识的桥梁。教学设计因而发展为一种“规范科学”，旨在把关于人的学习的心理过程的研究与具体的教育教学实际问题的解决连接起来。这样，20 世纪的教学论也就逐渐成为教育心理学的应用学科。

学习理论是探究人类学习的本质及其形成机制的心理学理论，而教学设计是为学习而创造环境，是根据学习者的需要设计不同的教学计划，在充分发挥人类潜力的基础上促使人类潜力的进一步发展，因而教学设计必须要广泛了解学习及人类行为，以学习理论作为其理论基础。现将几个主要的学习理论介绍如下。

1. 行为主义学习理论

行为主义学习理论是 20 世纪初以来逐步形成的一种学习理论，该理论的代表人物有桑代克（E. L. Thorndike）、巴甫洛夫（Pavlov）、斯金纳（Skinner）等。该理论的主要观点可以归纳为三条，它们分别是：学习是刺激与反应的联结；学习过程是一种渐进的“尝试与错误”，直到最后成功的过程；强化是学习成功的关键。教学设计从行为主义学习理论中汲取的三个重要的学习原理是接近原理、重复原理和强化原理。在进行教学设计的过程中，要充分利用好这三个原理。尽量做到控制学习环境，让设计的教学内容最大限度的与预期想要得到的教学目的接近，适时地对需要掌握的学习行为进行强化，对于重要或难理解的教学内容进行必要的重复。把知识细分为许多部分，并在学习基础上重新组织起来和划分教学过程作合理安排等。基于行为主义学习理论的教学设计并不是万能的，它更适合于操作性技能的学习。

2. 认知主义学习理论与教学设计

20 世纪 60 年代，随着脑科学的发展，人们对心理认知的研究逐渐增多，使心理学中认知学派占据了主导地位，为教学设计提供了更多的科学依据及思想基础，其代表人物主要是格式塔心理学家、皮亚杰和奥苏贝尔等。格式塔心理学家以德国的韦特默、苛勒和考夫卡为代表。认知主义学习理论认为学习是主动的过程，是个体作用于环境；学习的基础是学习者内部心理结构的形成和改组；学习的发生是学生积极的认知的过程，学习者只有真正地理解了事物之间的关系，学习起来才不会容易忘记，而且可以轻而易举的迁移到别的学习情境中去。

60年代末以来，加涅和布里格斯把认知理论整合于其教学设计理念中，成为认知性教学设计理论的重要代表，加涅与布里格斯认为，教学设计应具备四个前提条件：第一，必须为个体而设计；第二，设计应当包括短期和长期的阶段；第三，设计应当实质性地影响个体发展；第四，设计必须建立在关于人们如何学习的知识的基础上。① 认知主义学习理论让教学设计的研究者开始从教学的行为模式转向以学习者心理过程为基础的教学理论。认知主义学习理论中的知识生成的研究结论也被应用到了教学设计之中，由此产生了许多针对学习过程的策略，如问题解决策略、信息组织策略、降低焦虑策略、自我监控策略、元认知策略、执行策略等。认知主义学习理论对学习内部过程的研究为教学设计理论及应用提供了进一步的理论基础。②基于认知主义学习理论的教学设计从一定程度上提高了教学的效率。

3. 建构主义学习理论与教学设计

20世纪90年代，建构主义对教学设计产生了重要的影响。近代的建构主义的代表人物有皮亚杰、布鲁纳、维果茨基等。建构主义是融合皮亚杰的“自我建构”和维果茨基的“社会建构”并有机地运用到学习理论研究中，在此基础上提出来“意义建构”。③ 建构主义学习理论认为知识是学习者在一定的情境下，利用相应的学习资料通过

---

① 张华．教学设计研究：百年回顾与前瞻［J］．教育科学，2000（4）.

② 皮连生等．教学设计——心理学的理论与技术［M］．北京：高等教育出版社，2005，第7～10页.

③ 邹艳春．建构主义学习理论的发展根源与逻辑起点［J］．外国教育研究，2002（5）.

意义建构的方式获得的。建构主义学习理论强调“情境”“协作”“会话”和“意义建构”四个主要因素在学习中的作用。建构主义的重要理念：其一，知识是内部生成的。知识是人的心灵在与外界客体相互作用的过程中从内部生成的，而不是从外部输入人的心灵的，人的心灵具有自觉能动性，学习过程是主动建构过程。其二，主客体的交互作用是知识形成的基本机制。知识是在个体与其环境的交互作用，儿童与儿童、儿童与成人间的交互作用中建构起来的。强调知识建构的社会性质，强调合作、交往和共享在知识形成中的作用。

建构主义学习理论对教学设计的贡献非常大，它认为教师是学习者学习的帮助者，强调学生的自主地位。由于教学设计吸收了建构主义学习理论的观点，使教学设计理念发生了重大的改变，促使教学设计的模式实现了从“以教为中心”到“以学为中心”的转变。要求教学设计人员在设计教学材料时要尽可能多的为学习者提供大量的教学相关信息，让学习者在占有丰富的教学材料的情况下，在与他人合作、交往和共享中，重组头脑中已有的知识结构，并通过知识建构过程而不断提升自身的意义和价值。这时教师的角色也发生了重要的变化，教师由教学的主导者变成了教学的咨询者。基于建构主义学习理论的教学设计也有不足之处，这就是在这种理论指导下的以学为中心的教学设计忽视了教学目标的分析、教师的指导作用和学习者自主学习的设计。

4. 人本主义学习理论与教学设计

人本主义学习理论的代表人物是美国的马斯洛（A. Maslow）和罗杰斯（C. R. Rogers）。马斯洛认为人的需要是分等级的；一个人应该力求变成他能变成的样子，即“成为你自己”；高等体验是人在进入自我实现和超越自我状态时，所感受到的一种豁达与快乐的瞬时体验。罗杰斯认为意义学习有四个要素：学习具有个人参与的性质，即整个人都投入到学习之中；学习是自我发起的，即有外界的学习刺激，但学习活动的产生还是发生在学习者内部；学习是渗透性的，即学习者通过学习可以改变自己的行为、态度，甚至个性；学习是学习者自我评价的，因为只有学习者自己才真正的清楚这种学习是否真正的满足了自己的需要，在知识方面有了增长。

从人本主义学习理论我们可以看出它把尊重人、理解人、相信人提高到了教育首位，突破了已有的学习理论的建构，倡导建立以学生为中心的教学模式。人本主义学习理论倡导的教学方法有：构建真实的问题情景；提供学习资源；使用合约；利用社区学习；同伴学习；分组学习；探究学习；自我评价等。这就要求我们在进行教学设计时要尽可能多的为学习者提供详尽的学习资料，为学习者建构真实的学习情境。目前幼儿园很多教师使用的“探究式学习方法”即是汲取了人本主义学习理论的理念。人本主义学习理论让教师在进行教学设计时，充分考虑学习者的主体地位，发挥学习者学习主动性，主动地去获取知识，而不是接受以前的灌输式的教学。应当注意的是：人本主义学习理论具有自然主义的教育倾向，崇尚潜能决定论、自发决定论。同时，它更倾向于情感主义，具有非理性主义教育倾向，忽视了系统科学的知识和技能的学习。

5. 情境主义学习理论与教学设计

情境主义（contextualism）是一种世界观，是在人类学、生态心理学和情境认知研究的基础上形成的观点。情境主义学习理论认为学习是学习者社会化的实现，教学应促进学习者社会性的良好发展；学习是学习者参与社会实践能力的增强，教学应该让学生形成能干的实践者的特征；学习是学生主动建构内部心理表征的过程，教学应使学生获得善于与人共同活动的能力。① 情境主义学习理论更强调学习者在真实的情景中学习真实的知识。

从 20 世纪 90 年代开始，情境主义学习理论逐步被教学设计的研究人员所重视，并对教学设计产生了重要的指导作用。比较典型的教学模式有：“支架式的教学模式”强调在教学设计时为学习者创设最好的学习环境（教学支架），帮助学习者尽快地适应新知识的学习。

---

① 连榕．关于学与教的情境主义观［J］．湖南教育学院学报，2000（5）．

“抛锚式教学模式”要求教育者为学习者创设真实的宏观背景，引导学生利用真实的情境去发现问题，解决问题，提高自己的问题求解能力。“随机导入教学模式”要求在教学设计时为学习者提供不同的情境，让学习者在面对不同的教学内容、不同的情境下可以获得对同一事物或同一问题的多方面的认识，以加深学生对问题的理解，达到巩固知识的目的。基于情境主义的教学设计方式，可以说教学设计者可以从一个新的角度设计教学内容，突破了以往的教学设计风格。然而，这种理论指导的教学设计也并不是最完美的教学设计方式，它有一定的适用范围。

（二）幼儿园教学设计的基本要素及设计要求

幼儿园作为专门的教育机构，是为幼儿的健康成长服务的。幼儿园的教学活动是保证教育目标实现的重要途径，它不仅应为幼儿系统地提供新的学习经验，而且应帮助幼儿把学习经验系统化、引导其心理水平不断提升。

幼儿园的教育、教学与其他学段相比其特殊性体现在：要求教师以多种形式、有目的、有计划地引导幼儿生动、活泼、主动地活动，获得发展。幼儿园教育是通过多种教育活动来实现的，幼儿的年龄特点决定了幼儿园的教育活动应渗透在一日生活的各个环节之中，教育与生活相结合，保教结合。但也不可否认的是：在当今中国幼儿园班级人数多的现状下，集体教学还是幼儿园教育的重要组成部分，作为刚刚走上工作岗位的青年教师，首先要具备设计集体教学活动方案的能力。

教学活动方案的设计是对一个活动的具体行动规划，是教师进行教学的蓝图，也是教师取得良好教育效果十分必要的准备工作，它是构成教师教学准备策略的重要内容。设计教学活动，教师需要思考和明确的基本要素有：活动目标、活动内容、活动准备、活动过程四部分。需要教师在对本班儿童发展水平、经验和需要了解分析基础上，确定符合“最近发展区”的适宜目标，贴近幼儿的生活来选择幼儿感兴趣的活动内容，使之既符合幼儿的现实需要，又有利于其长远发展，并确定相应的教学准备策略、教学实施策略和教学评价策略。落实到文本，规范的活动方案包括：活动名称、设计意图、活动目标、活动准备（包括知识经验准备、物质环境准备等）、活动过程、活动延伸。其中活动过程的程序包括：活动开始部分、活动基本部分、活动结束部分和活动的延伸等部分（也可直接按活动环节程序一个环节接着一个环节写清即可，不一定要写明几部分）。下面，从教学活动设计角度，共同探讨教学活动方案设计的要领及基本要求。

1. 活动的命名——准确、规范

活动的命名看似简单，但检查教师的备课本通常会发现存在以下问题：一是命名不规范。如将社会领域的活动命名为社会性活动、数学活动命名为计算活动。二是命名混乱。有的以教学内容类别来命名，如将儿歌、故事类语言活动直接命名为“儿歌《数鸭子》”或“故事《白雪公主》”；音乐活动直接命名为“歌曲《柳树姑娘》”。有的以活动类别来命名，如“听说活动：秋天来了”“看图讲述：小猫钓鱼”“早期阅读活动：好饿好饿的毛毛虫”。三是部分教师仍习惯于沿用以前的“六科教学法”来命名。如将活动直接命名为体育活动、语言活动、科学活动、数学活动、音乐活动、美术活动。实际上这也在某种程度上反映了教师的教育理念。一般说来，规范的活动名称应反映该教育活动的课程类型（一般课程类型模式包括：主题活动、领域活动、综合活动）和具体的课程内容两部分。

①主题活动、综合活动的活动计划命名，应写明其主题、具体的课程内容及重点领域。如“主题活动：春天”，其二级网络的具体活动可以写为“活动一：春天的天气（重点领域：艺术、语言）”；“活动二：春天的水果（重点领域：健康、社会）”；“活动三：春天的植物（重点领域：科学、艺术）”等。

②领域活动的活动计划命名，应写明该活动所属领域及具体的课程内容。所属领域最好直接以《幼儿园教育指导纲要（试行）》（以下简称《纲要》）中的五大领域（健康、社会、语言、科学和艺术）来命名。规范的表述，如“艺术活动：大树妈妈（歌曲）”“语言活动：

春天的电话（故事）”“科学活动：5的组成”等。不规范的表述，如“音乐活动大树妈妈”“歌曲：《大树妈妈》”“歌唱活动：大树妈妈”“故事：春天的电话”“计算活动：5的组成”等都不规范。

2. 活动目标的制订——明确、具体、操作性强

活动的目标是教育活动所能达到的教育效果，决定着活动的方向、影响到活动的范围、涉及活动的难易程度，是本次教学、教育活动所追求的价值所在。活动的目标一般包括情感态度、知识技能、能力习惯养成等。当前，幼儿教师在制订活动目标时都能考虑到目标的三维性，但在实际活动中，教育活动目标的制订存在两方面的问题：一是笼统、抽象；二是培养目标与发展性目标相混淆，目标出现手段性、途径性的多余表述。

（1）目标的表述方式以发展性目标为宜

培养目标和发展目标都是教育目标的表述方式，培养目标是从教师角度出发表述的，表达了教师组织这次教学活动预期的教育作用。发展性目标是从幼儿角度出发表述的，它表达了在这次活动中幼儿自身发展水平的行为目标，是教师从幼儿自身身心发展的起点出发，期望得到的新的发展程度。幼儿教师承载着教育的目的性，幼儿显示着发展的可能性，这两者具有内在的统一性。因此，思考任何一个教育教学活动时，既可以从教育角度出发提目标（培养目标），也可以从儿童角度出发提目标（发展目标）。自《幼儿园教育指导纲要（试行）》颁布后，幼教一线工作者往往采用发展目标的表述方式，这样有利于教师更多地从幼儿角度考虑教学过程，由更多关注教师的“教”转变为关注幼儿的“学”，但常常又混淆不清。

（2）目标的文字叙述应具体、明确、可操作性强

教育目标或发展目标，都有层次性，即幼儿园阶段的总目标——年度或学期目标——月目标或主题目标——具体活动目标，应各具特点。一般来说，总目标内涵广泛、全面、均衡丰富，而一个具体活动的目标，是指在这个具体活动的有限时间内可以达成的目标，所以应该特别注意具体性、有针对性。例如，中班体育活动“猫捉老鼠”的

目标是：其一，练习钻、爬、翻等动作，提高动作的灵敏性与协调性。其二，提高动手能力，友好合作的能力以及爱劳动的良好品德。这两条目标看似全面，既有动作，又有身体素质，还有社会性、个性品质，但却是缺乏准确性、操作性，很笼统的目标，既适合中班也适合大班，应加以具体说明，如爬的动作要领是手膝着地爬，还是手脚着地爬，还是……钻要求正面钻、侧身钻以及从什么高度下面钻过等不同的发展水平，对于教育目标，教师如果心中不明确又如何组织幼儿活动呢？而“培养幼儿动手能力”“友好合作的能力”以及“爱劳动的良好品德”等应寓于教育教学的全过程中。

(3) 以幼儿年龄特点为依据，兼顾儿童的不同发展水平

教育目标的制订要求以幼儿的年龄特点为依据，尊重幼儿身心发展规律。同时，要求教师在思考制订具体的教育活动目标时，要逐渐从面向全班的知识传授型——要求人人同时起步学会什么，转为尊重幼儿的个体差异，力求使每个教学活动让幼儿在自己原有水平上得到提高。例如，大班体育活动“转身接物”的目标之一是能积极尝试练习转身接物的动作，能手眼协调地接住物体并保持身体平衡。教师应根据本班儿童的发展水进行更深入、细化的思考：在转身接物的活动中，幼儿可以根据自己的原有水平通过接住圈、接住球、接住沙袋等不同难度的物品，不断提高不同水平儿童的运动能力。通过细化分解目标，兼顾儿童的不同发展水平，让所有的儿童都获得成就感。

作为任何一次教学活动，教师都应增强目标意识，每个活动的目标越清晰越具有教育价值，越能促进幼儿发展。但是有的老师只满足于写出几条目标而不认真思考是否符合幼儿的年龄特点、一次教学能否达成等问题。

3. 活动准备考虑全面

教学准备设计包括三方面的内容：活动材料的投放；知识经验的准备；学习情境的创设。活动准备的撰写，可从物质准备和经验准备入手。在幼儿园教育实践中，我们发现幼儿教师一般只考虑到活动材

料的投放，即物质条件准备，而忽略了知识经验的准备和学习情境的创设。

（1）活动材料的投放

活动材料是教育意图的物质载体，它本身的特性及由这些特性所规定的活动方式往往决定着幼儿可能获得什么样的学习经验、获得哪些方面的发展。活动材料在幼儿的学习中往往起着桥梁和中介的作用，它使抽象的知识能具体、形象地呈现在幼儿面前，使他们能具体、直观地感知和体验；活动材料还可以让幼儿动手操作，符合幼儿的学习特点，有利于幼儿获得感性经验。活动材料的投放，首先应更多的是日常生活中的各种物品、当地的自然资源和安全的废旧材料，这样可以让幼儿学会珍惜和利用资源；其次，应保证材料数量，做到幼儿人手一套操作材料，利于幼儿独立操作和自主学习；最后，还应尽量让幼儿参与材料的准备，在参与准备（包括物质准备和经验准备）的过程中学习、思考、提问、积累、尝试解决问题、与别人交流等，从而获得主动的发展。这样不仅仅是节省了教师制作教具的时间，更重要的是给幼儿提供了发展的机会和实践的环节，让准备的过程成为儿童主动发展的过程。此外，许多活动，如科学、音乐、体育等还要考虑到教学过程中物质材料、设备的摆放位置和调整等，教师细致的考虑和合理安排可以减少儿童的等待、减少组织环节的混乱、减少不良行为发生的几率。

总之，对于每次教学活动所需要的教具、学具、操作材料、场地等的充分思考和准备，可以保证教学目标顺利达成。

（2）知识经验的准备

经验即“经历、体验，泛指由实践得来的知识或技能，它是人在实践中通过自己的感觉器官直接接触客观外界而获得的对各种事物表象的初步认识”。经验准备是教师在备课时对儿童已有发展基础的分析，教师要树立过程意识，即幼儿的学习、发展是一个连续的、渐进地、螺旋式上升的过程，因此教师在组织任何教学时都要反复“思前”“顾后”，使每一次教学成为幼儿一步步成长的阶梯、一个个发展的平台，实现教育的联系性和发展性的结合，做到前面的活动为后面的活动做好准备，即前面的活动成为后面活动的铺垫、基础，后面的活动应该是前面活动的发展、提高、升华。只有重视儿童的经验准备才能不断引导幼儿在原有基础上建构新的经验。教师准确地找到新的“经验点”，即把握幼儿的“最近发展区”，是活动成功的关键所在。但在日常教学设计中，许多教师往往只重视物质准备而忽视孩子的经验准备、心理准备，因而影响教学目标的达成。

资源 4-4　案例资料

教学如何以幼儿知识经验为基础

中班的贺老师准备了一节艺术活动：职业装。为了达到活动的目标，课前贺老师做了充分的准备工作，提供了职业装的操作材料。但是活动上完后，我们感到效果并不理想，这是为什么呢？

课后我们进行了分析：此次活动的目标是为了让孩子给娃娃穿上警察、医生、消防员等职业的职业装。虽然说幼儿在生活中经常看到这些职业的人，但是没有关注他们的服装特点。因此，活动中有的孩子把男警察的帽子与消防员的衣服配在一起，有的孩子把女警察的衣服和男警察的衣服配在一起，造成了职业装搭配的混乱。最后，在认识了各种职业装后，孩子们才正确粘贴了职业装，但是这却使活动的时间较长，影响了活动的效果。老师在反思时也说出了自己的顾虑，在活动组织前，老师准备把孩子带到户外去观察各种职业装，因为考虑到安全的因素，所以才没有出去。但是老师在课前也做了充分的准备工作，觉得效果应该还可以。其实，老师应该考虑孩子已有的经验。帮助孩子积累职业装经验的途径很多，可利用家长资源，请家长在带孩子外出的过程中让他观察职业装的特点，还可以请家长下载一些有关职业装的视频，有意识帮助孩子积累经验。所以我们在教学中应以幼儿为中心，以幼儿的直接经验为主，把握幼儿的最近发展区，以达到预设的目标。

（此案例由武汉市青山区第二幼儿园课题组提供）

找准新的经验点，要求教师在进行新的教育教学活动前，必须了解幼儿已经掌握哪些与本活动相关的知识技能，具备了哪些能力。教师可以采用“任务分析”的方法，来分析并了解幼儿经验准备情况，并做好相关的经验准备。

（3）学习情境的创设

建构主义理论认为：人的成长和发展是“一个不断与外部环境进行物质、能量、信息交换的过程”。强调以学习者为中心的学习环境创设，在一定的情境中，引发幼儿参与活动的兴趣。“建构性”的幼儿学习环境包含两方面的含义：一是要营造良好的情感和学习关系：民主的师幼关系、幼幼关系；二是物质环境的创设应符合幼儿的需要，如墙饰生动逼真，环境柔和温馨。因此，以幼儿为中心，不仅仅要从有形的设施、设备的提供及学习场所、场地的合理规划和设计等方面考虑，更为重要的是还要使这些“有形”的因素为无形的因素（情绪、情感等非智力因素）的发展服务。

在教学设计及实施中，一方面，要求教师创设适宜的人际氛围、学习氛围，强调学习环境中体现平等、尊重的“对话”关系，是一种“对话教学”，即学习者与教育者、学习者个体与其他学习者、学习主体与学习工具及材料之间的“对话”，这意味着教师传统“强权”性质的权威在某种程度上的消解。另一方面，教师可以根据教学内容、幼儿的年龄和生活经验，并借鉴一些常见的生活事件，去创设一个个生动而真实的、可亲身体验的、科学而有效的模拟生活的教育情境，让幼儿与情境中的人、事物、事件相互作用，从而建立起连接教学与生活的桥梁。例如，在大班“小鸟飞”的语言讲述活动中，教师设置了“小鸟飞来了”的情境：在油画棒的顶端贴上一幅小鸟图，以画纸为天空，用油画棒在纸上自由地画直线或曲线来表现“小鸟飞”，由此激发幼儿的兴趣。

4. 教学内容选择贴近幼儿生活，具有开放性

课程内容是实现幼儿园课程目标的手段，主要解决“教什么”和“学什么”的问题。课程内容的重构可以根据课程目标的三个基本来源进行考虑，课程内容可以做到“适合儿童发展特征、贴近社会生活又顾及基础性，自然、社会、自我即课程”。教学内容的来源一般有三种：

其一，可以是已有课程中的内容，即通常说的教材、教参或比较经典的教案中的内容。选择这样的内容，必须结合本班孩子的兴趣、经验和需要作出一定的调整和取舍，完全照搬现成教案的做法是不可取的。

其二，来源于幼儿的实际生活，与幼儿生活密切相关的内容。幼儿园课程内容强调关注教师和幼儿的真实体验。体验从本质上说，是与生活和生命的一种关联，幼儿所从事的活动如果能引发真实的兴趣，与其生活相联系，就能促进其生命成长。例如，幼儿园开展文明礼仪活动，运用监控录像记录了幼儿一日生活中的真实状态。其中一段录像引起了教师的注意，幼儿园走廊的地上有一片废纸，许多幼儿对其熟视无睹，但有一位小朋友把废纸捡起来，扔进了垃圾桶里。教师抓住这一与幼儿生活密切相关的主题——“爱护环境”，确立了具体的教学内容为“我的发现”。

其三，来源于幼儿的探究、发现需要。在当前强调幼儿主动学习、探究性学习中，要求教师在设计教学、选择确定教学内容时，必须具有高度的问题敏感性，善于引发、推进儿童的探究行为。教师是否善于捕捉有价值的信息，并加以筛选、明晰、提升与利用，这将直接关系到活动能否继续顺利地深入展开，关系到整个活动质量的好坏。例如，在“饼干”主题的脑力激荡中，幼儿提出了十分类似的问题：“饼干为什么是甜的?”“饼干为什么是咸的?”“饼干为什么是巧克力味的?”“饼干为什么是奶油味的?”如果直接以上述问题作为探究的方向的话，探究就会停滞不前。因为这些提问看起来是问题，其

实并不是真正的问题，它只是表明幼儿对饼干的味道最为敏感，知道饼干具有各种不同的味道这两个事实，而对饼干的认识不充分。由此为基础，教师可以启发幼儿思考“饼干为什么具有各种不同的味道?一种味道的饼干好不好?还可以设计什么味道的饼干?”或探究“饼干有哪些味道呢，怎样用绘画或动作来表现这些味道呢?”等，如此一来，幼儿内心产生了强烈的探究欲望，原来无法作深度探究的提问现在又焕发了生机与活力。

设计教学是一种生成性的课程，这种课程的要素是“探究”。有些设计教学活动看起来很“好看”，但水分太多，幼儿受到的理智刺激不充分，受到的能力锻炼不够。作为一种有深度的探究，教师必须能够敏锐地看出包含在主题、次主题之中的潜在探究领域与方向，当然这些潜在的探究领域与方向必须是幼儿通过努力可以达成的。

5. 活动过程设计确保有效性

活动过程是指教师与幼儿在共同实现教学任务中的活动状态变换及其学习流程。相互依存的教和学两方面构成活动过程，从形式上看，虽然只是表现了某一个教学活动从开始到结束的程序，但实际上却蕴涵着一定的教育指导思想，体现了教师的设计能力。在活动过程的设计中，强调教师要有目标意识、过程意识与发展意识，教师应做到以下几点。

(1) 明确每一个环节的目的性

在基于对教学内容分析和对幼儿的了解的基础上，教师要充分考虑活动的每一环节的目的性，每个环节应紧扣本次教学活动的目标及幼儿全面发展的目标，避免为了追求“场面的热闹”“方法的多样”“活动的丰富”和“花样的翻新”等，去设计一些与目标和内容没有直接关系的环节。

(2) 环节脉络清晰，层层深入

要求教师始终围绕“儿童在活动中要获得什么”“我应该如何设计来促成幼儿的发展和目标的达成”进行思考，并以这两条线索去设计活动，写明“让幼儿做什么，怎么做，达到什么目的”或“教师做什么，达到什么目的”。如果每一个环节都像一个小小的台阶，能起到提升作用，那么教学活动就能进行得顺畅而生动。如设计一个大班投掷活动，第一个环节让幼儿自由投掷纸球，目的是让幼儿热身并尝试投掷的基本动作；第二环节是让幼儿向悬挂在各处的“妖怪”投掷，即加入了投准静止物的要求；第三环节是让幼儿背上小筐互相投球入筐，则加入了移动投准的难度要求。这样依次小步递进，层层深入，幼儿学习投掷动作的兴致特别高。

（3）预留探索空间

很多教师对幼儿在活动中可能遇到的问题进行了预设，因而常常在幼儿还没有来得及思考或尝试时就过早公布正确答案。这实际上是剥夺了幼儿的动脑机会，无益于幼儿真实的发展。例如，在美工活动中幼儿学习用橡皮泥做鸭子，如果教师仅仅通过讲解示范让幼儿学做一只鸭子，幼儿只能是机械模仿。而如果教师让幼儿想办法做出一只与众不同的鸭子，并且想一想自己做的鸭子在什么地方干什么，幼儿就会思考自己要做一只大鸭子还是小鸭子，是红鸭子还是黄鸭子，是在水里吃小鱼的鸭子还是向树上小鸟问好的鸭子……这样的活动由于有幼儿的思维参与其中，才是幼儿真正感兴趣的，也才能促进幼儿手脑并用，获得相应的发展。

（4）允许可能的错误

在教学过程中，如果幼儿的回答没有沿着教师预设的思路走，很多教师就会着急，会使劲引导幼儿沿着既定的目标前进。其实，允许幼儿产生一些小小的错误未尝不可，重要的是教师怎样引导幼儿自己去发现错误并纠正。例如，教师请幼儿为各种口味的汉堡取名字，一开始，幼儿将一种汉堡取名为“蔬肉汉堡”，教师就急了，因为每个汉堡都是荤素搭配的。于是，教师就告诉幼儿应该用具体的食材来命名，如“猪肉芹菜汉堡”。其实，这时教师可以允许幼儿保留这个错误，并让幼儿继续为其他汉堡取名，幼儿接下来自然就会发现要想区分不同口味需要找出具体特征，也就会反思刚才取名的问题，从而自己去纠正了。

（三）幼儿园教学设计与实施注意事项

1. 树立“整合”的课程观

所谓幼儿园课程整合，就是把课程中有内在联系的不同学科、不同领域的内容或问题统整起来，使教学系统中分化了的各要素及其各成分之间形成有机联系的幼儿园课程形态。整合是一种适宜的课程价值观，幼儿教师在设计与实施教育活动应树立“以儿童全面发展价值的整合、科学世界与生活世界的整合、个人价值与社会价值的整合为归宿”的课程价值观。综合考虑教育目标、教育内容、教育组织形式、教学方法手段，采取实事求是的态度，该整合的坚决整合，该分科的坚持分科。

教师可以根据自己的特长选择整合的侧重面和整合的程度，以自己擅长的教学领域为中心整合其他领域的教学内容，形成自己的课程整合风格。如有的教师比较擅长某一学科领域的课程教学，可以考虑以该学科领域为主，整合其他学科领域的课程内容进行教学；有的教师能力比较全面，现场组织和调控能力也比较强，对幼儿的引导比较拿手，课程整合的程度可以高一些，增加由幼儿生成的活动。

当今课程改革的趋势要求教师：将课程整合的思维渗透在教师课程实践行为的全过程，运用整合的原则统整家庭、幼儿园及社区，统整师幼、同伴、亲子关系，实现生活层面的、教学层面的、园所及周边环境的课程整合，使教育体现整合的特点和价值，实现课程整合的整体最优化。

2. 教学内容要突出重点和难点

幼儿园教学活动时间，一般说来：小班：15～20 分钟，中班：20～25 分钟，大班：25～30 分钟。综合性教学也应控制在二三十分钟（小、中班）到四五十分钟（中、大班）之间。在这短短的时间里，教学过程应该围绕本次活动的主要目标、重点线索展开，努力保证幼儿在集体教学活动中有显著的发展。

（1）挖掘知识的教育功能，把握教学重点

在教学活动中，知识可谓是一种“载体”。学生在学习知识的过程中，除学习了知识外，非知识的品质也得到了培养，因此教学重点可能不止一个，且不应局限于知识领域。在课堂教学设计时，需要深入钻研教材，努力挖掘蕴含的教育素材，充分把握教材中具有教育功能的教学重点。

（2）抓住关键环节，突破教学难点

同确定教学重点一样的思路，确定教学难点也不要仅局限于知识本身的难易，也许课堂教学涉及的知识内容不是难点，但蕴含在知识教学中的科学方法教育、某种科学思想教育、科学态度的培养或培养学习兴趣等方面却是教学的难点。攻克教学难点要根据学生的实际水平，研究有效对策。实践中，要善于抓住三个关键：首先，必须明确什么地方难；其次，要搞清楚为什么难；最后善于抓住难的焦点，制订有效克难的方法、策略。

3. 计划性与弹性相结合

教学活动是有目的有计划的，所以一定是经过精心预设的。但现在的教学设计中最大的问题是预设过满，幼儿像提线木偶般被教师牵着团团转。要改变这种情形，要求教师的教学活动设计应该是一种弹性设计，是保持着高度动态性、灵活性和开放性的过程。这种计划不仅是对活动的具体目标与程序的规划，而是包括多种可能性的“假设”。正如瑞吉欧教育者所认为，如果教师有 1 000 个假设，那么他就容易接受来自孩子的第 1 001 个或第 2 000 个不同的反应。教师只有在自己设想过足够多的可能性时，才更容易接受未知，对新的想法更加开放。因此，瑞吉欧的课程计划是“外出旅行时的指南针，而不是有固定路线和时刻表的火车”。这样的“计划”不仅使教师做好了支持、引导幼儿学习的准备，而且为儿童的参与，为课程的发展，为那些不期而至的教育契机留下了足够的空间。

4. 追随儿童，关注儿童的学习

追随儿童是以儿童为本的课程理念在教学过程中的具体要求，并非放弃或忽略教育目标。它强调教学过程是一个切磋学习、经验共享的过程，强调让幼儿成为积极学习者。对幼儿来说，只有当他们积极参与到有意义的活动和任务时，他们的学习效率才最高。学习活动与任务应基于幼儿的好奇心、需要与兴趣进行设计，同时课程的设计不应仅仅专注于事实性的知识。尽管对于幼儿来说，传授一些基本技能是必要的，有助于幼儿了解周围的环境，锻炼他们的思考能力、观察能力和交往能力，但是更应该强调的是幼儿的学习过程、理解和形成自己想法的进程，而不是作业式的完成或重复的练习。

5. 建立生态式课程评价体系

建立课程评价体系的目的是诊断课程、修正教学、促进发展。随着新一轮课程改革的推行，建立生态式课程评价体系成为必然。生态式课程评价体系指向于促进幼儿和教师共同可持续发展，保护并珍视每一个孩子欢乐的童年，使孩子获得全面而富有个性的发展。对幼儿的评价，一是关注幼儿生命价值，即是否建立民主、平等、合作的师生关系；二是关注幼儿心理需求，即是否创设对幼儿有挑战的问题；三是关注幼儿情绪体验，即活动中是否激发幼儿内在发展动力；四是关注幼儿行为表现，即是否调动幼儿参与活动的兴趣；五是关注幼儿个体特征，即是否设计个别化、层次化探索操作；六是关注幼儿交流合作，即是否师幼、幼幼互动。对教师的评价：一是评价教学理念的应用是否具有先进性、科学性、适度性；二是评价教育目标的把握是否具有层次性、适切性、可测性；三是评价教育内容的选择是否具有整合性、多样性、趣味性；四是评价教育方法的应用是否具有针对性、适宜性、有效性；五是评价教育价值的同时是否具有灵活性、调整性、创生性；六是评价教育环境创设是否具有教育性、可利用性、生态性。①

6. 教学活动过程的撰写规范、语言简洁明了

教学活动过程的一般结构可分为活动开始部分、活动基本部分、活动结束部分和活动延伸。活动过程中应体现教学活动的组织形式、基本方法和活动方式等。在具体撰写中要做到以下几点。

首先，注重教案的完整性，做到条理清楚、层次分明。活动过程是一个完整的系统，据此撰写的活动方案也应体现其完整性，注意系

① 袁爱玲．幼儿园教学活动生态现状剖析［J］．学前教育研究，2007（2）．

统的层次和环节清楚，文字表达须条目化。如计划的四大部分用“一、二、三、四、”的序号标明，而每一部分的几个层次，则用“（一）（二）（三）”或“1.2.3.”分层表示，以此类推，即用不同的数字序号表明系统层次的大小。

其次，过程中每一环节的开始，要用一个概括语来说明这一环节的任务，如“引导幼儿观察”“教师示范”“帮助幼儿理解故事内容”等。然后另起一行，直接表述清楚“引导幼儿观察”“教师示范”等的具体组织形式、活动方式和方法。

再次，要求写出具体的指导语、组织语以及启发提问，而不是写解说词或在过程中提要求。在活动过程中经常会发现这样的写法，如“引导幼儿仔细观察”“要求跟着节奏拍手”“鼓励幼儿继续大胆地探索”“启发幼儿说出故事的大意”等，这种解说词式的表述方法，是无须经过深入思考的，是无法体现教学方式、方法的。

具体的组织语、引导语和启发问题是活动过程中教师所运用的教学方式、方法的具体体现。尤其是新教师，更要学会在深入思考，明确自己教育行为的基础上，设计出可操作的活动过程。

总之，一个好的教学活动方案的设计既是教师创造性劳动的成果，也是教师综合能力的再现，更是教师教育观念的体现。其核心在于根据幼儿的学习特点、兴趣和需要来预设和调整教学内容和方法，灵活地安排和组织幼儿的活动，使幼儿真正在原有的水平上得到发展。只要教师努力学习、潜心研究、勤于思考、不断反思，就会不断提升自己的专业能力，设计出成功的教学活动方案。

三、学会家园沟通

《幼儿园教育指导纲要（试行）》指出：家庭是幼儿园重要的合作伙伴。幼儿园应与家庭、社区密切合作，综合利用各种教育资源，共同为幼儿的发展创造良好的条件。要求教师本着尊重、平等、合作的原则，争取家长的理解、支持和主动参与，并积极支持、帮助家长提高教育能力。

（一）新时期幼儿园家长工作的目的与任务

1. 幼儿园家长工作的目的

客观地讲，开展家长工作本身不是目的，而是搞好幼儿教育、促进孩子健康成长的手段。无论是家园互动、还是家园合作共育，其目的都是为了整合并充分利用家庭中的幼教资源，更好地促进幼儿园教育工作。

2. 幼儿园家长工作的任务

（1）帮助家长树立正确的家教观念

家长的教养态度和教养行为直接影响孩子的发展，而家教观念又影响和制约家长的教养态度和教养行为，所以，在指导家长科学育儿方面，首先要帮助家长树立正确的家教观念，如人才观、亲子观、儿童观和教育观等。

当前实施素质教育是我国学前教育阶段及幼儿园的首要任务，而家庭教育中却普遍地存在着与素质教育相悖的做法和现象：如忽视全面发展，重智轻德，重知轻能；生活中包办多，保护多，物质上溺爱、无条件满足，发展中过高期望，导致在教育上违背规律；重生理、轻心理，忽视对孩子独立人格的尊重；教育随意性大，缺乏明确的目标与方向；家长之间在教育上的不一致等。这些问题与误区的存在既限制了家庭教育优势的发挥，也影响了素质教育的整体效果，对儿童的健康发展极为不利。这些消极因素需要我们幼教工作者有计划有目的地采取合适的方式，指导家长树立正确的育儿观念，掌握科学的教育方法。

（2）指导家长科学育儿

对家庭教育资源中消极因素的纠正、转化，以及对家庭教育资源中潜在因素的发掘、激活应是幼儿园家长工作的重要任务。通过教师有目的、有计划、有针对性的宣传与介绍，帮助和指导，使广大家长树立正确的家教观念是前提，在此基础上，根据学龄前儿童生理、心理发展的规律和特点科学育儿是关键。

科学育儿要求家长能够全面准确地看待孩子，在对孩子适度而合理的期望中找到适合儿童发展的家庭教育模式。当前，许多家长不能正确地看待孩子和评价孩子，有的家长把孩子在某一年龄阶段的一般表现看成是特有的奇才；有的家长则对孩子已显示出来的优秀素质视而不见；较多的家长则容易简单地从孩子会背几首诗歌、会数数多少来评价孩子聪明与否，甚至以此来决定孩子将来有没有出息。这样做不利于孩子长远的、终生的发展，我们必须去引导家长正确全面地看待孩子，找出、看准孩子的优点、特长以及问题与不足，然后结合孩子的愿望、条件，去探讨、形成适合每个儿童发展的家庭教育模式，这才是我们开展家长工作应追求的目标。

(3) 形成合力，共同育儿

教育是一个系统工程，单靠幼儿园或教师的力量是不能取得良好的教育效果的。正如有的教师感受到的“5+2=0”，即幼儿园教育5天，家庭教育2天，教育效果为零。在家长工作中，很多教师抱怨家长不配合、不支持幼儿园工作。仔细分析，原因出在我们幼教工作者身上。如果教师对家庭教育资源中的潜在因素发掘不到位，没有针对每个幼儿家长的个性特点、职业特点、家庭背景有的放矢地开展个别沟通、对话、交流工作，家长就不会也不知道如何配合。这就要求我们工作更细致、更精心、更扎实。例如，在调查研究的基础上，为每个幼儿家庭建立联系档案，注重发挥家长独特的教育优势，动员他们参与幼儿园教育活动，并及时给予肯定、鼓励、赞扬。这样，家园之间良好的互动局面会很快打开。

(4) 为家长着想，服务于家长

《幼儿园工作规程》中提出“幼儿园同时为家长安心参加社会主义建设提供便利条件”，不仅如此，按市场经济的规律，家长花钱送孩子进入幼儿园，也就有权力享受优质服务。因此，幼儿教师在做家长工作时，还应具有明确的“服务观念、服务意识”，站在家长角度，换位思考，为家长着想，力图使所做的工作让家长安心、放心、舒心。

（二）幼儿园家长工作的内容与要求

家庭教育资源就像天然矿石一样，需要我们每位幼教工作者以高度的智慧去挖掘、加工。这种挖掘、提炼、加工、利用的过程，就是我们目前所从事的幼儿园家长工作。基于这种认识，我们开展幼儿园家长工作首先要全面分析研究家庭教育资源的特点：存在哪些积极因素，可以直接利用；哪些是消极因素，需要我们下工夫纠正、改进；哪些是潜在的因素需要我们去挖掘、梳理、激活。这项工作做得越细致、越周全，我们的家长工作就会开展得越到位、越有成效。

要求幼儿园与家庭之间应建立经常性联系，鼓励家长积极参与幼儿园各项活动，相互沟通，实施同步教育。幼儿园家长工作按其开展的性质可分为日常性家长工作和阶段性家长工作，工作内容与要求各不相同（见附表）。

表 4-1　日常性家长工作内容及要求

序号	形式	要　求	注　意　事　项
1	家访	1. 了解幼儿在家庭中的真实情况，了解家长的教养态度和方法以及家庭和周围环境对幼儿身心发展的影响； 2. 针对幼儿的具体表现，与家长共商教育措施。	1. 要与家长预约； 2. 时间以半小时为宜； 3. 尽可能两位老师同行，做好访后记录； 4. 家访时应尊重主人的习惯； 5. 讲话严谨，拒收礼品。
2	个别谈话	经常与家长交谈，及时了解孩子近况，共商教育方法。	1. 时间不宜长； 2. 内容有针对性； 3. 气氛宽松平等； 4. 不宜采用告状形式。
3	家园联系册	通过简单明了的书面叙述反映孩子在幼儿园和家庭中学习、生活等方面的近况，并提出配合建议。	1. 反映的情况要客观具体、有针对性； 2. 能准确反映孩子个性发展特征； 3. 以鼓励性语言为主； 4. 书写规范、字迹工整清楚。

续表

序号	形式	要　求	注 意 事 项
4	家长咨询	就有关幼儿教育等问题进行答疑解惑。	1. 注重答疑的科学性、针对性； 2. 注重对家长教育观念的影响； 3. 考虑家长的接受程度。
5	书信便签	1. 向家长汇报孩子的成长状况； 2. 互通信息，有效合作。	书写规范、字迹清楚，言辞委婉恰当。
6	电话联系	及时了解孩子情况、有效沟通。	注意选择通话时间，语言简练，时间不宜过长。
7	网络沟通	互通信息、交换意见。	言简意赅，内容更新要快，回复及时。
8	家园联系栏	1. 介绍有关家庭教育的新观念、好经验、保健小常识； 2. 反映班级幼儿的日常教育教学情况； 3. 设置家园相互配合的栏目。	1. 家园要双向选材； 2. 篇幅短小精悍；内容要广泛、常换常新、具有可读性； 3. 鼓励家长参与； 4. 注意栏目的美观大方； 5. 书写规范、字迹工整清楚。
9	园报园刊	让家长了解全园动态，分享家园成功经验。	1. 内容丰富； 2. 语言亲切； 3. 版面设计儿童化、艺术化。
10	家长阅览室	提供幼教资料、方便家长查阅。	资料具有广泛性、专业性、趣味性。

表 4-2 阶段性家长工作内容及要求

序号	形式	要求	注意事项
1	家长会	通过幼儿园有计划地策划，采用全园、级部、班级等形式向家长汇报幼儿园阶段性的工作状况，提出家园配合的注意事项要求。	1. 目的明确，主题鲜明； 2. 时间控制在一小时左右； 3. 每学期 1～2 次为宜。
2	家长开放日	让家长亲临活动现场，了解教师教学工作情况以及自己的孩子在幼儿园常态活动中的状况。也可开展需要家长与孩子共同参与的亲子活动，扩大教育效应。	1. 让家长明确开放日活动目标； 2. 引导家长积极参与活动，提高参与活动的水平。 3. 每学期 1～2 次为宜。
3	家教经验交流	幼儿园有目的、有计划、有组织地根据实际情况开展专题讨论，调动家长群体的智慧，汇集家长经验，提高认识，研究教育对策。	1. 围绕一个主题，根据阶段要求，有针对性地进行交流； 2. 教师要有目的地收集家教经验，事先做好准备； 3. 营造宽松环境； 4. 交谈的面要广泛。
4	家长学校	系统地向家长讲授教育子女的科学知识，帮助家长解决实际性问题，引导家庭教育科学化。	1. 讲座内容理论联系实际，通俗易懂； 2. 根据实际情况有针对性地开展活动； 3. 家长学校活动形式可多样化。
5	家长志愿者活动	幼儿园可以请家长参与教育教学活动，充当保教助理或是开展家长志愿者活动，发挥家长的专长和特长，参与保教活动或协助幼儿园做相应的工作。	1. 进行相关调查，了解家长情况； 2. 征求家长意见，有效开展活动。

（三）幼儿园家长工作的关键环节

影响孩子发展的不只是幼儿园教育，幼儿园只是儿童接受教育影响的环境之一，家庭是幼儿更重要的成长环境，它无时无刻不在发挥着教育功能，特别是亲子之间不可替代的血缘关系、情感关系以及家庭影响的先导性、持久性等特点，家庭在孩子社会性方面的影响甚至超过幼儿园。对此，幼儿教师应有清醒的认识，工作中密切家园合作，实现幼儿园家长工作的目的与任务，落实幼儿园家长工作的内容和要求，最大限度地发挥家长在幼儿园工作中的主观能动作用。

1. 爱事业、爱孩子，赢得家长信任和支持

很多年轻教师认为与幼儿相处比较容易，而与家长相处则时常感到有些为难。这是为什么呢？一般来说，现在年轻教师多数是独生子女，从学校走上工作岗位，自己都稚气未脱，人际交往知识经验有限，当与幼儿相处时还能游刃有余。毕竟幼儿的生理心理发育不十分成熟，天真、单纯，只要教师拥有爱心，幼儿就会对教师表现出很大的依赖性和顺从性，易接受教师的影响。即使与幼儿发生矛盾，也容易调整和解决，教师容易控制与幼儿的关系，拥有优势心理。

而面对幼儿家长时，就不那么简单了。因为家长是生理、心理都比较成熟的成年人，具有较丰富的人生经历和相当的社会经验，作为幼儿园的服务对象，家长会对教师的服务态度、服务质量和服务水平有不同的要求。同时，家长会以专业标准衡量年轻教师，而较少会以迁就、包容的心态考虑青年教师刚刚走上工作岗位，缺乏人际交往经验的实际情况，有时候一句话没说好，家长就会有意见，这些会使青年教师产生一定的心理压力，有很多教师因此不那么自信，很难控制单独与家长相处的局面。

事实上，对于刚刚走上工作岗位的青年教师来说，这个过程是不可避免的。对此，一方面，需要加紧学习与锻炼，丰富自身人际交往知识与经验，提高家长工作技能；另一方面，应认识到教师与家长是因幼儿进入幼儿园以后，才临时结成的一种特定关系。而这种密切关系很大程度取决于孩子，教师对孩子的态度可以说是双方良好关系形

成的决定因素，也是教师家长工作能否顺利进行的感情基础。要做到发自内心地关心、爱护每一个孩子，多站在孩子、家长的角度考虑问题，以孩子的健康和谐发展作为一切工作的出发点和归宿，并使家长感受到这一点，以爱事业、爱孩子赢得家长信任和支持。只有在这种条件下，教师才能得到家长的充分信任和支持，工作中即使有些小的失误和不足，家长也会谅解和包容，家长工作也会得到广大家长的真诚配合。

2. 树立专业形象，全面掌握科学育儿知识与方法

教育是一项系统工程，要实现教育目标，教师不仅要了解幼儿园教育工作的理论，同时也要懂得相应的家庭教育知识。教师全面掌握科学育儿知识与方法有助于提高家长对教师的尊重与信任。教师具有家庭教育的知识，可以更好地向家长分析汇报幼儿的成长发展与不足，回答家长对孩子问题的咨询，有的放矢地为家长在教育孩子过程中遇到的一些难题、疑惑出谋划策，帮助家长解决具体困难。这不仅是教师专业发展所必须的要求，也对于提高家长科学育儿的水平有切实帮助，更为关键是，在家长心目中树立了幼儿教师的专业形象，也提高了家长对教师的尊重与信任，有助于取得家长的支持与配合。

3. 掌握家长不同类型，有的放矢开展工作

一般说来，根据家长在家庭教育中不同认识、不同态度，可以将家长分为：重视幼儿教育但不掌握教育方法的；不重视幼儿教育但掌握教育方法的；既重视幼儿教育又掌握教育方法的。

在分析了解了不同类型家长的教育态度、方法后，教师应做到点面结合，突出重点，对不同类型的家长运用不同的方法加以对待。如针对那些既重视子女教育，又掌握一定科学育儿方法的家长。教师应充分发挥他们的主观能动性，紧密依靠这部分家长开展家长工作，争取组织他们成立班级家长委员会，成为家长集体核心。班级的活动方案及措施，邀请他们共同讨论、制订，鼓励他们提出积极建议，并认真听取和采纳。再如对于重视幼儿教育，但缺少科学方法的家长，教师对他们的要求不能过高、过急，只能循序渐进，通过具体的活动，

帮助家长树立正确的育儿观，掌握有效的教育方法。例如，在亲子制作标志活动中，这类家长再忙再累也会按照教师要求，带领孩子四处收集各种标志，但会因为孩子标志制作的没有其他孩子漂亮、精致而惋惜或责备孩子。出现这种情况，教师应对他们进行针对性的指导和宣传，帮助家长了解活动意图：标志制作的不漂亮、精致没关系，关键是增长孩子见识，培养孩子动手能力、独立思考问题和解决问题的能力，培养孩子的主动学习、主动探索、自主发展。家长得到了教师的具体指导，思考后认为有道理并能看到教育效果，几次下来，就会对教师心悦诚服。

4. 主动联系沟通，增强信任感

家长和教师都是教育孩子的主体，是合作伙伴关系，这就意味着家庭和幼儿园要保持经常性的、及时的沟通，实现同步教育。幼儿教师应成为沟通互动的发起者，通过家访、家长园地、家园联系册等多种方式，向家长反映、汇报孩子在园的表现。

首先，主动介绍情况，搭建感情的桥梁。教师与家长初次接触时，不可避免地会有生疏感，那么教师应主动担负起建立彼此相互信任的责任，主动向家长介绍幼儿园的情况，幼儿在幼儿园各个方面的表现，诸如幼儿的健康、情绪、行为、人际关系等，以及幼儿园最近开展的活动及要求，包括教师为解决幼儿的问题而采取的一些措施等，都要告诉家长，从而使家长了解幼儿园，理解教师的意图和方法，赢得家长的信任，配合教师的工作，取得好的教育效果。

其次，主动消除顾虑，避免误会。事实上很多家长是带着“顾虑”送孩子去幼儿园的，对教师心存很多“顾虑”，还有不少的家长怕得罪老师，有意见也不敢提，毕竟孩子还要老师继续教，如果老师要报复孩子，给孩子“小鞋穿”怎么办等。对此，教师要主动了解家长的顾虑，揣摩家长的心思，抓住需要沟通的问题，选择恰当的时机、方式，开诚布公地与家长交流看法，并以实际行动及时消除顾虑，取得家长的信任，让家长放心。幼儿出现意外情况时要主动及时告诉家长，便于弥补不足，千万不能心存侥幸。如果家长发现问题再来询问，教师会很被动，且易发生误会，家长反而会斤斤计较，孩子身上无小事。

最后，主动沟通情况，正确对待并非合理的意见。幼儿家长也并非处于完全理想状态，会有个别家长对教师不够尊重，对幼儿园工作有偏见，不了解教师的苦衷，有些批评不够符合事实，甚至提出一些老师无法满足的自私无理的要求。对此，教师应该保持冷静的心态，换位思考，主动沟通情况，耐心地做好解释工作，坦诚交流看法，澄清事实，取得家长的理解。

5. 以尊重为前提，讲究沟通方法技巧

在与家长交往的过程中教师往往需要指出孩子的短处或家庭教育中的问题，如果方法不得当，自会引起家长的反感。对此，教师应注意：

第一，先报喜，后报忧。不管是“对中有错”还是“错中有对”，幼儿的优点、点滴进步都要先告诉家长，不吝惜对幼儿应有的赞美与期望，不要懒得说，“喜”并不是简单地理解为是“应该做的”，不用说，而是应该必须说出来，多表扬。报喜说明教师喜欢孩子，然后再耐心诚恳地指出问题所在。能提醒的就不要批评。

第二，用请教式的态度和口气提出看法。批评是来自外部的，如何把来自外部的转化成内部的动力呢？把责备变成“请教”，采取请教式的批评。例如：“这个问题我不太清楚，您能讲讲吗？您能和我谈谈孩子在家里的情况吗？”尽量采取请教、商量的态度，把找出问题的主动权让给家长，耐心地听取家长的意见，使家长产生伙伴般的亲切感。同时注意，批评时不要以教育专家自居，不要用命令式的口吻，一副颐指气使的派头，说过多的术语，给人以高高在上的感觉，导致家长形成自我保护和防卫意识，本能地紧闭心扉，拒绝交流，更拒绝批评。比如，在批评之前，教师应学会先说，“或许是我错了”，“如果在……方面加以改进的话，就会更上一层楼”。这样家长往往更容易接受教师的批评。

第三，提建设性的批评意见。在指出存在问题时，把注意力集中在幼儿的具体行为和表现上，介绍幼儿情况时，最好是描述幼儿“做了什么”，而不要概括“是什么样的”。批评时对问题就事论事，不概括化，批评行为本身，不能进行无视幼儿人格价值的指责贬损，不要一味地指责孩子。批评的目的是希望孩子获得进步和提高，重点是放在如何改，防止重犯上，教师要多分析原因，提出具体的改进方法。比如，为什么错，应该怎样做，为什么要这样做以及告诉处理类似事情的方法。

第四，单独批评，避免伤害家长的感情。教师向家长反映情况时，一般是在下午幼儿离园时，这时家长和幼儿很多，如果不注意，其他的幼儿和家长会听到，影响批评的效果。不管教师的批评多么温和，如果当着其他人的面进行，那可能会很糟糕，可能得罪家长，家长会以为你在出他的丑，容易伤害家长的感情，产生不良的后果。有的家长可能因此迁怒于孩子，回家之后打骂孩子，有的可能造成双方情绪上的对立。

6. 恪守教师职业道德，赢得家长的敬重

教师与家长和谐、融洽关系的建立，最终要靠保教人员高尚的职业道德，一流的服务，一流的质量，让家长满意，在家长中树立好的口碑，赢得家长信任和发自内心的感激，要求教师做到：首先，一视同仁，不因家长地位的高低而有亲疏之分。一个班通常有几十名幼儿，幼儿家长的职业、身份、学历、收入、社会地位等各不相同。会有公司企业的经理、老板、政府机关的领导，也会有普通的劳动者，甚至是下岗的工人。但不管怎样，他们在教师面前只有一种身份——幼儿家长。没有人格上的高低贵贱之分，教师对家长都应一视同仁，一样看待，一样尊重，不因家长地位的高低而有亲疏之分。教师要以一颗平常心、不卑不亢，对待每一位家长，以平等的态度对待每一位家长，在相互尊重的前提下，处理好教师与家长、家长与家长之间的关系。

其次，自觉抵制社会不正之风，不向家长谋求私利。有的家长出于对孩子教育的重视，有的是受社会不正之风的影响，或是随波逐流，给教师“送礼”，当然也有的是因教师对孩子真诚的爱感动了家长，家长主动给教师送东西，对此，教师应三思而后行，自觉抵制社会不正之风的侵蚀，更要避免通过幼儿指挥家长，或直接向家长提要求，遵守人际交往的道德规范，否则不但降低教师在幼儿和家长心目中的威信，还会影响对幼儿问题的处理。教师要清醒地保持自己人格的高尚性，在与家长交往的过程中端正动机，不搞“权钱”交易，保持教师与家长关系的纯洁性，这是教师与家长进行交往的原则。

资源 4-5　案例资料

多种方法与家长交流沟通

今年我接手小班新生。开学初期在小班门口你会听见里面哭喊一片，推开门进去，三五个孩子围着老师哭喊要回家，鼻涕眼泪满天飞，还得不时应对突发的尿裤子现象。除此之外，还要面对家长的询问、解答他们的疑惑，及时地与家长沟通宝宝的情况。真的是苦累不堪言啊，回家后，嗓子说不出话来，饭也吃不下了，所有的疲惫再也掩饰不住了。有的时候，辛苦工作了一天，在离园时还要面对家长的不解和质疑，心中真的觉得很委屈。

在这样一种情况下，我深深地感受到家园共育和配合的重要性。尤其是面对新入园的新生及其家长要更加的细致和耐心。

在逐个家访之后，我决定将这次新生班的家长会于开学前进行，把会议内容重点定为“如何帮助宝贝顺利度过分离焦虑”。我选择了一个网络明星小宝贝“小葡萄”妈妈的微博作为案例分析，上面记录着同是3岁的“小葡萄”入园情景，真实地再现了宝贝将来入园时可能出现的种种反应。接着我从幼教专业角度分析了宝贝们入园焦虑产生的原因。通过“这时怎么办”的互动提问，向家长介绍了孩子出现种种反应时正确理智的做法。例如，入园时哭闹应信任老师，将孩子交给老师后果断离开；离园时候应询问孩子“今天玩了什么，有没有什么开心的事情”，切勿谈论“老师今天批评你了吗”等。有了对分离焦虑的了解，才能掌握应对不同情形的对策。

入园时的那一个星期，家长们非常配合，没有与哭闹的宝贝过多纠缠。这样坚持了两个星期，我们惊喜地发现宝贝们已渐渐适应了入园。但是我们也发现，家长们对于老师同时照顾这么多孩子心存疑虑：自己的宝贝会得到老师细心照顾吗？每天晨检接待的时候，家长们不停地跟老师叮咛交代各种事项：孩子喉咙有点不舒服，老师提醒他多喝水啊；彤彤昨晚没睡好，中午老师让她早点睡着；文文衣服穿多了，要是热帮忙脱一件……有时候一忙起来，真的会忘记谁的家长让提醒多喝水，谁家宝贝需要及时减衣服。经过共同商议，我们建立了一个“爱心叮咛本”。每天早上放在外面，由家长自己填写需求，老师组织完晨间锻炼后，会传阅并按家长交代落实到每个孩子身上，并记下回复信息。离园的时候家长会看看老师的回复，知道宝贝今天的情况，比如：珊珊今天中午尿裤了，老师已经换了干净衣裤；今天朗朗、聪聪、小博在幼儿园大便；彤彤中午没有睡好，晚上要早点休息哦……有了这样的特殊记录本，早上晨间接待的时候，老师不再被不安的家长团团围住，也没有了左右应答的慌乱场面，家长们也更加安心地离去，开始一天的工作。

“蹲下来，每天一个拥抱”也是我们为了帮助孩子顺利渡过分离焦虑的又一措施。个别孩子总是在早上入园时候情绪不稳定，与家长分别时候为了“再抱一抱”纠缠不清，这也会影响其他孩子的情绪。于是班级老师商量，决定用“蹲下来，每天一个拥抱”的方式送给每天入园的孩子。每天早上老师会蹲下来，张开双臂迎接来园的孩子，并紧紧地给宝贝一个拥抱。谁都愿意得到老师的青睐，老师温暖的怀抱如同妈妈一样，温暖有安全感。渐渐的，孩子们知道了松开爸妈的手，会有一个更温暖的怀抱等着他们。习惯了这样一种问候方式，每天宝贝们会像小鸟一样张开双臂扑到老师怀中，轻声互相问候，如同亲密的朋友。

针对家长们想知道孩子在班级中各项活动的参与状况以及适应能力等，并渴望得到具体的指导和建议的心理，我们在开学第一天就开始了我们的“班级日记”：每天利用下班后的时间在QQ空间里，记下宝贝们在幼儿园里的一天生活学习情况。并分成了童言稚语、过招儿、美文分享等类别，我们从孩子们生活的多个层面、多个角度向家长们反馈宝贝们的成长足迹和点滴进步，解答家长的疑惑和困难。直至今日，班级日记已有284篇，总访问量10 726次。我们发在网上的《过招儿》一文，从评论中感到对家长们的帮助较大。文中针对孩子刚入园可能要面临的一些生活自理能力提升的问题，提示家长要学会给幼儿正确的示范，抓重点和持之以恒，例如：洗手、擦嘴等。加之，在幼儿园又有统一的管理要求，孩子的进步会很快。

真情付出，多种方式的交流沟通换来的是家长们对我们工作的理解与支持。每次幼儿园举行大型活动，我班家长最积极、最主动，班级工作多次得到领导好评。在我们和家长的共同努力下，给孩子们创造了一个温馨快乐的班级氛围，让家的温情始终围绕在孩子身边，体现了我们幼儿园“快乐教育”的理念，为孩子终生发展打下了基础。

（此案例根据武汉市童馨幼儿园周伟教师案例改编）

第三节　初任期教师专业发展建议

一、适应岗位，融入集体

如何快速适应幼儿园环境、职业要求，融入自己所在的集体，是每位刚刚走上工作岗位的新教师最关心的问题。对此，可以从以下几个方面予以尝试。

第一，保持新手教师必须的谦虚、好学的态度，赢得同事的接纳。作为新手教师，以谦虚、好学的态度主动与搭班教师、保育员交往、沟通尤为重要，它能为你获得更多的帮助和接纳。需要注意的是，有的新教师由于盲目自尊、自大，导致不敢与老教师交往或交往时过分敏感的情形，对此，应及时发现并克服这种障碍，既看到自己的长处又能保持一种客观的态度，避免奉承、逆反、猜忌、嫉妒、沮丧等不利于人际交往、专业发展的不良心态。

第二，主动承担自己工作职责，与同事建立良好的分工合作关系。在一个班级团队中，每个人都会有既定的职责与分工。但新手教师必须明白，分工只是相对的，在具体的实施过程中，幼儿发展、幼儿的安全、健康才是工作的出发点和归宿，而不能仅凭分工来决定自己是否做某事，这样，既体现了对幼儿教师职责的全面充分认识，又能客观上给同事适当的帮助，是与同事建立良好的分工合作关系的基础。

第三，主动沟通，以恰当的方式表达自己的观点，处理好与同事的分歧。新手教师要尽快消除生疏感和畏怯感，主动利用工作、生活、休息等各种机会与同事接触、交往，体察同事的需要，主动给予力所能及的帮助。对于工作中不可避免的分歧，或来自同事的批评和建议，或当你的想法无法得到同事的认同时，无需气馁、沮丧，可以以谦虚的态度与同事积极沟通各自的理由，换个角度看待自己的行为，以恰当的方式表达自己的困惑、观点，求同存异，寻求达成共识的折中办法，不因分歧而影响工作。

第四，安心工作，干出成绩。作为新手教师，主要的任务是多听、多看、勤思考、多实践，也许你被安排在“不重要的岗位”，做着事无巨细的“小事”，但这并不表明，领导、同事不信任你的能力，更不要因此产生“怀才不遇”的怨气，不妨抱着“十年磨一剑”的心态，低调做人，踏实做事，以工作实绩显示你的能力，赢得领导的重用、同事的信任，赢得幼儿园集体的接纳。

资源 4-6 案例资料

从观摩活动中获得启发

作为一名新入职的教师，我在活动区的开展中有着很多的苦恼，每当孩子在活动区游戏时，他们将玩具扔得满地都是，呈现出一副混乱的场面。怎么办？

一次幼儿园组织的区域活动的观摩让我受益匪浅。黄老师是位经验丰富的幼儿园骨干教师，他们班的活动区很受孩子们的喜欢，参与性强，自制的可操作性玩具很丰富，就连我都想去摆弄一番。特别是每个活动区的进出卡设计得很巧妙，以合理地控制进区人数。区域、玩具分类标识既清晰又有趣，让孩子们玩得既专注又有序。在结构区中，幼儿能够独立工作，在材料有限的情况下，小伙伴能够礼貌地跟同伴合作；在棋类区域中，当幼儿遇到困难时，幼儿没有大声吵闹，而是自己商量解决，或是举手请求老师的帮助。同时，活动中还时刻伴随着音乐，以提醒孩子该做什么。

眼前的这一幕给了我很大的启发：有序的区域活动和习惯并非一日之功。回班后，我主动和班长老师商量，将活动区域重新进行划分，和孩子们一起设计标识，制订游戏规则，制作一批可操作性强的玩具，同时，还找来一些优美的轻音乐作为背景和常规提示。经过我们不懈的努力，我们班如今的活动区有了一个质的飞跃。欣喜的同时，我也静下心来反思。我认识到作为一名幼儿教师，我们只有多看、多学、多尝试、多思考、多总结，才能够快速成长起来。

（此案例根据武汉市育才二园周璇老师提供案例改编）

二、建立自信，夯实基础

作为新教师，常常会因为经验不足而体验到一种受挫感，或因工作任务的繁杂而对自我能力产生否定感。这时候，新教师要及时调整心态，处理好自己的情绪波动，树立信心，以积极的心态认真对待工作中的每一件事情。夯实基础，提高自己胜任工作的能力。

首先，既承认自身不足，也看到自身的优势。每位新教师都处于一个非常具体的情境中，如某个地区、某个社区、某种类型、条件的幼儿园、某个年龄班等，面对何种类型家长，解决某几个或某一个孩子的具体问题。新教师不妨以问题解决为线索，既承认自身不足，也看到自身的优势，如有充沛的时间、精力，有饱满的工作热情和良好的工作态度优势，经过专业的训练，幼儿教师所需要的弹唱跳画等专业技能比较强，增强克服困难的自信心，不断提高自身教育技能和专业技能。工作中做个有心人，仔细观察师傅和周围同事的相关工作方法，但不只是机械地照着做，而应思考为什么这样做，理由在哪里，并认真观察自己的做法在幼儿身上的回应和实际效果，据此积累有关幼儿教师的特征经验，积累有关观察了解幼儿，设计实施教学活动、与家长交流沟通等具体行动策略的经验，成为自己实践智慧的建构者。

其次，以爱为基础，树立正确的生活态度、职业态度。马克思主义的人生观及价值观认为，人生的目的及价值是为社会作贡献，其核心价值体现于幼儿教师，则是爱事业、爱孩子，尽最大努力全方位的培养幼儿。因此，作为新教师，应自觉树立马克思主义的人生观及价值观，以一颗平常心踏实工作，奠定自身持续专业发展的思想动力。通过多种活动、多种方式，尽快地了解熟悉幼儿，掌控与幼儿、与家长、与同事的关系，取得最初的成就感，顺利度过适应期，使自己的职业生涯有一个良好的开端。

最后，要继续夯实专业技能的基础。作为幼师毕业的学生，虽然经过专业的训练，幼儿教师所需要的弹唱跳画等专业技能比较强，但受自身爱好及多种条件的限制，在弹、唱、跳、画、说、做等专业技能方面，往往只在个别技能上达到较突出的水平。因此，继续完善、夯实自身专业技能的功底是十分必要的。一方面，可以针对较弱的技能进行低起点的学习与训练；另一方面，可以针对自身的强项进行高起点的提高。这样既能够享受艺术活动带来的快乐，调节紧张、繁忙的职业生活，又能够促使自己的专业技能朝着全面、精湛的方向发展，为赢得幼儿的尊重与喜爱，同事、家长的信任与支持打下基础。

三、学会学习借鉴与经验积累

对于刚刚走上工作岗位的新教师，幼儿园常常会采用“师徒制”方式帮助新教师尽快适应工作岗位要求，即安排与一位有丰富经验和业务专长的教师搭班配合，在工作中发展引领。但在实际工作中，每位新教师的收获不一样，发展也不一样。其中涉及新教师是否会学习借鉴与经验积累，在此给出三点具体建议：其一，勤观摩，多模仿。有经验的教师一般有丰富的教育方法和教学策略。如，怎样与孩子说话、交流、互动，特别是面对千差万别的教育对象，面对教育情境的不确定性，有经验的教师能够做出及时、正确的反应。对此，作为新教师都应仔细观摩，不放过任何细节。其二，主动对话与交流。事实上，与有经验的教师搭班，是为新教师提供了一个教学实践的互动场所，目的在于引领、鼓励新教师主动与有经验教师的互动与沟通。当师傅给自己提出指导意见时，当自己的想法与做法与师傅有很大的差距和不同时，新教师应在虚心接受、认真思考的前提下，大胆阐述自己行动的依据和动机，通过主动请教，交流与沟通，有利于新教师将自己“潜意识的”“以为的”认识清晰化，将自己似是而非、模棱两可的认识加以澄清，将自己错误的认识加以纠正、转变，更快地获得专业发展。其三，积极实践，尝试运用。教学实践是新教师成长的源头活水，对于自己看到的、体会到的、收获到的新知识、方法，要大胆在实践中尝试、运用，逐步习得、建立自己行动定向知识。

资源 4-7　案例资料

叶的事业

2005 年，不是幼教专业的我，因一个偶然的机会来到了大桥局幼儿园。新学期开始，我被分到中班和从事幼教多年、经验丰富的魏老师一个班，我认真的看着魏老师平时的一举一动，用心的记着她说的每一句话。

到了一学期一次的公开课活动，第一次要面对全园的老师上课，我心里真的忐忑不安，选来选去最后选了一节科学操作活动，因为想着孩子们对操作活动一般是很感兴趣的。我到处找资料，自己制作操作材料，期待着这次能发挥我最大的潜力。终于到了上课的这一天，一大早，我便来到幼儿园做准备工作……看着后面坐的老师，黑压压的一片，我强装镇定，心里默默祈祷这次的公开课能顺利完成。没想到，配班老师刚拿出上课要用的操作材料，孩子们就兴奋起来，这个拿操作用的棒子敲敲，那个好奇地研究起桌上的操作材料……结果，没有一个孩子听我的，都自顾自得玩起来。刹那间，我脑海里一片空白，几个环节也被我讲得颠三倒四，我硬着头皮上完了这节课，我沮丧极了……

屋漏偏遇连风雨，几天后的一次户外活动因我的照看不周，一名孩子的头撞了一个大包，孩子大哭不已，我也吓得不知所措。晚上那位家长来接孩子的时候，尽管魏老师一再给她解释，但她的脸色还是很难看，她认为我没有照看好她的孩子。这件事情让我深深地体验到作为一名幼儿教师的无奈。现实中的种种经历与想象中教幼儿的简单相差甚远，让我对幼教这份事业感到茫然。

终于盼到放暑假了，我像离弦的箭迅速地逃离了这个地方。直到有一天，一个稚嫩的声音在我耳边响起，“徐老师，什么时候开学啊？我想你了！”原来是班上一个叫甜甜的小朋友想我了，竟缠着妈妈给我打电话。正是这一句简单的问候，让我重新燃起了对幼教的热爱，让我知道了孩子们爱我、喜欢我、想着我……总认为自己半年来碌碌无为，但这不正是孩子们交给我的满意答卷吗？我为被孩子们的接纳而幸福着，快乐着。

反思上半学期里发生的一些事情，我觉得建立班级常规很重要。良好的常规可以使幼儿生活具有合理的节奏，既促进幼儿身体健康，又有利于培养幼儿一些良好的习惯。例如，吃点心、吃饭的时候，我们班小朋友们很喜欢讲话。怎样让孩子自觉的安静下来呢？有一次看到许多幼儿围着圈都要抢着帮老师做事情，于是，我想了一个办法，在每天孩子吃点心、吃饭时都说上一句："今天我来请一个小朋友帮老师发点心，但有个前提就是这个小朋友要很能干。"孩子们一下子就安静了下来。一次，一个孩子正在上厕所，一听到我说的话，立马拉着裤子安静地跑到了自己的位置上。看来，这些小家伙还是很听话的，这让我明白：组织活动之前，应该对幼儿有一些要求。一个小小的举措使班级常规有了很大改善，也培养了孩子们的责任感和荣誉感……

时间流逝，慢慢地我适应了这里的工作。因为我是音乐教育专业的，我特别喜欢和孩子们一起唱歌。每次，我唱歌的时候，看到孩子们认真地听着，看到他们脸上快乐的笑容，我心里十分高兴。在音乐活动中，我也特别喜欢和孩子们进行互动，一节音乐活动经常在我和孩子们的欢笑声中不知不觉地度过。我渐渐地对幼教工作有了一份新的认识，业务能力也慢慢地得到提高。在学期的全园优质活动中，我组织了一节音乐活动，活动前，我写好教案，认真地对每个环节，甚至要说的每句话都进行了推敲，做好了各种准备工作。最终，这节活动获得了老师们的一致好评。活动结束后，看到孩子们意犹未尽的样子，我也欣慰极了……

我还认识到，除了班级的工作，家长工作也是推进班级工作的一个重要因素。于是，我经常利用家长接送孩子的时间，与家长交流孩子一日在园的情况以及询问孩子在家的情况；在"家长园地"里我写下了我每周的活动内容，而家长们对我的活动也给予了极大的支持和帮助。正因为本着真诚对待的原则，所以我和家长之间真的是沟通无限，家长们也十分配合我的教学工作。

俗话说："活到老，学到老。"要适应孩子、社会、工作的需要，我们必须不断地提高自己，充实自己。因此，我在工作的同时，也在华中师范大学进行本科的学习。平时一有机会，我就向教师请教一些教育教学及班级管理方面的知识和经验。另外，我也常翻阅一些相关书籍，学习新《纲要》以及教育理念等，以使自己更好地开展活动，增强自己的教育教学能力。

金秋十月，为了庆祝祖国的生日，我们排练了一个节目参加演出，我听到旁边有人指着我们说："就是他们表演那个节目的，这些小朋友真可爱啊！"听到这些话，我紧紧地拉住了孩子们的手，我真为我的这个集体感到自豪，更为我们可爱的孩子们感到自豪和骄傲！谢谢可爱的孩子们带给我的感动！我真的觉得我很幸福！每天，我听着孩子们的"老师好！"快乐的工作，晚上伴着孩子们的笑脸入眠。我珍惜着能在蓝天下这片最纯净的土地上工作，我享受着职业带给我的幸福。总之，拥有了孩子们的心，我就是世界上最幸福的人。

记得泰戈尔说过："花的事业是甜蜜的，果的事业是尊贵的。让我干叶的事业吧，因为叶总是谦逊地垂着绿荫。"幼儿教师的职业是琐碎的、细小的。她没有高科技的累累硕果，也没有建筑事业的立竿见影，更没有诗人的浪漫和洒脱，她就像绿叶一样平凡，默默地垂着绿荫，为大地带来生机，添上一片温馨。也许在阳光的照耀下，她将褪尽生命的绿色，但同时却孕育出新的花蕾，在枝头绽开迷人的笑靥。

今天所拥有的，所经历的一切，都将是未来工作一笔宝贵的精神财富。现在的我就像刚离岸的船，在浩瀚的海洋里迎风斗浪，迎接新的胜利。我会更加努力！

（此案例根据武汉市汉阳区大桥局幼儿园徐欢教师案例改编）

第五章　探索期教师专业发展

第一节　探索期教师专业特点与发展规划

一、专业特点

经过一轮的幼儿园教学周期的锻炼，新教师一般都能适应幼儿园工作进入探索期。探索期教师就其实际发展水平而言，他们还处于教师群体较低层次。无论就其本人而言，还是从幼儿园要求来看，青年教师都有继续发展的压力和动力。绝大多数青年教师会从全面掌握和提高自己的教育教学管理技能、技巧入手，继续第一阶段的两个转变的进程，成为基本功扎实、教学经验丰富、教学实效明显的经验型教师，并从原有群体中分化出来，成为园领导放心、合作教师欣赏、班级儿童喜欢、家长欢迎的教坛新星，至少也能成为一名胜任幼儿园的常规教学、教育管理工作的合格教师。

从幼儿教师发展实际状况来看，这时青年教师专业发展已出现分类、分化发展的情况，一类教师由于个人先天条件较好，比较符合幼儿教师的要求，如气质、长相出众，弹、唱、跳、画教学技能、技巧掌握较全面，容易得到孩子、家长的喜爱，同伴的接受、指导，园领导给予的更多培养、锻炼机会，伴随着各种公开课、研讨观摩接待活动，教育教学技能不断提高，成长为幼儿园的“骨干”，即经验型（实践型）教师。另一类青年教师在继续强化教学基本技能技巧发展的同时，更侧重于系统的教育理论和专业知识的学习，尽管他们在具体的学科教学上不一定能名列前茅，但在专业知识和教育理论修养方面却颇受人们的赏识，但与此相应的教学技能、技巧的相对滞后，却又使人们对他们喜忧参半。这类教师尽管当时较易被人们所非议，但日积月累也能成为超越合格型的好教师。

二、发展规划

几乎所有的梦想都离不开“成功”二字，教师专业发展规划与设计是为保证教师获得专业发展，实现个人目标服务的。

对于工作4～9年，进入探索期的教师来说，专业发展规划的重点是如何运用理论指导实践，成为领导放心、同事欣赏、幼儿喜欢、家长欢迎的教坛新星。结合当前幼儿园教师的实际发展状况，专业发展规划的主要内容有：一是熟练掌握运用专业理论知识，形成自己的教学特色。重点思考：本人教学经验和专业特长是什么？可以借鉴何种理论，形成何种特色？二是不断丰富家长工作、班级管理的经验和多元化策略。三是不断提高总结实践经验的能力以及文字写作能力。

对于成熟期教师来说，专业规划与设计应注意以下两点。

（一）规划目标一定要符合幼儿园发展目标要求

现代组织理论认为，组织是人与人的合作系统，倡导目标管理和人与组织的分工协调，只有当组织的目标与成员思想及行动趋于一致时，才能提高组织的效率和效能，个人也才能获得发展。依据这一理论，教师在进行个人专业发展规划与设计时，要提高对本园发展目标的思想认识，增强对园所发展目标的社会认知，找到教师发展与组织发展的最佳结合点。对园所发展目标的认知是教师社会认知的一部分，教师制订合理可行的职业发展目标的过程，实际上也是将教师自我认知提升为园所发展这种社会认知的一个重要过程。这一过程使每名教师能准确了解自己的长处与不足，从内心知道自己在幼儿园发展过程和教学过程中所扮演的角色、承担的任务、前进的方向和所要发挥的作用，从而准确定位自己的发展。教师个人目标是否符合本园发展目标是衡量个人目标设置是否合理可行、切合实际的重要依据。

（二）分析自我，准确个人定位

定位意味着找准自己的位置，确保自己在某个空间内的竞争优势。准确的个人定位可以确保个人发展目标不是海市蜃楼。前提是自我认知——剖析自我，了解本人的职业性格和职业技能。职业的自我认知包括对职业兴趣、职业价值观、职业性格和技能的探索，少了哪一方面都是欠缺的。在职业定位上，不妨将个人、家庭、环境等各种因素进行排列并相互匹配起来加以组合，得出一些适合自己可选择的方案。在这个过程中要注意两点，一是要准确的评估自己掌握的知识和技能；二是要善于判断剖析自己的个性特征，这是科学职业生涯规划的基础。

第二节　探索期教师专业发展重点

一、探索班级管理

幼儿园工作是烦琐的，它包括幼儿在园一日生活活动、教育教学活动、游戏活动等，而班级是幼儿园进行保教活动的基本单位，班级就像是一个小社会，有幼儿、家长、保教人员共同组成的一个集体。处于探索期的教师应积极探索班级管理工作的规律，承担班主任工作，运用自己的智慧和才能去精心管理所在班级，与大家相互配合，共同努力，创设好良好的班级氛围，建立优秀班集体，圆满完成各项保教工作，促使幼儿养成良好的常规、学习与生活习惯。

（一）为什么要开展幼儿园班级管理工作

1. 什么是幼儿园班级管理

管理就是指挥和协调，存在于一切人类社会和人们的共同活动中。大到一个国家、一个社会，小到每个单位及每个家庭，都离不开管理。

根据我国管理学高校教程《现代管理学》中“在借鉴中外学者对

管理概论的认识，我们把管理定义为：在社会活动中，一定的人和组织依据所拥有的权利，通过一系列职能活动，对人力，物力，财力，及其他资源进行协调或处理，以达预期目标的活动过程”。

唐淑、虞永平主编的《幼儿园班级管理》中认为：“幼儿园班级管理的含义是班级教师通过组织、计划、实施、调整等环节，把幼儿园的人物、财物、时间、空间、信息等资源充分运用起来，以便达到预定目的。”①

综合上述观点，本文认为：幼儿教师班级管理是幼儿教师以幼儿身心发展规律为依据，以学前教育原则与观念为指导，实现班级中的人、事、物的互动，进而实现各种教育目标和幼儿发展的动态过程。

幼儿园班级管理有其特殊性，幼儿园班级是幼儿生活的情境，同时幼儿的心理和生理特点决定了学前教育的目的不是传授知识，而是对幼儿进行生活管理与教育，促进幼儿的自律与合作，最终促进幼儿的全面发展等。可以说，幼儿园班级管理是幼儿生活的前提，它本身就是一种教育，对幼儿的身心发展有重大意义。

2. 幼儿园班级管理的意义与功能

提高幼儿园保教质量，依赖于幼儿园管理发挥最大的效益。班级管理是幼儿园管理的重中之重，是基础、是核心。在班级管理中，恰当利用教师、设备和足够的资金等资源，并加以合理配置，才能发挥应有的效能，因此，班级管理是幼儿园管理的基础工程，是提高保教质量的基本保证。良好的班级管理可以实现以下功能。

（1）科学保健，生活引导，促进幼儿身体健康成长

幼儿处在生长发育阶段，免疫力低下，对外界适应力较差，因此，幼儿园班级承担着卫生保健实施功能。包括：合理安排好幼儿一日生活、饮食、睡眠；卫生习惯的建立与培养；安全教育与活动游戏；传染病预防；五官保健；计划免疫；体育锻炼等。

① 唐淑，虞永平．幼儿园班级管理［M］．南京：南京师范大学出版社，2004，第28页.

幼儿一日生活涉及生活与教育诸多方面，包括：来园、晨检、早操、游戏、体育、午睡、盥洗、餐点、劳动、娱乐、户外活动、自由活动、离园等。良好的班级管理应对幼儿每天所进行的活动进行科学、合理、有序地安排，使幼儿生活有规律、有节奏、劳逸结合，幼儿生活在稳定、有安全感的环境中，对于培养幼儿良好的生活习惯和组织行为，珍惜、遵守时间，形成有条不紊的生活规律，提高幼儿园活动效率有积极意义。细致周到卫生保健、户外体育锻炼，充足的空气、日光、水，能促进幼儿身体发育、动作协调发展，提高幼儿对外界的适应力和疾病的抵抗力，培养良好的卫生行为和习惯，为确保幼儿健康成长奠定基础。

总之，在幼儿园班级管理工作中要把保护幼儿生命和健康放在工作的首位，以游戏为主要活动，为幼儿的一生学习打下良好的基础。

（2）促进幼儿认知、情感、社会性全面和谐发展

教育是培养人的活动，幼儿教育必须以促进幼儿在健康、认知、社会性、情感、个性等方面全面、和谐发展为目标。幼儿期是感知发展的关键期，应注重培养幼儿正确运用多种感官和运用语言交往的基本能力，增进对环境的认识，培养有益的兴趣和求知欲，初步的动手能力。幼儿情感教育是品德教育的重要内容，根据幼儿情感外露、不稳定、控制力差，易受感染等特点，应以培养幼儿健康情感为基础，以“爱”为核心，围绕“得到别人爱，爱自己，再去爱别人”这一情感交流的关键问题进行教育，以未来社会对人参与竞争与良好合作的基本要求为目标，在班级活动和教育中，建立积极的平等、开放、互动关系，注重引导幼儿与他人的交往，让幼儿懂得爱与被爱，萌发自尊心、同情心，不怕挫折，学习掌握分享、合作、谦让、互助等技能，喜欢集体生活，养成文明礼貌习惯，习得基本的社会行为规范。

（3）满足社会需求，为家长解除后顾之忧

幼儿教育是基础教育的基础，是培养未来社会合格公民的摇篮，具有教育性和福利性。目前，我国社会处在社会主义初级阶段，构建和谐社会是我国未来社会发展的目标，提出和谐社会的六个标准——

民主法治、公平正义、诚信友爱、充满活力、安定有序、人与自然和谐相处。幼儿园班级管理同样应以此为标准，从小培养儿童规则意识、民主、平等、正义意识，成为讲诚信、友爱，与社会、自然和谐相处的人。这是幼儿园教育性的重要体现。同时，孩子来到幼儿园，班级承担着对幼儿的教养任务，精心的呵护，科学的教养，能为家长减轻教养方面的负担，解除其后顾之忧，实现解放父母，为现代化建设做好后勤工作的任务。

（二）幼儿园班级管理的环节与内容

1. 幼儿园班级管理环节

幼儿班级工作管理环节可以分为：幼儿园班级工作计划的制订、幼儿园班级工作的组织与实施、幼儿园班级工作的检查与计划调整、幼儿园班级工作的总结与评估。

（1）幼儿园班级工作计划的制订

幼儿园班级工作计划是班级管理者为实现班级学期教育目标，为班级确立具体工作目标并提出达成这一目标的方法和步骤的管理活动。制订一份目标明确、措施具体、符合幼儿园班级实际情况的计划需要做到以下几点。

首先，明确制订班级工作计划的依据。制订班级工作计划的依据主要是园务工作计划、班级实际情况和教师条件等。

第一，要依据园务工作计划。园务工作计划对班级工作具有直接的指导意义，班级工作计划应与园务工作计划目标、内容保持一致和兼容。

第二，制订班级工作计划应根据班级的实际情况。一般说来，前一学期的班级工作总结应是后一学期班级计划的依据。例如，上学期结束，某班60%幼儿常规习惯良好，离预定目标还差20%，所以本学期幼儿常规习惯的培养仍是班级工作的主要目标。

第三，班级工作计划应与班级教师自身的业务能力、文化素养、工作态度、专业水平等相匹配。

其次，了解班级工作计划制订的程序。

第一，研究分析上学期的工作总结；

第二，认真学习、研究园务工作计划；

第三，共同讨论，确定主要内容；

第四，撰写班级工作计划；

第五，把握班级工作计划的基本结构和主要内容。

班级工作计划包括：班级情况分析、班级工作目标、实施措施、主要工作安排。一般结构为：

第一，基本情况分析；

第二，本学期工作主要目标；

第三，具体要求和措施。

资源 5-1 案例资料

幼儿园班级工作计划

一、班级情况分析

（一）班级概况

我班现共有幼儿 34 名（2 人为上届大班小年龄幼儿，1 人为他园转入），其中男孩 18 人，女孩 16 人，男女比例基本持平。本学期继续由××、××老师、××保育员 3 人负责班级工作。

两年的相处，使得家长们对我们这个班集体非常熟悉，对幼儿园的活动、班级情况比较了解，对孩子的发展体验颇深。因此他们越来越支持我们教师的工作，使得我们进行的各种教育活动能顺利开展。在“班级家委会”和全体家长的共同努力下，孩子发展将会更快、更好。当然我们也看到，由于工作原因不少父母对孩子的教育是心有余而力不足，有的父母缺乏教养孩子的经验，更需要我们教师拓宽家园联系的方法与渠道，深入做好家教指导工作，使各位家长积极发挥自身的教育作用。

经过小班、中班两年的教育和培养，班级幼儿在各方面都有不同程度的发展和提高。孩子们积极参加幼儿园的各类活动，在活动中形成初步的运动能力、规则意识、自我服务能力、自我保护意识等；活动中孩子们能积极探索、大胆操作，并学着用语言、制作、绘画等多种手段表达、表现；喜爱动物、关爱亲人的情感逐渐养成。本学期，我们将根据大班幼儿的培养目标，分析班级幼儿现阶段发展情况，梳理出孩子发展的长处与不足，扬长补短，使幼儿获得更大的发展。

（二）幼儿发展情况

1. 发展优势的分析

（1）生活卫生习惯较好、生活自理能力较强

从小班起我们就非常重视对幼儿进行生活卫生习惯和自理能力的培养，家园的密切配合使我班孩子在这方面发展较好。尤其是升入中班前的暑假，家长对孩子进行学习使用筷子、按时入睡和起床、自己穿衣叠被等内容的指导与督促，使孩子们的生活习惯、能力得到巩固和提高。具体表现：中班开学第一天全班幼儿基本掌握使用筷子的方法，进餐习惯得到其他老师的表扬。孩子们不仅会做，而且非常乐意做力所能及的事，还能主动地帮助同伴。比如叠床叠被、搬放桌椅等。

（2）有良好的运动能力和自我保护意识

班级幼儿非常喜欢参加体育活动，基本动作做得较好，有良好的运动能力。不怕困难、面对挑战等意志品质有所发展。活动中学着保护自己，有初步的自我保护意识，自我保护能力逐渐提高。

（3）富有同情心，愿意帮助他人

“小兔乖乖”“我爱动物朋友”“我有多爱你——三八妇女节系列活动”“好朋友常联络”等主题活动的开展，激发了孩子们爱动物、爱亲人、爱朋友的情感。孩子们学着为他人着想、为他人解忧，用自己小小的力量照顾动物、体贴妈妈、帮助同伴。

2. 发展弱势的分析

（1）协商合作的意识与能力较弱

经过中班有意识的培养，孩子们知道遇到困难或矛盾可以通

过猜拳、提案、投票等方式协商解决，但是实际操作中往往习惯寻求老师的帮助，缺乏自主解决的能力。而且为数不少的孩子没有表明自己态度或想法的习惯，只是被动地听命于能力强的幼儿，致使协商合作变相为由能力强的幼儿说了算。

(2) 探究欲望与能力有待于进一步提高

孩子们对新鲜事物有探究的兴趣，对于结果的发现很大程度上依赖于教师的帮助，不能自主通过各种途径、方法寻找答案。而且遇到困难极易放弃，缺乏质疑的勇气。

(3) 收集信息及语言交流信息的能力尚需进一步重视

大多幼儿被动地接受成人收集好的信息，缺乏自主收集的意识和能力。词汇的贫乏和语言表达能力的不均衡使得不少幼儿在用语言交流信息时，需要教师的不断提示与引导。

(4) 个别幼儿发展情况分析（略）

二、本学期保教目标

1. 培养幼儿形成较好的生活卫生习惯，能在成人鼓励下愿意做力所能及的事情。

2. 引导幼儿对自己和同伴的行为、言语进行评价，培养幼儿的评价能力。

3. 引导幼儿树立规则意识、任务意识等。

4. 引导幼儿在游戏中与同伴协商、合作，共同完成任务，培养幼儿的合作意识。

5. 培养幼儿良好的运动能力和意志品质，提高幼儿自我保护意识和能力。

6. 培养幼儿的同情心，愿意帮助有困难的人，包括小班、中班的弟弟妹妹。

7. 使幼儿产生较强烈的探究欲望，敢于质疑、创新，尝试寻求答案。

8. 鼓励幼儿乐于探究周围环境，提高幼儿收集、交流各种信息的兴趣和能力。

9. 引导幼儿了解现实生活中，数的实际意义及数量关系，有初步的时空概念，培养幼儿思维的敏捷性和灵活性。

10. 关注生活中常见的文字和符号，培养幼儿良好的倾听、阅读习惯以及对文字的兴趣。

11. 鼓励幼儿清楚完整地表达自己的想法和意见，能用多种方式与人交往，提高幼儿的交往能力。

12. 引导幼儿感知周围生活中的美，用自己喜欢的方式大胆表达、表现，进一步提高幼儿的想象、创造、表现能力。

附件：各月保教工作重点提示

九月：

1. 制订各类计划（班级学期计划、常规工作安排等）。

2. 创设班级环境、提供活动区游戏材料。

3. 开展“我是中国人”主题活动。

4. 开展爱牙日、大带小以及拼图游戏周等相关活动。

5. 召开班级家长会。

十月：

1. 结合“国庆节”“中秋节”开展相关活动。

2. 结合主题活动调整班级环境创设和游戏材料的提供。

3. 多途径开展丰富多样的家园指导，重点讨论“亲子出游活动”。

4. 鼓励各家庭开展自制棋谱活动（棋谱主题：中国好地方），开展棋趣周活动。

十一月：

1. 开展“秋天”“消防日”等主题活动。

2. 关注幼儿热点话题，生成主题活动，并调整班级环境创设和游戏材料的提供。

3. 召开“班级家委会”会议，商讨幼儿的发展问题。

4. 开展剪纸周活动。

十二月：

1. 开展“庆元旦、迎新年”主题活动。

2. 结合新年主题，与幼儿共同创设迎新年的班级环境。

3. 开展亲子迎新年活动。

4. 开展阅读周活动。

一月：

1. 开展“冬天”主题活动，结合主题活动调整班级环境创设和游戏材料的提供。

2. 向家长开放半日活动，做好前期准备。

3. 开展民间游戏周活动。

4. 做好学期结束各项总结工作。

案例点评：

班级计划，是保教人员对整个班级一学期工作的全面规划与设计。此例的这份班级计划，是一份比较全面而且切合实际、具有操作性的计划。其特点表现在：

1. 本学期计划，由“班级情况分析”和“本学期保教目标”两部分组成，清晰、明了，突出重点，能有效地指引教师开展学期保教工作。

2. 在“班级情况分析”中，既有对班级总体情况的全面分析，包括孩子的情况、保教人员的情况、家长的情况等，更是有重点地对本班幼儿通过小班、中班两年的培育，在发展“优势”和“弱势”上的详细剖析。这种切合实际的梳理与剖析，将有利于本学期更有目的、有重点地开展保教工作，使孩子发展更有针对性。

3. 在“本学期保教目标”中，制订了适合大班上学期幼儿发展的 12 条具体目标。这些目标，既体现了生活、运动、游戏、学习共同性课程所必须达成的目标，同时，也具有该班幼儿的个性特点，比如，重视“协商、合作意识”“探究愿望与能力”以及“语言表达能力”等。这些要求，与该班孩子发展的“弱势”形成了呼应与联结，使之更突显目标对保教行为的指引作用。

4. 作为“附件”，把本学期“各月保教工作重点”作了提示，这样简约的梳理，能更有效地引导保教人员有重点地开展月度工作。

建议：在大班的班级计划中，要进一步体现大班幼儿的特质，比如，应该有幼小衔接方面的发展目标和工作要求，包括对家长进行幼小衔接价值观念的引导等。因为，幼小衔接活动不只是大班下学期，甚至是五六月份工作的重点，它应该贯穿在大班整个一学年之中。从大班上学期开始，就要有目的、有计划地培育幼儿入小学的愿望，并用小学生的行为要求来鼓励、激发幼儿健康成长。

（根据湖北省直机关第一幼儿园课题组提供的案例改编）

（2）幼儿园班级工作的组织与实施

一份好的班级计划必须要经过实践环节才能发挥应有的作用。组织与实施正是计划与结果之间的实践环节。组织是指安排分散的人或事物，使之具有一定的系统性或整体性。实施即实行，幼儿园班级工作的组织与实施是指将班级中的教师、幼儿、材料、物品、空间、时间等要素进行合理的安排，使之具有一定的系统性或整体性，并加以实行。其基本要求如下。

①教师间分工明确，密切配合。幼儿园每个班级一般三位教师，其中两位主要承担教育教学任务，一位主要承担卫生保育工作。由园长任命或竞选、协商产生班级负责人（简称组长、班长或班主任）。

在幼儿园一日生活中，幼儿在园安全、班级保教工作质量在很大程度上取决于班级三位教师之间分工是否明确，配合是否默契。一天中，有些环节需要三位教师共同参与，如户外活动、进餐等，有些时间可以各司其职，做不同的事情。不同人员在不同时间、环节做什么事、承担什么职责都是在实践中探索出来的，取决于幼儿发展的需要，各人员岗位职责、要求更加明确具体、操作流程更加严格是今后幼儿园实施精细化管理、强化规范管理、提高保教质量的必然选择。

②科学进行幼儿编组。《幼儿园工作规程》对幼儿班级人数进行了限定，班级小组人数常见分组有：6人或4人一组。受教室、课桌椅的限制，其他的分组方法也越来越多。分组应注意做到：

第一，合理搭配，优势互补。首先，是男女性别的搭配；其次，是能力强弱的搭配；最后，是高矮的搭配。

第二，定期交换小组位置，有利于保护幼儿视力，预防近视。

第三，中班以上可设小组长一名。以小组成员轮流担任为宜，有利于培养幼儿的责任意识、服务意识，促进综合能力的发展。

③合理规划幼儿活动空间。幼儿班级活动空间主要包括活动室、寝室、走廊等。如何合理搭配使用，使之产生最大的效益，需要教师精心设计，合理调配。

第一，综合利用活动室。活动室是幼儿受教育的主要场所，活动室的一景、一物对幼儿都起到潜移默化的作用，净化、美化、儿童化、教育化是活动室布置的总要求（后面章节还将重点介绍环境创设问题）。

第二，充分利用寝室。寝室的睡眠功能每天只有3小时左右，如何充分利用寝室功能值得考虑。如有的班级在寝室利用空地设置比较安静的阅读、建筑、娃娃家等活动区效果不错。

第三，巧妙利用过道、走廊。走廊比较宽的班级，可在走廊设置本班或本楼层班级共同活动区，如表演区、照相馆、银行、超市等。走廊较狭窄的幼儿园则可以沿墙打一排小低柜，里面可以存放幼儿物品，外面可以作为幼儿作品展示区、家园联系本展示区等。一些幼儿园将楼梯间也利用起来，布置成各种活动区，虽然成人感觉低矮，但对幼儿来说在里面玩耍丝毫不受影响，很值得提倡。

④合理安排好幼儿在园时间。一般说来，教师对幼儿在园一天、一周、一学期时间应有合理计划与安排。

第一，合理安排好一学期时间。一般可以分为开学适应期、学期中教育教学实施期、期末全面评估总结期。

第二，恰当安排好幼儿一周在园活动。教师安排幼儿一周在园活动应注意课程安排的全面性与平衡性，保证幼儿体智德美劳诸方面均衡、和谐发展。特别是下午的活动应注意以游戏为主，保证活动的丰富多彩。

第三，科学安排好幼儿在园一日活动。幼儿在园一日活动安排应做到动静交替、室内外交替、集体与自由活动交替等。

第四，建立班会制度。在一周初或周末，班级三位教师应安排时间碰头，简单交流本周工作情况以及下周的工作重点，商讨布置教研的下一个步骤要求即注意事项等。班会制度对于增进教师间协调、沟通，保证工作之间的连续性，提高今后工作的针对性都会起到重要的作用。

⑤班级物品的安排。“物”作为班级管理因素之一，泛指班上所有物品。包括：幼儿生活物品（毛巾、茶杯、床、被褥等）、幼儿学习用品（玩具、学具、课桌椅、游戏材料等）、教师教学物品（教具、挂图、钢琴、电视机等）、清洁用品（洗涤剂、拖把、笤帚、字纸篓、抹布等）、班级教学资料（班级工作计划、月计划、周计划及备课本、家园联系手册、家长工作记录、观察记录、个案分析、幼儿成长档案等）。幼儿园班级物品摆放要求做到：整齐有序，摆放得当。这样既方便教师教学，又有利于幼儿生活和活动，更是对幼儿一种潜移默化的教育和影响。班级物品使用和摆放应注意以下方面：

第一，建立班级物品清单，作为清点、检查、交接的依据。例如：

类别	物品名称 （数量、型号）	责任人	备注

第二，班级物品摆放位置和高度要适宜。供幼儿使用的物品一定要注意放置高度与幼儿身高相匹配，方便幼儿自己取放、收拾，如洗手液（肥皂）、茶杯、玩具等。清洁用品尤其要注意既要放置摆放美观、整洁，又要注意做好标记区分，如清洁幼儿活动室内与厕所的物品（如拖把等）应分开，消毒用品以及药品等应放置在幼儿伸手拿不到的地方，以保证安全。

第三，班级物品应设专人保管。班级作为一个教育整体，班级三位教师应共同参与班级物品的管理。保育员承担幼儿生活照顾、卫生清洁工作较多，幼儿生活物品、清洁用品的管理可归她负责。班长可主要负责班级教学资料的管理。学习用品、教师教学物品可归另一位主班教师管理。

第四，注重对班级教学资料的管理。班级教育资料清晰记载着班级教育的轨迹，既是班级教育工作的财富，也是考核教师业务实绩的依据，班长应注重做好对班级教学资料的管理。首先，要根据园长统一安排，规范管理，保证清楚、完整、不遗漏；其次要保管得当，既安排专门的空间保管，又及时对各类资料归档、分类，分析、运用；最后，应做到方便园长、班级教师、家长随时查阅。

（3）幼儿园班级工作的检查与计划的调整

为了实现管理目标，管理过程自始至终都处于被控制之下，控制的目的在于 使实际工作与计划一致，使工作朝着预定目标展开，控制贯彻于管理全过程。作为对班级管理工作的控制手段，检查既是对班级计划的检验，也是对班级计划实施的督导，是执行计划的保证，总结工作的前提。在班级管理工作中，如果说计划是统帅整个管理过程的重要环节，实施是计划落实的中心环节，那么检查与调整就是通过对计划的检查，根据计划实施的情况对预先制订的计划进行调整的重要环节。

第一，检查要做到：

①通过检查进一步了解计划是否合理，执行情况如何，是否需要对计划进行修改。同时，通过检查可以更好地监督自己工作的完成

情况。

②检查不应敷衍了事，而应认真对待，从而了解班级教育活动的情况和工作状况。

③检查的内容可以包括班级的环境创设、活动设计是否合理，活动时间的安排是否符合幼儿身心发展规律。

④检查要实事求是，不可弄虚作假，只有这样才能发挥检查的作用。

⑤检查的形式可分为自查和他查。

第二，督导应做到：

计划制订出来的目的在于实行，为了促进计划的落实，应该加强督导。督导对组织成员起着监督和考核的作用，督促检查可以体现管理者的管理水平。

①检查落实情况。对照班级计划逐条进行检查，看看计划与落实情况有没有差距；若有，原因是什么。

②分析计划的可行性。执行后，对计划制订的合理与否，有了进一步的看法。这就为以后制订计划积累了经验。

③追查责任。对应该完成而未完成的事，应该追查责任，以使计划更具有严肃性。如果是主观原因造成的，应该做检讨，避免下次再出现；如果是客观原因造成的，应该尽量协调。

第三，工作计划应该是可以调整的。当工作计划的执行偏离或违背了班级管理的目的时，需要对其做出调整，不能为了计划而计划。

（4）幼儿园班级工作的总结与评估

开展幼儿园班级工作的总结与评估，可以清楚把握班级管理工作的成绩与不足，查找存在的主要问题，分析原因，寻找相应的对策，不断改进工作。总结与评估工作不仅对于本班今后的工作实践具有反馈指导意义，而且对于幼儿园班级之间相互交流、学习班级管理中的好经验、好做法甚至教训都会有启发和借鉴意义。更重要的是通过总结与评估工作，有助于教师逐步学会对照目标，收集信息，发现问题，对教育的现象和实践做出比较科学的分析，逐步习惯把教育的实际经验提高到一定的理论高度，对于提高教师班级管理工作的科学性、有效性，不断提高自身专业水平具有积极作用。

幼儿园班级工作的总结与评估的主要内容如下。

①班级教师工作态度。包括班级教师的敬业精神、劳动纪律、团结协作的情况。总结评价应注意做到一分为二，既充分肯定优点，如一学期中班级三位教师如何团结协作，爱事业、爱孩子，克服困难做好保教工作的，也敢于对教师间存在的一些不守纪律、不合作行为与态度及时总结，起到提醒教育作用，并为幼儿园后续调配班级人员提供依据。

②班级计划的完成情况。总结班级计划完成情况是评价班级质量的重要依据。一份好的班级计划应能在计划时间内完成。如果在规定时间内没有完成，或者在规定时间内提前较长时间计划就已经完成。对此，班级教师都应该认真分析，查找原因，及时总结，为以后制订工作计划提供依据。

此外，由于班级工作计划是落实到人完成的，因此，及时总结与评估班级计划完成情况，有助于帮助班级教师认识自己的优势与不足，客观公正地认识自己的工作能力。

③班级工作质量评估。班级工作质量主要体现在班级保教工作质量。主要有以下几个方面：

第一，儿童健康状况。包括儿童出勤、发病和身高、体重和血色素。

第二，教育工作状况。包括儿童文明行为习惯培养情况和各领域教学计划完成情况。

第三，家长工作。包括与家长配合情况，家访次数，家长会，家长学校和家长开放日的质量，家长反映的问题等。

幼儿园班级工作质量总结与评估应注意做到：首先，总结是一种班级集体行为，是对班级工作全过程的回顾、评价过程，应注意以目标计划为依据，对照工作结果，判断工作的成绩与差距。其次，对班级工作评价应注重将日常评价、整体评价与相对评价结合起来，既注重工作过程，也注重工作结果。在评价方法上将自我评价与他人评价、量化评价与质性评价结合起来。

2. 幼儿园班级管理内容

幼儿园班级管理内容主要涉及幼儿园班级的生活常规、教学、班级环境、班级气氛、人际关系的管理五个方面，其中各个方面的管理都是紧紧围绕幼儿养育的生活管理而展开，注重的是对幼儿的引导和濡染。班级管理具体内容可以分为：生活管理与教育管理。

（1）生活管理具体内容

A. 开学初生活常规管理工作：

①填写班级幼儿名册、家庭情况登记表，明确家园联系方式。

②了解幼儿家庭教养情况、初步掌握幼儿生活习惯，做好记录。

③准备幼儿个人用的床、衣柜、毛巾架、水杯，设计标识。

④初步设计布置活动室环境，安排室内用具、设施。

⑤观察幼儿一日生活言行举止，做好记录分析。

⑥综合分析家访及对幼儿一日生活观察信息，制订班级幼儿生活管理计划与措施。

B. 学期中生活常规工作：

①班级保教人员根据幼儿一日生活程序履行生活管理职责。

②每日做好幼儿来园、离园的交接记录。

③每日保管好幼儿生活物品。

④每日做好班级内外清洁和设备的安全检查。

⑤每周对活动玩具消毒，更换生活用品。

⑥每周对照检查班级幼儿生活管理计划的实施情况。

⑦每周末或周初展开班级教师碰头会，总结一周工作经验，调整下周幼儿生活管理内容与措施。

⑧观察幼儿生活行为，做好记录，与家长交流沟通。

⑨对幼儿计划免疫、疾病、传染病情况作登记，并与家长沟通。

⑩体弱幼儿生活护理。

C. 学期末生活常规工作：

①汇总平日幼儿生活表现记录，做好分析、小结。

②总结班级幼儿生活管理工作，找出成绩与问题。

③向家长发放幼儿在园生活情况小结，指导家长对假期幼儿生活进行管理。

④整理室内外环境，对集体用品、材料进行清点登记。

（2）教育管理具体内容

A. 开学初教育常规工作：

①结合家访和对幼儿的观察分析，完成对班级幼儿发展水平的初步评估，并做好分析记录。

②根据幼儿情况及班级条件，制订详细的幼儿教育计划。该计划应包括阶段性的班级教育教学目标及完成进度的日程安排，还要考虑特殊情况的处理方法。如针对班级教学中的问题开展教学研究活动。

③根据教育教学计划，征集或领取幼儿的绘画、手工材料、卡片、游戏工具等。预先设计好幼儿作品存放处和幼儿教育档案，布置好班级小环境。

④班级保教人员共同制订各项教学活动的组织形式及常规，建立班级教育活动的运转机制。带领幼儿熟悉环境，认识同伴、教师，了解班级情况及管理常规。

B. 学期中的教育常规管理：

①每日事务：检查教育教学计划，了解当日活动内容，准备好当日教学所需的材料，严格按计划和规则进行教育教学活动，做好教学效果记录，整理教学现场，清点物品，完成教育教学，保证教育教学的连贯性。

②每周工作：提前两周，根据年级教研组的备课计划制订每周活动安排及每日教学计划。提前做好教具、学具材料的搜集与制作。写教育笔记，记录幼儿一周的学习表现。每周末整理幼儿学习用品，调整幼儿活动区材料。

③每月工作：月初制订好月教育目标、教学活动进度；召开班级教师会议，研究班级教育工作的具体内容和措施，协调分工与配合；

做好个别儿童教育的计划及修订措施。月末整理各种教育材料与资料；根据教育内容适当调整活动室安排，布置更新环境。

C. 学期末教育常规工作：

①整理教育活动方案、教育笔记和幼儿作品档案。

②做好幼儿全学期的评估工作，写好幼儿发展情况及表现的小结。

③完成教师自身的评估，总结个人教育目标的实现、教育方法的运用情况。

④教育活动剩余材料的清点与登记。

（三）幼儿园班级管理中值得注意的几个问题

班级管理包括幼儿常规管理、班级环境管理、教学管理、人际关系管理、班级气氛管理。班级管理应当是师幼共同完成，幼儿教师应当是班级管理的主导，幼儿是班级管理的主体，只有教师注重营造一种自由、民主的气氛，引导幼儿发挥主体性，才能实现幼儿的自制、自律。

1. 协调各种人际关系，创设良好的班级氛围

做好班级管理工作需要正确地处理好各方面的关系。如教师与幼儿的关系、教师与家长的关系、幼儿与幼儿的关系、家长与家长的关系等。只有相互彼此的了解、尊重和信任，才能增强班级的凝聚力，幼儿只有在情感上接纳教师，班级的各项工作才能顺利开展。

（1）处理好与幼儿关系

古语云："亲其师，信其道。"只有营造宽松、温馨的家庭式氛围，才能让幼儿有一个愉快学习的环境。首先，教师应以慈母之心关爱每个幼儿，使之产生集体归属感。特别是当孩子刚进幼儿园或新的班集体时，教师应在学习和生活中，时刻把幼儿的利益放到第一位，注意从一点一滴的小事做起，关心、帮助着他们，把温暖送到每个幼儿心头，让爱充满整个班级。其次，建立平等、和谐的朋友关系，成为幼儿学习活动的支持者、合作者、引导者。优秀的教师不以权威者自居，与幼儿平等相处，与幼儿谈心聊天，成为幼儿

最忠实的听众，善于在不同活动、不同教育情境中实现教师多种角色的转变。最后，班主任及班级各位教师要以身作则，成为幼儿的表率。教师的特殊身份地位决定了在幼儿和班级组织的各种活动中，老师既是其中的一员，是他们的朋友之一，也是他们模仿、学习的最重要的榜样，是班级建设的重要因素，有怎样的教师就有怎样的班集体。

（2）处理好与家长的关系

幼儿园班级管理工作的有序开展是离不开家长的支持和配合的。可以通过多种家长会、家长园地、班级 QQ 群、班级网站、家园联系手册等多种途径向家长介绍班级将要开展的一些工作、幼儿开学以来的一些情况、家长将要配合的一些事情、提出家园合作的重要性等，让家长了解到，只有家长切实地参与，才能促使幼儿身心和谐地发展，同时，要积极争取家长参与管理工作，推选班级家长委员，征求家长对班级工作的意见，或让家长参与指导。只有家园建立经常性的双向沟通，保持随时信息互通，才能全面了解孩子的发展情况，从而在教育上达成共识，提高班级管理质量。

（3）处理好保教人员之间的关系

保教人员之间是否和谐，是班级一切工作能否得以顺利进行的关键。首先，必须建立班级成员的岗位目标责任制，合理安排班级的各项任务，协调三位保教人员之间的关系，使大家各司其职，各负其责。其次，班长要处处用心，对班级各项事务，如近阶段保教任务，班级物资管理，成员间的关系，每个人的情绪状态，身体状况等，都要了如指掌，当发现有人情绪不好，要及时找他谈心，使其消除忧虑和不快，全身心投入到工作中去。最后，班长还必须做一个教学上的有心人，以身作则，凡事身先士卒。不断探索发现好的教学方法，积累好的教学经验，带动班级教师搞好教研活动，共同探讨符合本班幼儿实际情况的教学方法，在教育实践中大家相互扶持，相互帮助，共同完成教育目标。

总之，在班级管理中，只要具备了对幼儿广博的爱心，对琐事有足够的细心，对班级事务做到处处用心，就能创造出和谐的氛围，使教师、幼儿、家长之间处于一种协调平衡的状态。这样，班级工作才能在和中求稳，稳中求胜，从而把班级工作做得有声有色。

2. 以幼儿为主体，制订师生共同遵守的班级常规

有教育家指出：播种行为收获习惯，播种习惯收获性格，播种性格收获命运。有效的规则秩序有益于班级活动的管理和师生互动，一个班级混乱的原因，往往是因为幼儿不知道该做什么，幼儿园的班规应包括幼儿在园生活的各个环节，如校车安全、正确使用卫生间、睡觉时间、怎样使用每个活动区、来园离园时的注意事项等一套囊括幼儿园各方面的班规系统。幼儿园班规制订切忌以“管住”为目的，从方便教师管理的角度出发，强调集体的统一和整齐，应以培养幼儿“自主”为目的，通过让孩子理解基本的规则，讨论建立与遵守规则，从而形成班级良好的秩序。具体说来：

首先，在班规的制订上，教师在开学之前就应制订一些班规教学计划，就像制订课程教学计划一样，在刚开学的几周内逐步讲授这些班规，有的以正式授课的形式，有的则渗透在日常生活环节中，还有的需要教师和孩子们在开学的第一天共同讨论制订班规。利用一些问题情境开展活动让幼儿体验没有规则的结果等，使幼儿了解规则对自己的意义，会使幼儿产生遵守规则的需要，乐于遵守规则。如用脑力激荡的方式请孩子们想想教室里最糟糕的情形会怎样，孩子们会描述想象中教室里乱七八糟的样子，教师接着询问孩子们是否喜欢在那样的教室里，孩子们当然说不喜欢，教师接着问：“那你们认为怎样才可以让我们的教室很舒服呢?”孩子们会提出很多的想法，教师将这些条例总结出来，然后张贴在教室醒目的位置上，并将具体的相关措施以信件的形式告知家长。

其次，在班规的执行上，最主要的是持之以恒。教师对制订的班规必须心中有数，并能坚持不懈地执行。只有让孩子始终感觉到有班规的存在，班规才能发挥出最大的效果。首先，常规教育要日常抓，抓日常。俗话说得好“千里之行，始于足下”，幼儿良好的常规也是

要从幼儿身边的每件小事做起。在执行班规时一般是在已经建立好常规的基础上，活动前将规则重新强调一次，如在每次排队时，教师用提问的方式提醒孩子："我们在走路时大声说话吗?""你们会用手到处去摸吗?"不仅如此，还要注重孩子对为什么要这样做的理解，从而使他们自愿自觉地遵守规则。其次，常规教育要抓重点、反复地抓。幼儿的年龄比较小，自控能力比较弱，要让幼儿养成良好的常规并非一朝一夕就能达到的，还需要我们在教育中遵循幼儿的身心发展规律，在晓之以理的基础上，讲究培养的形式，要不怕反复的练习，并不断的改变形式，综合运用规则引导法、情感沟通法、互动指导法、榜样激励法与目标指引法等，以此帮助幼儿养成良好的常规意识。

再次，在执行班规的奖惩方面上，现在很多教师意识到物质奖励会带给孩子不良影响，于是有的教师尝试了一些值得借鉴的奖励方法。如在"读故事时间"让幼儿选择一本书；做教师的小助手；成为一个游戏的领导者；有选择碟片的权利；得到一张有趣的涂色纸；在集体时间时，和教师坐在一起；在排队时成为第一个领队员等，这些是孩子们非常想得到的"奖励"。这些奖励不仅能作为孩子正确行为的正强化物，还能培养孩子某些方面的能力。在惩罚方面，有的教师用一张彩色纸，将所有小朋友的名字写在上面，用不同颜色表示孩子遵守班规的情况，如红色代表遵守班规，黄色代表警告，绿色表示已经违反班规。违反班规的处罚根据不同程度而定，如果你弄坏了某个玩具，你就要负责修理好；如果你伤害到某人，你就必须要安抚受伤的孩子；如果你的行为不正确，也可能会被剥夺参加某项活动的权利……惩罚制度一定要制订得具体、合理。如果惩罚太轻，起不到警示的效果，过重会导致孩子形成胆小怕事的性格。恰当的惩罚是让孩子清楚地认识到自己的错误，能够坦然地接受惩罚，而不会在心里留下阴影。因此，在惩罚时一定要遵循一个原则：惩罚不是目的，教育才是最主要的目的。当孩子的过错较轻时，更多的是让他们自己面对错误，给他们弥补过失的机会，从而培养孩子对自己做过的事情负责任的态度。

总之，有效的幼儿园班级管理要求幼儿教师做到在一定的规则和秩序下更好地尊重幼儿的个性，促进幼儿的发展，实现教师的“管”与幼儿的“自由”之间的平衡，只有具备这样的正确的理念和行为才有可能产生好的班级管理成效，才能为幼儿营造一个浸润式的生活与学习环境。

二、探索环境创设

自 20 世纪初意大利教育家蒙台梭利提出幼儿园“环境”问题以来，环境作为一种“隐性课程”逐渐受到世界各国学前教育实践与理论工作者的重视，在开发幼儿智力、促进幼儿个性发展方面发挥着越来越大的作用。但在我国，直到 20 世纪 90 年代初，随着新课程改革的推进，隐性课程问题才被引进学前教育领域。幼儿园中的隐性课程因素可以归为以下几个方面：物质——空间类，如幼儿园建筑、活动场地、绿化美化情况、教室布置、人均面积、桌椅摆放方式、实验设备。组织——制度类，如幼儿园管理制度、生活制度、评价制度、奖惩制度等。文化——心理类，如同伴关系、师幼关系、教师态度与期望等。

隐性课程的引入，给我们提供了研究学前教育的新视角，开阔了我们探索学前教育领域的思路。国家教育委员会 1989 年颁发的《幼儿园工作规程（试行）》中也提出，必须创设与幼儿发展相适应的教育环境，特别强调教育环境在幼儿发展中巨大作用。自 1996 年的《幼儿园工作规程》颁布以来，幼儿园的环境创设有了不同程度的改观。幼儿园环境作为一种“隐性课程”发挥出独特功能和作用，使幼儿在不知不觉中获得意料之外的知识、价值观念、态度、行为方式等，因此，创设符合幼儿身心发展水平和需要的环境是幼儿园的努力方向和目标。

（一）什么是幼儿园环境创设

幼儿园环境有广义和狭义之分。广义的幼儿园环境，是指幼儿园教育赖以进行的一切条件的总和。它既包括人的因素，又包括物的因素；既包括幼儿园内的小环境，又包括与幼儿园教育相关的园外的家庭、社会、自然的大环境。狭义的环境仅指幼儿园内部环境，包括物质环境和精神环境。

在《现代汉语词典》（2002 年第 4 版）中，“创设”被定义为“开始办，创造（条件）”。这个词包含有目的性和过程性两个意思，因此，幼儿园环境创设就是根据一定的教育意图或目标，按照科学原则，通过精心设计与安排，有目的、有计划地创设情境、营造氛围，对幼儿园三维空间进行装饰和布置，投放玩具、材料，引导幼儿在与环境相互作用的过程中，促进幼儿身心全面健康发展的过程。

2001 年教育部颁发的《幼儿园教育指导纲要（试行）》明确指出：“幼儿园应通过环境的创设和利用，有效地促进幼儿的发展。幼儿园的空间、设施、活动材料和常规要求等有利于引发、支持幼儿的游戏和各种探索活动，有利于引发、支持幼儿与环境之间的相互作用。”因此，环境作为重要的教育资源，它对于幼儿的发展起着至关重要的作用，这应该成为幼儿教育工作者的共识。

（二）为什么要开展幼儿园环境创设

《幼儿园教育指导纲要（试行）》指出，幼儿园的教育重在“为幼儿提供健康、丰富的生活和活动环境，满足他们多方面发展的需要，使他们在快乐的童年生活中获得有益于身心发展的经验”。因而幼儿园应注重在环境中为幼儿的发展提供支持。

众多研究表明，幼儿园的物质环境和精神环境，包括拥挤状况、活动空间的分隔和设备安排、户外活动场地和活动器械、活动材料的数量、种类、类型和陈放的方式对幼儿发展会有较大的影响。同伴关系、师幼关系、教师间的关系和教师与家长的关系等在整个教育和幼儿发展中的作用是无法估计的。因此，我们应当充分注意到环境对幼儿发展的重要作用，通过创设环境更好地塑造人。具体说来幼儿园环境创设有以下功能。

1. 行为引导功能

养成良好的行为习惯是幼儿教育阶段的主要任务。饭前便后要正确洗手，走楼梯要排队，走廊里不能奔跑，看电视要保持一定的距离等都是幼儿阶段需要养成的良好习惯，可以通过指向预期行为的墙面环境创设，如盥洗室正确洗手画面的提示（见图 5-1），走廊、活动室内相应图片、符号的提示等，出现在幼儿每日必须的生活行为中，适时提醒与强化，起到行为引导功能。幼儿预期行为的出现，是一个条件反射的过程，条件反射的形成需要一定的时间保证，否则很容易消退。因而，通过创设利于长久保持的墙面能够对幼儿发挥行为引导功能，养成终生有益的良好行为习惯。

图 5-1　我会正确洗手

2. 认知指向功能

儿童是在与环境相互作用的过程中发展起来的，幼儿园的教育环境是“有准备”的环境，玩具、材料中蕴含着教师的教育意图，在幼儿触手可及的范围内，玩具、材料是儿童的“教科书”，墙面是另一种形式的书本。根据幼儿学习的兴趣点或教学要求，创设环境，有意识地将学习内容或学习成果展示在环境中，不仅可以使幼儿接触到他们感兴趣的知识，还可以让幼儿得到某种学习的方法，在促进幼儿的认知发展中起着不可或缺的作用。

图 5-2　五彩的秋天

例如，在图 5-2 中，教师先在墙面上展示一幅与秋天相关的粘贴画，画中的稻穗、谷仓、落叶无疑是一种刺激，引发幼儿对于“秋天”的讨论。通过预设的条件刺激，在学习活动之前，教师有意识地在墙面环境中对学习内容进行展示，激发幼儿的学习兴趣。

在图 5-3 中，“记录式”的墙面中，墙面以幼儿的照片和语言的方式，记录了幼儿采访交通警察的经历。在这里幼儿采访的内容还在其次，最重要的是让幼儿了解面对面的交谈是一种非常实用的解决问题的方法。

图 5-3　“我”和交警面对面

图 5-4 所示的是墙面上张贴的做纸工的步骤，在这个角落中，幼儿只需要按照墙面上的纸工样子，就能逐步学会如何折叠出一只甲虫。这样的墙面环境无声地提供给幼儿一种学习经验：不必凡事去向老师求救，有时候“沉默”的物件也能提供学习途径。

图 5-4　看图学折纸

图 5-5 中是幼儿园常见的将幼儿的作品“上墙”。这种“展览式”的墙面，不仅把幼儿的作品（或者是语言和照片）展示给所有的幼儿，还能展现给其他班级的教师、家长、甚至是社会公众，可以满足幼儿的成就感，强化他们体验成功的快乐，

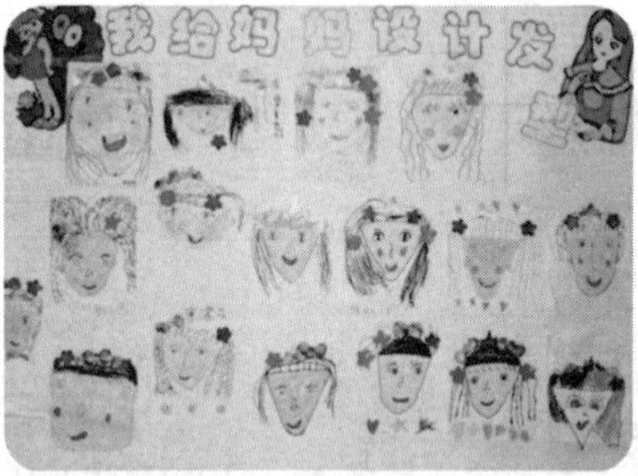

图 5-5-1　有趣的线描画

图 5-5-2　粘贴画“树叶变变变”

图 5-5-3　折纸“可爱的兔子”

图 5-6-1　角色区：梦幻之家

提高自信心。创设这样的墙面，最重要的是展品不能仅限于几个幼儿，而应该给所有的幼儿机会，让每个人都可以体验成功的快乐。

图 5-6 展示的是幼儿活动区图片。

图 5-6-2　角色区：我家餐厅

图 5-6-3　美工区：巧手巧作坊

图 5-6-4　表演区：星光大道

通过这样的环境创设，让幼儿通过不同的经验找寻学习方法的方式，让幼儿体验到的不仅是不同的学习方法，同时也有利于培养幼儿独立探索的精神。认知指向的幼儿园环境创设，是幼儿园作为教育机构实现其教育性的主要途径和方式。同时，通过自己的探寻，独立解决问题，这也正是任何个体学习的最终目的。当然作为一种学习途径的环境创设，应该是小步递进的，让幼儿逐层深入，否则难度过大，幼儿就会失去信心而放弃努力，这就与环境创设的初衷背道而驰了。

3. 促进社会化功能

幼儿是环境的主人，创设环境不只是教师的事。一方面，幼儿在教师创设的特定情境下的环境中活动，在与伙伴游戏、玩耍、矛盾、冲突、解决矛盾中逐渐独立地掌握社会规范、正确处理人际关系、妥善自治，从而适应社会生活。另一方面，幼儿在参与环境创设的过程中，幼儿和成人之间、幼儿和幼儿之间的交流互动，既锻炼了幼儿的表达能力，又培养了他们的合作精神、集体意识，而且逐渐完成他们的社会化过程（见图 5-7）。

图 5-7 社区活动区域“美发厅”

在环境创设作为一种交往媒介的状况下，无论是在幼儿同伴之间，还是在同成人的交流中，幼儿正是通过人际间的真实交往来达成自我社会化的。具有社会化指向的墙面通常布置在出入口、通道、围墙等公共部位，以便于幼儿、家长、社会公众的观察和交流。为了真正发挥环境促进幼儿社会化的作用，教师还应该鼓励幼儿之间的讨论和交往，给予时间和机会的保障，让他们在自由的言谈和互动中学习正确的处理人际关系，掌握社会交往规范。不以安静等纪律要求而限制幼儿的讨论，同时，当幼儿间出现矛盾、冲突时，教师应学会等待，给予幼儿自己解决矛盾，获得发展的机会（见图 5-8）。

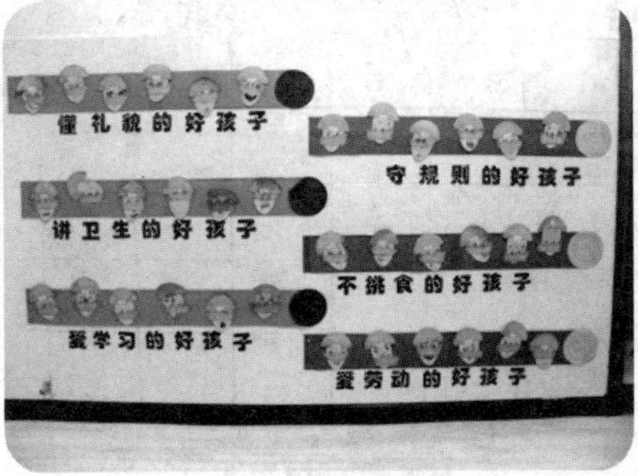

图 5-8-1　养成良好习惯的社会化墙面

图 5-8-2　在自主游戏中学会交往

4．健康保障功能

学前教育对象的年龄特殊性，决定了幼儿园必须将保证幼儿生理和心理的健康放在首位，以作为幼儿园工作的重中之重。适宜的环境创设，既有促进幼儿身体各器官、各部位功能发育所需要的玩具、器械，有场地、时间的保障，同时，色彩清新、明亮的环境布置，符合孩子年龄特点、兴趣爱好、愉快轻松的区域活动内容能为幼儿带来安全感、舒适感，也能为幼儿提供获得成功的体验，让幼儿感受到成功之后的快乐和成就感。甚至还可以创设一些进行情绪发泄的角落，以帮助幼儿恢复良好的情绪（见图 5-9）。

5．美的启蒙功能

从小培养幼儿的审美情趣是幼儿园美育中的一部分，在幼儿园环境中，干净整洁的场地、摆放整齐的物品、色彩和谐的墙面、各种植物和可爱的小动物，不仅可以提升幼儿审美情趣，而且不会增加幼儿的视觉疲劳，具体的形象有利于帮助幼儿正确地认识事物，合理的布局可以让幼儿处于协调的环境中。美观宜人的环境对于启蒙幼儿美的情趣，感受美、表现美、创造美发挥着积极的促进作用（见图 5-10）。

图 5-9-1 促进幼儿身体健康的户外体育设施

图 5-9-2 关注幼儿心理健康的情绪角

幼儿园环境创设虽然需要美观，但是也要避免为了追求美观而忽视环境应有的教育意义。对于幼儿园环境而言，装饰环境的作用毕竟是次要的，为幼儿发展提供帮助才是最重要的。

6. 文化引导功能

幼儿园不只是知识传授的场所，幼儿园是一种文化组织、教育组织、社会机构，也是一种具有独特价值的场所。由于每个托幼机构都有自己特殊的环境条件和历史传统，同时也形成了自己独特的价值取向与行为方式，从而造就了每个托幼机构所特有的园所组织文化。① 挂在墙壁上精辟的富有哲理性的理念文字、清新明亮的教室采光、冬暖夏凉适宜的温度、不同环节播放的不同特点的悦耳音乐，幼儿园文化无处不在，当然也体现在幼儿园的课程设置、教学方式、师生交往方式等。

图 5-10　启迪“美”的园所环境

教育的本质是使人“人化”和“文化”，儿童进入不同的幼儿园，就会感受到不同的文化，形成不同的文化概念、价值观念、生活信念和行为方式等。苏霍姆林斯基认为：“学校必须是一个精神王国，而只有当学校出现了一个‘精神王国’的时候，学校才能称其为学校。”幼儿园物质环境和精神环境作为隐形课程的重要部分，无时无刻不在发挥着文化引导的功能。蹲下来与孩子说话，认真倾听孩子的心声，做孩子的伙伴传达着平等、尊重、爱的文化；不怕困难、积极探索、大胆尝试展现着积极向上的生活态度；学习型与发展型的文化组织建设展示的是幼儿园的精神感召力；创设的物质环境与心理、精神环境的和谐统一，彰显着环境的人文情调和人文关怀，显示出幼儿园是具有文化品位的优质生活空间。这样的文化引导将使幼儿受益终生（见图 5-11）。

总之，幼儿园的环境作为幼儿园隐性课程的一部分，对幼儿的发展具有特别重要的意义。我们应该充分发挥环境的多种功能，重视幼

① 阎水金，张燕主编．学前教育行政管理［M］．上海：华东师范大学出版社，2003，第 138 页．

图 5-11 潜移默化的文化引导

儿园环境的创设，为幼儿的发展提供更好的教育资源。

（三）如何开展幼儿园环境创设

幼儿园作为专门的教育机构，幼儿园的环境，绝不是一种自然自发或随意设置的环境，而是教育者根据教育目标、着眼于幼儿身心发展的需要而精心创设的“适宜”的教育条件，它对幼儿的成长应产生极大的促进作用，具有极大的影响能量和价值。

1. 幼儿园环境创设原则

（1）安全经济性原则

幼儿园环境创设的材料应是安全无毒的、来源于幼儿身边，因地制宜，就地取材，以半成品材料为主，倡导自制玩教具。活动规则、内容适于幼儿身心健康发展。

（2）发展适宜性原则

环境创设既适合幼儿的年龄特征，又适合幼儿的个性特点，有利于促进不同水平幼儿全面发展。

(3) 丰富平衡性原则

要求精神环境与物质环境创设平衡并重。提供的材料丰富适宜，各项内容全面平衡，有效利用墙壁、地面和空间，以幼儿能够接受的形象与符号，向他们提供多方面的知识信息。

(4) 动态系统性原则

环境要不断变化内容，根据预设计划，创设内容系统及其随时间变化成系列。

(5) 温馨开放性原则

环境要给予幼儿舒适感和安全感，幼儿、家长、教师多角色参与，利于形成多方互动。

(6) 幼儿主体性原则

要求幼儿与环境充分有效地相互作用，能够自主选择自己喜欢的活动区域和材料，并参与设计和布置活动区。

2. 幼儿园精神环境创设

幼儿园精神环境创设的重点是建立融洽、健康、和谐的人际关系。包括建立良好的师生关系；成员间善于沟通交流思想与感情；团结友爱、相互尊重与理解；关心自己、同伴、周围的人与环境；共享玩具、互助合作；充满活力、心灵丰富、对人有礼貌；遵守纪律与活动规则、与他人和谐相处。根据以上目标，建议从以下几个方面来创设理想的精神环境。

(1) 多赏识支持，形成积极的环境气氛

20 世纪 80 年代以来的许多研究都清楚表明，教师的支持是教育最核心的成分，也是幼儿发展的最重要条件之一。父母对孩子支持的程度是孩子学习成绩与人际关系好坏的最可靠的预测指标，教师的支持是与幼儿建立良好关系的基本条件。调查表明，能力强、学习好的孩子正是经常受到老师支持的孩子。正如苏霍姆林斯基所言，作为人师，除了关心爱护学生外，还应该学会尊重、赏识学生，如同赏识自己的职业一样，让学生沐浴在赏识的阳光下。教师应成为倾听者、观察者、引导者、支持者，多给孩子以支持、肯定、接纳、认可、赞扬，在形成积极的环境气氛上下工夫。教师应能及时地分析、回应幼儿的疑问和需要，并随时给予幼儿必要的帮助和支持，促进其道德、自尊心、使用工具的能力以及社会行为等方面全面发展。

（2）采取积极的引入训练

成人对儿童的管教方式一般有两种：一种是强力式训练；另一种是引入式训练。不同的方式对儿童的行为及儿童与成人的关系有完全不同的影响。前者是依靠身体的或心理的力量或威胁使儿童的行为发生改变，最常见的有打骂、羞辱、讽刺和威胁等方式。这些做法明显带有不支持和非教育的性质，这种缺乏支持和教育性的环境气氛会给幼儿的心理和社会性的发展带来了消极影响，会使儿童缺乏安全感，阻碍幼儿合作、自信等个性特征的形成。引入式训练是指成人通过帮助幼儿理解其行为对他人和自己产生的后果来教育儿童。例如，当教师看到某一幼儿拿走三盒积木，就采用引入法对孩子说："请放回两盒积木，你拿多了，其他小朋友就没有积木玩了。"常受这种形式教育的孩子逐渐能学会换位思考，形成对他人需求的敏感与同情。当帮助幼儿意识到应对自己的行为及后果负责之后，还要帮助他们找到更多的方式，既能满足自己的需要而又不损害他人的权利。依靠引入式训练有助于发展幼儿的自我控制力，形成积极的自尊自信、合作互助等良好品质。

（3）恰当使用规则，培养自我管理能力

"没有规矩不能成方圆"，幼儿园中的规则如果是公开的、以幼儿发展为本的，就会形成一种支持的气氛。在这种气氛中，儿童不会认为规则对他们有威胁。幼儿园创设规则应出于安全和帮助儿童学会自我控制为目的。表面上看向孩子提出一些限制是与培养他们的自控能力相矛盾，其实不然。规则的重要性在于它能给幼儿选择如何行动的机会。正是这种行为的选择和后果的体验才能帮助幼儿发展自控能力。由此需要教师在环境创设中设置一些暗示性的教育要求，有意识地培养幼儿的自主管理能力，让他们凭借自身的思考、判断、协商与环境相互作用，不断获得经验，建构自我服务意识，充分发挥环境作为“第三位教师”的作用，教师可将“规则”用图示、图形、数字等符号标识出来，在活动中设置“人数提示”“时间提示”“操作程序提示”等标志，在“动态”和“多样”的运用中，既保障幼儿活动的基本权利和游戏进程，又引导幼儿协调自己与同伴的关系，学习安排游戏计划，推进他们的自主活动和社会性情感同步发展。

在支持的环境气氛中其规则和限制应该具备如下特征：

①规则和限制必须是以幼儿发展为本的，尊重幼儿的情感、需要，方便幼儿活动和发展。

②规则和限制是幼儿能理解的、协商产生的。制订的规则应是合理的、能解释的，多数人能理解并认同的。幼儿参与规则的制定，而不是教师武断地规定。

③规则应该是公开的而不应该是隐蔽的，应该是既明确又明白，不能让幼儿自己猜想。规则应事前产生，具有预见性。

④理由充足合理的规则必须坚决执行。

（4）多种方式与幼儿交流互动

教师通过语言和非语言的交流向幼儿传递温暖、接受、支持、教育等信息。良好的心理环境是幼儿进行科学探索的前提。要实现这样的交流，必须注意以下的交往技能。

①身体的位置。交谈时，教师与幼儿的水平距离和垂直距离都不宜太远，最好蹲下来靠近幼儿与他们讲话。

②身体的接触。大孩子依然需要身体接触。当成人与幼儿有适当的皮肤接触时可以强化语言的作用。例如，每天来园、离园环节中经常抱抱孩子、摸摸孩子的头、拉拉孩子的手，会让孩子感受到教师的爱；在与幼儿谈话时轻轻摸着孩子的肩或背，更容易吸引其注意。

③表情、语调与语气。我们的各种情绪如高兴或生气都会在表情、语调和语气中反映出来。幼儿很小就对成人的表情、语气语调的变化很敏感。教师的微笑、和蔼的态度、温和的目光、轻言细语、儿童化的语言与幼儿交流，是营造轻松、自由、安全心理环境的主要因素。

④倾听的方式。在支持的环境气氛中，成人很注意倾听孩子的讲话。这样做的好处之一是表现成人对孩子讲话的支持，显示你对他的关注和重视，有助于增强儿童的自信心，更成功地应付各种挑战。之二是成人可以准确地了解和掌握信息，要求教师集中注意力，停下手中的其他事情，面对面与孩子互动。当幼儿遇到不快或沮丧时，教师要耐心倾听幼儿的述说，不加评价，只是理解。当儿童快乐高兴时，教师应能积极投入，与儿童分享高昂、热烈的情绪。当儿童有新奇感、探究欲望时，接受他们的“胡思乱想”，赏识他们的“胡作非为”。就好像教师必须接过儿童抛过来的球，并且以一种使儿童仍能继续玩下去的方式丢回去，而后再发展其他的游戏。① 儿童感到教师不再是裁判和评价者，而是一项资源。

3. 幼儿园物质环境的创设

《幼儿园教育指导纲要（试行）》明确指出：“幼儿园应通过环境的创设和利用，有效地促进幼儿的发展。幼儿园的空间、设施、活动材料和常规要求应有利于引发、支持幼儿的游戏和各种探索活动，有利于引发、支持幼儿与环境之间的相互作用。因此，环境作为重要的教育资源，如何在教育过程中，合理创设和有效利用环境，增强幼儿同环境的互动，从而获得发展，显得尤为重要，一个理想的物质环境除了具备安全、丰富、幽雅、卫生等特征外，还应从如下方面合理安排。

（1）充分利用三维空间

让幼儿融入活动室环境的空间形态是互动得以实现的基础。调整活动室环境空间，使之同幼儿更亲近，是强化互动的基础性工作。幼儿园的环境创设，要能充分利用室内外的地面、墙面和空间，尽可能多地为幼儿提供接受各种知识或信息刺激的机会和条件，以发挥幼儿无意识学习的能力，自觉不自觉地吸收知识，接受熏陶。

---

① 简楚瑛．方案课程之理论与实务［M］．台北：文景出版社，1994．转引自屠美如．向瑞吉欧学什么［M］．北京：教育科学出版社，2002，第 89 页．

①地面的利用。我们可在室内外及操场的地面上画上各种几何图形、数字、字母、迷宫以及体育游戏时用来跳的格子、圆圈等，使幼儿走路时也有得看、有得玩，也能得到某些信息的刺激。

②空间的利用。可结合教学在空中吊挂各种具有教育性和装饰性的物品。在开展区域活动时，对原有的活动室空间进行立体式的重构，用玩具橱、屏风或围栏等隔成多个小空间，同时把过去局限于室内的区角尽可能地摆放到户外，这样，既有了室内固定的活动区，又有室外不固定的活动区，充分地利用了每一处活动空间。这样的空间调整，既给幼儿带来了新鲜感，激发了幼儿活动的强烈兴趣，同时，还为幼儿的个性化活动提供了宽阔的空间，从而大大强化了环境同幼儿活动的互动效果。

③墙面的利用。可根据主题课程的内容专门创设主题教育互动墙，同时将互动墙降低到与幼儿视线基本平行的高度，让幼儿能置身其中，形成有效的交流和互动。此外墙壁还应成为幼儿知识与技能发展的园地。开辟一块地方，让幼儿根据自己的设计，用自己的作品布置墙壁。幼儿园一般比较重视利用室内墙壁，而对室外墙面、阳台墙面、走廊墙面、楼梯两侧墙面以及幼儿园的院墙等利用不够充分。

(2) 合理设置活动区

目前，一些教师在观念上依然存在重集体活动、轻区域活动的倾向。事实上，区域活动作为一种强调儿童自主学习、自主发展的教育活动，更有利于师幼及幼儿与幼儿之间的交流、互动，更有利于幼儿主动建构自己有益的经验。教育者应充分关注幼儿的现有状态，通过区域活动为儿童创设有准备的环境，帮助儿童在体验和探究中自主建构经验，全面提升幼儿的生命品质。

①区域设置要全面、平衡、系统。全面指各区角所包含的内容能涵盖知识技能、情感态度和能力发展的要求。而且知识与技能等各方面也要力求全面，例如，各学习角所反映的知识应包括自然知识、社会知识、数学逻辑知识以及艺术知识。平衡指各个区角所提供的发展、探索内容要平衡、各类知识要平衡，各类技能要平衡，不得偏废

某一方面。系统指各区角的学习内容要注意横向联系、学习角的更换要注意纵向联系。

②要依据各区角的性质、用途确定其相互间的位置。例如，音乐角不应与图书角紧挨着，美工区应距离盥洗室更近。图书区需要安静的环境，教师如果在图书区铺上温馨的地毯，放置一些柔软的靠垫，幼儿就会在温和与宁静中享受翻阅图书的乐趣。此外，各区角间要有畅通的道路以保证幼儿顺利地从一个活动区转向另一个活动区，或转向另一个学习角。

③合理地开发和利用各种资源，因地制宜创设活动区。幼儿园环境创设要努力做到一切从实际出发，充分挖掘和利用身边的各种资源。一方面，要因地制宜，根据幼儿园的实际情况来设计、布置环境。创设者要考虑利用园内已有的坡、树、水等天然地形、资源，设计成小山丘、小树林、小水池、饲养区等，尽可能减少对自然环境的破坏，降低经费投入。另一方面，要充分挖掘和利用身边的材料，如废旧的轮胎、绳索、空桶、果奶瓶、易拉罐、各种包装盒、碎布等，弥补成品材料的不足和资金短缺问题。

农村幼儿园在这一问题上更要利用好自己的优势，不要让资金缺乏成为幼儿园环境创设的障碍或借口，各种植物、小动物是创设环境的最好材料，身边的稻草、竹子、葫芦、辣椒、花生、玉米、石头、贝壳、羽毛等众多可用资源足可以创设出温馨、优美的富有乡土气息的活动区。

④有针对性地设计活动区，为教学服务。在当前实施主题综合课程的背景下，教师创设、设计活动区，应考虑结合主题教育教学内容和幼儿的关注点和兴奋点。日本幼儿园课程理念提出：把环境的创设定位在“和幼儿一起创造充实的生活”。既在环境布置中发掘或导入各种“活”的要素，又注意环境创设的不断更新和延伸，通过对环境适时地更新或延伸，尽力适应幼儿兴趣的不断转移和认知发展的需要，维持幼儿的兴趣和兴奋感。伴随着主题活动的展开，活动室里的环境逐渐丰富起来，到处都是孩子们留下的“足迹”：如小班根据教

学活动“好吃的水果”设计了活动室环境主题——香香甜甜水果屋，墙面上有水果的卡片，室内挂有各种水果图片，自然角中还摆放着装饰过的各种水果娃娃，手工区有可供撕、粘、贴的各种水果和水果树的图片等。这些内容既有教师、幼儿、家长共同搜集的与主题相关的图片资料或实物，又有孩子们表达其认识的作品，展现活动精彩瞬间的照片，随着主题的发展而丰富起来的主题结构网络图等。幼儿置身在这一环境中既熟悉又亲切，时时都有新发现，时时都能主动参与，增强了与环境的积极互动，在开放性、延伸性和生成性的空间中得到充分的发展。

（3）科学投放玩具、材料

区域活动教育价值的实现是以材料为依托的，让幼儿通过与材料的互动去发现、思考和解决所面临的问题，从而实现其成长。[①] 为此，创设活动区的一项重要工作是对材料的投放、分析与评价。

①投放材料的选择评价应着眼于孩子的需要。现行的对区域材料的研究和评价往往是静态的，只停留在材料的材质、创意等方面，并没有基于儿童的发展状况和现实需要来考虑材料合适与否。材料要能引发幼儿不断探究的兴趣，能引起幼儿的好奇心与认识兴趣，材料投放后，幼儿能产生想摸摸、想看看、想试试、想探索一下的愿望。真正着眼于儿童发展的需要，才有助于真正实现材料的教育价值。

②材料的选取、制作和投放要同教育目标紧密结合，体现计划性。教师应随时对儿童的材料操作活动进行审视和评价，分析其是否能够反映一定的教学目标、孩子对材料是否有兴趣、数量是否合适、材料所呈现出的梯度是否适合幼儿的心智水平等。总的要求是：区域材料的投放应有利于引发和支持幼儿主动获取有益的经验。在此基础上，根据幼儿的兴趣和发展需要进行适度的材料增添、补充和调整，应分期分批有计划地不断更新，由易到难，不断吸引幼儿主动参与活动的兴趣，有效保证区域活动的质量。也只有这样，教师才能使活动

---

① 王春燕．幼儿园区域活动新视点［J］．上海教育科研，2008（3）．

材料成为传递自身教育理念和增进师生交往的媒介，真正实现区域活动的教育价值。

③材料具有多功能和可变性。多投放有多种组合可能的材料、半成品及废旧材料，能激发幼儿探究、操作的愿望，自由地用自己的方式操作、改变、组合材料的余地较大，有利于促进幼儿想象力与创造力的发展。大型积木、积塑之所以受幼儿青睐原因即在此。

④建立使用材料的良好常规。活动区玩具与材料的放置应该使幼儿拿放方便。这不仅可以减少幼儿的依赖性，增强独立性，而且容易激发活动欲望。同时，玩具与材料应该合理组织，建立各种标记，引导幼儿分类摆放，用完各归其位。此外，玩具与材料的大小应该符合幼儿的身材与力气，质量要好，要保证幼儿能正常使用。如果幼儿使用时动辄就坏，十分影响幼儿的情绪与活动的进行。

4. 幼儿园环境创设要点

(1) 以幼儿为主体，让环境追随幼儿的发展

幼儿是环境创设的主体，他们既是环境的创设者，又是环境的受益人。《中国儿童发展纲要（2001—2010 年）》提出了儿童发展环境的具体要求："改善儿童生存和发展环境，尊重并鼓励儿童积极参与。"① 环境的创设意义不仅因为它是影响幼儿发展的条件，更是因为在环境创设的过程中，通过幼儿的积极参与而产生的互动效应。

首先，教师要着重考虑幼儿的参与因素，选择幼儿感兴趣的内容，采取幼儿力所能及的方式，使幼儿主动、自发地参加到环境创设中来。如作品展览区可以随时把幼儿的各种作品陈列出来，幼儿可以自由欣赏、交流。这样，环境中融入了幼儿的创造成果，使幼儿感觉到环境是他们自己的环境，环境创设本身成为幼儿活动过程的一部分，环境同幼儿互动的深度大大提高了。

其次，通过引导幼儿讨论环境设计的内容，鼓励幼儿大胆表达自

---

① 中国儿童发展纲要（2001—2010 年）http://www.110.com/fagui/law_2801.html.

己的想法和观点，动员幼儿收集相关材料，组织幼儿亲自动手布置，既能锻炼幼儿的能力，又能培养他们的合作意识与自我意识。在这一过程中，幼儿也能深深体会到劳动的艰辛，从而会更珍惜自己的劳动成果，自觉保护环境。正如教育家陈鹤琴所说：“用儿童的双手和思想布置的环境，会使他们更加深刻的理解环境中的事物，也会使他们更加爱护环境”。①

最后，要不断改变环境以适应幼儿发展的需要。一年四季的环境布置应不同，大、中、小班的环境布置也应不同，各种活动区域的环境布置更应不同。使环境创设直接指向幼儿解决实际问题的能力、知识迁移的能力和自我发展的能力等重要目标。这样才能充分发挥环境的教育作用。

(2) 环境创设与园本文化结合，突出幼儿园的教学特色

目前，一些幼儿园在环境创设中只重视园舍建筑、园区绿化、家具陈设以及室内外装饰等物理环境的创设，而缺乏对幼儿园园风园貌、办园指导思想、工作作风、人际关系以及情感氛围等人文环境的考虑。事实上，幼儿园的环境不仅是幼儿的环境，也是教师的、家长的环境，同时还可以成为社区环境的一部分。社会公众和家长对于一所幼儿园最初的认识，多是从幼儿园的外观开始的，幼儿园整体环境就是直接、生动、鲜明的园所对外形象展示。作为对外的窗口，幼儿园要统筹规划、合理布局、善加利用。

①体现核心价值。整个幼儿园的环境创设，从设计到具体做法、从静态到动态，外墙、通道、活动场地、围墙等，通过文字、图案、照片等多种形式，有意识地将幼儿园的办园理念、培养目标，教师风采、特色课程等园所文化，介绍给社会公众和家长，以提高自身的知名度。

②体现教育特色。幼儿园环境创设，一方面，要考虑当地的风土

① 高晓敏．论幼儿园的环境创设［J］．湖南科技学院学报，2005 (8)：247～248.

民情、文化底蕴、气候条件；另一方面，要考虑本园的经济条件、教师能力，特别是教育教学特色。扬长避短、因地制宜地进行幼儿园的环境设计。例如重视幼儿语言培养，以阅读教育为特色的幼儿园，大厅、走廊墙面上古今中外家喻户晓的童话剧照、儿歌、散文、故事不同体裁作品经典的提示，各楼层、各班级随处可见的舒适、温馨的图书阅览区，各个班级不同形式的语言特色活动，孩子们自己设计、制作的小书……形成适宜阅读、发展语言的浓郁氛围。当教师带领幼儿散步、观察时，当家长接送孩子时，围绕这些情境，随机教育，能激发幼儿学习语言的兴趣。这样的环境既体现了美化功能和育人功能的统一，又突出了幼儿园的特色，使幼儿园的形象在众多幼儿园中凸显出来，从而能在激烈竞争中占有一席之地，这是幼儿园持续发展的根本。

③展现教师风貌。主要以教研组为单位，将教师的工作业绩展现在公众面前。这样做的目的，在于向公众介绍幼儿园的师资；在于向全体家长介绍每位教师的特长和成就，帮助家长更好地了解教师，促进家园联系；还在于教师之间的互相熟悉和互相学习。通常情况下在介绍幼儿园的师资时，不宜用一些抽象的统计数据，也不宜就教师的学历、工作时间等内容进行简单罗列，而应该用具体的文字说明教师的主要特长和业绩，这样才能撇开一些外在因素，正确认识教师的真实能力。并且介绍文字要配以教师的照片，以便于家长辨认。

④展现幼儿发展。幼儿的活动与发展是幼儿园文化最为真实的一面，将幼儿活动的情况，通过文字介绍、照片、幼儿作品等多种形式展现在社会公众、家长和教师面前，最容易打动人心。这种对幼儿活动情况进行记录的环境，可以真实地还原幼儿在幼儿园内的生活。而展览式创设则是将幼儿在活动中完成的作品、或者是作品的照片展示在幼儿园墙面上。作为幼儿活动展示的墙面环境，由于其内容涉及幼儿的生活，一般情况下展示地点只限于幼儿园内部的公共区域内，不适宜向社会公众开放。只在节日、招生等特殊时机，为了一些特殊的目的，将之公布于众才是比较恰当的做法。

总之，幼儿的教育是一种全教育，任何与他身心发展相关的内容，都是教育的一部分。幼儿园环境创设作为一种有意义的情境，其作用就是通过幼儿全感官的接触，对幼儿产生潜移默化的影响。被教师精心创设的环境完全可以扮演“第三位教师”的角色，为幼儿的行为、学习、社会化和情绪体验提供帮助，也是处于探索期的幼儿教师应该胜任的工作。

三、探索有效教学

自从人类社会产生以后，就有了教育的需要。当教师成为专门的职业以后，就有了教学。自教学诞生以来，教育者就在追求有效教学，进行有效教学的探索。

“教学”这个词，在教育科学的字典等书籍上有很多描述性的定义。就广义的教学来讲，比较公认的是“教学是教师的教和儿童的学的统一的实践活动”。狭义的教学一般理解为“学科课堂教学”。幼儿园作为专门的教育机构当然也存在着教学，但由于其教育对象的特殊性，决定了幼儿园教学更多时候以广义教学为主，即以游戏为主，在生活中进行。狭义教学当然也存在，特别是在我国现有国情之下：穷国办大教育，面对较大的班额，如何保证幼儿园集体教学活动符合教学规律、成为有效果、有效益、有效率的教学，即有效教学，成为大家普遍关心的问题。在此以幼儿园集体教学活动为载体，探讨幼儿园教学过程优化策略。

（一）教学过程优化的含义

教学作为一门边缘学科，广泛吸收了多种理论。当代教学论非常重视系统论、控制论、信息论的方法，注重从整体上分析教学过程，讲求教学的最优化设计和效果的优化。

幼儿园集体教学的最优化，应是依据确定的教学目标，将教学看成一个系统，从系统的整体与部分、部分与部分以及系统与环境之间的相互关系、相互作用中考察教学，依据心理学所揭示的制约教学过程及其结果的内外因素实施教学，求得最大的教学效果的过程。

正如原国家教委教基［1998］1号文件《关于推进素质教育、调整中小学教育教学内容、加强教学管理的意见》中指出："优化教学过程最根本的是引导儿童积极主动参与学习过程，学会学习，使他们成为真正的学习主体，学校和教师要为他们提供更多的获取信息，分析、讨论、利用信息，解决问题的机会。"

（二）实施教学过程优化应遵循的主要原则

1. 全面性原则

要面向全体儿童，努力提高全体儿童的整体、综合素质水平，使认知、技能、情感等目标协同达成，整体推进，和谐发展。

教学的根本功能是让儿童学会生活、学会学习、学会做人、学会做事，促进全面发展。因此教学目标的设计应包括知识、技能，过程、方法与情感、态度、价值观三维目标的整合。即相对于人的发展这一目标，任一维度的目标都不能脱离整体而单独存在，缺失任一维度都无法实现真正意义上的发展，但这并不意味着三维对人的发展的贡献是等值的。因而，着眼于人的发展的教学要根据各学科的特殊性和儿童原有基础有所侧重。就教学而言，一方面，教师要注重挖掘教学内容中、主题中本身蕴含的知识、技能，过程、方法，情感、态度与价值观（静态、凝固、共性）。

例如，在"春节"这个主题活动中，更多蕴含的就是中国的传统文化，民族传统美德，尊敬长辈、爱我中华等教育。"神奇的大自然"主题，更多的就是了解大自然，愿意探索大自然的奥秘，热爱大自然的教育因素。科学教育更多的是求真，培养科学的思维方法，做事严谨认真的态度，激发好奇心、求知欲。而艺术教育更多的是感受美、表现美、创造美的教育。

另一方面，教师要善于抓住课堂教学中生成的知识、技能，过程、方法，情感、态度与价值观（动态、流动、个性）等教育契机和价值，同时还应注意：发展就其形式而言，存在"内在发展"与"外在发展"。优化的教学既有促进"外在发展"，更要促进"内在发展"。内在发展是一种着重追求以知识的鉴赏力、判断力与批判力为标志的发展；外在发展是一种以追求知识的记忆、掌握、理解与应用为标志的发展。简单地说，内在发展是智慧发展；外在发展是知识技能发展，两种发展具有关联性，又具有相对独立性。传统教学过分追求外在发展，导致内在发展受损，新课程倡导内在发展。为此，在教学任务和目标的定位上，要强调通过课程知识的学习培养儿童的怀疑意识、批判意识和探究意识，从而使他们从小懂得知识是永远进步的，没有哪一种知识是不需要质疑和发展的，新的观点、新的方法、新的技术永远是值得关注和学习的。

2. 主体性原则

以儿童为主体设计教学方案、制定教学策略、选择教学方法、组织教学过程，培养儿童的主体意识、参与意识和创造意识，使儿童积极主动、生动活泼地学习，真正成为学习的主人。

人的活动过程是一个主体与客体相互作用的过程。教学活动是人类社会一种特殊的精神文化活动，同样是主客体相互作用的过程。主体是活动的发动者、执行者。活动的主体是有认识能力和行动能力的人。包括个体与个体的联合体。马克思曾说“人始终是主体”，“主体是人，客体是自然”。在他看来主体性是人的最本质的属性。教学实践的根本目的是培养儿童主体意识与能力，构建儿童在学习过程中的主体地位。人若始终处于被动接受、“灌输”的状态，就没有了主体性，没有主体性的直接后果是人没有了创造性，就出现了中国的“诺贝尔奖”问题。

例如，从教学活动结构来分析，教学活动是一个独特的三体结构，即教师、儿童和教学内容，它们两两之间各构成一对矛盾，这三对基本矛盾中儿童与教学内容的矛盾是最核心的，即儿童作为认识主体如何掌握作为认识客体的教学内容是教学的核心问题。作为教师就是要帮助儿童认识教学内容从而获得发展。如何帮助呢？即通过教师精心的设计、组织和参与指导的教学完成。教师要从有利于儿童学习和发展的角度对教学内容进行选择、改造和加工，要对儿童的学习过程进行指导，并要以适当的方式组织儿童学习教学内容。所以，儿童认识教学内容的活动，又是教师工作的对象，整个教学活动存在着儿童认识教学内容、教师组织与引导儿童认识教学内容等两个不同层次的主客体关系。两种主客体关系，构成一种镶嵌式的三体结构。这是教学活动区别于其他社会活动的重大特征。

关于教学活动中的主客体关系问题，一直是难于作出统一回答的问题。我国教育界较普遍的用以说明教师与儿童关系的表述是“教为主导、学为主体”。“主导”属于作用范畴的概念，“主体”属于地位范畴的概念，试图用两个不同范畴的概念论证与说明教师和儿童的关系既在逻辑上不易说通，又可能在实践中产生误导。就有了后来的“双主体、双主导”的说法。按照主体教育论的观点，在教学活动中教师处于教学活动的主体地位，因而能够发挥主导作用；而在学习活动中，儿童才处于主体地位并因而主导着自身的学习。教师的主导作用既指向教学活动，更指向儿童的学习。

3. 活动性原则

引导儿童积极参与动脑、动手、动口的学习活动，形成师生、生生合作的教学民主氛围；紧密结合生活实际，因地制宜开展接触自然、接触社会的实践活动，获得直接经验。培养儿童自主参与精神、科学思想方法和学习能力，以提高综合素质。

儿童的参与程度是活动性原则的核心。儿童是课堂教学的主体，学习归根到底是儿童自己的事情，课堂教学如果没有儿童的参与只是教师的个人表演，哪怕教师的个人素质再高，也不能成为优化的教学。提高儿童的参与程度，幼儿园常见的是通过提供材料来实现，事实上教师的提问也是很重要的一种方式，好的提问也可以提高思维的积极参与程度。但有种情况也要提醒大家注意：

例如，新课程实施以来，课堂变活了，这在一定程度上激发了儿童的学习兴趣、学习热情和主动精神，但在“参与”和“活动”的背后，却透露出浮躁、盲从和形式化倾向，儿童内在的思维和情感并没有真正被激活。典型表现在“自主”变成“放任自流”，只赋权却不增能，课堂展现的是儿童肤浅的、表层的，甚至是虚假的主体性，失去的却是教师有针对性引导、点拨和具体帮助等重要职责；表面上儿童在探究，但却没有问题意识，没有假设，儿童只是机械地按部就班地经历探究过程的程序和步骤，缺乏好奇心的驱使和思维的探险以及批判性的质疑，从而导致探究的形式化和机械化，变成没有内涵和精神的“空壳”。再如，现在强调小组合作学习，虽然形式上在合作学习，但幼儿间却没有互动、交流的欲望、合作的技巧和方法，幼儿在教师的引导下，应付式、被动式地进行“讨论”，总的说来是有形式却无实质。有人批评我们的课堂有“温度”无“深度”，虽然让人感受到热闹、喧哗，但极少让人怦然心动，究其原因，就是课堂缺少思维的力度和触及心灵深处的精神愉悦。

4. 实效性原则

从“以学论教”的理念出发，充分挖掘利用各种教学资源，运用各种教学媒体，有效指导科学的学习方法，激发儿童求知欲，让儿童在参与中体验，在活动中发展。

任何教学活动应是儿童自己建构知识的活动。因此，教师要精心设计教学活动，让儿童乐学、好学，并在参与中体验，在活动中发展，真正体现以儿童主体实践活动为基础的有效课堂教学。

课程资源开发是本次课程改革的一个亮点。课程意识的确立和课程资源的开发使教学从内涵到外延都产生了很大的变化。现在很多幼儿园的课题研究都是与园本课程的开发联系在一起的，这是课程改革带来的变化，国家、地方、校（园）三级课程并驾齐驱。但是，由于对课程资源的开发和利用缺乏有效把握的经验，如课程开发的理论原则等，在实施层面上便出现了教学内容的泛化现象，其突出表现就是教学重难点没有了，领域特有的价值没有充分被挖掘出来，幼儿的发展弱化了。

例如，体育活动异化为游戏活动、户外自由活动，幼儿的基本动作未得到规范，身体素质未得到锻炼。科学活动没激发孩子的好奇心、求知欲，没有思维方法的训练，成为机械的操作或单纯的好玩，其结果是既浪费了宝贵时间，又妨碍了儿童对知识的真正理解。

（三）教学过程优化的基本策略

1. 开展教学前评价

前面谈到衡量教学是否优化的标准是儿童参与的积极性和实际的发展。苏联著名心理学家维果茨基（1896—1934）就教学与发展问题，提出了“最近发展区”之说，实践证明，只有针对最近发展区的教学，才能促进儿童的发展，而停留在现在发展区的教学，只能阻碍儿童的发展。发展的过程就是不断把最近发展区转化为现有发展区的过程，即把未知转化为已知、把不会转化为会、把不能转化为能的过程。新课程提倡自主、合作、探究学习，就是要促进两种发展水平的良性循环。

开展教学前评价，目的就是找准儿童的“最近发展区”。具体一节课来说，我们首先要弄清楚：哪些教学内容是属于现有发展区的问题，是儿童可以通过独立学习掌握的，哪些教学内容是属于最近发展区的问题，是需要同伴互助和教师帮助才能掌握的。儿童今天在合作中会做到，到明天就会独立地做出来，这也正是我国传统教学“跳一跳，摘果子”的优秀经验。但从教学实际来看，当前幼儿园集体教学存在的突出问题就是，教学滞后于儿童的发展水平和学习能力（学习潜力），教师常常花很多时间解决儿童能够独立解决或已经知道的问题，这不仅导致教学水平和效率的低下，更为严重的是阻滞了儿童学习能力的发展以及责任感的形成。开展教学前评价是减少这一现象的第一步。

2. 教学模式、方法多样化

教学模式是教学过程的一种简化形式，是在一定的教学思想指导下，建立的较稳定的教学活动结构框架和活动程序，突出教学活动的有序性和可操作性。教学模式的最显著特征是，在教学理论与教学实践之间能起到桥梁作用。这一特征则应该成为检验教学模式的重要标志。

教学模式是教学方法的上位概念。教学模式涉及教学过程的更宽泛的范围，包容性大，理论性强；而教学方法涉及教学活动的范围狭小、单一，实践性特征更浓一些。当代教学模式正朝着多样化方向发展。最有代表性的教学模式包括美国布鲁姆创立的“掌握学习”教学模式、罗杰斯的“非指导性”教学模式和“合作教育”教学模式等。目前幼儿园教学改革中的核心问题是要改革传统的教师主宰课堂的教学模式，构建在教师激励和指导下，儿童自主学习、师生互动的教学模式。

在教学方法方面，随着世界课程改革的推进，一系列新方法不断问世。在教育理论和教育实践中取得了比较好和比较大的影响。在幼儿园运用较多的是：发现式教学法、范例教学法、体验教学、探究学习、活动教学等。需要强调的是：各种教学方法没有优劣之分，也没有一种教学方法可以适合所有的教学情境，各种教学方法的综合应用是提高教学有效性的重要途径。教师可以根据需要选择使用多种多样的教学模式、方法，目的只有一个就是鼓励幼儿在课堂当中的参与热情，提高他们对所教内容的兴趣。

构建适应儿童学习和发展的课堂教学模式、方法可以使教师摆脱个体经验和习惯定势的束缚，更加科学地施教和教学，从而提高教学效率。构建并运用教学模式、方法的过程，是教师学习理论、总结经验、教学研究和科学实验的过程，也是提高教学水平和理论素养的有效载体。

3. 教学组织结构开放有序

（1）教学结构的有序性

儿童的学习规律决定知识的学习积累和能力的形成发展必须有序进行，教师应科学设计并精心组织好教学序列，遵循儿童的学习特点，如由易到难、由简到繁、由已知到未知，复习旧知到引入新知，循序渐进。在教学过程中注重概念的形成过程，精心设计变式，心理学有一句口号“为迁移而教”，让学习者为迁移而学，如科学活动中学习了记录的方法，就应引导幼儿将记录运用到日常生活中去解决问题，收拾玩具时、记录活动区人数时，都可以运用记录表。同时注意有效地指导学科方法，注重归纳知识的结构体系，如，数学的知识体系是很严密的，必须先学“1和许多”，再学一个一个的数字，加减运算必须以组成分解为基础，对此，教师应熟练理解和掌握，这样才能不断完善儿童的认知结构，培养学习能力。

（2）教学组织形式多样性

教学组织形式一般包括集体、小组和个别。组织形式不一样，决定了教师与幼儿、幼儿与幼儿之间对话、交流及互动的机会与频率。要想提高教学的有效性，教师应改变以往教师——儿童之间单向的教学互动，寻求建立一种有效的双向或多向的师生教学互动。教师要恰当地利用各种组织形式、特别是小组和个别形式与幼儿有效地互相作用，并提高分层次指导幼儿的能力。这里有许多的细节要考虑，如，如何恰当分组最有效？开展不同领域、不同内容教学分组是否应不一样？是同质分组，还是异质分组？如何实施分层教学？等等。

（3）教学活动的民主、开放性

现代教学强调：教学过程是师生合作、共同参与、教学相长的过程。教师要尊重儿童的主体地位，了解他们的心理需求，给予他们最需要的关怀和帮助。首先，教师要善于以参与者的身份与儿童进行平等对话，允许他们提出不同的见解和观点，即要求对话中的开放性。一些年轻教师习惯以知识的拥有者自居，不等孩子把话说完，就打断孩子的话，或马上否定孩子的想法，端出已准备的正确的答案，这样不利于孩子知识的主动建构。其次，对话的开放性有利于教师成为孩子探索中的“共同参与者”。对儿童的不同意见，不要轻易做出否定的评价。

4. 教学反馈及时有效性

反馈是优化教学过程，实现教与学和谐统一的必不可少的环节，反馈应贯穿于教学的全过程。包括教学前、教学中和教学后反馈。教学前对儿童的已有情况及时了解，有利于确定重点难点；教学中的及时反馈，以组织儿童互帮互学；教学后的及时反馈，以针对性补偿矫正；阶段检测后的及时反馈，以利于分层指导。所有反馈均要给以激励性评价，使儿童不断走向成功。

反馈的前提和基础是评价。《幼儿园教育指导纲要（试行）》指出：对幼儿评价的过程，是教师运用专业知识审视自己教育实践的过程，发现、分析、研究和解决问题的过程，也是其自我成长的过程。具体说来，教师通过教育评价需要反思和解决的是：教育计划和教育活动的目标是否建立在了解本班幼儿现状的基础上；教育的内容、方式、策略、环境条件是否能调动幼儿学习的积极性；教育过程是否能为幼儿提供有益的学习经验，并符合其发展需要；教育内容、要求能否兼顾群体需要和个体差异，使每个幼儿都有成功感；教师的指导是否有利于幼儿主动、有效地学习。也只有充分运用和发挥反馈的监控、调节功能，教学的有效性才能真正落实。

5. 提高教师教育技能

（1）有效提问与回应

维果茨基认为：幼儿的心理发展离不开言语的中介作用，提问作为一种言语活动，是儿童主动吸收文化的工具。每一节课中，教师都会提出大量的问题来引发儿童的思考，但是其中有些问题是毫无价值的，没有思维的含量，儿童要么不知道如何回答，要么和教师预设的结果相差甚远，要么提不起儿童回答的兴致，结果使儿童的思维没有激发，没有交流碰撞，更谈不上提升和发展。

教师对于自己所提出的每一个问题一定要进行反复的推敲，确定这些问题是不是与本活动的内容有关，是不是儿童能够回答的问题，是不是会引起歧义，对儿童的思维有没有提升等，只有这样才能确保每一个问题都能体现出自身的价值，最终为教学服务。

教师提问后如何回应幼儿非常重要，教师的回应方法直接影响幼儿的学习热情和探索欲望，也是教师专业素养的体现。面对幼儿强烈的求知欲和探索热情，教师要依据不同的活动形式、根据幼儿的不同发展水平随时调整自己的教育目标和教育策略，不急于指导或释疑，不做简单判断对错的法官，而应通过有效的回应引发更多儿童的思考和讨论，激发进一步探究的兴趣，支持和推动幼儿的自主学习、主动建构、整体发展。

（2）处理好预设生成的关系

预设和生成是矛盾统一体，课堂教学既需要预设，也需要生成，预设与生成是课堂教学的两翼，缺一不可。没有预设的课堂是不负责任的课堂，而没有生成的课堂是不精彩的课堂，但是，当前课堂教学却出现了两者的冲突现象：表现之一，预设过度，挤占生成的时空，表面看教学有条不紊、井然有序，实质上这是传统以教为中心、以知识为本位教学观的体现，这种教学由于缺乏儿童的独立思考、积极互动和个性化解读，儿童只能获得表层甚至虚假的知识，这种知识缺乏活性，不能转化、内化为儿童的智慧和品质，所以，从根本上讲，这是低效的教学。表现之二，则是生成过多，一方面，生成过多必然影响预设目标的实现以及教学计划的落空，从而导致教学的随意性和低效化；另一方面，生成过多就会使教学失去中心，失去方向，同时也会导致泛泛而谈，浅尝辄止，从而最终也背离了生成的目的。

美国幼教专家凯茨认为：幼儿园教师的专业应表现为：在教育工作中能运用缜密的知识作为判断和行事的标准，具有这种素质的教师能抓住孩子抛过来的“球”，以适当的方式去接，并以适当的方式把“球”抛给孩子。当孩子生成问题时，教师的有效回应便成为问题能否保持、开展、深入、解决的关键。

资源5-2　案例资料

“神奇”的花坛

——抓住生活中有效教学的契机

我们班的走廊边有一个大花坛，种植了几株常青灌木和小花。这里还是一片“自然角”，常常引来孩子们的驻足观察。唉，谁叫它在教室的门口呢，孩子们与大自然如此贴近，当然是少不了“拈花惹草”了，可怜这门口的树木慢慢地远离走廊倒向外面生长了。一段时间后，孩子们不再经常拨弄它了，可新的问题又出现了。一大早，隔壁班的保育员老师说："瞧你们班的花坛多可怕，全是一个个的洞，昨天都挖到我们班来了！"可不是，花坛里的泥土被挖出大大小小的坑，雨水过后还积起了一个个小水潭，怎么会这样呢？看来我得弄个明白。

这天自由活动，孩子们三三两两坐在了花坛边。不一会儿，几个男孩子的头就扎到一块，趴在花坛上了。我走过去一瞧，呵！工具还蛮齐全，有的用铅笔挖，有的用尺子挑土，有的用计算盒中的小棍扎洞，更有的干脆用手直接扒起来。好呀，真相终于大白！原来出了几个挖洞"专家"。还好，他们立刻知错就改，马上收拾了工具，孩子嘛，天性爱玩泥巴。但没想到之后的几天，花坛中的情况丝毫没有改变，甚至有女孩子也参与了挖掘工作。我不禁自问："难道是教育的契机没有抓住，还是我根本就没发现花坛的'神奇'之处呢？"

这一次，我坐在花坛边一边给女孩子梳头一边倾听孩子们的讲话，感觉像刺探军情。王毓说："我昨天明明看到这里有个小蜗牛，怎么不见了？"有人说："可能给别人捡走了吧。""那我们再挖一个出来吧。"过了一会儿，有人激动地喊道："快来看，这是什么虫？""是蚯蚓，它是好虫子。"另一个说："我们把它挖出来晒晒太阳吧！"两分钟后，蚯蚓暴露出来了。这时该吃晚餐了，刘宇提议说："我们用个树叶把它盖起来，免得它被别人发现了。"这顿饭他们吃得特别快，当他们吃完饭迫不及待地冲到花坛边扒开树叶时，呀！蚯蚓不见了。他们互相焦急地询问着，我心里想蚯蚓可不早钻进土里没影了。刘宇连忙来告诉我："老师，我们先发现了一条蚯蚓，可现在没有了，旁边有一点血迹，是被人杀了！"这可引起了轩然大波，小朋友们一拥而上，都像侦探一样观察着、议论着……

该我上场了，通过询问孩子们的看法，我发现孩子们有太多的疑问需要解决，有太多的看法需要发表，眼看要放学了，我说："这样吧，我们保护好现场，今天回家后大家再好好想想，明天我们来开个破案会共同找找原因。"这天晚上我和孩子们都没闲着，对我而言，这正是一次极具挑战和趣味的活动，完全没有预设的情境，完全不用设法调动孩子们的兴趣，只需要我自然又真实地"破案"。于是我查阅了有关蚯蚓的大量资料，准备明天胸有成竹地来当一回"神探"。

第二天的"破案会"特意安排在草地上召开，事实上还没等我发言，孩子们已带着自己的想法热烈地讨论开了。中途还发生了激烈的争辩，有的还拿出了昨天准备的资料，而我在这期间真的只充当了一个参与者、帮助者，案子终于破了，可当"神探"的不是我，而是这群极具潜力的孩子们。这次活动使他们不仅从中了解了蚯蚓的生活习性，还发现了很多新的现象，对他们的观察力、想象力、甚至知识面、辩论能力等都有极大的促进。

真没想到小小的花坛会为孩子打开这么丰富的世界。记得在我们小时候，玩沙、玩泥巴、玩石头多有趣呀！从大自然中我们学会了许多书本上没有的知识，丰富了终生受益的生活经验。可如今的孩子被搁置于钢筋水泥之中，被那些所谓的益智玩具包围着，被大人的要求束缚着，"脏、不卫生、有危险"这么多的警告，把他们爱玩、好奇的天性禁锢起来，何谈在"玩中学、学中玩"。回到幼儿园中看看，孩子们接触自然，观察自然的机会也不太多，就如这次，如果我漠然地对待花坛中的小洞，简单地制止了孩子们的探究，失去的将会是什么呢？也正是由于新课程的开展，我的教育观和教育行为有了更多的转变。面对孩子们的某些行为我没有简单地制止，而是静下心来换个角度去考虑问题，也就是我们常说的从孩子的需要出发。事实证明，这是非常必要的。我想老师的眼睛应该装着孩子的世界，虽然你不一定能懂，但要善于用爱心和童心去捕捉与发现。

瞧，一次偶然的花坛事件将孩子们和我紧紧地吸引在一起，无需我过多的准备、过多的引导却生成了一次有趣的活动，并以此为主题有了一段关于蚯蚓的网络话题。也许这一次仅仅是“神奇”的花坛，下次又将是“神奇”的什么呢？生活给了我们太多的神奇，只要你能耐心地观察、细心地捕捉、全心地感受，那么你的教育也将会赋予神奇的活力，你的孩子们将会拥有更神奇广阔的天空。

（此案例根据武汉市江岸区珞珈山街幼儿园谢苗苗教师案例改编）

第三节　探索期教师专业发展建议

一、重视合作，与幼儿、同事、家长建立良好的关系

教育，从本质上说是一种合作性的事业，而教师从本质上说是一种合作性的职业。探索期教师在基本适应幼儿园工作后，追求专业发展的一个重要过程就是与同事进行共同合作。在一个教师团队中，每个成员都各有所长，也各有所短。只有通过合作，不同智慧、水平、知识结构、认识风格的教师才能够互相启发、互相补充，实现思维智慧上的交流与碰撞。然而，当前幼儿教师间的许多合作常常流于形式，低效甚至无效。掌握合作的策略，提高合作效益，对探索期幼儿教师专业发展将大有帮助。

第一，克服心理障碍，打破思维定式的影响。教师职业具有相对的独立性，教师只要仔细研读教材，深入了解孩子，便可独立自主地处理自己的教学事务，导致有些教师习惯于“自己的事情自己做”。心里明白“众人拾柴火焰高”，行动上却履行“一个和尚挑水吃，两个和尚抬水吃，三个和尚没水吃”。当有教学困惑时，与“同辈”辩论怕丢面子，与“小辈”辩论怕损权威，与“长辈”辩论怕违师道尊严。羞于与同事合作或害怕听到同事的不同意见、批评，久而久之，这种孤立的发展观便占据了教师的头脑。缺乏与他人合作的内在动机，是影响合作的最大障碍。

第二，充实个人知识，优化个人专业特色。幼儿教师之间在知识、经验、思维方式等方面的差异性是合作研究的前提条件。教师个

人的专业特色和合作质量的提高之间是一种相融共生的关系：个人具有独特的教育教学风格，可以使合作的内容更加丰富，合作更有深度；同样，合作效果好，也就意味着教师从同伴那里获得了更多的发展资源。教师个人知识的不断更新、教育智慧的不断发挥为合作提供了优良的基础。高质量的合作必然要求教师个人特色得到充分张扬，要求合作教师之间具有足够的异质性，而这些都只有通过每一位教师的知识创新才能实现。

第三，提高人际沟通能力。人际沟通能力是合作交流的核心能力。合作要协调，要分享，自然需要人与人之间的沟通交流，沟通的主要目的是准确地将信息传递给团队中其他成员，同时准确的理解其他人传递给你的信息。如何与团队成员进行沟通是团队合作成功与否的一个重要因素。具体到每一次的沟通，笔者建议，首先，要了解沟通目的，沟通的对象，进行充分的准备。如针对个体交流沟通，你要知道和谁交流，根据对方的实际情况决定应该采用什么样的方式策略和沟通的技巧。比如是和性格比较内向而且敏感的同事、家长进行沟通，就应该采用比较婉转的方式表达自己的意见。如果是群体讨论、交流，你在交流之前应该对本次交流合作的目的和内容有一个明确的了解，提取一些关键词、核心观念查阅资料，收集相关理论，提前思考准备。其次，注意自己与人交流、沟通的态度。记住，合作中每个成员的地位应该是平等的，所以，在沟通的时候应该尊重团队里的每一个成员，注意你的语言以及肢体语言，本着尊重、理解、坦诚、热情的态度与他们进行合作交流。

第四，广泛交流与合作，创设良好的教育氛围。教育的对象是人，教育系统是一个人——以人为主的工作系统，广泛交流与合作，增强理解他人与他人沟通、交往、合作的能力，是每位教师发挥专业水平，取得良好教育效果，促进幼儿全面发展的重要前提。包括与幼儿的合作沟通，与同事、集体的合作沟通，与家长和社区机构的合作沟通等。要求教师学会聆听儿童的观点，摒弃那些所谓合乎“标准”的价值判断，努力理解儿童的百种语言；能与其他教师和教师群体友好合作，相互交流、碰撞，共同学习提高；能争取家长和社区机构的理解、支持和参与，共同营造更加和谐的教育环境和氛围。

资源 5-3 阅读资料

如何在师徒结对中快速获得成长

师徒结对活动是为提高教师专业水平而进行互帮互助的合作学习形式。探索期教师往往处于徒弟角色，虚心好学是基础，但要想获得快速成长，还需注意一些技巧和方法：

方法一，变“被动”为“主动”，自觉追求专业发展。教学研究的主体是教师，专业发展的主体仍然是教师。在师徒结对中，由于师傅往往是年长教师，教学经验相对丰富，所以在合作中，年长教师常常成为强者和主角，探索期教师则更多表现出被动和附属性。事实上，“师徒”名为师傅与徒弟，实为合作伙伴，师徒结对就是让师傅和徒弟站在同一起跑线上，共同面对困惑，共同迎接挑战，让师傅在带领徒弟中，促进徒弟成长的同时成就自己，让师徒共同成长起来。如果把师徒俩比喻成一棵大树和一棵小树，大树和小树相互扶持，那么他们就能共同成长。师傅不是处处强于徒弟，徒弟也并非处处不如师傅，“后域文化”充分说明了这一点。作为徒弟，你应主动由“他管”走向“自管”；由“外控式”走向“内控式”；由“要我成长”为“我要成长”；由“我的成长你做主”到“我的成长我做主”。成长的原动力来自师徒双方专业发展的“内需力”。

方法二，有目的“学与看”。探索期教师一般都有较强的钻研劲头，什么都想学，什么都要学，但结果往往会因为求“全”而最后“什么都没有学到和改进”，因此面对“什么都想学”“什么都可以学”“什么都需要进一步改进”的想法和现状，探索期教师要学会给自己定目标，从自己最需要的地方入手，学会有目的地看、有意识地观察、分析与总结。目标明确了，才能看得更仔细，收效也才会更大。

方法三，抓住重点，仔细地听。听课、评课环节是理论联系实际，有效提高专业水平和再学习的过程。但年轻教师由于没有形成是非判断标准，确定不了活动中哪些是精华，哪些是值得商榷的，往往“照单全听”，结果在集体讨论后还是“稀里糊涂”。因此，新教师面临听什么和怎么听的问题。我认为，年轻教师善于学习，“听”老教师的教学设计思路尤为重要。老教师一般擅长将教学重难点问题从更大的任务情境中分离出来，站在幼儿的角度将复杂的问题简化为易于处理的问题。因此，新教师多听老教师的对活动的“前思后想”，学习老教师对问题思考的角度，以及过程中的调整方法，有助于年轻教师更好地理解有关教学理论，把握幼儿的年龄特点。

方法四，善于提问、质疑，善于思考。学习老教师丰富的实践经验是新教师最直接的方法，但在学习过程中不能为学而学，机械学习和模仿。面对每一次具体的教学情境，新教师要敢于谈自己的理解和看法，善于提出自己的困惑和质疑。师徒间更多是研讨，研讨教学过程、研讨教学思路、研讨教学策略。新教师可以在疑问中、思索中了解教学特点，从研讨中不仅明白怎样做，更明白做的道理。并思考在运用中自身与老教师存在的可能差异，思考老教师良好的经验表现出的个性化、情境化的特点。由于幼儿不一样，教师把握程度不一样，这种经验只能是有效的启示，而不能不顾及本班幼儿的年龄特点，一味地全盘跟学，所以，新教师要重点领会老教师良好的教育行为背后的教育理论，只有这样，才能理解具有个性化特征的教育方法，才能在理念指导下创造出“我”的教育方法和策略。

相互尊重、平等研讨让师徒易于在同一兴趣、研究点上产生共鸣，碰撞出智慧的火花，实现师徒间的知识共享和智慧共振，将实践的反思与改进推向更深层次，实现互助式、螺旋式上升。

（此资料根据海军工程大学幼儿园程自秀教师案例改编）

二、与书籍为伴，不断完善自身知识结构

现代社会知识更新的速度极快，专业知识平均4～5年就更新一次。探索期教师离开校园后，专业知识技能不仅面临着更新而且需要进一步完善。

现代认知心理学把专家的知识结构分为两类，一是回答“是什么”的陈述性知识，它是可以通过书本和教师的传授获得的；二是回答“怎么办”的程序性知识，它又可分为应用于经常出现的熟悉情境的技能和应用于陌生情境需要创造性的认知策略两种，它们必须通过教学实践和个人的体验才获得。有研究表明：要成为一名学者型、专家型教师，不但要具有课堂教学所必需的知识和技能，同时还要具有对教育目的、教育行为后果、教育伦理背景以及教育方法、课程原理等更宽广的问题进行探索和处理的能力。

斯腾伯格等人的研究认为，专家教师和教师新手在专业知识方面有明显差异；Lee Shulman（1987）认为，专家教师具有内容知识、一般的教学法知识、课程知识、与内容相关的教学法知识、关于学生及其特点的知识、教育环境的知识、教育政治和社会背景知识等七类知识，他们不仅在知识的量上多于教师新手，而且在质上也有明显的差异。然而，我国中小学教师入职时的水平偏低，特别是在教育专业知识方面。在教师职前培养中，教育类课程美国开设13门，日本开设7门，我国仅开设4门。这样，我国中小学教师一般仅具备所教学科和学科教学法的视野，在知识结构方面出现了明显的偏差，急需教师在工作中边实践边完善。

另外，学习型社会的到来，新的教育思想、新的教学方法和设施不断涌现也对教师的知识结构、情感与技能提出了挑战。教师是否具有不断进修的意识与能力，就成为能否成长为专家型教师的“分水岭”。对于教师而言，首先，应该把学习作为自身生存发展、为社会作贡献和实现自我价值的永恒需要，具有“自我更新”的信念，以书籍为伴，养成读书的习惯，享受读书的乐趣，积极追求新的自我。在

正在到来的学习型社会中，率先垂范，成为终身学习的楷模。其次，主动参加各式各样的学习和培训，不仅要学会学习，而且要终身学习。一方面，弥补教育专业知识的不足；另一方面，不断获取新知识、新信息，不断更新和优化自身的知识结构和能力结构，全面提高自身素质，自主发展，自我完善，跟上时代发展的步伐。

资源 5-4　阅读资料

幼儿教师自我培训建议

一、向书本学习

1. 推荐书籍、资料自学。

2. 围绕研究课题查阅书籍自学。

3. 根据教学需要自查书籍自学。

4. 教研小组研讨交流前自学。

5. 小组推荐教师担任主讲向全体教师介绍读书学习心得。

二、向幼儿学习

1. 观察、记录幼儿言行，了解幼儿的认知过程，与幼儿的思考方式保持一致。

2. 了解每个幼儿的认知方式，尊重幼儿认知方式的多样性及其特点，采纳、吸取幼儿的经验、建议，从中得到启示。

三、向同事学习

1. 全体教师集体交流学习、研讨。

2. 园内自选听课、观摩，学习他人经验。

3. 班组内教师研讨、反思（班组孩子发展情况、活动如何进行、如何分工合作等）。

4. 与教学管理人员小组或个别研讨交流（包括半日活动评析、专题组研讨等）。

5. 年级组教师研讨、反思（讨论主题思考网络、活动设计，主题进行过程中的情况等）。

四、向家长学习

1. 家教经验相互交流学习。

2. 吸收家长的专业知识。

3. 对家长进行问卷调查，根据反馈信息进行反思。

4. 向家长开放活动，举办研讨会和专题讲座。

五、向其他园学习

1. 阅读其他园所的文章和经验介绍。

2. 外出参观、研讨。

3. 接待同行参观、研讨、培训。

六、利用其他途径学习

1. 请专家指导。

2. 网上查阅资料。

3. 参加各种形式的研讨班或学习交流班。

七、在实践中探索学习

1. 教育活动拍摄下来进行案例分析。

2. 联系实际工作反思，寻求对策。

3. 一些新的想法先在小范围试点后再推广。

八、向自己学习

1. 提出自我学习、自我专业发展的计划。

2. 自我反思教育实践工作中的经验与教训。

3. 撰写教育笔记、经验总结或论文。

（此资料由武钢金色阳光幼儿园课题组提供）

三、在教育中发展，学会问题研究与实践探索

研究中发现：新教师一般更多关注的是教学中的细节，如上课时哪些幼儿没有遵守纪律，我的教具色彩是否不够亮丽，我哪句话说得不够准确等，但对于自己习惯性的行为、教学的主要环节不够注意，导致教师很难发现自己的问题，有时将教学中的失败归因于幼儿，这

无论对于教师的成长和幼儿的发展都是不利的。因此，对于探索期的教师，应注重在教育实践中，学会问题研究与实践探索，建立系统论的观点，更多关注教学中的主要环节，从教学目标的制订，教学资源的利用，教学活动的设计，师幼之间的角色转换以及幼儿的参与等方面入手，记录自己的教学行为，澄清和梳理这些行为本身的效果，发现存在的问题和不足。如从教学目标制订维度可思考：我为什么要制订这个教学目标？我的依据是什么？在该方面幼儿有什么需求？我是否将幼儿的成长需要变成教学目标？我是否将《幼儿园教育指导纲要（试行）》的要求转变为幼儿成长的需求？等等。在教学活动结束后，教师可像放电影一样将电视的情境在头脑中一遍遍的重现，或者将这些教学情境以小故事的形式记录下来，继而思考：自己的处理是否恰当，为什么？还可以有其他更好的方式解决吗？不断积累适用于教学情境中的经验性知识。

总之，探索期教师通过教育实践，多形式、全方位提高自身的教育教学能力可以从以下几方面着手：①提高教学效能感和教学监控能力。教师以教学效能感和教学监控能力为突破口，有利于尽快向成熟型教师转化。②课堂教学观摩是提高教师教育教学能力的有效途径。学习优秀教师的教学常规和教学策略，可以有效地促进教师教学能力的提升。③通过微格教学提高教师教学的基本功和熟悉教学程序。微格教学将复杂的教学过程分解成若干容易掌握的单一技能和训练目标，在较短时间内反复训练，可以熟练掌握教学基本技能。

资源5-5 案例资料

关于改进教师教育行为的思考

杜威曾经说过：儿童有调查和探究的本能。探索是儿童的本能冲动，好奇、好问、好探究是儿童与生俱来的特点。幼儿园"一日活动皆教育"，在与幼儿相处的分分秒秒中都蕴藏着无数教育契机，幼儿教师如何把握这些教育时机，使自己的每一个教育行为都经得起推敲，给幼儿一个开放自主的学习、探索空间，实在是一件不容易的事。但如果我们在每次活动中都能尊重幼儿的兴趣和发展需要，将自己定位为幼儿活动的“支持者、合作者、引导者”，往往就会得到事半功倍的教育效果。

一天早上，我班的冯维浩小朋友兴致勃勃地对小伙伴讲述昨天到公园玩“走迷宫”游戏时，在迷宫里看到好多个自己的情景，孩子们一下子兴奋起来。我顺便问了一句：“你们知道这是为什么吗?”孩子们你望望我，我望望你，都不知道。于是我想：这是一个多好的科学活动素材呀。

我首先想到孩子们都有照一面镜子的经验，于是提出让他们用两面镜子来照照自己，孩子们顿时兴奋起来。他们发现了很多种方法。有的用两面镜子一前一后的照；有的用两面镜子一上一下的照，还有的用两面镜子一左一右的照……面对这“热闹”的场面，我轻轻地蹲下来，用心倾听着孩子们的发现。“董老师，快过来!”“董老师，来看我的!”……我一下子成了孩子们最信任的“倾听者”。可这时我也发现问题所在了：孩子们对镜子的兴趣只是简单的停留在镜子能照东西，而对两面镜子成像的“秘密”似乎探索得不够。于是我来到浩浩他们这组，看看浩浩的镜子，夸奖他说：“真不错！你照见了四个自己!”我转到苗苗身边，惊奇地说：“你真棒，从你的镜子里我看见了八个自己呢!”……正当他们得意洋洋的时候，我故作神秘地说：“哎，董老师弄不明白了，为什么你们手中的镜子一样多，可照见的自己却不一样多呢?”孩子们被我这么一问，思考了一会儿，马上把注意力转到镜子的摆放上。这样一来，不仅使孩子们的兴趣点自然地过渡到“镜子成像”上，我也成了一个成功的“引导者”。可是过了一会儿，问题又出现了：有一小部分能力强的孩子已觉得厌倦了，他们开始满教室乱窜，无所事事。怎么办？我环顾四周，突然有了一个想法：我请这些孩子将小镜子拿到活动区里自由探索。他们一下子又来了兴致，葛禹辰小朋友还提出让我给她准备手电筒，吴文龙小朋友向我要小蜡烛……我都一一满足了他们。看着孩子们从活动中得到了发展，我感到十分欣慰。这一次，我做了孩子默默的支持者和合作者。

我曾经读过拉封丹的一则寓言：北风与南风比赛，看谁能把路人的大衣吹掉，于是北风呼呼地使劲吹，不断加码。可是，行人为了抵御寒气，把大衣裹得更紧了。而南风则不然，徐徐吹动，微风暖洋洋的，行人顿感一阵暖流，继而自行解开衣扣，脱掉大衣。由此，令我想到了对幼儿的教育也是如此。如何既顺应孩子的兴趣，又让孩子能在自己已有的知识经验基础上有所发展、有所提高，而且是在自然而然、轻松愉快的氛围中主动学习，这确实需要教师发挥教育智慧，改变教育行为，成为幼儿学习活动的“支持者、合作者、引导者”。

带着这份感悟，工作中我时刻提醒自己不要以一个“发号施令的领导者”自居，要用心观察分析孩子们的现有水平，将“促进幼儿在原有水平上得到发展”作为自己一切教育行为的目标。当我内化了教育观念，调整了教育行为，更新了教育方法，我觉得自己的教育心境更加宁静清澈了！当幼儿在活动中出现状况、不听指挥时，我不会大声斥责他们；当孩子们对活动的兴趣与我预设的活动相矛盾时，我也不会懊恼；当孩子们在表述自己的想法时，讲着讲着就不知不觉讲到他们认为有趣的事情上时，我也绝不会打断他们！我感谢孩子们，是他们的纯真与率性，给了我及时反思的机会：卓越的幼儿教育是要选择和创造适合儿童的教育，而不是选择和创造适合教育的儿童。现代幼儿教育应从孩子的兴趣、实际需要出发，充分发挥显性课程与隐性课程的优势，创设和提供良好的学习环境和条件，重视幼儿的自发活动，以“支持者、合作者、引导者”的身份参与到各类活动中，尽最大可能调动幼儿的主动性和积极性，鼓励幼儿大胆地去探索、去实践，更好地促进幼儿的全面发展。

（此案例根据武汉市汉阳区江汉二桥幼儿园董丽教师案例改编）

第六章　成熟期教师专业发展

第一节　成熟期教师专业特点与发展规划

一、专业特点

对于拥有 10 年以上教龄的幼儿园教师来说，一般经历了三轮幼儿园教育教学实践的循环，被认为是幼儿园的熟手教师，他们拥有较丰富的教育经验和技巧，多数承担着班长、教研组组长的任务，逐渐获得了幼儿园高级教师职称，对工作充满自信，有较好的胜任感。

从成熟期教师发展的实际情况来看，由于教学工作任务繁重，社会各界期望很高，同事间压力很大，再加上前进的道路也很迷茫，因此他们往往处于痛苦的蜕变期和高原期。退一步海阔天空，无忧无虑，进一步山高路远，前途渺茫。所以这时有些教师在碰壁之后，又退回原处，成为合格型的教师；但也有些“明知山有虎，偏向虎山行”，他们继续在自己的专业发展道路上向上攀登。在这一攀登的群体中，绝大多数的教师走的还是实践之路，少数行的是理论之途，但是他们发现，无论他们怎么努力，他们也只能是在原有的基础上迈进几步，却怎么也达不到预期的目标，一种可怕的高原现象降临到他们的身上，怎么办？这时的关键是找到理论与实践的结合点。

知识型教师要重视对所掌握的知识灵活运用，在教育教学的实践过程中消化所学的知识，并内化成自己的知识，变成自己的教育思想或信念，同时更要注意转化成自己的教学技能技巧，在课堂教学技能和技巧上做文章，用所学的理论指导实践，丰富实践来发展理论，在感性发展和技能、技巧上下工夫。

经验（实践）型教师要在系统的理论学习上下工夫，力图把自己在教学实践过程中形成的教育实践智慧（缄默的知识）转化成明确的知识。要加强教育理论的系统学习，用理论指导自己的实践而不是盲目实践，使自己的教育教学行为科学化、规范化、理性化，在理性发展上下工夫。

无论通过何种途径，成熟期教师都要以自己的悟性为基础，以自己的教学个性类型为条件，通过系统的反思、研究认清自我，正确定位，抓住薄弱点，整合利用资源，把握关键期，突破高原期，实现理论与实践的第二次融合，才能进入学者期，成为研究型教师。

二、发展规划

梦想实现需要真正科学的发展规划。对于工作 10 年以上，进入成熟期的教师来说，专业发展规划的重点是如何克服职业倦怠心理，以饱满的自我更新意识，努力成为本专业群体的“专业带头人”。专业发展规划的主要内容有：在追求自己专业理想和专业发展中，发现和培育自己的专业优势；注重理论联系实际，理论指导实践，发现实践中值得研究的热点和难点问题并尝试解决；不断总结反思自己的教学经验，尝试建构自己的教学经验体系，形成自己的教育教学理念、教学方法和教学特色。

成熟期教师尤其需要对自我专业发展进行合理规划。发展规划的关键是建立在对自己和环境的正确认知上的一系列现实可行的行动方案及适时调整。具体要求如下。

（一）制订的行动措施具体可实施

专业发展目标为教师指明前行的方向，根据发展目标，分析达到目标的条件，研究实现目标所需的资源，确定达到目标所需的特定的专业发展内容，进而确定完成专业发展任务所要开展的活动更值得成熟期教师认真思考。

第一，明确实施活动的方法、措施及具体时间、地点和活动的负责人、参与者。

第二，确定活动的内容以及完成具体活动所采取的步骤或阶段。处于不同专业发展阶段教师专业活动的结构、内容和措施各不相同，如对于新手教师，可以采用老带新、课堂观摩等方法，而经验型教师多采取系统理论学习、微格教学、反思性教学、教育科研等，在培养方式上更多地采用讨论、经验交流、案例教学等方式。

第三，确定活动所需要的条件和资源，以及获得这些条件、资源的方式和途径等。当今社会，无论对于个人还是组织的发展来说，资源意识很重要，仅凭个人单打独斗很难获得优质高效的发展。教师要学会利用资源，包括幼儿、家长、同伴、专家、园所、社会政策等各种资源。特别是当个人遇到专业发展挫折、处于专业发展低谷时，更应借助各方资源的力量尽快摆脱制约，获得专业发展的成功。在制订具体活动的措施、内容时，也要听取多方意见，形成合理、可行的行动方案。

（二）自我管理，适时评估、反馈、调整

专业规划管理包括目标的制订、目标分解、行动执行与反馈和效果评估几个阶段。目标是方向，制订教师专业发展目标也为未来的检测、反思总结提供参照标准。目标能否实现关键在行动，再好的规划方案没有脚踏实地付诸行动都只能是一纸空文。然而，目标的实现往往不是一帆风顺的，特别对于成熟期有志于“学者期”发展的幼儿教师来说，肯定会遇到诸多的困难和不如意。此时，不妨停下来，歇一歇，对自己的发展情况进行认真的效果评估，根据自身及社会发展的需要和教育规律的要求，再对自己过去专业发展的过程、对自己现在专业发展状态、水平所处阶段进行科学合理的分析，考察教师专业发展的目标是否已经实现，如果没有达到目标则要采取补救措施。评价反馈要对照教师发展规划中所确定的目标，对教师的教育理念、专业知识、专业情意、专业能力等逐项分析和检查。对于实践证明不够切合实际的目标和行动方案，要具有灵活性和变通性，根据外界环境的变化，及时修正发展规划设计，坚定信念，通过持续的自我教育，在教育教学实践中不断完善自身与教育教学活动相联系的品质和能力。

资源 6-1　案例资料

一位教龄 10 年小教一级 A 教师的自我发展规划

自我分析：

1. 待人处事：团结同事、以诚待人，做事认真负责。

2. 班级管理：能从细微处入手，真心地去爱孩子、耐心地去呵护每个孩子、关注每一个孩子的成长，引导孩子在生活中学习、成长。

3. 教学能力：能不断钻研业务，在教学上开展新的研究，先后参与了多项课题，开展自主研究。教学基本功扎实，课堂教学、教育科研都取得了一定的成绩。有自己的教学风格。渴望尝试多方面的教学，使自己能在各方面都有新的提高。

4. 业务学习：努力提升、不断学习，已获音乐本科学历，在各位教师的指导、帮助下，不断努力，逐步创新，在思想上和工作中取得了一定的成绩。

5. 职业心态平和，能正确的处理与同事、学生和家长的关系。

6. 能够熟练地掌握现代信息技术，并灵活有效为教学所需服务。

7. 存在缺点：言谈和交流技能欠缺，知识面狭隘，看书学习不够。爱冲动，在教学研究中虎头蛇尾的事时有发生，虽敏于思，但惰于笔，不善于总结与整理。

预设目标：

1. 成为一个自信的教师：首先在自己的专业上不断提高，形成专业自信和积极的工作状态。

2. 成为一个有感悟的教师：能全方位地去感受幼儿，在日常生活中积极挖掘新的教育灵感。

3. 成为一个会学习和研究的教师：提升多种能力，如今幼教科研兴起，作为一名中年教师，不能落后于青年教师，应以创新精神为出发点，努力完善自身的综合文化素养，尽快形成自己的教学特色，进一步提高教学研究水平，以适应时代的需求、幼儿的需求，成为一名专业的优秀的好老师。

具体措施：

1. 在音乐教学中不断开拓自己的视野，大胆尝试多种新的教学方法，使自己在专业方面有进一步提升。

2. 对日常教学进行不断反思和提高，积极撰写自己的教学随笔，丰富自己的教学博客。

3. 扎实开展教育研究与实践，负责好×市级课题《幼儿趣味化剪纸的实践与研究》的具体操作，尝试在班级中开展剪纸画活动，从而形成自己的班级特色。

4. 对自己的教学提出新要求和新目标，积极主动参加各类公开课活动，锻炼自己的说课能力，尝试多领域的教学，使自己在专业化的道路上走得更远。

资源 6-2　案例资料

一位教龄 10 年小教一级 B 教师的自我发展规划

一、现状分析

（一）自我认识

优势：对教材的把握能力较强，教学目标意识明确，重难点突出，关注学生情感态度的变化，较好运用有效资源与策略为学生主动性提供空间。积极参与教研活动，有效地发挥主动性和带头性，力图形成自身的教学特色，逐步成为教研的领头军。

弱势：在日常教学中，尚不能灵活的根据学生认识和发展的需要对教材进行重组和加工，积累总结教学经验和理论不足，创新意识有待提升。

（二）问题剖析

1. 自我反思经常化不够

养成反思的习惯是帮助教师从经验化、随意化走向专业化的关键。我对隐含于自己日常专业行为背后的教育信念和有关自己学会教学过程的观念欠缺自我剖析。

2. 出现职业倦怠的趋势

对专业化发展的迫切程度不高，对自我价值的认同迷茫，显示出对教研的重复而疲于进一步思考提高。

3. 理论学习不到位

概括我的学习状态，虽然学了不少读物，但是缺少深切的感悟，所以没有直接地在教学中反映出来，疲于积累，久之，容易产生遗忘和混淆的现象。

二、指导思想

以幼儿发展为目标，深入学习《幼儿园教育指导纲要（试行)》(以下简称《纲要》）精神，强化内涵质量意识，发展意识及以人为本的意识，尝试用新的理念审视自己的教学行为，发现问题，积极研讨，真正将幼儿发展落实到实际工作中去。

三、预期目标

（一）总目标

克服职业倦怠，以研究者的眼光审视、分析和解决自己在教学实践中遇到的问题，把日常教学工作与教学研究融为一体，时时处处反思自己的教学过程、教学行为、教学结果。重新学习教育理论，用理论反思教学，从经验实践走向科学实践，从而总结自己的教学风格和特色，实现自我价值。

（二）分阶段目标

2007～2008 年：更为深入的学习《纲要》理念，主动积极地投入到健康领域研究活动中，从而使自己对目标的把握能力较强，活动中增强提问的有效性，促进师幼良好互动。开始尝试进行个案研究，形成较有价值的反思论文。

2008～2009 年：对活动生成的各种教学资源能善于捕捉、判断、重组，研究意识强。参与教研管理工作，能有效地发挥主动性和带头性。具有较强的个案研究能力，指导和辐射的能力加强，能带动组内成员开展有效教研。

2009～2010 年：教学活动体现“开放”和“弹性”，学生的生命力在活动上充分的展现。能发挥教学有效性，努力挖掘自己的教育教学思想，在理论的指导下实践突破，再回到理论中梳理提升，真正使之成为一个体系，形成自己独特的教学风格。同时，研究的能力增强，成为区、园的品牌教师。

四、具体做法和措施

（一）具体做法

	2007～2008 年	2008～2009 年	2009～2010 年
具体做法	1. 整理个人资料，根据个人情况制订研修计划。 2. 完成学前教育本科的最后学习。 3. 积极参加各项教科研的研究活动。 4. 针对健康领域开展“如何合理设置障碍物”的研究。	1. 根据总结中的情况，适当调整研修计划。 2. 继续更高层次的学习，不断加强专业理论修养。 3. 担任园内教研组长。参加园本课题研究小组。 4. 针对角色游戏的开展、实施、评价等开展研究。	1. 反思调整研修计划，保持读书习惯，不断加强专业理论修养。 2. 提升教研管理水平，在园本课题研究小组中发挥主动性和带头性。 3. 结合园内活动开展看图讲述、智力游戏专业研究。

续表

	2007～2008 年	2008～2009 年	2009～2010 年
具体做法	5. 学习关于健康领域的专业书籍、理论知识。组建自己的资料库。 6. 参加青年协作组的同课异构活动，执教健康教学优质活动。 7. 针对健康领域开展“如何利用器械对幼儿实施分层指导”的研究。 8. 丰富完善教师专业化成长档案。 9. 参评区优秀青年教师。	5. 学习关于学前儿童游戏方面的书籍、理论知识。 6. 参加角色游戏中“如何体现教师介入的有效性”的研究。 7. 参加语言活动中“指导幼儿完整有序的进行看图讲述”的研究。 8. 通过叙事案例积极反思日常教学个案、优质教学活动。 9. 申报幼儿园高级教师。	4. 尝试撰写并发表更多的专业论文、案例等。 5. 积极参加各级举办的各种研讨活动，开阔视野。 6. 发挥自身教学特色，逐步形成独特教学风格。 7. 形成优质教学活动、精品活动反思及研究论文。 8. 体现个人教学特色，申报区学科带头人。

（二）具体措施

1. 读书学习，自我提升

认真研读《纲要》及《幼儿园工作规程》，结合教学实际不断反思对照，在提升教育教学理论的同时，提升自己反思重建的能力，此外，积极投入学科专业知识的进修和学习，使自己的教学水平和知识水平能同步发展。所读书的主题主要围绕：

幼儿教育的理论书籍、课程研究的书籍、与课题研究相关的理论、个案文章、自我激励类书刊。

2. 加强研究、不断思考

（1）研究幼儿：包括幼儿各阶段的年龄特征表象，幼儿的家庭社会环境，幼儿学习方式的异同，从而转变自身的教学方式和幼儿的学习方式，把学习的主动权还给幼儿，鼓励他们真正成为学习的主人。

(2) 研究课程：进一步理解幼儿课程游戏化的理念，提高备课的有效性，落实常态环节。注重备课备“生”备“学”，关注幼儿需求，支持幼儿学习，带动各环节中的反思。

(3) 研究教法：创设并运用符合幼儿年龄特征的、幼儿需要的、积极参与的教学方式，促发教学和谐互动，实现教师与幼儿的交互式成长。

(4) 研究反思：思考“问题出在哪里”并不是很难，但是“问题存在的原因是什么”就比较困难，更难的是怎样重建，而重建的是否合理、是否有效，体现了教师的教育能力。因此首先，通过备课缓解深入研究教材和教法，思考在前，教学在后，具有前瞻性；其次，在教学过程中，如何应对幼儿的生成，给予有效的回应，体现教育机智，通过过程性反思，及时调整自己的教学行为；最后，在一日活动后，感到有哪些比较成功、满意的地方或有什么困惑，进行回顾性反思，帮助教师将教学行为理性化。

3. 利用资源、取长补短

我们的周围都是教育资源，如何将资源进行发掘、整合并利用，是对自身的一种挑战与创新。我将会做到与同伴资源互助，搭建教研平台，在“学习、研讨、对话、合作”中成长；与家长资源同步，既能成为家庭教育的专业指导，又能家园共育促进幼儿发展；与社区资源共享，将社区有利资源转化为幼儿园教育活动的资源，形成教育合力，为教育注入新鲜活力。

4. 师徒结对、共同研究

作为幼儿园的骨干教师，在班级工作中会与青年教师进行结对研讨，在与青年教师的合作中，我将会对一日生活各环节、班级管理、教学活动等进行指导，由此能进一步梳理工作中的细节，提升研讨的实效性，突破自我。

（资料由湖北省直机关第三幼儿园课题组提供）

从这两份自我发展规划可以看出，教师认识到了发展规划在促进自身发展中的重要作用，也清楚如何制订发展规划，首先分析现状(包括优点和不足)，其次提出目标（或理想）及措施。但两份规划也有很大的差异。

在个人现状分析上：首先，表面上看，A教师对自身的认识很“全面”，从爱心处事、班级工作、职业心态、教学经验、到教育科研、理论学习等进行了全面的说明；B教师则有些“片面”，围绕教学活动，分析自己对目标的把握能力，教学中师生互动、对信息的捕捉、判断、重组，师生关系，幼儿学习方式等方面的优势、不足。但B教师的“片面”恰恰说明了她认识到了教学质量内涵对教师个人生命质量的重要意义，因而是从“实质”方面对自身现状进行分析。其次，与B教师相比，A教师只是从现象上罗列出了自己的优点和不足，提出的问题不是实质性问题，并且表述空泛，不够深刻，还缺少对不足产生原因的深入分析。

从二者的发展目标来看：A教师的表述只是成为专业的优秀的好老师的标准，是从宽泛的定义上界定自己的发展目标。B教师则是从教学实践水平这一内在标准界定自己发展，并将目标分为总目标和分阶段目标，目标逐步提高，并且目标体现了教师的专业化特点及发展轨道。

从具体措施来看：A教师的措施只在形式上对自己做了要求，没有限定内容，也没有明确时间限定，这样容易流于形式；其措施偏重于个人自学；B教师的措施则很具体，既对内容又对时间和质量做出了规定；并且提出要指导帮助同事，共同发展。值得特别注意的是：教师发展并不等于要求教师“孤立的发展”，教师可以自学，但更重要的是在交往中学习。现代物理学家海森堡认为：“科学根源于交谈。在不同人的合作之下，可能孕育出极为重要的科学成果。”说明交往、合作学习具有令人吃惊的潜能，集体可以比个人更有洞察力、更为聪明。因此，教师要有目的、有意识、带着研究性的目光去和同事交往，同事有三种：第一种是发展水平比自己高；第二种是和自己相当；第三种是不如自己。与在比自己发展水平高的同事交往时，教师要开放心态，虚心向同事学习、请教，同时要注意提高悟性，不仅要知其然，还要知其所以然，多问几个为什么，而不能照搬。在与相同发展水平的同事交往时，要互帮互助，在接近和观摩“他人经验”时反思自身，观察同伴的优点和自己的不足，要研究其产生的原因。同时，教师还要主动对发展水平低的同事进行引领，在帮助同事成长的过程中要防止同事简单的模仿自己，从中提升自己，丰富自己的发展。

综上所述，教师对于规划自我发展这一策略的转化和运用是各不相同的，这与教师对这一策略的认识和自我发展意识及水平有关。B教师自我发展意识强，知道从哪里入手进行分析；能认识到自我发展规划并制订一个书面方案，这是教师寻找发展空间的过程，因此更认真，心态也更开放，分析更深入、细致，并对自己不足的原因进行了分析；能认识到这一过程是连接教师的发展目标与现实的桥梁，并且规划制订得越切合实际，越可能增强教师的发展意识，也越可能转化为教师的实际行动。制订自我发展规划不是完成上级任务，而是主动研究自我、寻求发展空间与可能并力图将其转化为现实发展的过程。

第二节 成熟期教师专业发展重点

一、把握幼儿学习特点，实现以游戏为基本活动

（一）幼儿学习特点

幼儿园课程是为幼儿发展服务的，课程的最终成效是通过幼儿的发展来衡量的。因此，教师能否准确地把握幼儿的发展特点、学习特点和方式成为决定幼儿园课程质量的关键因素。以往幼儿园的教学以知识的直接传授为主要特征，教师工作的重心就是按照预定的教育目标备课、上课。学习建立在儿童的客体性、受动性和依赖性基础之上，忽略了儿童的主动性、能动性和独立性。在教育改革不断深入的

今天，强调为儿童提供基于其经验发展的适宜性教育，要求教师在教的过程中必须充分考虑孩子的学，“教”必须是针对儿童学习特点和方式的“教”，应在充分尊重儿童学习特点和学习方式的基础上，建立和形成充分调动与发挥儿童主体性的多元化的教学方式。学前阶段儿童的学习特点和方式主要表现在以下几个方面。

1. 幼儿学习的广泛性

幼儿的学习多为广义的学习，即凭借经验产生的比较稳定的和持久的行为变化。它既包括可以观察到的外部行为变化，也包括知识技能的获得，还包括个性品质的形成。幼儿学习的广泛性，决定了幼儿学习途径与方式上的多样性。他们不仅在课堂上学习，也在一日生活的各个环节、各种活动中学习。学习常常是由他们生活环境中的某个事物或现象激起他们探究学习的愿望，但受年龄的限制，决定了他们的探究学习不可能是正规的学术性学习，而只能结合日常生活，让幼儿学习一些浅显易懂的生活常识。

2. 幼儿学习的无意性

幼儿的学习以无意学习为主，他们在随意的玩耍中不断探索，不断积累经验，即往往由于环境中某一刺激物所具有的鲜明而富有吸引力的特征引起无意注意和无意识记忆，或激发起无意想像和思维等，他们不会有目的的做一件事或参加一种游戏，而是在环境中寻找他们感兴趣的玩具或内容，随后在不断的摆弄探索中感悟新的经验，是一种对他们所处环境完全吸收式的自我学习过程。这种无意学习方式在终身学习理念下具有不凡的价值。这种特点也决定了对幼儿的教育应极大限度地利用环境中的各种教育因素自发地促进其身心发展。

3. 幼儿学习的情意性

在幼儿的学习活动中，情绪具有非常重要的作用，情绪对儿童的认知活动及其发展起着激发、促进作用或抑制、延缓作用。幼儿的学习主要不是服从目标，而是来源于兴趣和自身发展的需要，兴趣是主体产生能量大小的调节者，它可使人集中注意，产生愉悦、积极的情绪反应。幼儿在兴趣的驱使下，学习才是最有效的。在幼儿园教育活动中，儿童如果对活动感兴趣，就会愉快地随着老师的安排与引导去积极地探索学习；反之，只会迫于无奈，消极被动地跟着老师机械地学习，有的孩子在这种情形下就会游离于教师精心策划的活动外，有的孩子甚至干脆放弃学习，出现人们常说的“分心”“开小差”的现象。幼儿学习的情意性还表现于他们在活动中只满足于过程，而不注重结果。

4. 幼儿学习的差异性

随着心理学和学习心理研究的深入，人们逐渐认识到：每个人的大脑对外界信息接受的方式和特点是不一样的。一般说来，人们接受外界信息的途径主要有视觉、听觉和触觉。在其成长过程中，一般会形成以一种方式为主，其余两类作为辅助。幼儿虽年幼，但已显现出各自的特点和认知风格，使得幼儿在学习动机与兴趣、学习方式方法、学习能力及学习效果等方面表现迥异。教师要尊重儿童的多种学习方式，理解儿童的百种语言，并为他们创造相应的学习条件。

游戏课程以对幼儿的兴趣、需要的尊重为前提，其内容的广泛性和生活化，游戏材料、玩法的多样性和丰富性，无不为教师观察发现和满足幼儿多样化的学习方式和特点提供了广阔的空间。

（二）实现以游戏为基本活动的途径

幼儿园课程是根据幼儿园教育目标为幼儿设计和组织的、有益于其身心健康和谐发展的全部学习经验。同时，幼儿园课程是幼儿园教育活动的总和。幼儿园教育活动是由游戏活动、生活活动、课堂教学活动等构成的教育活动体系，因此，建构和实施游戏课程，我们可以从游戏活动、生活活动、教学活动三条主线入手。

1. 创设环境，保证幼儿愉快有益的自由游戏活动

游戏活动为幼儿各方面的学习与发展提供了巨大的可能性，但这种可能性能否实现，不仅取决于教师对待幼儿游戏的态度，而且还取决于教师为他们创设的游戏环境的丰富性和有益性。游戏环境的创设和游戏材料投放的关键是考虑是否适合幼儿的年龄特点和学习的需要。要求教师通过游戏环境的预先设计与结构，引发儿童特定的与物

质环境相互作用的方式、方法，以实现一定的教育目标。

（1）活动区的功能定位

首先，在一日生活的各个环节中满足幼儿的不同需求，减少等待时间。幼儿园的性质是保育与教育相结合，生活环节及活动之间的转换在幼儿一日生活中占有较大的比例，如喝水、如厕、进餐、午睡等，由于是集体生活的场所，加之幼儿能力、需要的不同，不可能所有的孩子在同一时间内做一样的事情，难免出现等待现象，开放、自由的活动区能够填补此时的空白，让环境充当“第三位”老师。

其次，为幼儿自发游戏提供空间，这是活动区的主要功能所在。幼儿园班级活动区的设置以创造性游戏为主，兼顾科学、语言、艺术、健康等。活动区的名称为教师投放材料的方向起引导作用，活动有大致范围，但没有明确目标，不限定孩子活动的类型。在游戏中，幼儿可以自由选择材料、伙伴及玩什么、怎样玩等，保证幼儿获得自主游戏的体验是我们的主要目标。教师更多地是以伙伴的身份参与游戏，关注的是孩子如何创造性地使用材料及想象性的表现。在活动的时间和频次上，没有硬性规定，一般说来，大班单位游戏时间长，游戏频率低；小班单位游戏时间短，游戏频率高，游戏时间总量是年龄越小游戏时间越长。同时，我们强调室内活动区游戏时间不能代替户外活动时间。

最后，为主题探究活动的生成、发展和延伸提供契机。游戏是教师了解幼儿学习活动特点、需要与兴趣的最好途径。我们强调活动区活动与教学活动是密切联系并可以相互转化的。教师可以通过在活动区有意识地投放一些材料，引发幼儿的探索与尝试行为。在幼儿游戏的过程中教师要在观察了解幼儿与环境（包括材料与伙伴）相互作用的方式与特点的基础上，关注幼儿之间发生的认知冲突，敏感察觉幼儿需要教师帮助的问题，为主题探究活动的生成、发展和延伸提供契机。

愉快有益的自由游戏活动首先强调的是自由、愉悦。它体现了活动者的自由意志，是幼儿自发自主的活动，能自己决定玩什么、与谁玩、怎样玩等。幼儿的自由度越大，游戏性体验就越强，自主性发挥得就越好。其特点是注重过程而不过于追求结果，教育目标隐含在为幼儿提供的环境中，不直接成为对幼儿活动的显性要求，目标通过幼儿与环境的作用，通过幼儿为满足需要的主动活动来实现。其次强调游戏是幼儿的自我表现，强化是自发无意的。幼儿在自我表现中得到的是对已有知识技能的联系和巩固，不是新的知识经验的直接传授。教师只需观察记录，必要时给予帮助和支持，例如，提供材料由幼儿自己去操作，如何操作由幼儿根据自己的水平进行，不必规范幼儿操作的方法，当然提供的材料必须是适宜的。教师的指导主要表现在环境的创设、材料的提供上，幼儿的经验则是在与环境和材料的相互作用中得到无意的强化。

（2）实施要点建议

第一，充分利用幼儿园空间，为幼儿提供各种游戏活动的场所。特别是要充分利用自然、生活中的各种环境与条件，引导幼儿游戏、研究、探索。

第二，保证幼儿愉快有益的自由活动，提供足够的游戏时间，让幼儿有充分的与环境相互作用的机会，特别是要给幼儿提供自主观察、体验、表达、操作的机会，让他们通过这种相互作用来获得发展。

第三，科学投放游戏材料，适时更换。各种材料的提供应根据幼儿的年龄特点和需要，因地制宜，就地取材，利旧利废。强调游戏材料的提供要具有可选择性、多变性、操作性及与年龄的相适应性。

第四，教师创设的活动区、提供的游戏材料应充分考虑本班幼儿发展水平、兴趣需要间的差异性，使每个孩子都能积极、主动、愉快地参加游戏活动，促进每个幼儿富有个性的发展。

第五，充分利用和发挥环境的潜在课程功效，引导幼儿充分参与环境创设，激发幼儿探索、思考、想象和创造，使环境成为引发课程和实施课程的有效的活动性的环境。

2. 生成探索性主题活动，使教学活动游戏化

长期以来，在幼儿园教学实践中，教学活动游戏化的方式多是利用游戏的形式（如游戏的口吻、游戏情境、游戏的角色）和有规则游戏来实现的，游戏只是传授知识技能有用的手段和方法。由于教学活动主要是由教师预设以及由教师发起的，教师考虑的只是自己教什么、怎样教，很少去观察了解幼儿的学习兴趣与需要，导致幼儿在活动中处于被动地位，游戏并没有成为“基本活动”，儿童的发展没落到实处。

实现以游戏为基本活动的关键是实现幼儿的主动学习及强调课程对幼儿发展的适宜性。而课程适宜性的关键体现在教学参与发展、引导发展作用的实现上，前提是教学和幼儿的已有发展水平与学习需要之间形成“合适的距离”，即找准“最近发展区”，这就对传统的课程预成模式提出了挑战。要求教师在游戏及一日生活的各个环节中认真观察了解幼儿的学习兴趣与需要，捕捉教育契机，生成教育活动，帮助幼儿获得有关的学习经验。这一过程也正是师生共同建构课程的过程。建构主义认为，世界是客观存在的，但是对于世界的理解和赋予意义却是由每个人自己决定。我们是以自己的经验为基础来建构现实，由于我们的经验以及对经验的信念不同，对外部世界的理解便也迥异。在建构主义的影响下，今天人们对学习的认识发生了根本性的变化，学习被认为是个体在社会文化背景下经验的主动建构过程。改变预定的教学计划以适应幼儿的学习兴趣与需要，正是为了引导幼儿更加积极主动的建构经验，提高教学活动的质量和效益。

在游戏和一日生活中生成的探索性主题活动，是利用以幼儿“主动学习”为特征的自由游戏作为幼儿园教学的组织形式，以解决一定的问题为任务定向，以材料的自由操作为基础，在教师的引导下幼儿自主探究的发现学习活动。虽然它本身并不是游戏，但是由于具备了“幼儿主动活动”的特征，幼儿是自己活动的策划者、执行者与评价者，确立了幼儿在学习活动中的主体地位，可以使幼儿产生以主体性体验为核心的游戏性体验，因此，较好的实现了游戏与教学活动的融

合，成为幼儿园实现以游戏为基本活动的突破口。

探究性主题游戏活动开展，以幼儿的自由探索为基础，需要教师观察孩子的兴趣和发展需要，引导孩子沿着自己的活动方向去积极思考和不断探索，并能将探索发现结果在小组和集体中进行交流分享。要求教师必须改变原来死背教案、简单给予儿童事实或正确答案的教学模式，代之以创设环境，引发问题，让儿童在问题解决过程中的不断思考、探索，交流分享，真实地展现原有经验到新经验的不断建构的个性化的教学过程。

（1）教师角色定位

①探究环境的创设者——创设一个与幼儿探究主题相适应的游戏环境，将促进幼儿发展的教育意图隐含于环境中，从空间、时间、材料上保证幼儿探究活动的开展。

②探究过程的观察者——探究过程中观察幼儿的行为，从中发现幼儿的现有发展水平、探究的需要和行为上的困难，以此作为指导幼儿探究的依据。

③探究进程的支持者——根据观察的结果，对幼儿探究活动提供语言上、材料上的支持和探究技能上的帮助，以推进探究主题的延伸。

④探究发展的引导者——探究活动结束后引导幼儿分享探究中的情感体验，交流探究的经验，从而学习和掌握必要的规则。然后通过对探究环境的创设、幼儿发展状况以及教师的指导效果的分析，进一步调整计划。

（2）实施要点建议

第一，善于发现和利用社区和周边生活中的教育资源，善于捕捉幼儿游戏和生活中不断出现的真实的问题情境，结合幼儿兴趣需要生成探究性主题活动，扩展幼儿生活和学习空间。

第二，尊重幼儿的学习方式和学习特点，允许幼儿按照自己的步调来开展探究活动，充分展现自己的能力，在与材料、伙伴、成人的互动中不断建构统整自己的经验。

第三，引发幼儿内在学习需要，教师提供的探究游戏环境、提出的任务要符合幼儿的兴趣与水平，应与幼儿能力相符合，既有一定的挑战性，但又通过努力可以完成，在充分运用已有经验解决问题过程中获得新的经验。

第四，关注幼儿活动过程，引导幼儿运用多种感官感知周围事物，以多种方式（如语言、目光、微笑、动作等）支持和鼓励幼儿的探究活动。创造各种机会，鼓励幼儿大胆提出问题，支持每个幼儿用自己喜欢的方式表达活动中的感受和发现。

第五，善于观察，准确判断，在师幼互动的基础上开展引导。强调教师的引导源自幼儿的需要，在幼儿需要时及时介入，对幼儿的困难给予启发性的帮助，自然地推进幼儿的探究活动。在幼儿专注于自我表现时适时退出。

第六，设置情境，积极猜想；动手操作，尝试实验；收集信息，得出结论。鼓励幼儿大胆发表自己的见解，同时尊重别人的观点和经验，学会合作学习和共同学习。

3. 利用游戏因素，保证轻松愉快的一日生活

游戏是儿童自由的、自主的、愉悦的活动。“自由的”“自主的”“愉悦的”无不是儿童情绪体验的概括，这些情绪体验构成了人的游戏活动的重要心理体验，也是可营造和利用的游戏性因素的一个重要方面。

（1）将游戏活动的因素渗透到非游戏活动中，是实现非游戏活动游戏化的重要策略

在幼儿园一日生活中，我们主要通过营造非对抗的伙伴关系（平行、协同、合作的伙伴关系）及模拟游戏发生的心理环境等游戏因素的利用，使生活活动游戏化。利用游戏因素，保证轻松愉快的一日生活并非要求吃饭、睡觉、洗手、如厕各个环节都要创设游戏情境，重要的是教师可以通过诙谐、幽默的言谈举止和以爱、尊重、平等为基础的教师行为与幼儿行为的交互作用模拟、营造游戏发生的心理环境。游戏是发生在特定环境之中的行为，能够促使游戏发生的背景具

有以下特征（鲁宾等，1983）：① 游戏者熟悉的环境；②儿童能够自由选择；③成人的干预减少到最低限度；④舒适、安全、友好的心理氛围；⑤身心放松，技能状态良好，儿童没有来自任何内部或外部的压力（饥饿、疲劳、疾病等）。在这样的环境中，儿童既可以产生自由的、自主的、愉悦的游戏情绪体验，从而增进身心健康，更加乐意上幼儿园，又可以酝酿产生新的游戏冲动和游戏行为。

幼儿园实现以游戏为基本活动，除实践技术层面要求外，在意识层面还要求教师应具有努力让孩子在园的分分秒秒都拥有“自由的”、“自主的”、“愉悦的”情绪体验的教育理想。诚然，幼儿园作为教育场所和集体活动场所，一日生活有着较为严格的秩序。各年龄段的幼儿都要按照一定的操作规范来进行活动。但这并不意味着教师就是儿童行为的监督者和管理者，秩序应是建立在自由和自主基础之上的，纪律也是由儿童活动需要产生的。平等、和谐、自然、融洽的师生关系不仅是幼儿身心健康发展的要求，也是幼儿产生游戏的愿望和冲动所必需的心理环境，需要教师在幼儿园一日生活的环节中，处理好秩序、纪律与幼儿自由、自主的关系，在有限制的范围内，给儿童以自由选择的权利，如自己选择何时喝水、何时上厕所，选择自己喜欢玩的活动区等。同时，教师与儿童之间能否通过语言、姿势或惯例规则建立一种人性化的协议或默契，对于游戏性心理体验的产生也是至关重要的。幼儿的生活是丰富多彩的，从幼儿的生活中发现有价值的主题，并有选择地将它渗透到幼儿园课程中，既是对教师教育技能的新要求，也是幼儿园课程有机综合性的要求。

（2）实施要点建议

第一，热爱每一个幼儿，尊重幼儿的需要、兴趣及愿望，通过教师的情感、态度、言行举止为幼儿营造一个宽松、接纳、理解、支持的心理环境，使幼儿产生安全感、愉悦感和被信任感，产生游戏性心理体验。

第二，科学安排、合理组织幼儿一日生活中的各项活动，减少不必要的集体活动和过渡环节，减少幼儿消极等待现象，寓教育于一日生活之中。

第三，在日常生活（如散步、出行、谈话）中，引导幼儿体验人与自然的关系，感知自然物（沙、水等）的特性，观察人们对物体的作用方式（如推、拉等），积累生活经验，为深入探索提供基础。

第四，引导幼儿感受与教师和小朋友在一起的快乐，关心他人，喜欢班集体。掌握轮流、分享、谦让、合作等交往技能。为每个幼儿提供表现自己长处和获得成功的机会。抓住日常生活中的教育契机，对幼儿进行随机教育。

资源 6-3　案例资料

在探究性游戏情境中学科学

这一次的“开心一线牵”活动，孩子们三个一群，两个一堆的凑在一起谈论着自己本周最高兴的事情。只见果果小朋友不停地在那边手舞足蹈，说起话来眉飞色舞，小嘴里不时地发出“咿咿呀呀”等感情色彩丰富的句子，露出一副成就感十足的神情。这时，我也凑过去想探个究竟，听听他讲的什么新闻能如此吸引大家的注意力。经过细致的“打探”，终于了解到了事情的原委：昨晚，果果在家跟爸爸一起做了一个小实验，能让鸡蛋沉下去又浮上来。这个神奇的发现很快激发了大家的求知欲，小伙伴们个个都想亲自见证神奇的实验过程，于是果果自告奋勇，主动承担了这次活动，他带领大家一起进入了“鸡蛋沉与浮”的小实验。

周五大清早，孩子们拿着杯子、鸡蛋，来到教室，互相讨论着鸡蛋沉浮的原因，有的孩子早已迫不及待地开始了自己的实验操作，看来大家对这次活动都很期待。早餐后，我们正式展开了本次实验活动。首先，由果果一一介绍他的实验材料：一杯水、一只鸡蛋、少许的盐等。他先把鸡蛋放入水里，小朋友们观察到鸡蛋立刻沉入了水底。紧接着他卷起袖子，摆出一副魔术大师的架势说：“我现在要给大家变个魔术，让鸡蛋自己浮上来。”一边说着果果一边开始往水里加盐，但鸡蛋却纹丝不动，这下他急得直挠后脑勺。“为什么电视里的鸡蛋很快就能浮上来呢？”他一个人在那喃喃自语。这时我也纳闷了，按道理鸡蛋在盐水里的确应该浮起来了呀。我想可能是盐水浓度不够的原因，但我没有吱声，决定由孩子们自己发现问题，解决问题。站在一旁的我只轻声地提醒了一句：“是不是实验材料有什么问题呢？”听了我的一番话，果果首先想到的是：“难道应该用热水吗？”我鼓励他去试一试，可鸡蛋仍然沉在水底，其他小朋友也开始动脑筋了：“是杯子小了吗？”我帮他们换了一个杯口稍大，杯身较长的杯子，可结果还是不行。“是鸡蛋太大了？”“用土鸡蛋吧，还是不行。”这时，果果的脸上已经露出了万般焦急的神情。我一边安慰他，一边说：“男子汉遇到困难千万别害怕，善于思考问题、解决问题的人，才是大家学习的好榜样！咱们再换其他的方法试试，好吗？”在我的不断支持与鼓励下，果果的眼睛里终于再次闪现出自信的目光，他重新开始了自己的实验。

大家都在不停地忙碌着，可爱的小睿突然大叫一声：“我的鸡蛋浮起来了！”我们围过去看了看，小伙伴们都被他的实验结果笑得前俯后仰，原来他的一次性塑料杯里只有少许的水，然后他使劲把杯子捏扁了，鸡蛋正好卡在杯口上。小睿很无辜地看着大家，小脸蛋立刻变得红扑扑的。他说：“老师，我的鸡蛋是浮上来了呀？”我安慰着他说：“你的确开动了小脑筋，但我们的小实验是让鸡蛋自己浮到水面上，而不是让你帮它站到杯口中间。”小睿点了点头，又开始和小伙伴们继续寻找原因。最后我不断应用启发式的提问，并和大家一起一一操作材料，大家经过共同探索，一致认为盐放入水中的数量不够。于是按照孩子们的想法，我使劲地加了几大勺盐，只见鸡蛋摇摇晃晃、慢慢往上浮，我和孩子们都屏住呼吸，目不转睛地盯着那只杯子，鸡蛋终于浮起来了，这回可用手按都按不回去了。

“哇！太棒了！我们终于成功了！”孩子们欢呼起来，他们此时的高兴无法用言语来形容。在整个实验操作中，孩子们不仅感受到了成功的喜悦，还对自己又多了一份信心。

我也在这次活动中，感悟到了：科学活动中，幼儿获得“乐学”的态度是首要教育目标，要长远的获得这份教育价值，我们要营造科学情感教育的氛围，善于随机运用多种教育策略，做到尊重幼儿的兴趣、愿望和需求，让孩子不断地感受和体验到学科学的乐趣！

（根据武汉市常青阳光幼儿园课题组文艳芳教师提供案例改编）

二、掌握评价技术，监控调节教学

幼儿园课程是一个从理论到实践，经过评价再到实践的动态的系统。一个完整的教育过程应包括：确定教育目标、选择教育内容、设计教育活动、开展实施教育活动、进行教育评价。评价是一种价值评判过程，如果没有评价，教育效果如何、教育目的是否真正达到就不可知。通过适宜的评价，能够知道哪些目标已经完成、哪些目标在哪些孩子身上还需要通过更丰富的活动进一步强化，它具有诊断课程问题、引导课程实施、检测教师工作、鉴定教育效果等中介作用。

正如《幼儿园教育指导纲要（试行）》（以下简称《纲要》）指出的：“教育评价是幼儿园教育工作的重要组成部分，是了解教育的适宜性、有效性，调整和改进工作，促进每一个幼儿发展，提高教育质量的必要手段。”幼儿素质发展评价及其改革作为学前教育课程改革的重要组成部分，对于贯彻落实新的教育理念，保证课改目标的顺利实现具有重要的意义。作为专业教师，掌握发展性评价技术，从评价目标、评价内容、评价方法、评价的组织实施都保证为教育目标的达成服务，切实发挥评价的调节、激励、导向等促进幼儿发展的作用，既是建立学前课程改革评价系统和质量控制管理系统的需要，也是幼儿生命发展的需要。

（一）当前教师实施评价中存在的问题

《幼儿园工作规程》提出“促进每个幼儿在原有水平上发展”

的理念，实际上已经蕴涵了实施发展性评价和建构适宜儿童发展课程的萌芽。2001 年颁布的新《纲要》又进一步强化了发展性评价的理念。

但一直以来，幼儿素质发展评价在整个学前教育改革中相对滞后，导致在当前幼儿园实际中，课程模式变了，教学方法变了，可是幼儿素质发展评价依然没变，依然沿用过去的评价体系的现状。由于缺少适宜的评价体系，使得教育目的是否真正达到，教育效果究竟如何，哪些目标已经完成、哪些目标在哪些孩子身上还需要通过更丰富的活动进一步强化等，一切都不可知，评价的发展性功能未能实现。具体表现在：

1. 幼儿素质发展评价的目的功能出现偏差

在实际工作中，幼儿园课程评价的重点一直集中在幼儿素质发展评价方面，即通过儿童的发展来评价课程。理论依据就是：儿童的发展既是教育的起点，也是教育的终点。这是完全站得住脚的依据。但在现实中，教师课程设计遵循的是目标模式，即教师备课依据的是大纲、目标、传统保守的教学计划甚至教案，课程计划是既定的、难以改变的。这样一来，使得我们的初衷：将儿童的发展作为教育的起点和教育的终点就落空了。评价偏离了“发展”的轨道，教育评价事实上只成为教育的终点而非起点，发展的功能未能实现，更多地表现出区分、甄别、选拔性功能。

2. 过分强调统一标准和高要求，忽视幼儿发展的个体差异

对幼儿评价中，片面强调相对性评价标准，突出表现在幼儿之间横向比较多，表扬的总是少数孩子，多数孩子经常受到的是否定性评价，导致部分孩子无法正确认识自己，产生“我不行”的想法，学习兴趣和积极性受到极大影响，对人一生发展至关重要的自尊心、自信心也无法正常建立。用统一的一把尺子去衡量所有的儿童，长此以往的负面影响，对某些具体个体的儿童而言是无法估量的。

3. 过分注重可以量化的内容，忽视了难以量化的内容的评价

如评价能跳多高、多远，会唱几首歌、跳几支舞，会多少以内的加、减法等，主要集中在知识的掌握、智力的发展等认知领域，对于幼儿的情感、态度与价值观、学习过程与学习方法的评价却没有，忽视对儿童创新精神和实践潜能的开发培养，导致幼儿园小学化的倾向日益加剧。对人终生发展至关重要的一些素质被忽略和弱化，大大降低了学前教育对人一生发展的基础性作用。

4. 评价大多采用单一的方法

主要表现在“指标＋权重”的定量评价方式成为幼儿园教育评价的主要模式。一直以来，对幼儿的发展以评价指标的方式进行较为精确的测量，对观察数据或事实进行量化或“二次量化”处理的“指标＋权重”评价方式，缺乏对要素的细致分析；重视智力因素评价而忽视非智力因素评价。事实上，人的素质的某些侧面和某些要素是很难进行量化处理的，单一的评价指标体系和单纯定量或定性的评价手段都无法达到必要的深度和广度，不可能真正反映出千变万化的评价对象的真实发展状况。

5. 评价主体单一，被评价者处于消极的被动地位

一直以来，幼儿园对儿童发展评价的主体是幼儿园教师，而幼儿则是被评价者，是评价的客体，在评价中处于被动地位。家长作为孩子的第一监护人和保护者、幼儿教育的重要资源和合作者，长期以来也被置于评价主体之外，其意见和人格没有得到必要的尊重。评价主体的单一性，使幼儿及其家长的主动性未得到调动，评价仅仅成为评价者对被评价者的单向刺激反应，不仅丧失了教师、幼儿、家长多方参与、彼此互动形成教育合力的机会，也使得评价成为儿童自我教育和促进自我发展的效力大大降低。

6. 过分关注评价结果，没有实行真正意义上的过程性评价

目前，幼儿园对幼儿发展的评价多采用的是评价检测模式。幼儿园往往只在学期末组织一次统一的测查，评定幼儿的发展水平，而“非正式评价”、日常激励性的描述评价未受到足够的重视。许多教师

仅仅将期末评价的结果作为衡量教育效果和儿童发展水平的静态标准，把它作为一种标签贴到孩子身上，评价是鉴别性的，如语言、动作发展多少分，优、良、中、差，百分比是多少等，管理者重视的也只是教育的结果而不问教育的过程，是一种单纯的结果评价和终结性评价，更多发挥着鉴别性功能而非发展性功能。

（二）科学实施评价应遵循的原则

1. 发展性原则

评价是以促进被评价个体未来发展为目的，即根据被评者个体过去的基础、现在的表现来预测未来的发展。从评价目标、评价内容、评价方法、评价过程到评价结果的处理都是为了促进被评者的未来发展，使被评者不断认识自我、发展自我、完善自我，实现发展目标，体现了从评价“过去”和“现在”转向评价“将来”和“发展”的新理念。对儿童来说，就是要促进儿童的全面发展、全体发展和生动、活泼、主动发展。

2. 合作性原则

评价主体是多元的、合作的。包括幼儿园管理者、教师、儿童、家长、社会（区）人士等。以互相信任、友好合作为基础，相互配合，共同制订多方认可的发展目标和评价计划，共同承担实现发展目标的职责。和谐、合作、沟通、协调、互感等方式贯穿整个评价过程。

3. 个别差异性原则

评价应尊重和体现个体的差异性，以多样性评价为基础，根据评价对象不同的思想、文化、身心发展基础，制订不同的发展目标、内容和标准，因材施评。评价主要看基础，看发展，看进步，而不是片面追求评价标准的统一性。

4. 全面性原则

评价应完整把握评价对象的全部信息，强调评价的整体性情境。要求把诊断性评价、形成性评价和终结性评价有机结合为一个整体运动过程。同时将教学过程与评价过程融为一体，设计多种评价工具，通过多种渠道和多种方法采集被评价者发展的信息，更全面真实地对评价者现在的成就和未来的潜能作出合理的判断。

5. 调节导向性原则

评价的结果应以恰当的、具有建设性的方式反馈给被评价者，以发挥评价的反馈、调节、促进发展的功能。对幼儿来说是设计个性化学习方案，将评价与教学一体化。对教师来说，要求主动参与评价活动，进行自我评价与反思，将教师专业发展，课程改善和教育质量的提高融于一体。同时将新的教育理念随着评价的具体实施过程渗透到教育改革的各个环节，建构促进儿童、教师、课程、幼儿园共同发展的模式。

（三）科学开展评价的对策建议

掌握学科评价理念、技术开展评价，是对幼儿园教育质量进行监控的最有力指标，能切实发挥评价对教育教学工作的反馈和调节的功能，促进幼儿富有个性的发展。因此，不断改进评价工作，成为落实素质教育方针、实施国家新课程中的一个焦点。

1. 明确评价目的，突出评价的教育性和发展性

教育的意义在于引导和促进儿童的发展和完善。对幼儿素质发展进行评价是教育过程的一个环节，因此，评价的目的应与教育目标一致。评价不仅考虑儿童的过去，重视儿童的现在，更着眼于儿童的未来，所追求的不是给儿童下一个精确的结论，更不是给一个等级分数并与他人比较，而要更多地体现对儿童的关注和关怀，通过不断收集每个幼儿发展过程中的信息，根据幼儿的具体情况，判断其存在的优势与不足，在此基础上提出具体的有针对性的改进建议。通过评价，不但要促进幼儿在原有水平上的提高，达到教育培养目标的要求，更要发现其潜能和特长，从而帮助幼儿认识自我，建立自信。具体实施中应注意以下几点。

第一，注重在教育教学过程中给幼儿创造成功的机会，以欣赏的眼光看待幼儿，捕捉和发现幼儿身上的“闪光点”，用激励性的语言评价幼儿，有效培养幼儿的学习兴趣和自信心。

第二，取消百分制，采用等级分制，少用相对评价，以淡化幼儿之间的评比，采用个体内差异评价和绝对评价，提倡与自己的过去比较，幼儿与课程标准比较，强调在多种比较中客观地了解和评价幼儿，帮助幼儿正确地认识自我和悦纳自我。

第三，重视促进幼儿发展的过程。教师应收集并保存表明幼儿发展状况的关键资料，对这些资料的呈现和分析能够形成对幼儿发展变化的认识，并在此基础上针对幼儿的优势和不足给予其激励或具体的有针对性的改进建议。

第四，注重评价中的反馈环节，教师应在准确的观察和资料收集基础之上，在真诚、关怀、尊重的前提之下，以发展的和全面的眼光分析幼儿，形成恰当的评价结论，既不因随意的激励而让幼儿认识不到自己的缺点和不足，盲目乐观，也不因过于苛刻而让幼儿怀疑自我价值。通过评价反馈，帮助教师和家长把握幼儿目前的学习状态，让幼儿看到自己的成长、进步以及存在的不足，逐步培养幼儿客观地认识自己，提高自我反省能力，

2. 正确进行全面、多元评价，关注幼儿发展的个体差异

教育的终极目标是培养全面发展的人，不仅是未来社会的合格公民和人才，还应是一个有能力追求幸福生活的个体，通过教育学会做人、学会做事、学会合作、学会学习。幼儿发展评价的内容是教育目标的具体体现，应反映具有时代特点的教育观、质量观和人才观。因此改革现行幼儿发展素质评价，应强调评价内容的全面、多元化，不仅包括粗浅的知识技能，还包括情感、态度与价值观以及学习过程与学习方法。人的发展本身就是全面的，在日常生活、学习和工作中，知识技能、情感、态度、价值观与学习的过程和方法也是紧密联系的整体，没有伯仲之分。在某种意义上来说，年龄越小的孩子，情感、态度与价值观的培养，对其形成良好的性格、强烈的求知欲和好奇心，激发学习的积极性和主动性，促进其终生可持续发展更加有利。同时每个儿童都具有不同于他人的潜质，都有自己的兴趣爱好、生理特点、心理特征，这使得每 个儿童发展的速度和轨迹不同，表现出各自的

长处和不足。评价内容的全面、多元化能帮助教师从多个角度去评价幼儿，发现幼儿各自的优点和长处，从而让每个儿童都获得成功的体验，都能在自尊、自信中快乐地成长。具体实施中应注意以下几点。

第一，转变观念，吸收加德纳的多元智能理论的精华，形成“多一把衡量的尺子，就会多出一批好儿童”的共识。在日常的教育活动中，用积极的眼光看待儿童，从多元的角度评价儿童，除认知发展外，还重视儿童其他潜能与特质的发展，特别是探究与创新能力、合作能力、动手实践能力等方面的发展。从儿童终生发展着眼，注重培养儿童积极的情感态度、良好的性格特征以及搜集和处理信息的能力、获取新知的能力、批判性思考的能力等。

第二，对情感态度与价值观的评价应注重科学性、合理性，避免不恰当的量化。情感态度与价值观具有内在性、隐蔽性、稳定性的特点，任何一种行为的发生都会受到情感态度与价值观的影响，但同时还会受到内外多种因素的影响。如人的身体状况、思维、当时环境的影响等。据此，在评价情感态度与价值观时，要避免为了评价而评价的现象，人为“制造”某些情境，根据儿童某一次的行为表现来打分、划分等级，或采用标准化的量表进行评价都是不值得提倡的。对情感态度与价值观的培养、评价应有机地渗透到幼儿园一日生活各个环节之中，更适合采用观察、轶事记录、访谈等质性评价的方法，提倡质性描述，在给幼儿下结论的时候应该慎重，要有简洁的描述作为支持性的资料和证据。

第三，分解评价内容，概括关键、具体要素，保证幼儿素质评价的可操作性。为了保证将评价内容和评价标准落到实处就必须通过实践和探索将各项评价内容进行分解，概括关键要素，提出评价的具体指标，以增强评价的可操作性、有效性和一致性。例如，对幼儿学习态度进行评价，可以分解为活动认真，操作专注，及时纠正错误等；对幼儿绘画的评价不再是“像不像”一个标准，可以从构图、涂色、想象、创造多个方面评价。对关键要素的概括要注意全面性和有效性，以避免最终评价的片面性。

3. 恰当运用多种评价方法，保证评价结果的客观、公正

由于教育活动的极其复杂性、多因素的制约性以及评价技术和手段的局限性，使得任何一种教育评价方法都不可能是万能的，每一种评价方法都有自己的特点、长处和缺陷，都有特定的适用范围和界限。单纯定量的方法，或是单纯定性的方法，都不利于教育评价结果的客观性、科学性。同时评价的全面性、过程性和注重幼儿发展的个体差异性等新的评价理念的落实也要求改变评价手段单一的现象。恰当选择评价方法应该是：可以量化的部分，使用“指标＋权重”方式进行；不能量化的部分，则采用表现性评价、档案评价、课堂激励评价等多种方式，以动态的评价替代静态的一次性评价，视“正式评价”和“非正式评价”为同等重要，把期末终结性的测验与日常激励性的描述评语结合在一起。具体实施中应注意以下几点：

第一，把握各种评价方法的特点，保证评价方法运用的科学性。任何评价都是由人来操作完成的，相同的评价体系在不同教师手中发挥的作用有时会有巨大的差别，教师能否通过学习钻研，科学掌握和运用各种评价方法正是造成此种差异的原因之一。如，传统的纸笔测验、口头答题较适用于评价幼儿对粗浅知识和技能的掌握，能够很好地保证评价的覆盖面和深入程度；而对于评价幼儿的探究、创新意识和动手能力就比较难。表现性评价由于创设了真实的活动情境，不但能够评价幼儿知道了什么，还能够评价幼儿能做什么，同时对评价幼儿在解决问题中表现出来的思维特点、创新意识、与他人的合作、交流与分享的能力，学习兴趣和学习习惯等提供了参考依据。但用表现性评价评价儿童的基本知识点不但费时费力，还不能保证覆盖面。同时表现性评价存在着管理难度大，需要教师花费更多的时间和精力，评价结论的一致性相对较差等的困难和问题，对教师素质有更高的要求。

第二，注意处理好继承与发展、借鉴与创新的关系，避免在评价方法改革中出现赶时髦和形式化的现象。各种评价方法都有其特点和优势，同时也存在不足，因此，各种方法没有好坏之分，只有适时适

度的问题。提倡大胆运用新的评价方法并不意味着否定已有的评价方法，强调的关键是各种评价方法应为一定的评价目标和评价内容服务，必须根据不同的评价目标和评价内容选择恰当的评价方法，在具体的评价实践中要取长补短，根据不同的情境和要求及教师与学生的实际情况运用不同的评价方法，把定性方法与定量方法，自评与他评，结果评价与过程评价，诊断性评价、形成性评价与终结性评价相结合，这样既可以充分发挥各种评价方法的优势和特长，又可以互相弥补其缺陷和不足，使评价的结果更加客观、公正和人性化。

第三，关注所获取信息的信度、效度及评价的实际作用。无论使用传统的评价方法，还是新兴的评价方法，教师都要关注通过这种方法所获取信息的真实性与可靠性，即评价的信度；关注通过评价结果所做出的推论的准确性和有效性，即评价的效度；关注评价是否真正起到了促进学生成长和教师发展的实际作用，即评价的实效，以保证评价的科学性。只有评价工具及评价的实施过程是科学、有效和公平的，评价促进幼儿成长和教师发展的作用才有可能得到切实的发挥。

4. 实行多主体评价，充分发挥各方的主动性、积极性

倡导发挥被评价者本人在评价中的主体作用是现代教育评价的发展趋势。幼儿虽然年龄小，经验少，需要成人关心照料之处很多，但依然是独立个体的人，同时，主体精神的培养也需要从小入手。因此，在幼儿素质发展评价改革中，改变过去幼儿被动接受评判的状况，让幼儿更多地参与评价内容和评价标准的制订，参与评价资料的收集，进而通过“协商”达成评价结论，使得评价的过程成为促进幼儿自我认识自我发展显得尤为迫切。另外，随着幼儿教育社会化进程的加速，家长作为幼儿教育中不可忽视的重要因素，在促进幼儿的发展中起着越来越重要的作用。充分尊重教师、家长、幼儿在评价中的主体地位，充分发挥各方的主动积极性，形成教育的合力，是实施多主体评价的意义所在。评价主体的多元化优势，一方面，可以从多个方面、多个角度进行评价，保证评价更全面、更客观、更科学。另一方面，使评价主体处于一种主动的积极参与状态，有利于教师、家

长、幼儿不断地对自己的教育活动和学习活动进行反思，对自己的活动进行自我调控、自我完善、自我修正，从而不断提高教育的质量和效率。具体实施中应注意以下几点。

第一，加强沟通和协商，营造民主、增进理解的评价环境。改进幼儿素质发展评价，关注被评价者——幼儿的需要，以平等、欣赏、乐观、发展的态度对待被评价者是实施评价的前提。在此基础上，营造民主、增进理解的评价环境，注重评价过程中多元主体间的沟通和协商是基础。它关注的重点不是评价结果的本身的正确性，而是激发评价者参与评价的主动性，评价对象对评价的认同和最大限度的受益，以及促进每个个体最大可能的实现自身的潜能和价值。

第二，充分发挥多主体评价的实效性。教师在实施多主体评价时应明确：多主体评价的目的是能够获得更多的信息，或者使评价的多个主体都能从评价中受益。如让幼儿进行自我评价，目的是培养幼儿的自我评价、自我反省与自我监控能力；让幼儿参与对他人的评价，目的是让幼儿在清楚地认识到自己的优势和不足的基础上，提高批判性思维能力，并学会交流、合作与分享；而让家长参与评价能够让家长清楚地了解孩子的学习情况与成长过程，教师也能从家长那里得到更多有关幼儿发展的信息。从而更有针对性地对孩子进行教育。

第三，让参与评价的多主体明确评价的标准、内容与要求。对不同的评价主体来说，其评价内容和侧重点应有不同。例如，让家长对幼儿进行评价，应主要集中在孩子在家中的生活、行为、学习态度、学习方法，如果让家长对幼儿具体的学科领域学习进行评价，家长可能感到无从下手，甚至可能对教师的责任心产生怀疑。同样，幼儿之间互评也要有明确评价内容和评价标准，着重引导幼儿关注他人的长处和优点，进而改进自己的行为。在具体实施过程中，教师对其他参与评价的主体应给予必要的指导，清楚地向他们介绍评价的内容与要求、使用的技术以及需要注意的问题。

第四，避免将幼儿自我评价，同伴评价与家长评价的意见，与某些利害关系联系起来，如发放“小红花”、评“好孩子”等。尽量淡化幼儿之间的相互比较，强调对他人行为或作品的描述和体察，强调关注同伴的优点和长处，积极向他人学习。否则，若评价只关注对方的缺点和不足，往往会造成同伴之间互不服气，互相“挑错”，导致幼儿对评价有抵触，不说真实想法，评价的促进发展的功能也就无法实现。换句话说不应将多主体评价简单地理解为自我评分和多主体评分，而是让他们依据标准和要求进行深入的评价与反省，找出被评价者的优势与不足，并提供一些建设性的意见。

5. 评价与课程融合，实现评价的过程性、动态化

新课程理念的核心就是关注幼儿的发展、促进儿童的发展。瑞士教育家裴斯泰洛齐曾深刻地指出：“为人在世，可贵者在于发展，在于发展个人天赋的内在力量，使其经过锻炼，使人能尽其才，……使其得到品德，家庭幸福，工作能力，直到实现社会上的需要，这就是教育的最终目的”。可见，促进幼儿在原有基础上不断发展始终是教育的核心任务。它要求对幼儿发展的评价不仅关注结果，更关注过程。而实现评价发展性功能的关键就是实现评价的过程性、动态化。即通过对幼儿发展过程的关注和引导，在一定的目标导向下通过评价改进教学，不断促进幼儿发展。强调有机地将终结性评价与形成性评价结合起来，将评价贯穿于日常的各种活动中，使评价实施日常化、经常化和动态化。只有动态化的评价才可能使幼儿在一定程度上按照自己的学习进度学习，这也决定了评价必须与课程相融合。幼儿素质发展评价不能只是完成某种教学任务后的终结性评价，还应是伴随着教学并与教学发生持续的相互作用和相互推动的，即教学以评价为基础设计和实施，教学的过程也是教师观察评价儿童的过程，并根据观察和评价进一步调节教学，促进幼儿发展的循环反复的过程。具体实施中应注意以下几点。

第一，评价既是辅助教学的手段，又是教学活动的重要组成部分，贯穿其中的每一个环节。要求幼儿素质发展评价与幼儿园每个教学阶段或教育主题相结合，教师应根据幼儿的兴趣、需要及发展状况“生成”新的主题，并在整个实施的过程中，收集幼儿学习、发展状

况的数据和资料，根据主题教育教学目标，从健康、社会、语言、科学、艺术五大领域对幼儿的情感态度、能力习惯、知识和技能、合作、交流与分享等一个或几个方面进行描述，根据幼儿的基础和实际情况判断幼儿当前的学习状态，而不只是简单地给学生下一个结论，无论这个结论是五星、等级还是分数。重点要指出幼儿的发展变化及其优势和不足，在此基础上对自己的教学和幼儿的发展提出具体、合理的改进建议，将评价的过程性落到实处，评价的过程与课程实施的过程合二为一。

第二，将正规评价与非正规评价相结合，注重收集和保存过程性资料。无论是定期的正规评价还是生活、学习中随机进行的评价对改进下一阶段教学和促进幼儿发展都是同样重要的。日常性评价无须硬性规定时间间隔、字数、内容、形式等，评价也不要拘泥于形式，观察、谈话、提问、作业等多种方式都可以及时和动态地了解幼儿。只要教师对幼儿的观察和积累达到一定程度，觉得有感要发，就可以对幼儿进行评价并记录下来。记录形式也是多种多样的，可以写在幼儿的作品上，也可以放在幼儿的成长记录袋中，还可以反映在家园互动手册中。

第三，实现动态化评价应以教师深入、细致、有效的观察为基础。动态化评价，实际是对教师观察的深入、细致、有效性提出了更高的要求。如对幼儿精细动作的观察，不能只是好、较好、较差，而应通过仔细观察其写字或建构中有哪些不同表现，通过客观描述充分说明好在哪儿？或不好在哪儿？如评价幼儿的社会性发展，不是简单地看是否能与同伴友爱相处，而应更密切地观察幼儿在群体游戏中所担任的社会角色（如是担任领头人还是帮手）等。只有深入细致的观察，不断获得有效的信息，才能对幼儿在一个时间段内在某一领域的表现进行不断的评价和前后比较，借此判断幼儿在该领域的发展状况以及有待改进的问题，制订个别化的教育方案，明确进一步发展的方向。这就是发展性动态评价的真谛。

三、善于反思总结，勇于超越自我

（一）什么是教师的教学反思

1. 反思的概念

在教育学的理论中，反思是一个基本的概念，从某种意义上说它是“思考”的另一表达形式。反思就是思考。但是在教育学的领域，反思含有对行动方案进行深思熟虑、选择和作出抉择的意味。[①]

教学反思是教师对自己教学生活的反省与自我观察。它一方面是把教学活动中的一个特殊事件或独立现象与该对象所属的整体联系起来，使这一现象在教学整体中得到重新认识与解释，获得新的意义，赋予新的教学意蕴；另一方面是把这一现象与作为试图认识自己的教师这一意识主体建立联系，使得教师凭借真实教学世界中发生的教学事件及其结果，对自己的思想境界、心灵历程、情感世界、理论体系、操作方法等进行透视和反省，进而形成相关的综合性事实与价值认识、检讨与判断。

2. 教学反思的特点

（1）内隐性

反思是一个复杂的心理过程，教师要用新的教育理念来衡量和评价以往的教育教学行为，慎重决定以后的教育教学行为，是旧我与新我的斗争过程，是重新价值判断和选择的过程。这个过程是在心灵深处进行的，看不见摸不着，他人也无法窥视和描摹，具有内隐性。

（2）批判性

反思的开展需要反思者积极、健康的怀疑和批判，有较强的问题意识，能够排除定势思维和行为的传统惯性，尤其是勇于否定自我，对自己的教育教学活动进行持续的评价、改进和调整，主动回顾、审视和构建自己的教育教学行为，在批判中有效的控制自己的行为，使

① 马克斯·范梅南．教学机智——教育智慧的意蕴［M］．李树英译，北京：教育科学出版社，2001，第131页．

自身的教育教学行为过程在自我批判中变成一个不断发展的、螺旋上升的过程，把自己的教育教学实践提升到新的高度。

（3）顿悟性

在反思的过程中，教师对自己的教育观念、教育行为和教学活动中取得的成就和存在的问题的思考，或许百思不得其解，而在某种特定的情境下，或受他人言行启示，或受到新的理论的启迪，与自己长期思考的问题剧烈的碰撞，从而产生创新思维的火花，突然得到启示，产生“众里寻她千百度，蓦然回首，那人却在灯火阑珊处”的效果，进入豁然开朗的境界，产生顿悟。这种顿悟是教师长期思考和长期积累的结果，也是偶然中的必然。

（4）超越性

人重要特性之一就是超越性，即超越自我获得成长与发展。教学反思的出发点是为了对现实教学世界进行超越，对教学理论进行超越，对教师自己进行超越。在反思活动中，教师通过对自己的各种经历和体验进行盘点、梳理，作条分缕析的回忆整理，进行综合性建设性的思考而实现自我超越。

（二）为什么要开展教学反思

单就教师的知识结构而言，教师的反思的意义在于它着眼于教师知识结构中的实践性知识的获得、拥有和改善。一般认为，教师的知识结构包括条件性知识、本体性知识和实践性知识。在传统教师培训模式中只注重对教师的一般性知识的传授，如对公共知识、专业知识（所谓本体性知识），教育学、心理学知识（所谓条件性知识）的占有和相应学历的提高。而已有的研究表明，“教师的本体性知识与学生的成绩之间几乎不存在统计上的关系……并非本体性知识越多越好。”① 同时，条件性知识也只有在具体的实践情境中才能发挥功效。对教师的教育教学效能提高，更为重要的是实践性知识——“指教师

① 林崇德，申继亮，辛涛．教师素质的构成及其培养途径［J］．中小学教师培训（中学版），1998（1）.

在面临实现有目的行为中所具有的课堂情境知识及与之相关的知识。"① 而这类知识的获得，因为其具有个体性、情境性、开放性和探索性特征，要求教师通过自我实践的反思和训练才能得到和确认，靠他人的给予似乎是不可能的。诚如考尔德希德所言："成功的有效率的教师倾向于主动地创造性地反思他们事业中的重要事情，包括他们的教育目的、课堂环境以及他们自己的职业能力"，"反思被广泛地看做教师职业发展的决定性因素"。

1. 教育改革呼唤着反思型教师

自 20 世纪 80 年代以来，世界主要国家都在进行着以提高国家综合国力为目标的教育改革，是一场名副其实的承前启后、继往开来的教育改革。反思型教师亦随着这场教育改革的需要而兴起的。中国的学前教育同样如此，首先，日益频繁、日益广泛、日渐深刻的教育改革，使得广大教师不得不经常面对一些新的教育思想、教育课程、教育手段与方法。这些"新事物"既要求教师知识结构上的不断更新，也要求教师情感和意志上的不断调适，而且，改革往往需要教师对这些"新生事物"做出评价与讨论，能将各种信息连接理论与实践，从多角度分析问题；能够评价教育实践中内涵的道德与伦理问题。教师只有在自我教育实践中，不断自我学习、思考、审视、判断、总结，不断调整教育教学过程，规范自己的教育行为，才能紧跟教育改革的节奏，获得专业发展与成熟。

其次，世界教育改革的大量实践以雄辩的事实与根据证明了：教师是教育改革成败的关键，那种把教师只是作为别人思想的被动实施者的自上而下式的教育改革，是注定要失败的；鉴于此，当前我国的学前教育政策发生了诸多变化，从而使幼儿教师在教学、课程等方面拥有了更多的自主权和责任。这些自主权与责任既为反思型教师成长提供了现实基础，也使得反思型教师显得尤为必要。教师应该在确定

① 林崇德，申继亮，辛涛．教师素质的构成及其培养途径［J］．中小学教师培训（中学版），1998（1）.

其教育工作的目的方面发挥更积极主动的作用，形成并保持终身学习、研究教学的意愿，掌握反思、研究教学的能力，并形成对自己的专业发展负起责任的使命感。

2. 有利于教师转变思维方式，关注自己的教育教学

一个教师只有关注教育教学情况，注意思考教育教学中的每一件事，每一个教学细节，他才有可能发现其中好的教育教学方法，才能总结出教育教学的规律，尽快形成自己的经验，为自己的提升进行积累。20 世纪 60 年代末之前，西方教学研究主要立足于行为主义立场，根据行为的后果来描述教学，然后考察这一行为与儿童学习的关系。随着认知心理学的勃兴，教学研究也越来越多地关注教师如何理解他们的工作以及其工作所牵涉的思维过程、判断和决定。也就是说，教学研究越来越多地关心教师的思维与行动的复杂关系。1985 年成立了国际教师思维研究协会（ISATT，the International Study Association on Teacher Thinking），把人们的注意力由教师在课堂的所作所为转向了他们的思维方式。教学反思正是实现这一转变的桥梁。

一般的思考，往往因时间、大脑遗忘规律等方面的因素，或者导致思考停留在一般或者还没思考出具体的结果就产生了搁置现象。文字表达有助于思维的条理化和清晰化。写教学反思，首先，需要教师对在教学中引发了注意的教学现象进行认真的回忆，然后具体、细致、形象地描述，形成对教学事件、个案的进一步细致地比较全面的认识，为深入思考奠定基础。其次，写反思的时候，因为要落笔，就需要对所思考的内容进行逻辑化、条理化、理性化的表述，促使思考理性化，这是我们经常会遇到的现象。同时，因为写得翔实，对写下来的教学现象、个案进行思考，思考也会趋于全面。

3. 有助于教师理论联系实际，形成学习、研究意识

教学反思是一种有益的思维活动和再学习活动。一个优秀教师的成长过程中离不开不断地进行教学反思这一重要环节。原因在于教学反思可以进一步地激发教师终身学习的自觉冲动，不断的反思会不断

地发现困惑，美国心理学家波斯纳提出了教师成长的公式：成长＝经验＋反思。相反，如果一个教师仅仅满足于获得经验而不对经验进行深入的思考，那么即使是有“20年的教学经验，也许只是一年工作的20次重复；除非……善于从经验反思中吸取教益，否则就不可能有什么改进”①。

教学反思是教师以自己的职业活动为思考对象，对自己在职业中做出的行为以及由此所产生的结果进行审视和分析的过程。它要求教师能把自己的教育实践上升到理论的层面来思考。教师的教学实践离开了教育理论的指导就会成为盲目的实践。实践证明，教师教育教学的困惑和迷茫反映出其教育理论的浅薄和偏颇，只有将实践中反映出来的问题上升到理论加以剖析，才能探寻到根源，使主体的教育教学水平得到提升和拓展。当前幼儿教师中，教育理论、教育研究与教育实践脱节已成为老大难问题。如何破解？基于行动研究的教学反思不失为良策之一。

行动研究以教师日常实践问题为研究课题，致力于现实教育问题的解决，为教师提出了寻找理论，拓宽视野、解决问题的要求和机会。当然，科学研究意识的形成不是一朝一夕的事情。形成一种学习、研究的意识，是教师成为研究型、学者型人才的基础。教学反思就有这样的一个作用，就是能不断地培养一个人的研究意识。写教学反思往往使人产生一种写得深刻一点的需求，在这种需求的驱动下，往往要参阅一些资料、翻看一些书籍，促使教师进一步学习，使自己的思考与倡导的理论结合起来，从而实现对理论认识的提升，进而提高自己的理论水平。

4. 促成教师重新审视自己，转变角色获得发展

反思型教师至少蕴涵三方面的内容：教师是专业人员；教师是发展中的个体；教师是研究者。反思型教师是建立在这样的核心理念和基本理论基础上的：教学工作是一项专业性工作，而教师则是持续发

---

① 王深泽．怎样成为优秀教师［J］．国外教育动态，1983（1）.

展的个体，可以通过持续的学习和探究历程来提升其专业水准与专业表现。

教学反思是教师的专业学习与全面发展的过程。在教学反思中，需要教师确立这样几种角色：观察者，即教师要善于发现教育实践中的各种典型事件及有价值的教育问题；记录者，即教师要及时记录教学中的一些事件、经验，为反思积累丰富、翔实的第一手资料；学习者，即带着问题学习，在学习中把自己的思考外化为文字，增强自己的问题意识，使自己更善于发现问题。在反思中，教师学会了了解孩子，学会了了解自己，也学会了怎样更好的促进幼儿的发展，因为，只有高质量的提问与教学才能达到这一目的。①

通过教学反思，教师从只关注教学目标逐渐转向关注孩子的表现，教学计划从单纯的静态执行逐渐转变为动态调整，从被动的教学策略“执行者”逐渐转变为“决策者”，其中众多困惑的产生与解决过程也是教师成长的过程。

（三）如何进行教学反思

1. 反思什么

教师要反思的内容很多，但以下几个方面经常反思是非常重要的。

（1）总结精彩片断，思考失败之处

不可否认，查找问题属于教学反思，但是，教学反思不仅仅是查找问题。总结经验同样也是教学反思，它从另一个侧面或角度与查找问题共同构成了教学反思的内容。如教师对教材处理的独特设计，能引发儿童学习兴趣的精彩导语，突破教学重难点的巧妙策略、激发儿童参与活动的过渡语，对儿童做出的合理回应、赞赏的评价语等诸方面都应该进行详细记录，供日后参考。搞好教学反思，不能忽视总结经验。

---

① 王海澜．真实性教学：幼儿教师永远的工作重点［J］．学前教育研究，2008（4）．

（2）反思自己的教育教学行为是否对儿童有伤害

儿童的心灵是敏感、稚嫩、脆弱的，需要成人的精心呵护。特别是幼儿园的孩子，难免会由于无知而出错，由于好奇探索而违反规则，但这一切正是其童心、童趣、童真的真实反映。作为幼儿教师，我们任何时候都应以一颗童心体会、看待这一切，给予儿童欣赏、包容、善意的引导，苏霍姆林斯基在给《教师的建议》里说："任何时候都不会给孩子不及格的分数"，其用意是希望教师任何时候都要保护学生的自尊心。一切的呵斥、吼叫、凶巴巴的脸色对于幼儿教师来说都是值得反思的。

（3）反思教育教学是否促进儿童在原有水平上得到发展

面向全体，因材施教，促进每个儿童在不同的水平上得到发展是每位教师都知晓的教育理论。但在实际教育教学中，教师往往又用一样的标准去衡量每一位儿童，要求每一位儿童都应该掌握相同的知识，达到同一种目标，完成相同的任务，这对于原有水平、基础，学习态度，学习能力都不一样的儿童来说是不公平的，也不符合因材施教的理念。如何让发展快的儿童多多思考，帮助他们向更高层次前进，对于发展较慢、学习有困难的儿童，怎样降低学习要求，努力达到基本要求，在活动的同时获得自信，获得发展是值得教师反思的主要内容。

（4）反思自己的教学是否真正达到了教学目标

教学目标是教学的最终结果，是教学促进发展的目标载体，也是评价教师教学效果的依据。同时也是教师教学反思的主要内容。如教师在活动中是单纯的教知识、填鸭式的教学，还是在此过程中注重了儿童能力培养、学习兴趣的激发，促进了全面发展；是否引导儿童通过自己操作、自己学习，来理解和掌握知识，还是忽略了儿童的主体地位，教师替代了儿童的学习等。总之，儿童的真实发展是教学追求的真实目标。

2. 怎样反思

（1）了解反思的基本维度

反思的第一个维度即快速反思。它是教师在行动过程中反思的一部分，具有个人化、即时化和自动化的特点。要求教师养成反思的习惯，随时对自我“现行的”行为和观念进行解剖分析。

反思的第二个维度是修正。它仍然是在行动过程中的反思的一部分，在快速反思的基础上因有所感触、感悟而出现思考快速中断或暂停现象。这里我们可以把这些事情看做是教师在“审读”儿童对某一具体内容的反应，看做是教师在某一点上、在对这些反应审读的基础上对自己的行动的修正或调整。

反思的第三个维度是回顾。回顾通常发生在不同的个体或群体之间，可以在教师工作期间或之后的任何时间内，其结果或许导致原先的教学计划得到了修正。

反思的第四个维度是研究。这时教师围绕某一问题进行长时间的思考与观察，反思变得更加系统化和敏锐化。

反思的第五个维度是理论的重构和重建。这个阶段的反思可能要持续几个月或几年，且比其他维度的反思更加抽象、理性和严谨。教师在批判性地验证自己的实践理论的同时，也在按照一般的学术标准来衡量这些理论。这些学术研究能帮助教师更好地了解实践，解决问题；同时，对实践的反思也促进和丰富了他们对学术理论意义的理解，使他们避免陷入学校日常教育的两难情境之中。

一些学者指责教师总是试图停留在反思的快速和修正层次，认为理论的重构和重建的反思是唯一具有价值的反思类型。事实上，所有这五种反思维度都是需要的，教师如果能进行不同水平的反思，就能更好地说明他们自己的实践理论并加以批判地检验，从而可以使人们的反思行为更为具体化，更具有操作性。它为促进教师的实践和反思提供了一种很好的方法。

（2）掌握反思的基本策略

教师反思能力的获得关键是教师自身认识到反思意识的重要价值和反思能力对自身成长的意义。与此同时，教师掌握一定的反思策略，并形成职业活动中的反思习惯，是教师反思能力培养的重要方面。反思策略是指有助于提高教师反思能力的方法、技巧的总称。在实践中，以下几种策略可供参考。

①教学日志反思策略。教学是辛苦的，课堂是琐碎的。一方面，教师每天要面对各种理念的更迭，以及各种关于课堂教学的批判；另一方面，每天还要在重复辛苦的教学生活中徘徊，寻找课堂教学的坐标。教学日记反思法即教师用记工作日记（课后备课、反思日记等）的形式，总结一天的工作，记录自己所思、所想、所得，通过对自己或他人教学实践的归纳、概括、评价和再理解，从而不断完善每一处教育教学细节，提升自己的教育实践水平。

许多教师有同样困惑，怎样克服一天天重复教学带来的倦怠，怎样化解一次次研究、试讲带来的审美疲劳？写教学日记不失为一个很好的方法，让笔静静记下自己的感悟，在课堂本身寻找“我是谁”。语言是开出来的心灵之花。每一个人都需要自我引导，自觉寻找课堂生活的价值和意义，而不是等待任何权威的指令。每一次记录都会挖掘自己的心灵，并把它彰显出来。①

教学日记反思法有以下特点：

第一，教学日记反思的内容比较丰富，涉及教学生活、教师发展的方方面面。

第二，教学日记反思可以通过“发现问题→研究思考→解决问题”和“分析思考→总结经验→补充完善”这样的反思路径进行，有利于教师对自身教学工作有一个全面客观的思考、分析和评价，在不断发现问题、解决问题、总结经验和补充完善的过程中，逐步走向成熟，向更高的水平和目标迈进。

第三，把前瞻性反思、过程性反思和回顾性反思有机结合起来，用反思来改善实践的效益，用实践来提高反思的质量，进而使实践与反思相得益彰、相互促进，提高反思的实效。

第四，教学日记反思的成效侧重在个人自我意识的增强，自我教育能力的提高和行为的改善上。不断积累自己的精神世界，愈加深刻

① 窦桂梅．写作中沉淀生命［N］．中国教育报，2011～07～21.

地理解孩子，接纳别人的声音，忠于理想的课堂而始终不迷失自己。

②自我提问质疑策略。反思涉及一系列相应的态度和德性。这一策略即是通过提供一系列供反思者自我观察、自我监控、自我评价的问题单，不断促进教师反思能力提高的策略。自我提问质疑的设计主要涉及以下三方面的内容：首先，有关实践主体方面的内容。如有关教师自身的兴趣、爱好、个性特征，自己的长处与短处；以及自身思考问题、解决问题方式方法上与他人的差异。其次，有关实践材料、实践任务方面的内容。具体指对活动的性质与活动要求的认知，如教学设计、课堂管理等。再次，有关实践策略方面的内容。比如，进行某种实践活动总共可以有哪些方法策略，如教学技能、师幼互动，这些方法策略的优点与不足是什么，它们应用的条件和情境如何。

自我提问策略的本质是自我诘难，筛选并淘汰不良的行为习惯。它具有以下特点：

第一，需要教师以科学的理性态度和方法对教育教学的本质有深刻的理解，并在此基础上，对自己已有行为和习惯进行重新审视和考察，筛选并保持好的行为习惯，淘汰和改造坏的行为习惯。

第二，立足于教师人文素质的提高。这要求教师认真地检讨自己的言行，在教学过程中是否表现了适当的谦恭、足够的勇气、公正的品质、豁达的胸怀、丰富的情愫，以及敏锐的判断力和丰富的想象力，是否有耐心、自知之明、亲切感和幽默感等。在这诸多的品质风格之中体现着教师的教育教学观，师生观、知识观、评价观，也表达着教师的智慧素质。

第三，注重自我质疑后的对策研讨和行为改进。调查发现，优秀教师的“教后感”通常包含着对这些问题的深刻思考，表明了他们在“教后”对“教中”反思修正的执著情怀和热切愿望。在他们的成长过程中，其言行中的不良表现会渐渐消失。当然，随着教师经验的逐步积累和丰富，教师在教育教学过程中会随时对自己的教学实施有效的监控和调控，这正是专家型教师成长的途径和标志。

③教学行为记录反思策略。行为记录反思策略贯穿于实践活动始终，而重在对实践活动的过程与效果的反思。这一反思需要依托一定的反思材料，反思的结果也需要凝成一定的物化形式。因此，反思教案就成为行为记录反思策略的主要线索。反思教案由两部分构成，一是教学设计反思表，内容包括五个方面：A. 对象分析，儿童对预备材料的掌握情况和对新学习内容的已有经验分析。B. 教材分析，手中的教材是否可以直接拿来进行教学？应删减、调换、补充哪些内容？教学目标、教学重难点与本班儿童实际情况是否有差异？C. 教学顺序，包括环节设计、环节目标、使用材料、呈现方式与环节评价。D. 教学组织，包括提问设计、组织形式、反馈策略。E. 总体评价，包括教学特色、教学效果、教学困惑与改进方案。二是教学设计的详细案例，也就是平时的教案。

教学行为记录反思策略有以下特点：

第一，教学行为记录是一种教学现状的调查、分析和诊断，不能涵盖教师素养全过程。

第二，教学行为记录可分为发现式记录和归因式记录，前者主要是在不知道有没有问题的前提下，对教学过程进行全面的考察和分析，从而发现问题，后者是在已经知道问题所在情况下，深入仔细考察，找出产生问题的原因。

第三，教学行为记录反思一般要经过“观察→分析→判断→作结论”几个过程。除观察环节外，其他环节都需在个人独立思考的基础上，开展较多的互动研讨，达到教师间相互促进，共同提高的目的。

第四，教学行为记录反思的主要环节有：A. 做好观察准备，进入教学现场观察；B. 做好教学行为观察记载；C. 整理教学行为观察记录；D. 以小组为单位进行信息汇总和经验交流；E. 归纳、总结教学行为的突出特点；F. 探讨并选择可供借鉴的教学观念、教学方法和具体措施。

第五，值得注意的是，为取得更好的反思效果，教学行为记录反思一般应聘请相关专家到场指导。

实践表明，教师有意识地运用行为反思策略，可以提高职业反思意识，进而提高职业反思能力。

④脑力激荡反思策略。脑力激荡法也被称为头脑风暴法，是一种思维碰撞的活动方法。单纯的内省反思活动，通常比较模糊、难以深入，而在进行对话、交流时，可以使人的思维清晰，交流反思的最大的优点在于克服一个人的思维局限性，互相取长补短，智力碰撞，共同提高。具体方法有：①

A. 小纸条法。在讨论时，针对某个问题，每个人将自己的看法和意见不记名地写在纸条上，然后由主持人收上来打乱，再发给每人一张，要求每位教师说出自己拿到的那种纸条上的内容，并谈谈自己的看法。

B. 六顶反思帽法。在讨论时，针对某个具体的活动或问题，准备六种不同颜色的小纸条，每种颜色代表一种反思的角度。例如，红颜色代表直觉印象，黄颜色代表可以有哪些改进的建议，蓝色代表活动存在的问题，白色代表可以从中学习到哪些经验等。每次给老师们一种颜色的纸条，请老师们按照这种颜色代表的角度写下自己的意见或建议。每次需要采用哪几种颜色，以及每种颜色所代表的角度都可以视具体情况而定。

C. 360°反馈法。指在进行反思时，不仅听取教师的意见，也听取幼儿意见，同时还可以将问题提供给家长，或者将具体的活动制成录像放给家长看，听取家长的意见。

其活动过程主要有五步：

第一，发现问题，从不同角度搜寻挑战的真正实质；

第二，发现事实，更好地理解情境和想象可能的解决途径；

第三，发现观念，收集来自下意识和潜意识的观念；

第四，发现途径，找到解决问题的方案，并进行适用性的评价；

① 王丽莉，姜勇．关于幼儿园教师协同反思的访谈研究［J］．学前教育研究，2007（4）．

第五，挖掘用途，应用于实践。

教学反思中引入脑力激荡策略，有利于营造宽松的氛围，调动教师参与的积极性和主动性，相互借鉴思想，拓宽思考问题的思路，增强了教师之间、教师与孩子及家长之间的理解和联系。教学反思是一种依赖群体支持的个体活动，它不仅要求反思者有一个开放、负责和全心全意地投入的心态，同时也有合作、协调、信任的环境要求。

（3）写好教学反思的方法

①从怀疑处反思。从怀疑处寻求问题，至少产生两个角度以上的思考。例如，教学方法的使用是否科学。从“是”与“否”两个角度，还可以延伸出怎么做“更科学”，怎么才能避免“不科学”等举一反三的思考。

②从转换立场处反思。一个教学细节，从教师、学生、家长的角度来看会不同，细究之，从学生的不同层次来看也是如此。因此，反思中，要有机地寻求转换立场，多角度来“包围”反思主题，才能增强反思的深度与客观性。

③从转换知识系统、学科领域处反思。综合实践、跨学科教学实践是课程标准的新理念。因此，反思有时也应从转换知识系统、学科领域来寻求不同的答案。

④转换时空处反思。环境、时间的变化影响了人们的认知。每个教学细节都有其发生、发展的时空特性，一堂课、一个教育教学过程的成功与失败都有诸多偶然因素，不要因为成功或失败就放过或忽略潜藏其中的问题。

⑤从假设性问题处反思。注重思维的设计性是培养创新思维的要点。假设是逻辑思考的重要方式。一种假设就代表一种新思维、新概念，甚至能产生与已有的问题相悖的结果。反思中提出一个假设，就可能是在发现问题后寻找到的解决问题的一把钥匙。

⑥从联系对比处反思。对比体现差异，联系体现衔接，通过横向、纵向的联系、对比，我们就可以从中发现许多新的问题。

⑦从事物本质处反思。哲学是所有科学的基础，心理学、教育学

是教育科学的基础。要学会做更深层次的反思，就必须掌握哲学原理，学习心理学、教育学知识，才能使“反思”更全面、更科学、更客观，才能提高“反思”的含金量。

资源 6-4　案例资料

教育生活的每一天都精彩

教育不是一个偶尔的灵感顿生而成的论文，教育是一种日复一日的坚持行为。悟出这句话时，我正躺在床上看《青年文摘》，像往常一样朗诵起第十页的诗歌。我以前不太爱朗诵的，但有了儿子后就学会了大声朗诵，我是有意但似无意。此时正在玩小汽车的儿子慢慢地停下了手中的动作，我依然低头朗诵，慢慢地儿子移了过来，我不知道儿子心里想的是什么，只看见他在关注、在倾听，等我朗诵完的时候，儿子竟然也像模像样地念道：“我是一朵羊，我是一朵羊。”颇有抑扬顿挫的感觉。原来书上面有两朵云，他自作主张将“云”变成了“羊”。许多教育的理念已经传承了多少年，但是有人仍然没有参透它的内涵，仍然没有将这种理念内化成一日复一日的行为。许多人在工作中能参悟很多的教育理念，但理念与行为之间又有很多脱节，行为更是难以形成习惯，人们常常满足于一刹那的顿悟，却不知道教育的顿悟价值在于日复一日的运用。

记得每次开展歌曲学唱活动时，每当我清唱的时候，孩子们都会默默地看着我，很专注的样子，应该是很好听吧。当我的声音再次响起来的时候：“秋风起来啦，秋风起来啦，小树叶离开了妈妈，飘呀飘呀向哪里，心里可害怕。小树叶沙沙，沙沙沙沙沙，好像在勇敢的说话，春天春天我会回来，打扮树妈妈。”悠扬、温柔的曲调让孩子不知不觉地晃起了脑袋。每次和孩子们学唱歌曲的时候我常常纳闷，别人是怎样帮助孩子一次一次地学唱呢？孩子们一遍一遍地唱不是很枯燥吗？我每次总是绞尽脑汁，但孩子们还没有学会呢。活动前让孩子跟着音乐随便唱，可有时候觉得经常这样又缺少新鲜感。一种刺激频繁了以后就不再成为一种刺激。配上动作演唱，分组唱，在游戏中唱都要在学会歌曲的基础上进行。在进行歌曲教学时，我不喜欢让孩子学说歌词，总觉得这会失去歌曲的一种味道。于是我琢磨奥尔夫音乐教学法的理念与方法；琢磨如何设计新颖有趣的教育环境和情境让孩子喜欢学习；琢磨如何让孩子在音乐欣赏中感受美；琢磨如何让孩子在分组、个别演唱中表现美；琢磨如何让幼儿在创编节奏接龙和舞蹈动作中创造美。有一次唱歌教学中，我请一个孩子来表演大树，请另外一个或几个孩子来表演树叶，实行个别孩子表演大家唱的方式来开展这次活动。这种方式重复讲了很多次，直到孩子们唱得很熟练，最后请所有的孩子一起来表演。孩子们在争取上台表演机会的过程中学会了歌曲，尤其是在前面表演的孩子的动作越来越丰富。一遍遍下来，我发现孩子不仅熟悉了表演规则，而且在表演中因为规则而对表演更加感兴趣，表演也因规则而更有趣。

是啊，无论是艺术教育，还是其他教育教学，我常常在示范和放手之间徘徊，可是真当我打破那道防线，充分相信孩子时，真的会有一片开阔的天地。我常常会因为孩子们取得成功而感到无比的自豪。

（根据常青阳光幼儿园课题组毛瑞萍教师提供案例改编）

第三节　成熟期教师专业发展建议

一、自我修炼，自我完善，学会承受事业起伏

在教师的职业发展过程中，会由于个人、家庭、同事关系或者机遇等各种原因导致职业发展中的起起伏伏，有高潮、有徘徊，有低

沉、甚至停滞不前。正所谓“天若有情天亦老，人间正道是沧桑”。教师群体作为社会中一个特殊的群体，其整体抱负水平相对较高，对工作质量的评价、对工作责任心的评价成为群体舆论的一个重要组成，这本是一种积极向上的价值取向。特别是幼儿教师每天都面临各种各样的竞争，如班级环境创设之间的竞争、幼儿常规培养的竞争、卫生习惯养成的竞争、教学活动质量的竞争、保育安全竞争等。所有这些竞争说到底还是教师与教师之间的竞争。多数教师希望自己在事业上有所成就、学术上有所建树，能得到领导的赏识、同行的认可、孩子的喜爱、家长们的好评，非常担心落于同行之后，一旦发现差距拉大时，就会辗转不安，因怕别人瞧不起自己而坐卧不宁，不能实事求是地评价自己并调整好自己的心态。出现了情绪低落、心理缺失现象，产生了强烈的不安感和落差感。有时还出现自我封闭现象，缺乏与人交往的勇气，人际关系紧张等。因此，对于成熟期教师来说，加强自我修炼，具备调节自己精神生活的能力、正确对待专业发展显得尤为重要。

首先，要树立正确的人生观、价值观，确立适宜的成就动机。有研究表明：教师的自身因素是导致职业压力产生的主要来源，这些因素包括个体的性格、专业水平和应对变化的能力等。其中，教师职业压力的大小与教师的成就动机呈直接的相关关系。成就动机较强的教师，对自己的期待较高，因而压力也就相对较大。[①] 要学会客观独立地评价自己的工作目标和人生期望，不断完善自己的人格，还要不断完善自己的知识结构，用唯物辩证的方法分析解决问题，提高思辨能力，客观地思考社会变革中出现的各种问题，进行良好的心理调适。特别是要积极主动地参加社会实践，不断丰富自己的人生阅历，积累社会经验，提高自己对挫折的承受力，从而增强社会适应能力。

其次，要学会积极认知。改变认知是一种非常重要的调节策略，

---

① 牛利华．教师的职业压力与教师的生命关怀［J］．东北师大学报（哲学社会科学版），2005（2）．

积极认知就是在看到事物不利方面的同时，更能看到有利的方面，认识到事业的波折起伏不是个性的弱点和能力的不足，而是事物发展的正常过程，是人人都会体验到的正常心理现象。从而使自己增强信心、情绪饱满。

再次，要积极主动地调适自己的心理状态。包括客观分析自己，正确定位，以适应情境。学会等待与包容，学会发现与欣赏，学会吸收周围他人身上的长处，克服女性嫉妒、攀比等狭隘心理。当不良情绪已经发生的时候，可以通过一些行为上的改变而加以调控。例如，参加文体活动，做鬼脸，对自己微笑，散散步做做深呼吸，出去郊游等。这些行为能宣泄情绪，或转移注意，或产生积极暗示，以此来增强自我对情绪的调控能力。

最后，注意行为调节，采取积极的压力应付模式。具体地说就是自觉调整自己，把回避模式转向主动模式，把情绪定向应付转向问题定向应付。例如，面对人事制度改革，事业单位岗位职责认定，有的教师消极等待，有的怨天尤人，有的找领导哭闹，这都是对压力的不适当应付。如果能转变观念，向内“挖潜”，主动参与竞争，不断充实、完善、提高自己，则是一种更为积极的方式。同时，他人的帮助和支持可以使人充分发挥潜在的能力，提高活动效率，提高心理协调水平，促进身心健康。因此，要重视家庭的生活，重视和亲朋好友的交往，一方面积极向单位、组织和同伴寻求帮助；另一方面积极寻求家庭对自己工作的支持，主动解决职业发展中带来的危机。

资源 6-5　阅读资料

绣花理论

人力资源专家、厦门大学廖泉文教授有个著名的“绣花理论”，指的是当一个人的职业生涯开始时，或者是职业生涯处于低谷时，他都必须努力借助他人的“资源”，并主动地义务或以比市场更低的价格去为提供资源的人工作。在这个工作过程中，完成自己技能、关系、资金（或其他资源）的积累，求得个人人力资本的飞跃，以获取职业发展的成功。

一个小媳妇家里很贫穷，没有什么收入，她想学一门手艺，以作养家之资，由于拘于性别歧视和家境贫寒，求艺无门。后来她想到了绣花，因家贫买不起针线和布料，同时也无师可拜，但她凭着勇气、决心和一点针线活的底子开始给要出嫁的人免费绣花。

启发：寻找资源——给新嫁娘免费绣花。当职业生涯开始或处于低谷时，要主动并努力去寻找资源和机会，包括技术、知识、经验、能力、信息和人际关系等。职场中人必须具有无偿服务的思想，一旦有了这种机会，要尽力把自己的工作做到最好，因为只有这样，你才更有资格得到更好的岗位。

刚开始，她主动上门请求服务，只要这些用户提供原料和她的饭钱即可，除此之外分文不收，如果不满意还可以返工，过了一段时间后，村里的婚嫁人家都要她来免费绣花。几年后，她不仅练出极好的绣花技艺，方圆百里也已经小有名气。这个时候她结束了“义务劳动”，开始进行有偿服务，慢慢地费用越收越高，甚至高于市场价格，但仍然赢得众多的顾客，人们为得到她的绣花而高兴不已。

启发：积累——不计报酬地为提供资源的人工作。职场中的人，完成自己在知识、技能、经验和社会关系等方面的资源积累是职业发展的重点。要注意横向和纵向拓展，把眼光看得更远，抓住各种学习和成长的机会。

如今，她的品牌效应和高超的绣花技巧已经成为她绣花事业核心能力的一部分，于是她开始招募绣花姑娘，用文化去熏陶她们，用技术去锻造她们，用创意去激发她们。逐渐地，这位原本身无分文的小媳妇成了绣花业的老大，基业也变成了常青树。

启发：品牌效应——求得个人人力资本质的飞跃从而获得职业发展的成功。职场中人应最大限度地发挥自己的能力、特长，把精力聚焦在某个领域以求得最大的效益。联想到这些年来自己在大学生职业生涯规划教育和就业指导领域的不断探索和实践，对这个“绣花理论”感同身受。高校众多的从事这一领域工作的老师们就像这个绣花女，坚持不懈地寻找各种机会给予学生帮助，期待着有一天生涯规划真正在校园里有一席之地——工作坊、个性化辅导成为助人成长的常态化形式，同时也收获老师自身的成长硕果。遗憾的是我们中多数没有绣花女幸运，形成品牌的还不多，还处于资源寻找和积累的阶段，因为这方面品牌的形成除了自身还有赖于环境的支持。让我们一起努力，共同期待着我们的基业变成常青树。

（根据2011年6月15日《中国教育报》的《在奉献中求发展》一文改编）

二、自我解放，勇于创造，远离教师职业倦怠

处于成熟期的教师，不一定都能进入学者期，许多教师的专业发展会由于职业倦怠而停滞不前，习惯于熟手的教师角色直至退休也未成为专家。有关研究表明：职业倦怠最易发生在助人行业的从业人员身上，教师职业作为一种典型的助人行业，也不例外。教师职业倦怠是教师不能顺利应对职业压力时的一种极端反应，是教师在长期的紧张状态下产生的情绪、态度和行为的衰竭状态。教师职业倦怠的产生主要是由于单调的工作环境，过重的工作负担和无边的精神压力三方面的因素。

的确，在社会转型期，任何职业的压力都在加大，教师职业也不例外。其实，适当的职业压力不仅是必要的，而且能扩展职业生存和发展的空间。据调查，幼儿教师职业有它的特殊性，如教育对象的低龄化，教育内容的广泛性，工作任务的复杂性，家长需求的多元化、保育安全责任的重大性等，幼儿教师每天面临着较大的心理压力。如果这些压力不能及时得到调节和释放，日积月累，就会产生职业倦怠。调查发现，幼儿教师群体对职业压力有着较为普遍和深刻的体会

和认同。工龄为13～19年的幼儿教师的压力在各年龄组中是最高的。[①] 一位有着20年教龄的女教师无奈地说："我干够了幼儿教师这个职业。下辈子，我不会再选这个职业。"当被问及"这么不喜欢，为何不换一份工作?"时，她说"都人到中年了，改行做什么呢?"因为有着这样左右为难的心情，所以，这位女教师内心一直很痛苦，既影响了工作，也降低了生活质量。远离教师职业倦怠，可从以下入手：

第一，在精神上解放自我，使自己成为具有饱满自由精神的个体。"在社会现代化背景下，提升人的生活质量，促进人的全面发展，将在更大程度上通过改善精神生活来实现。"[②] 压力在很大程度上是一种个人感受，涉及更多的是人的精神体验。在职业活动中追求精神的放松和舒适，就会减少压力和疲惫感。对于成熟期教师来说，缓解过大的职业压力，不妨尝试以平等、自由人的身份参与教学过程，不仅利于启迪儿童的自由天性，凸显教学过程中的双主体，使教学过程成为智慧和智慧的交流、心灵和心灵的对话、人与人的交往活动，充分享受职业的乐趣和成就感，而且，人在精神自由的环境中可以将压力转化为职业活动的动力，有利于提高活动的创造性，提升身心愉悦的程度。

第二，在职业活动中保持高度的自省和自觉精神，勇于创造。长期以来，教师的工作对象和工作内容单一而重复，部分教师行为的重复性、固定化和模式化成了职业的活动特征，教育和教学都按照严密的"科学化"的程式来进行，职业行为越来越程式化，而心灵却处于无序的状态。"从人的经验角度来看，所有心有感觉的人都能体会到，永远'例行公事（routine）'是不可容忍的生命体验，人会疯掉，或

---

① 秦旭芳，闫荣林．幼儿教师心理压力解析——透过158名幼儿教师看当前幼儿任教师前提发展的障碍［J］．学前教育研究，2007（9）.

② 陈新厦．精神生活与人的全面发展［J］．前线，2002（3）.

者白痴化，只有创造才能拯救经验和思想。”① 有人说教育是一门艺术，艺术的生命在于创造。在教学过程中本应是充斥着教师的智慧，体现着教师的创造性。但如果教师将工作看做例行公事，而非创造性活动，必然会引发了职业倦怠。正如马克思所言：“能给人以尊严的只有这样的职业——在从事这种职业时，我们不是作为奴隶般的工具，而是在自己的领域内独立地进行创造。”因此，若想走出职业倦怠的泥沼，教师首先应变革自身的职业活动方式。而若想突破其职业单调性而获得新的增长和拓宽，就必须严肃地批判已有的经验和知识，具有高度的自省和自觉精神，勇于创造，积极投身于教育改革，在实践中学习，在实践中创造，在面对千差万别的教育对象、教育情境适时、适宜演绎、生成不同教育过程中体会创造的快乐，在与儿童共同成长中、在追求职业生涯主动发展中享受到教师这一特殊职业内涵的欢乐和尊严。

第三，做职业的主人，向儿童学习

职业的主人是主体性得到充分彰显的人。人的主体性是指人的社会实践活动的主体的质的规定性，是人在与客体相互作用过程中得到发展的自觉能动性和创造的特性。试想，如果教师的主体性缺失，没有人文情感内涵，他又如何能教出自主性鲜活的学生？因此，教师应首先改变职业活动的状态和教学体验，让教学成为自己的精神需要，并能在教学中实现自我规划、自我调整，而不是处于一种外在的压力被动地从事教育教学活动。树立生命个体的独立性，提高从事职业活动的个体动力。社会也应采取一些措施以刺激教师职业活动的个体动力的复活。

儿童是人类的天使，儿童身上蕴涵着乐观、天真、纯朴、善良。这些品质正是预防和克服教师职业引起的“神经衰弱”的良方。苏霍姆林斯说：“儿童身上没有任何东西是需要教师严酷对待的。如果儿童的心灵中出现了毛病，那么这邪恶首先要靠善良来驱走。”“乐观主

① 赵汀阳．思想的原创性要求［J］．学术月刊，2000（1）.

义，相信人是教育者和受教育者的创造力，是神圣力和健康永不枯竭的源泉……不友善是心灵的一种危险疾病，既影响心脏也影响神经。”苏霍姆林斯基还说：“多年的学校工作经历使我坚信，如果我关怀儿童，并培养他们的这种态度，他们就爱惜我的心和我的神经，在我心情沉重甚至很难说话时能理解我。孩子们觉察到我有情绪，感觉到我心情很沉重，他们甚至说话也轻声轻气，避免吵闹，力图使我在课堂和课间休息时都能尽量得到安宁。我亲爱的同行，这种心连心的感觉，善于看到别人的内心，就是使你保持健康的永不枯竭源泉。”教师们好好读读这段话，在不懈地探索儿童内心秘密的同时，怀着一份欣赏和敬意，向儿童学习，这是防止幼儿教师“神经衰弱”、避免厌教的一剂良药。

资源 6-6　阅读资料

职业女性身心压力小调适

幼儿园教师作为女性集中的群体，普遍具有情感丰富、细腻，对人真诚、善解人意、意志坚强、外柔内刚、敏感、情绪化等女性特有的心理特征。女性应该真正地了解自己，只有了解了自己，才能理解自己，才能更好地关爱自己，才能更理智地生活和工作。

职业女性身心压力巧调适：

1. 做个“足够好”的现代女性。“足够好”指的是已尽心尽力了，不论状况变得如何，记得提醒自己，我已足够好了(Good enough)。接受自己且满意自己是心理治疗的最大原则。

2. 一段时间内只扮演一种角色。上班时不要光想着买什么菜，回家后就把工作暂时放一旁。时时提醒自己，一段时间只扮演一种角色。

3. 给自己多一点时间了解自己。你的优势在哪里，你的短处是什么，认识自己的特性及喜恶很重要，若没有自我的认识及追求，你的人生将逐渐变成黑白的。

4. 有问题找人倾诉与分担。世上不如意事十之八九，有了问题和困惑不要掩饰，掩饰不代表坚强，真正的坚强来自于满足和快乐。

5. 学会适时地放松自己的紧张情绪，也就是要经常地给自己减压。有些女教师会在周末爬爬山、逛逛街，以此彻底地放松自己。

6. 学会体验快乐。对女性而言，美丽的最大秘诀是快乐，而快乐就在我们每个人的心里。

（根据武汉市汉阳区玫瑰幼儿园课题组提供资料改编）

三、在行动中研究总结，形成个性特色

行动研究并不是一种独立的研究方法，而是一种教育研究活动，是一种教师和教育管理人员结合本职工作综合运用各种有效的研究方法，以直接推动教育工作的改进为目的的教育研究活动。它具有以下特征：①为行动而研究。行动研究的根本目的不是为了理论上的产出，而是为了教师自己的教学实践本身的不断改进。②对行动的研究。行动研究不是在实验室里进行的，鲜活的课堂教学实践是行动研究的主阵地。③在行动中研究。行动研究实际成为教师的一种“专业发展”途径，可以显著地提高教师的素质，也是走向专家型教师的必由之路。

成熟期教师在行动研究中要以自己擅长的学科领域特点为基础，研究自己的教学个性，要有创新意识和精神，不仅要总结形成自己独特的实践操作体系，更要形成自己独特的教学思想或教育理念，形成自己的完整的教学体系、教学风格和流派。在教学行动中进行的个性化的教学研究成为学者型教师成长的必经之路。在具体教学实践中，开展行动研究可以从以下几个途径着手：①写好教学后记。教师在一节课后记录下自己的教学行为和思想轨迹，可以从中发现自己教学活

动的成功和不足之处。②运用多维视角，反思自己的教学实践。可以通过教师的视角、学生的眼睛、家长的意见及同事、专家的观察和研讨来反思自己的教学。③说课。通过教师全面系统地谈自己的教学设想及其理论依据，说课为教师反思教学和理论提升提供了一个简便易行的研究平台。④教师应具备科研意识，掌握行动研究的基本方法，善于抓住“关键事件”，运用新的教育理论、观点来反思自己的教学，进而开展行动研究。

第七章　学者期教师专业发展

第一节　学者期教师专业特点与发展规划

能够进入学者期的幼儿教师是成熟期中的一部分优秀分子，在当前学前教育课程改革一浪高过一浪，各种新的教育理论、思想纷至沓来，各种新的教育教学模式、方法、技术、手段不断涌进课堂背景之下，学者期教师能否继续不断完善、充实自我，在幼儿教师群体中发挥示范、引领、带头作用，以不懈的努力，推动幼儿教师群体专业化水平不断提升，推动学前教育改革深入发展，以优质的教育质量赢得社会的认同，提升整个职业的社会地位等方面任重而道远。

一、专业特点

学者期教师一般已经在自己擅长的幼儿园某些教学领域内经过一些探索，有自己独特的教学体会和心得，在当地幼教领域小有名气，有的甚至取得了市区级学科带头人、特级教师等荣誉称号，成为名师。

他们不仅具有高度的工作责任感和使命感，而且具有强烈的研究意识与能力。在工作中努力做到：把幼儿的成长和发展置于关心的焦点，广泛地思考幼儿的成长和发展并为此热情地工作；关心幼儿的生活经验，了解幼儿学习和发展的特点，能解读幼儿的表现和变化，不局限于一个班幼儿在幼儿园里的直接保教，而把家庭、社会这些影响到人发展的系统同样放在专业工作的视野中，推测影响幼儿发展的因素，并想方设法对这些发展因素进行持续有效干预；反思自己所追求的教育目标是否对幼儿当前的生活以及应对未来的生活有价值，平衡短期效应与长远目标的关系；把自己的工作看成有吸引力的探索过程，对各种理论和方法保持开放而客观的态度，不断地学习和质疑，谨慎地试验和研究；主动与行政、媒体等各方面沟通与合作，成为提升整个幼教领域和园所机构专业水平的一股力量。

成为智慧型教师应是进入学者期教师的专业发展目标。智慧型教师就是具有较高教育智慧水平的教师。智慧型教师的教育智慧是教育科学与艺术高度融合的产物，是教师在探求教育教学规律基础上长期实践、感悟、反思的结果，也是教师教育理念、知识学养、情感与价值观、教育机智、教学风格等多方面素质高度个性化的综合体现。

要真正成为学者型教师光靠单纯的理论学习、技能诊断和发展或几种知识的整合是远远不够的。因此，学者型幼儿教师要以自己擅长的领域学科性质特点为基础，要研究自己的教学个性，要有创新意识和精神，不仅要形成自己独特的实践操作体系，更要形成自己独特的教学思想或教育理念，形成自己的完整的教学体系、教学风格和流派。

资源 7-1　案例资料

智慧会使教育更顺利

幼儿教师最留恋的，是和孩子在一起快乐而美妙的时光，但并不是所有相处的时刻都是幸福的。我们也经常会因为教育的不顺利而提高音量、瞪大眼睛，每每过后，我们也经常会因为消极的情绪体验而影响工作质量甚至生活质量。

我相信，面对孩子，我们无时无刻不充满着爱。只是我们缺乏教育的方法，缺乏教育的机智。

有一年，小班新生入园，区内的同事说：“想看看应彩云怎么带小班的开学。”于是，9月2日，我就开放了半日活动。

一早，孩子来到我创设的情境里玩角色游戏。玩着玩着，东东搬起饮水器旁边的空净水桶，放在自己的小椅子上，轻轻一推，桶就“咕咚”滚落下来。我走过去问：“这是……”他眼睛瞪着我，半天吐出三个字：“压路机。”

角色游戏是孩子的本体游戏，是孩子的自主活动。3岁孩子对桶滚落的兴趣远远大于压路机的工作内容，东东乐此不疲地玩着。由于教室空间的局限，我怕“咕咚”的声响影响其他的孩子，可是又不能强迫东东停止游戏。我急中生智地走到东东面前，从衣袋里掏出一颗巧克力：“东东，应老师有巧克力，想吃吗?”他点点头。我指着空水桶：“你去滚一下，我就请你吃。”他将信将疑地做了。我立刻将巧克力递上。

当他美美地咀嚼着巧克力的时候，我掏出了第二颗：“还想吃吗？你再去滚一下。”他将水桶滚第二下后，我又将巧克力递上。

我又掏出一颗：“这是最后一颗了，还要吗？你再去滚一下，这最后一颗也给你。”他又积极地做了一下，我将最后一颗巧克力也给了他。

我摊开手：“我没有巧克力了，你去滚一下。”他看看我，离开了水桶。

怎么会？我将我的“别滚桶”的想法，变成东东的“没有巧克力吃就不滚了”的感觉，轻松地实现了教师的愿望。

所以，教师的智慧就在于：把教育动机化作孩子的学习动机，把教师技能化作孩子游戏和玩耍的技能。

值得关注的是，教师的这种转化技能，在面对不同年龄的幼儿所体现出来的不同面貌时，才会更显智慧的光芒。

一次自主体育锻炼活动，三个孩子为争抢一个塑料滚筒，一起蜷在滚筒内，你推我挤，互不相让，任由其他老师“友好啊”“商量啊”的提示。

我走过去，弯腰蹲下问:“嘿！我也想玩，怎样才可以加入你们?”没有人理我。

我走过去，自言自语:“哦,是这样吧。”我挤进去，一用力，三个小孩被我挤出了滚筒外。

我趴在筒里，夸张地说：“哦～这下我可以玩了！”这时三个孩子中的一个，拉着滚筒的边口:“应老师,出来……我们商量商量吧。”

一个即将可能的矛盾，在我欲擒故纵的机智中，轻松化解。

令人苦恼的是，我们的机智到底有多少？一般来说，机智的光芒比较容易在聚精会神的应急中闪现。

所以，如果教师可以不断地积累教育中的机智的火花，使之渐渐聚敛成满腔的智慧，那么，应该相信，智慧会使教育更顺利。

（此案例摘自应彩云的博客：http：//blog. age06. com/u/yingcaiyun/Default. aspx）

二、发展规划

对于工作 15 年及以上的学者期教师来说，专业发展规划的重点是以自己擅长的教学领域为突破口，通过持续的研究和创新，在实践与理论的紧密结合中全面提升自身的教育智慧水平，成为本地具有较大影响的学者型智慧教师。

专业发展规划的主要内容有：

1. 通过研究具体的教育情境，形成自己独特的教学风格和流派。

2. 总结、提炼自己的教育教学观点和理论，形成一套指导自己教学实践的比较完整的教学思想理论体系及独特的实践操作体系。

3. 开展个性化的教育科研，自觉以理论指导实践，探索规律，发表论文、著书立说。个性化的教育科学研究就成为学者型教师成长的必经之路。系统的科学研究既指导教师的教学实践，又丰富和发展教师的教育教学理论，实践发展成理论，理论演绎成新实践。对于幼儿教师来说，由于文化水平起点较低，加强理论学习，勤练笔，提高文字提炼、总结的能力十分必要。

4. 积极参加中青年教师的专业发展活动，教学专业引导，指导和促进中青年教师的专业发展。

第二节　学者期教师专业发展重点

一、增强教育科研意识与能力

随着时代的发展，具有科研的意识、知识与能力，是所有专业人员的共同特征。联合国教科文组织在 1979 年的一份报告中指出：在当今，从教师在“教育体系”中的作用看，教师与科研人员的职责趋向一致。教育科研能力已成为现代教师能力的一项基本内涵，教育科研的思维路径是分析——反思的反复过程。教师的教育科研能力是教师专业素养的核心，是教师能力的最高表现。

提高教师职业专业化水平，必须强调有关研究能力的要求。科研能力在此主要是指研究儿童及教育实践的能力。在实践中汲取营养，更新教育理念，活化教育内容，实现教育科研的不断深入与自己专业的持续成长应成为每位职业教师应有的选择，并在职业生涯中自觉践行。努力提高自己各方面的素养，在成为研究型教师的道路上不断探索，努力成为一名新兴的研究型骨干教师。

（一）教育科研与教师自我教育

1. 什么是教师自我教育

自我教育，广义指受教育者以一定的世界观和方法论，认识主观世界和教育自己的全部过程，又称自我修养。即人们以自己已经形成的思想品德为基础，而提出一定的奋斗目标，监督自己去实现这些目标，并评价自己实践结果的过程。狭义的自我教育即自我批评，是德育的一种方法。①我们这里采用的是广义的概念。

① 中国大百科全书出版社编辑部．中国大百科全书·教育卷［M］．北京：中国大百科全书出版社，1985，第 570 页.

中国古代教育家历来重视自我修养。如孔丘强调立志，要求人们“志于道”，“择善而固执之”。他还提倡“内自省”，“内自讼”，要求人们自觉地改过迁善。《大学》说的“君子必慎其独”，也是一种自我修养的功夫。孟轲强调德性涵养要依靠“自得”，他说：“君子深造之以道，欲其自得之也。自得之，则居之安；居之安，则资之深；资之深，则取之左右逢其源。故君子欲其自得之也。”

教师自我教育是一个由四个环节组成的动态结构，包括自我认识、自我要求、自我监督和自我评价。一般来说，是在自我认识的基础上，提出自我要求；在自我要求的目标引导下，不断地通过实践过程中的自我监督，自我控制，自我调节，力争达到一定预期效果；然后用自己认可的价值观对自己进行评价，通过这一评价，形成对自己的新的认识。在这一新的基础上，又开始了新的自我教育循环上升过程。① 教师自我教育是教师发自内心的对“好”的追求，是主动向善的体现。教师自我教育以教师自身的发展为主旨，不是指向教师个人之外的专业的发展，而是以教师自我的改善和发展为旨归，通过自我教育的过程，教师职业的自我更新和教师专业的发展自然能够实现。

苏联教育家苏霍姆林斯基认为，只有能够激发自我教育的教育，才是真正的教育，没有自我教育，任何教育都不能完成，没有教师的自我教育也就没有真正的教师教育。教师的自我教育是提高教师素质的内在动力，是教师专业发展中不可或缺的内因。

2. 教育科研与自我教育的关系

教师自我教育意识与科学研究关系十分密切。首先，自我教育意识有助于教师科研意识与能力的提高。一些幼儿园一线教师非常害怕做课题，觉得教育科研与己无关，认为这是专业的教育科研人员的事。虽然也尝试着在做一些课题，但更多时候是抱着完成“任务”或为了评职称的目的，有些“被逼无奈”。事实上，随着社会经济的发

① 冉乃彦．真正的教育是自我教育［M］．北京：新世界出版社，2004，第16～17页.

展，人们对学前教育的期望越来越高，日益频繁的教育改革对幼儿教师的专业素质要求越来越高。因此，幼儿教师必须通过自我教育，成为拥有完善的专业特性，理解自己的课堂和改善自己的教育教学实践，能批判地、系统地考察自己教育教学实践的研究者。当教师具备了这种自我教育和发展的意识，才会自觉认真地去开展教育科研，以教育科学理论为武器，有目的、有计划地用科学的态度认识教育现象，提炼教育经验，探索教育规律，研究能力不断得到提高。

其次，教育科研是教师进行自我教育，提升专业水平的有效途径，是促进教学质量提高的有效保障。从事一项课题的研究，从课题的选题、论证入手，进行文献综述，发现他人研究之所长和不足，到制订课题计划，开展课题研究，进行数据的收集，资料的整理，课题结题等，总之，要经历课题研究和实验的全过程。在完成课题研究的过程中，在历经查阅资料、对比分析、文字总结提炼过程后，必然学习了许多知识，也培养了科研能力。学会了做课题，就能自觉地将实践纳入科研的轨道，学会在研究状态下进行工作，成为一名扎根于教学土壤的教育科研专家。开展教育科研的过程也是教师自我成长的过程。

（二）幼儿教师开展教育科研的特点

1. 科研与工作结合

幼儿教师身处幼教工作第一线，每天接触幼儿，最了解幼儿教育教学中的实际问题，其中有些问题就是很好的研究课题，如怎样解决幼儿冲突、幼儿角色游戏怎样组织、如何与家长沟通、如何开发社区教育资源等。研究是一种“嵌入”教学的研究，与指导儿童的活动融为一体、不可分割。这种研究充满了幼儿园教师的声音，充满了幼儿的声音。幼儿园教师的研究是有故事的研究，幼儿教师在进行研究时可以不求理论上的拓展和创新，但必须争取解决本园本班的实际问题。

幼儿教师的研究可以从“小课题研究”开始，即基于职场实际，以解决教育教学中具体问题为任务，对自身工作进行自我观察、内省、反思、探究与行为跟进的一种研究方式。其特征为：第一，聚焦个体。针对教师个体，由个体独自承担申报、结题、研究，关注教师个人的教育反思与行为跟进、教师自身的问题解决与经验提升，教师是课题研究主角，是实践者；第二，着眼微观。小课题研究内容是教师日常教学过程中碰到的问题、观点、想法，同时研究过程是灵活的、成果形式多样；第三，周期较短。大课题研究，一般有明确的立项、开题、研究、结题时间表，需要一年或几年，小课题研究是教师教育教学中急需解决的问题，慢则几个月，快则十几天。“小课题研究”只需向幼儿园申报立项，有利于消除课题研究专利权的神秘面纱，人人可做，时时可做、处处可做。

2. 通过教育科研提升教育智慧

教育智慧是未来教师专业素养达到成熟水平的标志。它既是多方面专业要求在教师身上实现综合的结果，又是教师长期全身心地投入教育实践，不断反思、探索、创造所付出的心血之结晶。幼儿教师的教育智慧首先是人本精神的展现，表现为了解孩子心理，充分尊重孩子的主体性，具有使儿童积极投入生活，热爱学习和创造，愿意与他人进行心灵对话的魅力。其次，教育智慧包含一种敏感性，表现为克制，能够沉着平静的等待。知道什么时候该介入引导，什么时候顺其自然，什么时候该保持沉默，不急于把自己的评价标准强加给孩子，而是对孩子的想法，体验保持开放性的理解。最后，教育智慧是“即席创作”，表现为具有根据对象实际和面临的情境及时作出决策和选择、调节教育行为的魄力，善于调控现场气氛，抓住教育的契机。教育科研是提升教师教育智慧的主要途径和方法。唯有此，教师的工作才能进入到科学和艺术结合的境界，充分展现出个性的独特风格。教育对于教师自身而言，不仅是一种工作，也是一种享受。

3. 行动研究是主要的科研方法

幼儿园教师的研究是一种行动研究——以改善实践为目的的研究。即有计划、有步骤地对教育实践中产生的问题，由教育实践工作者和教育研究者相结合，边研究边行动，以解决实际问题为目的的一种科学研究方法。这种研究融入在行动中、因为行动并为了行动，而不是所谓的“纯研究”。幼儿园教师的教学本身就是一种研究。一般是针对自己教学中出现的问题或困惑而开展科学研究活动的，特点表现在以下几个方面。

其一，研究主体是教师和教育行政人员，它要求行动者参与研究，研究者参与实践。

其二，研究对象是教育教学实践中亟待解决的问题。

其三，研究的首要目标是提高教育教学质量，改进实际工作。

其四，研究的策略是在指导幼儿从事游戏、生活、运动、探索活动的过程中进行的，边行动边研究。

其五，研究过程具有系统性和开放性。

其六，研究方法具有广泛的兼容性。

这里强调的“行动研究的特点”更多的是从操作层面来说的，就是从将其作为一种操作的方法涉及的方方面面来加以说明。

4. 采用反思——行动——再反思的研究模式

国内外关于新手教师与专家型教师、一般教师与优秀教师的研究成果表明，优秀教师的一项重要特质就是对教育教学具有高度的自我调节和完善能力，即通过自我意识进行自我完善。优秀教师在教学中能敏锐地发现存在的问题，并在观察与分析、广泛收集关于自己活动的信息的基础上，以批判的眼光来分析问题，积极寻找新思想与新策略来解决所面临的问题，并在教学实践中加以检验。通过实践——反思——更新——实践的循环，使自己不断提高。

这是一个循环往复的螺旋式上升过程。一方面，教师通过对自己的教育实践和周围发生的教育现象进行反思，从中发现问题、发现新现象的意义，对日常工作保持一份敏感和探索的习惯，不断地改进自己的工作并形成理性的知识；另一方面，通过对新的教育问题、思想、方法等多方面的探索，运用多方面的经验和知识，综合地、创造性地形成解决新问题方案的能力，使教师的工作更富创造性和内在魅力。总之，教师开展教育科学研究的过程，是对自己的行为进行评价、对自己的经验进行整理的过程。通过对日常教学活动的反思可以丰富自己的教学经验；可以部分或全部重建自己的教育观念，形成对自己教学活动的自我意识。通过“行动研究”，强化反思意识，促使自己不断进行自我调整、自我完善。

资源 7-2　案例资料

幼儿的一点一滴，都是我的研究对象

——2010 年全国教书育人楷模吴邵萍的研究之路

小孩子哭或笑的原因往往很简单，因“妈妈走的时候，没有跟宝宝说再见”而哭，因“塑料纸花在阳光下五光十色”而笑，对于这些细节，幼儿教师必须关注，吴邵萍说：“幼儿教育就是细节教育。幼儿的一点一滴，都是我的研究对象。”

很多听过吴邵萍讲座的人都会感慨：“没想到，孩子普普通通的跌一跤，都会成为幼教工作者深入研究的对象。”做一个研究型、专家型教师，一直是吴邵萍追求的目标。

为了构建自己的研究体系，吴邵萍 27 年来从未间断过学习。从一个中师毕业生一直学到大专、本科、研究生课程班，她自理了近万元的学费，平时抓紧点滴时间翻阅各种报刊，每季读完 1～2 本理论书籍。

同时，吴邵萍始终致力于教育教学改革实践和科学探索，醉心于课题研究。从“八五”到“十一五”期间，她参与或独立主持了很多国家级、江苏省重点研究课题，并在课题研究的过程中，陆续出版了《开放性课程在行动》等专著，主编了《托班课程》等书籍。这些研究成果的出版，为一线幼儿教师的教育教学实践提供了直接的参照和支持，对幼儿教育的发展产生了重要影响。

广泛的学习和深入的研究促使她快速成长，特别是在“幼儿音乐教育”研究方面她颇有建树，形成了具有个人独特性的幼儿音乐教育思想和方法，成为远近闻名的专家型、智慧型园长。北

京东路小学附属幼儿园也因此早在1996年就被确立为“中国早期儿童音乐舞蹈教育发展中心实验基地”，成为江苏乃至全国有名的音乐特色园。

（摘自陈瑞昌，缪志聪.《中国教育报》，2010年9月26日．来源：中国教育新闻网 www.jyb.cn）

（三）幼儿教师如何开展课题研究

一个完整的课题研究一般包括：选择课题、制订方案、开展研究、总结提炼等基本过程。下面结合笔者多年开展课题研究的经验以及幼儿园教师在课题研究过程中存在的问题分别予以介绍。

1．选择课题

（1）选择课题有针对性

①研究能解决问题。选择课题时应联系实际，考虑对幼儿园的教育教学和管理有一定价值的问题，如针对教育教学中的薄弱环节和突出矛盾等，通过研究将成果用于工作实践，促进幼儿园保教质量的提高。

但目前有部分教师不考虑自身实际，有的直接选择省、市级规划课题，有的上网搜索别人都在研究什么，什么话题最热门就研究什么，导致课题不符合幼儿园的基础条件和教师的研究能力，缺乏可操作性。还有的幼儿园开展课题研究目的不明确，有的是受外力驱使，纯粹为了完成上级管理部门下达的任务；有的是追随潮流，“别的幼儿园在做了，我们也不能落后”；有的幼儿园是出于竞争需要，因为要评省、市级示范幼儿园一定要有课题研究成果。出于这类目的而开展课题研究的幼儿园很少会去考虑如何通过课题研究切实改善教育教学工作，提高保教质量，促进幼儿的全面发展和教师的专业发展。

②研究能引导发展。如果教师想研究儿童文学教育，那么就有一个为什么要研究的问题。如果说儿童文学教育是你的特色，长期以来一直做得很好，所以要研究。那么就意味着不是为了问题去研究，而是为了研究而研究。有没有比儿童文学更弱的方面呢？或已有研究中

有没有还可以改进、提高之处呢？哪个问题是明显的，并且是值得研究的和自己有能力去研究的？这种对准问题的研究能使一个弱项变成强项或强项更强。正是从这个意义上说，研究能解决问题，研究能引导发展。

（2）找准研究问题

研究问题一定要是真问题。就是研究的问题是存在的，也是有明确的核心的。如果幼儿园要研究舞蹈教学，那问题是什么呢？如果是因为上级经常要求幼儿园参加演出，所以要研究。那意味着这个问题不是本质的问题，不是真问题。如果说，是因为教师在舞蹈教学中有不少困惑，如不同的年龄班应选择什么舞蹈，幼儿舞蹈的特点是什么，幼儿舞蹈教学是否有规律可循，等等。这些问题是基本的问题，也是真实的问题。

在指导课题研究的过程，发现有的幼儿园有课题无问题，还有的选题大而空，不具备可操作性。例如，“幼儿创造力的培养”“早期阅读对幼儿发展的影响”“论游戏对幼儿的影响”等。这些课题涉及面太广，只确定了研究范围，却没有提出具体问题，导致教师无从下手，无法操作。其实这些课题可以缩小研究范围，进一步聚焦，例如，“在数学活动中培养幼儿创造力研究”“早期阅读对幼儿语言能力发展的影响研究”“角色游戏对幼儿社会性发展的影响研究”等。这样一来，问题也就清楚了，课题的可操作性也增强了。

2. 制订方案

（1）课题名称表述准确、规范、操作性强

清楚、准确地界定研究课题，是一个好课题设计的基本要求，也是课题申报成功的基本前提。这看起来是个小问题，但实际上很多人写课题名称时，往往写的不准确、不恰当，从而影响整个课题的形象与质量。这就是平常人们所说的“只会生孩子，不会起名字”。那么，如何给课题起名称呢？

①名称要准确、规范。准确就是课题的名称要把课题研究的问题是什么、研究的对象是什么、它有何内涵和外延交代清楚。比如有一

个课题名称叫"促进小班幼儿口语发展策略研究"，这里面研究对象就是小班幼儿，研究的问题就是促进口语发展的策略。有时候还要把研究方法写出来，如"幼儿心理健康教育实验研究"，这里面研究的对象是幼儿园的幼儿，而不是其他小、中、大学校学生，研究的问题是心理健康教育，研究的主要方法是实验研究，这就说得很清楚，别人一看就知道这个课题是研究什么。总之，课题的名称一定要和研究的内容相一致，不能太大，也不能太小，对选题的陈述要明确，分析关键因素，准确地把你研究的对象、问题概括出来。

规范就是所用的词语、句型要规范、科学，似是而非的词不能用，口号式、结论式的句型不要用。因为我们是在进行科学研究，要用科学的、规范的语言去表述我们的思想和观点。例如，"提供多样化材料，促进幼儿主动发展""培养学生自主学习能力，提高课堂教学效率"，这个题目如果是一篇经验性论文，或者是一个研究报告，应该不错；但作为课题的名称不太合适，因为课题就是我们要解决的问题，这个问题正在探讨，正开始研究，不能有结论性的口气。

②名称要简洁，不能太长。不管是论文或者课题，名称都不能太长，能不要的字就尽量不要，一般不要超过 20 个字。

（2）充分论证课题的意义和价值

也就是说明为什么要研究、研究它有什么价值。人人都会说自己的课题是有价值的，但是，怎样让别人也相信这个课题是有价值的呢，这是课题申报中要解决的一个重要问题。也就是说，在课题申报书中，我们要用心去论证一个课题的价值，从而说服别人来支持这个课题立项。论证课题研究的意义，这一般可以先从现实需要方面去论述，指出现实当中存在这个问题，需要去研究、去解决，本课题的研究有什么实际作用，然后，再写课题的理论和学术价值。论证课题的价值，一般包括以下几个方面。

第一，课题研究的文献综述。要把这个领域的国内外研究现状、水平和发展趋势说清楚，即本课题有没有人研究，研究达到什么水平、存在什么不足以及正在向什么方向发展等。通过文献综述，一方面可以论证本课题研究的地位和价值；另一方面也说明课题研究人员对本课题研究是否有较好的把握。是否了解学术前沿，选题是否有前沿性。因此，在文献综述上，关键是要正确判断选题的方向性，确定能够把握前沿的问题，这是一个课题有无价值的关键之处。

第二，课题研究的认识价值。科学研究可以帮助人们认识世界，更好地把握事物的内在联系，这是科学研究的认识价值。一线教师教育科研也有认识价值，即它有助于深化人们对教育活动、教育要素的具体认识。比如，重新认识儿童的学习潜力、重新认识师生之间的交往方式、重新认识评价的效能，或者树立新的教育理念，形成新的教育思想等。课题研究的认识价值，是通过对事物本质与规律的深化探究获得的。因此，论证课题的认识价值，关键是要说明课题研究在对事物本质与规律的把握上能够获得新进展。

第三，课题研究的实践价值。通过科学研究，可以找到解决问题的新思路、新方法、新技术、新模式，从而促进问题解决，这是科学研究的实践价值所在。一线教师教育科研的主要价值应该说就在于改进教育实践。

当然，一个课题，终究只是研究教育实践的一个局部，一个方面，选题方向不同，它具有的实践价值也是有区别的。那些具有全局性、基础性、时代性和紧迫性的大问题，无疑更有教育实践价值。

总之，不同课题的价值是有大有小的。要做有大价值的课题，就一定要在学术探索的前沿地带寻找课题，保证课题具有前沿性。此外，要从理论和实践两个角度来分析选题的重要性，展示课题研究的学术意义和应用前景。

（3）严谨周密地选择课题界定与研究依据的理论

主要是阐明解决问题的理论基础，即支撑本项研究的一般方法论、具体学术领域及其学术成果。许多课题研究内容不清，研究深入不下去都与课题核心概念、界定与理论依据不明有关。

这点很重要，虽然我们是基层幼儿园，我们的研究多数是实践研究、应用研究，是为了解决实践中的真问题，但是，我们一定要清楚，我们的实践是在理论指导下的实践。为什么？因为我们是专业人员，专业的标准和条件就是有理论支持，只有在理论指导下的实践才是科学的、严谨的，否则，就是盲目的、低效的实践，甚至是无效的实践。事实上，要实现通过课题研究锻炼教师队伍，促进教师专业发展的目的，也要求必须重视寻找课题研究理论，强化课题研究理论的学习。这也符合成人学习理论和规律。教师作为成人，并不像在校学生一样可以单纯为了学理论而学理论，成人学习动力是，在工作中，为了解决问题，为了完成工作目标的“任务驱动”而学习理论。

例如，我们要进行园本课程研究，我们就必须以课程理论、学习心理理论、教育心理学理论为研究的理论依据。我们进行教学模式创新实验，就必须以教学论、教育实验理论等为理论依据。

（4）客观合理地确定研究目标和预期成果

研究目标即我们预期取得的成效，是整个研究的出发点和归宿。从大的范围来讲，教育科研的目的是解决我们面临的教育教学问题。这些问题都是现实存在的、对教育活动有影响的问题。科研就是有计划地解决问题的活动。这种活动和一般活动相比，更具计划性、创新性和严密性。在科研方案中，解决问题的目的需要具体化、明确化为可操作、可验证的各项研究目标。只有目标明确而具体，才能知道工作的具体方向是什么，才知道研究的重点是什么，思路就不会被各种因素所干扰。确定课题研究目标可从以下几方面考虑。

第一，教育要素或教育模式的创新；

第二，对教育问题的理论认识的提升；

第三，幼儿园面貌的变化；

第四，儿童获得更好的发展；

第五，教师队伍的发展。

一个具体的科研项目，可能包含上述五个方面的成果预期，也可能只有某个或某些方面。究竟能达到什么目的，能收到哪些效果，需要具体课题具体分析。通常，综合性的学校整体改革研究，功能具有综合性，因而目标设定要全面一些。而那些专题性的科研课题，功能相对单一，目标设定就不能太泛。例如，“促进小班幼儿口语发展策略研究”课题，研究的目标可主要定在发现、探索和完善上促进小班幼儿口语发展策略，不必牵扯许多无关的东西。

课题研究的预期成果形式主要是确定解决问题的程度，可能产生的效益，成果存在和表现的方式，提交科研管理部门的代表性成果等。课题研究的成果形式包括报告、论文、专著、软件、课件等多种形式。课题不同，研究成果的内容、形式也不一样，但不管形式是什么，课题研究必须有成果，否则，就是这个课题没有完成。

(5) 准确有效地分解研究内容

主要是对问题进行具体分解，形成各种子课题。即根据目标来确定我们这个课题具体要研究的内容，相对研究目标来说，研究内容要更具体、明确。并且一个目标可能要通过几方面的研究内容来实现，他们不一定是一一对应的关系。大家在确定研究内容的时候，往往考虑的不是很具体，写出来的研究内容特别笼统、模糊，存在的主要问题是：其一，把研究的目的、意义当作研究内容；其二，内容与目的不挂钩，不匹配，研究内容不能为达成目的服务；其三，内容本身缺乏逻辑性、条理性。这对我们整个课题研究十分不利。

一个大课题一般包含若干子课题，为了解决好总问题，需要对课题内容进行分解，确定一些相互关联的小问题，从而使问题逐步得到解决（当然，部分单一的问题不一定能再细分，也可以不分解）。这一过程，是确定研究内容的过程，也是对研究课题的逻辑分解过程。在现实生活中，存在着研究者不善分解研究内容的现象，影响了一些课题研究的水平。为了提高教育科研的质量，在课题设计过程中，应高度重视研究内容的分解工作，努力把课题落到实处。一般来说，分解研究内容的主要方式有以下几种。

第一，下位概念分解法。就是先确定课题的中心概念，然后按照逻辑标准列出它的下位概念，每个下位概念都是一项研究内容。比如，提高教师群体科研素养的研究。它的中心概念是科研素养，科研素养的主要下位概念应包括科研意识、科研态度、科研知识和科研能力（内涵）。就可以把这些下位概念作为主要的研究内容，把课题分解为科研意识、科研态度培养研究，普及提高科研知识的研究，提高科研能力的研究等子项目。

第二，以研究方法来划分研究内容。有些问题不一定需要或能够分解出下位概念，那就可以通过方法的差异来区分研究内容。比如，一个关于反思性教学问题的研究，可以划分出反思性教学文献研究、反思性教学理论研究、反思性教学实验研究等不同侧面的研究内容。

第三，混合分解法。大多数的研究课题往往采用混合分解方法来确定内容。混合分解法就是从不同维度来同时分解问题，比如，一方面从下位概念来分解，一方面从研究方法来分解，然后把两个方面组合起来。例如，一个关于儿童探究性学习现状的研究课题，既可以分解出探究性学习的理论研究状况和实践状况两个大领域，又可以根据研究方法设计出探究性学习状况的比较研究、调查研究、案例研究和文献研究等不同专题，把这两个维度结合起来，就可以分解出更细致的子课题，从而使研究更全面和深入。

总之，为了使课题便于操作，就需要具体分解研究内容。至于具体分解研究内容的方式，应考虑课题的性质，以及研究的状况来具体选择。

（6）正确选择研究方法

“工欲善其事必先利其器”，在课题设计过程中，正确设计课题研究的方法是很重要的事情。教育研究的方法很多，常用科研方法：调查法、问卷法、观察法、谈话法、经验总结、文献法、行动研究法、实验研究等方法。一个大的课题往往需要多种方法，小的课题可能主要是一种方法，但也要利用其他方法。为了正确选择研究方法，应注意以下事项。

第一，应熟悉和掌握各种常见的教育科学研究方法。常用的研究方法，各有特色和长处，也各有使用规范和技巧。在选择研究方法之前，应了解各种方法的功能、特点和使用要求，认真钻研、努力把握各方法的精髓。只有真正掌握好这些方法，才能从容驾驭这些方法，使其服务于课题研究的需要。

第二，要从解决问题需要的角度来考虑研究方法。在科学研究中，内容决定着方法的使用。不同性质、不同内容的课题，对方法的要求是不一样的。理论性课题常常离不开理论演绎、文献分析、历史研究等方法，有的理论性课题还要开展实验研究；而实践性课题则更多用到调查研究、个案研究、观察研究、经验总结、实践研究等方法，当然，实践性课题也需要基本的文献研究和理论思考。在选择研究方法的时候，一定要考虑内容对方法的要求，也就是说，要从有利于解决问题的角度来确定研究方法，要注意研究方法的实际效能。

第三，要注意多种研究方法的组合。比如，定性研究和定量分析要结合起来，历史研究和现实把握要结合起来，理论探讨和实践研究要联系起来，还要注意经验、案例和观察的重要价值。只有多种方法综合地使用，才能取长补短，发挥各种研究方法的整体优势，从而提高成果水平。

（7）明确研究步骤，细化研究过程

课题研究的步骤，也就是课题研究在时间和顺序上的安排。一般划分为：准备阶段、实施阶段、总结阶段。研究的步骤要充分考虑研究内容的相互关系和难易程度，一般情况下，都是从基础问题开始，分阶段进行，每个阶段从何时开始，至何时结束都要有规定。课题研究在时间和顺序上的安排：第一，确定研究周期，第二，划分研究阶段，第三，明确不同阶段的研究重点。一般说来，研究过程越详细、具体、明确，越有利于研究者对研究过程的控制和把握，越能够保证研究任务按预定要求完成。

3. 开展研究

幼儿教师的研究是真正的从实践中来、到实践中去的研究。它不需要精深的研究工具和复杂的研究程序，只需要教师对自己的具体行动进行认真的反思，记录自己的真实体会和想法，进而逐步改进行动。研究在教师的行动中，在幼儿园、教室和自己的工作岗位上。

（1）处理好研究与日常工作的关系

幼儿教师的研究不应是在日常工作之外再加上一些额外的部分。幼儿园的课题研究与幼儿园的日常活动是融合在一起的，脱离日常工作的科研就无法涉及教育教学工作的实际问题。因此，课题就应该是由实际从事教学工作的人员来进行的，就是在一日活动具体的过程中进行的。只有在一日活动的过程中，才能发现真正的问题，在能关注现实教学过程中的现象和事实。研究和日常活动不同的是，有明确的目的，有科学方法的指导，有明确的探究意识。因此，幼儿园的课题研究，要在强化研究意识和研究目的的基础上，立足日常工作，解决现实问题。

（2）注重过程资料的积累、记录、收集、整理

行动研究与经验总结的差别在于，行动研究是一种系统的探究和有规律的批判性反思活动，有一套规范的资料收集和分析的方法。行动研究中的反思往往是以资料（如观察记录）为依据的，而且反思的过程应该有文字记录，也是资料的重要组成部分之一。行动研究中的资料不仅包括教师的活动计划、活动过程与对儿童的观察记录、儿童的作品，还包括教师对行动的思考及参与研究的心路历程。主要方式有以下几种。

①专业日志。专业日志是一个活的、有目的的反思性的工作文件，是可以产生回馈的工具，是教师行动深思、学术反思和专业发展的重要工具，是促进研究进展的重要媒介。教师要将专业日志视为整个研究历程的同行伴侣。专业日志可以记录我们的观察，描述我们的行动，记载我们的灵感和创意，同时也包含对事件的分析和综合。教师可以发挥自己的撰写风格和特色，将备忘录、描述性记录、解释性记录、深度反思等不同形式有机结合，养成定期书写专业日志的习惯，为研究提供生动的素材，促进研究的进行。

②档案袋。档案袋的英文单词为 portofolio，有“代表作选辑”的意思。最初使用这种形式的是画家及后来的摄影家，他们把自己有代表性的作品汇集起来，向预期的委托人展示。它所选择或提交的东

西，是由出示档案袋的人自己制作的。而今，教育界经过发展后的档案袋不同于一般的档案或普通的搜集品，而是一个综合物，是同某个具体课题相关的、经过精心选择和编辑的搜集品。档案袋不但体现学生发展的历程，而且也体现教师发展的轨迹，是教育、学习、发展和评价的工具，是教师行动研究不可或缺的研究武器。在进行行动研究时，可根据不同的目的创建不同的档案袋。如要研究自己所教的课程，可以建立“课程档案袋”；要呈现某个幼儿的发展水平，可建立“幼儿档案袋”等。档案袋是行动研究项目的一个生动的简历、一个评价工具、一个促进文件。

4. 总结提炼

总结是研究的重要组成部分，即将研究获得一些模糊的、片断的、肤浅的教育观点上升到一定的概念层次，并以具体的语言符号表现出来，形成逻辑严密、论证严谨的研究报告。这个过程就是教育科学研究课题的总结、表述、撰写过程，也就是一个课题完成后出成果的过程，同时，也是幼儿教师开展课题研究感觉最艰难、最畏惧的过程。课题的总结，根据需要，可能是感性的、丰富的和实践性的；也可以是理性的、概括的。总结不是随谈，总结需要把握研究过程，反映研究过程中的事实和现象，在此基础上，揭示一些相对本质和规律的东西。没有总结，就很难真正形成长效的解决问题的原则和策略，很难从根本上形成解决问题的机制。总结不是为了写论文，是为了研究。论文仅仅是课题总结和提升实践的一种方式。一篇规范的研究报告是具有基本的格式要求的，它一般应由下述部分构成：

（1）题目

（2）摘要

（3）引言（又称前言）

（4）研究的方法

（5）研究结果及评价

（6）讨论或小结

（7）结论

（8）参考文献

（9）附录

其中每部分的具体内容和写法要求，在任何一本相关内容的书中都已谈到，在此不做赘述。虽然在撰写时，不必拘泥于这些格式，但作为一项严肃的学术工作，还是应遵守一些基本要求。

第一，建构理论框架。有理论支撑的研究和无理论支撑的研究是不可同日而语的。我们进行课题研究，是一种有目的的理性活动，因此在问题形成和发展时必须依赖理论思考。作为幼儿教师来说，课题研究的目的不是为了建立理论，而是为了解决问题，所以课题研究中的理论建构，不需要对理论进行证实，而只要它对具体问题进行合理的解释和说明，“有效”，有“解释力度”就可以了。

第二，遵循学术规范。在进行课题结果的表述时，还应该遵守必要的学术规范。这就是说要有自己独立的研究方法，提出的理论、假设应该是可以通过实验、实践验证的，并且具备自己规范化的术语和专业的表达方式。有老师在总结自己的实验，说明幼儿的认识能力得到了普遍提高时，以“孩子们更好奇了，更聪明了，反应更快了”这样的句子来表述，既显得啰嗦，无条理，还降低了研究的层次，是很不可取的。

第三，掌握表述准则。幼儿教师进行的课题研究，都是来自教育教学第一线最鲜活、最富有实践价值的成果，因此，在撰写教育科研报告时，除了应该努力在行文的流畅、逻辑的严谨、遣词的准确上下工夫，增强报告的科学性、规范性外，还可以进行一些具备个人经验及灵性的写作尝试，如前面谈到幼儿园教师的研究是有故事的研究，故事是鲜活的。在撰写故事时，要尽可能说出幼儿的名字。当故事内容涉及幼儿隐私时，就用化名的方式来撰写，以增强研究报告的可读性。

二、追求教学表达艺术

语言是人与人之间交流思想、沟通感情的重要手段。教学语言是幼儿教师教学的基本功和必要素养，是教学的一个基本的和重要的组成部分，教师教学语言水平直接影响并关系到师幼关系质量的高低，甚至教学的成败与幼儿发展的好坏。教学既是科学也是艺术，许多教学实际问题的解决，不但有赖于教学科学，也依赖于教学艺术。研究教学语言，追求教学表达艺术应成为每位教师，尤其是学者期教师的不懈追求。

（一）教学语言界定及价值

1. 基本概念界定

（1）语言

对语言的界定，人们通常认为，语言既是人类思维的表达方式，也是交际的工具，语言作为一种社会交际工具的符号系统，有狭义和广义之分。狭义的语言，是以语音为物质外壳，由语法和词汇两部分组成的一套符号系统，包括口头语言、书面语言以及记载书面语言的文字。广义的语言“包括人类用于交际的所有手段”或者“人类使用的一切符号”。①

（2）教学语言

对教学语言含义的界定，从不同的视角有不同的侧重和见解：

教育学者认为，“教学语言是指教师在把知识、技能传授给学生过程中使用的语言，它是教师传递教学信息的媒体，是一种专门行业的工作用语。”②

教育社会学者认为，教学语言是指有社会学意味的存在于学校环境和课堂环境中的蕴涵着各种关系、权利意味的语言——即教学话语。

语言学者认为，教学语言是教师在具体情境中使用语言的外表行为，是教师和学生教育交际的创造性产物。其特点具有审美性和情感性，是具体社会文化的产物。

---

① 宋永培．中国文化语言学辞典［M］．成都：四川人民出版社，1993，第28页.

② 郭启明．教师语言艺术［M］．北京：语文出版社，1992，第11页.

综合来看，教学语言是教师在教学过程中创造性使用的，为正确处理教学中的各种关系，有效地把知识传递给学生，最大限度地调动学生学习的主动性，具有科学性、规范性、教育性和逻辑性的语言，包括教师和学生在教学中的口头语言、书面语言和体态语言。

（3）幼儿园教师教学语言

幼儿园教育有其特殊性，幼儿园的任务是实行保育与教育相结合的原则，对幼儿实施体、智、德、美各方面全面发展的教育，促进幼儿身心和谐发展。幼儿园里的活动以游戏为主，教育贯穿在一日生活中，幼儿教师对于幼儿来说既是教育者，同时还是他们生活的照顾者。

因此，幼儿园教师教学语言是教学语言的一种特殊形态，是教师在一日生活中作用于幼儿的语言的总称。是一个由语言、教师和幼儿三维整合的有机体，语言是信息传递的媒介，在使用中促进师幼相互理解和相互沟通，并共同创建知识和创建相互关系。教师既要有意识地对自己的语言进行监控，又要不断地接受幼儿的信息反馈，随时调整自己的言语行为。幼儿园教师的教学语言是一个以教师为主、幼儿为辅、师幼互动的双向行为过程。

2. 幼儿园教师教学语言的意义与价值

幼儿教师良好的教学语言的运用能增进情感，密切师幼关系，激发幼儿参与活动的兴趣，也有利于启发想象、引导幼儿探索操作，促使幼儿思维和创造力的发展。正如苏霍姆林斯基所说的“教师的语言修养，在很大程度上决定着学生在课堂上的脑力劳动效率，精炼的语言可以节约学生好多时间”①。

（1）幼儿教师的教学语言具有示范性，是儿童模仿学习的对象

3～6 岁的幼儿正处在语言发展的敏感时期，他们的语言大部分是通过没有外界压力的自然观察和模仿而来的，教学语言成为儿童学

① 苏霍姆林斯基．给教师的建议［M］．北京：教育科学出版社，1984，第 281 页.

习规范语言的经常性语言环境和重要的模仿范本。他们缺乏语言的识别能力，如果没有良好的语言示范，幼儿的语言就得不到正确的发展。在幼儿园，教师无疑是幼儿模仿的对象、学习的榜样。教师的一言一行、一腔一式甚至某种口头禅，幼儿都会非常敏感，乐于模仿。因此说，教师的语言具有很强的示范作用，要求教师自觉规范自身的语言。

（2）幼儿教师的教学语言对于儿童认知和思维能力的发展具有支架作用

语言是思维的工具，教师运用语言与幼儿交往，本质是思想的交流、碰撞。教师语言的逻辑性、思维的准确性、深刻性都会潜移默化地影响幼儿思维的发展。启发式、探究式的教学语言能使师幼互动起来。"平庸的教师只是叙述，好的教师讲解，优异的教师示范，伟大的教师启发"。教师通过启发式、探究式的教学语言能够鼓励幼儿积极讨论，大胆探索。一般来说，生动形象的教学语言有利于幼儿的形象思维的发展；理性概括的语言会引导幼儿的抽象思维的发展；教师语言的机敏、灵活会影响到幼儿的思维的灵活性和独立性；教师的语言材料的丰富性会影响到幼儿思维的广阔性和深刻性。教师运用生动有趣的语言有利于引领儿童领略丰富多彩的外部世界，特别是绘声绘色的描述，能使幼儿听后产生有关事物的鲜明形象，并能牢牢地铭刻在记忆中，从而拓展幼儿认知空间。不仅如此，幼儿透过教师高超的语言艺术，还可以探知教师的思维进程，体验到思维过程中的快乐，从而可以激发幼儿思维的兴趣，发展幼儿的思维能力，培养幼儿的想象力和创造能力。

（3）富有情感和期望的教学语言能培养幼儿美好的心灵世界

童年期形成的性格、情感、道德品质等萌芽将对人今后的发展产生重要影响。有人说，"情感是高尚行为的肥沃土壤。哪里不注意细心关切地去感知周围世界，哪里就会产生漠然无情的人。心灵的易感性和同情心在童年期尤为强烈。"亲切的关怀、细心的问候、甜美的语言能够带给孩子爱和尊重，给幼儿的心理带来安全和依恋感，让幼儿产生愉悦的情绪和情感，进而形成对周围世界的积极态度和美好情感。优美的语言还能再现美好的情感，滋润孩子的心田，感染儿童，激励儿童。美好心灵世界的塑造需要爱的浇灌、丰富情感的启迪，需要教师用真挚而满怀期望的语言去唤醒。通过语言，让美好的情感在教师和幼儿之间流淌，让心灵得到沟通和交流，当这些美好的情感常驻幼儿的心灵世界，他们的生命就会因此而敞亮起来。

（二）幼儿园教师教学语言的特点与要求

教学语言历来备受关注，幼儿教育教学活动的开展依赖于教师教学语言组织与贯穿，是教师教学语言的充分展示，而幼儿园教育对象的特殊性，决定了幼儿园教师的教学语言具有不同于一般教学语言的特征与规范。

1. 幼儿园教师教学语言的特点

（1）童趣化

就是要求教师的语言要形象、生动，富有趣味性。儿童化的语言，譬如“小白兔”“大灰狼”“太阳公公”“月亮姑娘”之类的词能够贴近幼儿的心理，能使语言更具活力，幼儿愿意接受。但拟人不可仅停留在“太阳公公”之类称呼的浅层次上，拟人要拟出神采，要拟出情来。例如“月亮姑姑害羞地躲进了云层”比“月亮姑姑被云遮住了”要美得多。比如，用又粗又涩的声音扮演鸭爸爸，用恶狠狠的腔调演绎大灰狼，用阴郁沉闷的怪声表现老巫婆等。一个个活生生的人物形象就把幼儿带进了童话世界，之后的交流、教学也会进行得顺利且充满活力。相反，空洞无物、枯燥无味、呆板无力的语言会使幼儿昏昏欲睡，毫无兴趣。因此，教师要善于从幼儿的实际活动出发，抓住幼儿的特点，使用生动形象、富有感情、具有感染力、贴近幼儿生活的语言，激发幼儿活动的兴趣。

（2）富有感情

幼儿教师的教学语言应是富有感情，有强烈的感染力和激励性的。古人有句话叫做“感人心者，莫先乎情，莫始乎言”。就是说要避免空洞无物、枯燥无味、呆板无力的语言。幼儿园教育教学与学校教育的最大不同点在于，幼儿教师的语言应当更加生动、形象、活泼、充满感情。如果教师像一般平铺直叙地说话，幼儿听来无异于老和尚念经，很快会昏昏欲睡；如果像播音员一样说话则只能让幼儿感到生涩，毫无情趣。幼儿的年龄特点决定了他们喜欢生动的、有趣的、形象的、活泼的语言，这样的语言才能感染他们、激发参与活动的愿望，带动他们积极投入活动。特别是加上教师丰富的表情和适当的动作，更容易为幼儿所接受和模仿，有利于幼儿语言和各方面的全面发展。

（3）激励性

成人的鼓励和支持是幼儿学习和发展的重要前提，幼儿教师的语言具有激励性是幼儿园教师语言的重要特点。对幼儿来说，当幼儿遇到问题不能正确解决，感到灰心与无望时，教师就要及时帮助幼儿，用积极的语言引导幼儿去探索。“你这样试试看，失败了也没关系呀!”“再想想，就能想出来了。”等这样的语言来激励幼儿，这些语言对幼儿来说，无疑是一种支持性的力量，可以成为幼儿解决问题的动力，坚定完成任务的信心。

（4）多适应性

所谓多适应性，就是要求幼儿教师在教学语言上要“因人用语”，适应各种不同的幼儿。因为年龄越小的孩子其兴趣、爱好、家庭、接受能力等各方面的差异会越大，对不同的幼儿所使用的语言应当是不同的。所谓不同，主要指幼儿个体之间存在的不同之处，比如，对性格较为敏感、容易紧张、能力较弱的孩子，教师应面带微笑，更多地采用亲切的语调、关怀的语气并伴随着一些肢体动作，如摸摸头、抱一抱对他们说话，消除幼儿紧张的心理；对反应较慢的幼儿，教师的语言在语速上应当适当地慢一些，表现出更多的耐心；与性格较急的孩子交流，教师的语调要显得沉稳，语速适中，使幼儿焦躁的情绪得以缓和；对小班的孩子说话，更多地注重语言的儿童化，而对大班的孩子说话应更多关注语言的启发性和深刻性。对不同的幼儿采用不同的语言表达形式，如此才能使教师的语言达到良好的教育效果。

（5）独白与对话共融性

幼儿心理学指出幼儿语言的理解要先于语言的表达，即幼儿在学习语言、运用语言时首先要理解别人的语言，继而才能在理解的基础上进行表达。这表明了语言与思维发展的非同步性，思维先于语言的发展。鉴于此，幼儿园教师的教学语言更多地需要立足于幼儿能理解的层面展现事物的逻辑关系，帮助幼儿理清思维，表现为信息性陈述的呈现、说明。例如，“爸爸、妈妈上班了，晚上下班才能来接你，乖，不哭！”这是幼儿教师知识与思想的一种“独白”。这种独白是基于幼儿语言与思维发展特点基础之上的。但师生关系同时是教育中人与人之间的交往关系，因此，教学语言作为一种教育交往过程中的言语行为从本质上说更应该是对话性的，是一种对话性语言。所以，幼儿教育中的教师教学语言更多的是“我”与“你”两个亲密、平等主体之间的“对话”过程，教育追求的是人的精神与灵魂的交流与沟通，通过对话启迪幼儿的智慧。因此，幼儿园教师教学语言是独白与对话共融的语言。

2. 幼儿园教师教学语言的要求

语言是一门具有无穷魅力的艺术，苏联教育家马卡连柯曾经强调指出：“要使未来教师养成善于同儿童说话的能力。”① 教师说话时的口气、说话时的态度以及声调等，都会对幼儿的行为和情绪、幼儿与教师的关系以及和情感发展等起着极大的作用。主要要求如下。

（1）教学语言应当做到口齿清晰、语速适中

幼儿教师的语言要清晰悦耳，一字一词不能含糊不清。这是教师语言的示范性及幼儿年龄特点决定的。语言的表达，首先要让幼儿听懂、听清，只有听得清楚，才能逐渐理解。只有听清楚教师每一个词汇的发音，幼儿才能准确地模仿。教师的语言发音必须准确，力求做到字正腔圆。对于幼儿发音不准确之处要注意纠正，例如，“哥哥”

① 宋其蕤，冯显灿．教学言语学［M］．广州：广东教育出版社，1999，第67页.

说出“多多”，“老师”说成“老西”等。此外，年龄越小的孩子说话越慢，因此，小班教师教学语速相对于中大班应更慢些，语气词更多、语调舒缓悦耳亲切、语气略带夸张等，给予幼儿更多的反应、思考、理解的时间，幼儿的语言也才可能得到更好的发展。

（2）教学语言要用词准确、丰富，语句简洁

首先，学龄前儿童正是积累词汇的最佳时期，他们关注新词，对词汇表现出极大的兴趣，愿意利用一切机会使用新词。幼儿教师使用词汇的水平直接影响幼儿对词汇的积累和使用。但令人遗憾的是，目前很多幼儿教师的语言用词单调，内容刻板。若把她们的教学语言用文字记录下来，就显得枯燥无味，毫无文采可言，对培养幼儿的语言极为不利。例如，有一位大班幼儿教师在评价小朋友的手工制作时，只用到了两个词汇：“很好”“不错”，这如何能对大班幼儿语言发展起到引导、示范、启发和借鉴的作用呢？其次，教师的用语必须规范化，用词要求准确。离开了准确，表意就会发生扭曲。特别是幼儿教师的提问语言若不准确，极易造成幼儿不知所云，带来思维上的困惑。所以，在适合幼儿年龄特点和理解能力的前提下，幼儿教师的语言要尽量使用优美的语言，重点突出，富有逻辑性，注重平时积累，多读、多听、多留意，为幼儿营造丰富、优美的语言学习环境。

最后，幼儿年龄小，理解能力较弱，教师在与幼儿交谈时应使用句法结构较为简短，词汇涉及范围较小的语句。比如，当幼儿不愿意吃胡萝卜时，教师如果说：“胡萝卜里含有大量的胡萝卜素，可以转化成维生素 A，给身体提供所需要的营养，提高免疫力，所以小朋友们都要吃胡萝卜。”这样的话孩子们很不容易理解，但如果简单、形象地说：“胡萝卜很有营养，吃了可以让眼睛更加明亮。”孩子们很快就能接受并愿意吃胡萝卜。语言简明还指没有口头禅。如“这个，这个”“嗯，嗯”“知不知道”“是不是”之类的口头禅也不能太多等。因此，教师的语言应力求简单、直白、不啰嗦，不使用让幼儿理解感到困难的长句、复合句、并列句或功能词。

(3) 教学语言应当生动、形象、富有动感，具有韵律美

幼儿天生喜欢有节奏、有韵律的语言，如果教师讲课时说：“谷是金黄色，花儿红色……”这样说当然绝无语法错误和逻辑错误，但听起来总显得别别扭扭。有经验的教师会说：“稻谷是金黄的，花儿是鲜红的”或者“稻谷黄灿灿的，花儿红艳艳的”，就好听多了。在这种特定的语言环境里，如用双音词就都用双音词，如用判断句就都用判断句，语言才具有韵律美。

富有节奏、色彩、诗意性的语言不仅能对幼儿起到美的陶冶作用，在对幼儿的教学中也能起到画龙点睛的作用。例如，教幼儿叠衣服时，教师如果将讲解并配合运用节奏明快，朗朗上口的儿歌：“扣子找扣眼，袖子找袖子，衣服弯弯腰，帽儿点点头。”能使幼儿在诗情画意的氛围中轻松自然地学会穿鞋子、叠衣服等本领，不仅提高了自理能力和审美能力，而且陶冶了幼儿的情操。再如，在绘画教学中，教师可以将所画的内容按步骤、要求编成生动形象、简短易懂的儿歌，边画边说：“一条小鱼水中游，摇摇尾巴点点头，一会儿上，一会儿下，游来游去真自由。”在儿歌声中逐步画出了鱼身、鱼尾、鱼头、鱼鳍和鱼泡泡。这种“诗”化的语言不仅激起了幼儿绘画的兴趣，帮助幼儿顺利地完成了绘画活动，而且发展了幼儿的语言能力。

(4) 教学语言应当多种形式并用

语言有多种形式，除了常用的有声语言——口语外，还有书面语、情态语、体态语等无声语言。幼儿教师应善于创造性地使用这些语言，并将它们融会贯通，更好地为教育教学服务。

①书面语。可能有的教师会说书面语在幼儿园使用不合适，它适用于识字较多的小学生和中学生。事实上，书面语言不仅仅是文字，还包括各种符号系统，《纲要》在语言部分明确指出：“培养幼儿对生活中常见的简单标记和文字符号的兴趣。”“利用图书、绘画和其他多种方式，引发幼儿对书籍、阅读和书写的兴趣，培养前阅读和前书写技能。”例如，在教新歌时，幼儿记歌词是个难点，如果将每一句歌词用一幅画形象地展现在黑板上，幼儿就能根据画面很快地记住歌

词，这就是广泛适用于幼儿园的非文字书面语的魅力。此外，在家园沟通中书面语是必不可少的。

②体态语。苏霍姆林斯基谈道，教育的艺术也包括同人交流的艺术。人的喜、怒、哀、乐等情绪与情感，可以通过脸部、身体的表情显现出来，人们把这种表情叫做体态语。幼儿教师的体态语对幼儿有着强烈的感染作用，能使教育教学收到事半功倍的效果。

A. 脸部表情。面部表情是心灵的镜子，幼儿的年龄特点，决定了他们对教师的面部表情异常敏感。和蔼可亲、笑容可掬、热情大方的面部表情能带给孩子安全感，使幼儿自然而然地形成一股内在的亲师感，赢得他们的认同，建立良好的师生关系，充分调动幼儿学习的积极性和主动性，使学习过程变得轻松愉快、生动活泼。

B. 眼神。眼睛被称为心灵的窗户，它能表达许多言语所不易表达的复杂而微妙的信息和感情。真诚热情，坦率的眼神等于明白地告诉孩子老师的大公无私的爱和宽容的心，教师特定的手势或眼神的暗示能使幼儿在犯错时心领神会，自觉改正；也可以让幼儿得到鼓励和肯定更加积极投入活动。运用激励期望的眼神，往往比有声言语更能触发儿童的心灵，更能牵动儿童的感情。通过眼神可以全面关注每一个儿童，交流师生之间的信息和感情，及时反馈与沟通。面对全体儿童，常用的有环视法、点视法、虚视法等。

C. 姿势。常用来表达思想感情的姿势主要包括头语、身姿和手势三种。它们既可以支持修饰言语，表达口头语言难以表达的情感意味，也可以表达肯定、默许、赞扬、鼓励、否定、批评等意图，收到良好的教学效果。对幼儿园教师来说，恰当运用身体语言更显得尤为重要。例如，对新入园孩子运用抱一抱、拍拍背、摸摸头、点点头、拉拉手等身体语言对于缓解他们的入园焦虑有很好的作用。蹲下来与孩子说话、击掌约定、将孩子抛向空中等特定的身体语言还能传达出教师对幼儿的关爱、鼓励、肯定等积极情感。运用姿势语言要求协调、适宜、利索、优美，即协调各种动作姿势，并与其他有声、无声言语动作紧密配合，适合当时的情境氛围，意思明确。使各种手段表现协调一致，才能达到良好的教学效果。

教师在教学中运用肢体动作不仅能增加教学的趣味性，而且能使抽象的内容变得更为直观，从而使幼儿更容易理解。总之，恰当地使用体态语能够使教育教学锦上添花。

幼儿教师的语言技能主要表现在对上述教学语言特点的把握和要求的体现上，是教师运用已有的知识经验，通过练习和自己多年的实践形成的，不仅能够表达教师对所面对的语言对象的看法，同时也能表达教师的态度和情感。充分发挥语言的魅力，使天真无邪、纯真可爱的孩子们伴着我们的语言健康快乐地成长是每位幼儿教师的责任。

（三）幼儿教师教学语言实施的策略

策略即计策谋略，它是指为实现某一任务而采取的手段。幼儿教师为不断提高自己的语言技能，在教育教学中可以采用如下语言策略。

1. 仔细观察、认真倾听

教师与幼儿在教学过程中是一个双向交流、互动过程。教师发出语言信息后还要接收幼儿反馈，在此基础上做出下一步的指导，这才是真实的互动。观察与倾听，都是教师接受、识别、理解幼儿语言、情感和态度反馈信息的重要途径。

（1）仔细观察幼儿的反应

教师在教学活动中要善于通过“察言观色”，及时准确地掌握幼儿对教师指导语的反应。互动交往的一般心理过程是：收入语音—理解语意—分析信息—做出反应。幼儿在接受教师的指导语后也必须通过内部心理过程加以理解、分析后才能起作用，作用的结果也必定会通过幼儿的外部表情、肢体动作有所反应，教师要善于通过幼儿外部的语言行为来把握幼儿的心理或思维状态，如教师指导时，幼儿是否在认真倾听；教师讲解的内容是否能激起幼儿的兴趣；教师所使用的语言幼儿是否能听懂、能理解，还是根本不明白。通过观察，提高对幼儿反应的敏感度，从中获得反馈信息，不断对自己的教学指导语策略作出及时调整，才能保证教学的顺利进行。

(2) 认真倾听幼儿的声音

教师能否认真倾听幼儿的声音，这种反应本身也向幼儿发出了某种信息，即教师对幼儿的感受、思想、言行是关注、重视的还是冷漠、忽视的。在一种倾听的环境中，幼儿才能成为主动的探索者，而不是被动的接受者，幼儿的发言才能成为教师进一步追问、引导的起点和阶梯。要恰当地运用教学指导语策略意味着教师善于倾听幼儿的声音，转化幼儿的观点，引发更全面、深入的思考和回答，这样就会自然而然地激发幼儿积极地参与。倾听是一种尊重、一种理解。

2. 积极的指示和建议

关于幼儿园教师与幼儿的关系的调查表明：由于教师对幼儿消极的命令、指示、批评较多，教师与幼儿之间的关系不甚和谐。心理学研究揭示，积极的建议比消极的命令更为有效，更能融洽教师与幼儿之间的关系，有利于教师对幼儿的教育。这一策略首先要求教师在对幼儿提出教育要求时应该多使用平等性的语言，如告诉他们能够做什么、怎样去做，而不是一味地指责他们不能做什么、不应该做什么。其次，幼儿的思维是直接的，不会作复杂的分析，要求教师进行适宜的正面引导，不能正话反说。例如，幼儿打架时，如果教师讽刺道："打！打得好，继续打给我看！"这样，幼儿往往会越打越凶。说反话式的评价还会损伤孩子幼小的心灵。

3. 愉快温暖的表达

儿童的心灵是自然界中最娇嫩，最敏感的，犹如一朵挂着露珠的娇嫩的玫瑰。在幼儿园里，教师要做到精心打理、呵护花朵而又不使露珠跌落，需要小心谨慎，教师需要时刻秉持这种审慎的态度，并用温暖、真挚而愉快、热切的语言去教育儿童，与之互动。这一策略要求教师不论何时何地何事，当与幼儿互动交往、说明事理时，都要温暖、心平气和地向幼儿表达。多数教师表达积极的、肯定的意见和愉快的情感时，较容易做到这一点；但在表达消极的、否定的意见和不愉快的情感时，往往很难做到这一点。愉快的表达往往会令人心情舒畅，愿意接受不同的意见和批评。相反，严厉、冷淡的语言、表情会让幼儿形成紧张、焦虑的心理反应，达不到希望的结果。对幼儿来说更是这样，作为幼儿教师应时刻保持情绪的稳定，心境的平和，随时以愉快地、和蔼可亲的态度、语言向幼儿表达自己的好、恶或指示，那种高声叫喊，或对幼儿“急眼”的做法，只会导致幼儿胆小、畏缩或引起幼儿的反感和对抗，从而影响教育的效果。

4. 适时适宜的反馈鼓励

这一策略要求教师在幼儿完成任务时要给予适时、适宜的反馈、鼓励。幼儿的年龄特点决定了他们对教师评价的依赖和信任。在幼儿遇到问题或困难时，教师要及时予以支持和鼓励，教师的鼓励对幼儿来说是战胜困难、继续努力的一种力量，如“嗯，真不错”“好孩子，继续做下去一定行”“好样的”等语言，加上教师亲切的表情、爱抚的动作，会使幼儿受到极大的鼓舞，增强幼儿的自信心；对于过分依赖的孩子，教师也可以采用一些小智慧，如“故作神秘”“假装不懂”“惊奇发现”等，激发培养幼儿独立探索的愿望和努力。

（四）幼儿教师教学语言实施注意事项

在幼儿园这个相对特殊的环境里，幼儿发育的不成熟性以及模仿性极强、可塑性极高，决定了幼儿教师的语言对幼儿的成长和发展起着特殊重要的作用。研究教学表达艺术，提高自身语言魅力是建立良好的师生关系的桥梁，也是带领幼儿进入知识海洋的一把钥匙。它能够在活动过程中化深奥为浅显、化抽象为具体、化平淡为神奇，从而激发幼儿的学习兴趣，引起幼儿的注意力和求知欲，提高幼儿的审美能力，陶冶幼儿的情操。提高教师教学语言魅力，需注意以下方面。

1. 真情爱儿童，深情爱事业

幼儿教师语言的温暖、儿童化、积极鼓励、活泼生动，最根本的还是来源于对儿童的热爱和对自己专业的深情。真情爱儿童，才能正确认识儿童，才能包容儿童的缺点、错误、调皮或不聪明；教师的动作、目光、表情中都会自然洋溢、流露着这种真情。教学语言中富含了这种真情，犹如春风化雨，传递着对孩子的信任与理解，关心与体贴，尊重与爱护，鼓励与激励等。深情爱事业，才能认识到它的重要性，对它产生了责任感，自觉钻研，追求创新，这样才会“情动于衷而行于言”，语言便处处透露出积极生动、鲜明的色彩。

2. 树立正确的教育观念

教师的教育观念支配着教师在教育活动中的语言和行为，教师的语言策略、语言表达方式本质上是其教育观念的反映。作为幼儿教师，即使具有良好的语言修养，但如果没有正确的教育观念，也不可能形成较好的语言策略。因此，如果要形成良好的语言策略，教师必须树立正确的教育观念，比如对幼儿学习特点的正确认识、对幼儿园以活动为主观念的认识、对游戏是幼儿的基本活动的认识、对尊重幼儿的认识等，有了正确的教育观念，教师才能准确地自我角色定位，掌握正确的教育策略，实施开展教育活动。

《幼儿园教育指导纲要（试行）》中对教师角色进行了重新定位，倡导“教师应成为幼儿学习活动的支持者、合作者、引导者”，即要求教师视幼儿为平等的合作伙伴，应以商量的口吻和讨论的方式指导幼儿的活动，支持幼儿的探索。比如，当需要幼儿帮教师收玩具时，教师可以说：“你可以帮我一下吗？”以此来得到幼儿的帮助，而不能以命令的口气说：“帮老师收玩具！”当幼儿在美工角活动时，为了防止幼儿乱扔纸屑，教师可以委婉地提醒幼儿：“你们需要一个垃圾筐吗？”幼儿就会意识到要把纸屑扔到垃圾筐里，而不能扔在地上。但如果直接说：“不许把纸扔在地上。”则很难达到预想的效果。所以，我们应常说“你好”“请”“没关系”“能不能”“我们一起来好吗？”“你说应该怎样呢？”“你先试试看，如果需要帮忙就叫我。”“你可以帮我一下吗？”等人性化的语言，少用“要这样做”“那样可不行”“不许”“不能”等强制性的语言，否则可能会阻碍孩子主动性的发展和创造性的发挥。

3. 掌握幼儿语言发展的特点

对于幼儿教师来说，把握幼儿语言发展的特点，是运用语言策略，提高语言技能的前提。幼儿语言的发展与幼儿思维、理解力的发展有密切的关系，比如，幼儿的思维是具体形象的，对语言的理解只能按表面的意思去理解，很难理解喻义或语言的深层含义，因此，生动、形象的比喻句为幼儿所喜爱，如“金色的屋顶亮堂堂”“好朋友不分手，要来一起来，要走一起走”等。年龄越小，这种特点表现得越明显。再如，幼儿的思维是具体的，要求教师向幼儿提出的要求也应具体、明确。一些初入职的新教师，常认为班上孩子欺生、不听话，其实与新教师指导语不明确、不符合孩子心理特点有关。比如幼儿排队时，新教师只是反复要求“站好了”“排好队”，幼儿却很长时间排不好队，原因在于，教师的指令中幼儿很难知道怎样才叫站好，需要做到什么程度。如果教师说“脚尖分开，两手伸直向下，对齐前面的小朋友”，然后再做一个动作示范，幼儿很快就会明白了。

4. 注重加强自身的语言修养

语言修养注重的是个体运用语言的熟练度、准确度和流畅度及在各种语言环境中的言语行为。教师的语言修养绝非一日之功，需要教师日积月累，逐渐提高。首先，教师必须加强思想修养。古人说“言为心声”，没有心灵的丰满，就没有语言的丰满。没有心灵的高尚，就不会有高尚的语言。教师只有具备高尚的师德，其语言才可能健康、文明、丰富、美好。其次，教师还要注意通过阅读，提高自身文学素养。通过阅读扩大知识面，丰富的词汇，比如经常读一读优秀的文学作品，多听一听广播电视中经典的儿童文学作品，多与博学多才的人交谈等，这样读多了、听多了、看多了，自然表达就丰富、流畅了，句法灵活了，谈吐也文雅优美了。最后，教师必须加强语言基本功的训练。它包括语音的训练，即练好普通话，教师不仅能用普通话作为平时的交际工具，还应及时发现并纠正幼儿错误发音；包括仪态的训练，即态度大方、面带微笑与人交流；还包括必要的朗读训练、讲话训练等。

5. 结合自身特点选择教学语言风格

教学指导语策略运用及实施是通过每一位教师来实现的，而每位教师的性格、特点各不相同，因此，每个教师在制订和选择具体的教学语言风格、策略加以实施时，还应从自身的素养条件出发，扬长避短，发挥个人优势，选择与自己个性、特点相适应的教学指导语，这样才能更好地发挥教学指导语的作用。例如，有的教师形象思维能力较强，就可以采用生动形象的语言把问题的现象、事实描绘得生动具体，而有些教师不善于做具体形象的语言描述，却长于运用直观教具的演示与讲解相配合，引导幼儿学会仔细地、有目的地观察，也同样清晰地讲明了问题。性格活泼的教师，语言可以尽可能生动、活泼、幽默、风趣；性格沉稳的教师，应在启发幼儿思维的广阔性、深刻性上下工夫，并更多配合肢体语言。

需要指出的是，根据教师自身的素养条件来选择教学指导语策略，并不只是意味着单从教师自身的特点出发来选择适当的教学指导语策略，它还要求教师积极地学习，通过不断地总结经验，尽可能多地掌握更多的与自身特点相匹配的指导语策略，以努力提高自身教学语言技能，不断完善自身的素养条件，总之，教师不能永远在自己已能熟练运用的教学指导语策略上“裹足不前”，要求教师能创造性地根据自身特点和教学目的和内容特点，优选组合有效的教学指导语策略设计教学指导语，从而促进幼儿更好地发展。具体选择过程如下。

第一，考虑教学语言对本班幼儿的适宜性，即根据自己对幼儿准备状态的估计设计教学指导语。

第二，考虑自我对教学指导语的驾驭能力。

第三，考虑环境所能提供的各种资源和各种支持。

第四，选定教学指导语策略。

第五，教学指导语策略的运用和评价。

第六，通过反馈进一步调整自己的教学语言。

资源 7-3　案例资料

幽默语言，化自卑于无形

苗苗是个性格内向的小姑娘，平时不爱说话，脸上很少有笑容，一双黑黑的大眼睛一眨一眨地，却很少开口讲话。她看上去多了些成熟与持重，少了些孩童应有的自信与快乐。

在与其家长沟通及平时我对她的观察与了解中，我找到了造成她性格过于内向，缺少自信与欢乐的原因：苗苗先天口腔发育不好，舌头较长，无法发清楚任何发音，家长对此很苦恼，无形中对她产生了不良的影响，使苗苗产生了自卑情绪，怕别人笑话，不再愿意开口讲话。对此，我和苗苗的妈妈进行了沟通：请家长有意识淡化对苗苗吐词不清的担心，在家庭中减少对苗苗的心理压力，不管有多忙，每天都要挤出一些时间多和孩子交流。同时，在幼儿园里，注意全体幼儿为苗苗营造一个宽松的语言环境，我们教师带头不对苗苗的吐词不清产生任何特别反应，不让苗苗为自己的这一点不足而有自卑感。对于实在听不清的词语，我总是对她开玩笑地说："你又让我猜谜啊。呵呵呵呵……"用幽默化解了她的尴尬。每当这时，苗苗总是对我会心地一笑，然后，认真地再重复一次。渐渐地，遇到这种情况，班级小朋也都当她是在开玩笑，相互哈哈一笑，从不追究。渐渐地，苗苗变了。她变得爱说、爱笑、爱问问题，变得活泼、开朗，显示出孩子特有的天真、活泼与快乐。

这件事情的处理，让我看到了幽默语言的力量。是啊，教师和幼儿之间为什么一定要那么严肃？为什么就不能相互开开小玩笑，来点小幽默？师生关系轻轻松松，平等和谐，教室内外充满欢笑多好啊。于是，"幽默"悄悄地走进了我们班级，走进了孩子们的心里……

录音机的磁带放完了，有小朋友 A 喊："老师，完了。"我惊讶地回应："啊？哪个老师完了？"小朋友 B 就会笑接："不是老师完了，是录音机放完了。"小朋友 A 也会笑着说："是啊是啊。不是老师完了，是录音机放完了。"接下来一定是师生一起的欢笑声。在幽默中，语句没有说完整的幼儿不会自卑，纠正他的幼儿也不会歧视他。

小俊跪坐在板凳上，我会笑说：“咦，怎么有的小朋友没有腿了？难道是美人鱼?”他立即放下双腿，哈哈笑着说：“我的腿在这里。哈哈哈……”渐渐地，我们班“美人鱼”变得极为罕见了。

小佳佳每天来园都木木的，要过一段时间才能活泼起来，属于慢热型的孩子。有一天她快乐地又蹦又跳，我笑说：“你这样真好，就像一只快乐的小虾子。”她开心的跳得更欢了。从那以后，我只要看她情绪不高，就会对她笑喊：“我的小虾子。”她立马就笑开了。一天天过去，她的“预热期”越来越短。

……

就这样，“幽默”犹如空气，存在于孩子们的周围和师生呼吸之间；“幽默”犹如春雨，浸入孩子们的内心，润物细无声；“幽默”犹如钥匙，走进孩子们的心扉，打开心结；“幽默”犹如暖阳，融化孩子们的胆怯，化自卑于无形。愿幽默语言永远伴随我和孩子们！

（此案例根据武汉市直机关健康幼儿园王凌教师案例改编）

三、形成独特的教学风格与智慧

教学艺术是高度个性化的，尊重教学艺术的个性，实质上是对教师独创性劳动的尊重。随着教学艺术观念日渐深入教师内心，作为个人教学艺术集中体现的个人教学风格也就自然成为人们所热议的话题，成为追求专业发展的教师所瞩目的课题。

（一）教学风格的内涵

1. 教学风格的基本概念

“风格”一词，在我国最早用于指人的风度与品格，如《辞海》中将其解释为作风、品格，是对人品性的全面评价；如今，“风格”一词应用广泛，如艺术风格、认知风格、决策风格等。在教学领域，教学风格是指教师在教学实践中形成的有效的教学观点、技巧与作风的独特结合与表现，标志着教学艺术个性化的稳定状态。①

2. 幼儿园教师的教学风格

幼儿学习的广泛性、生活性、无意性决定了幼儿园教育具有“潜移默化”性和活动性的特点。对于幼儿园教师的教学风格来说，其模式体系，既包括教师在课堂教学中表现出来的行为模式，即与中小学教师的教学风格相同的成分；又包括幼儿园教师在处理幼儿园日常事务时所表现出来的行为模式，这是幼儿园教师教学风格的特殊性所在。因为幼儿园的教育教学更多是在一日生活中自由式的交互活动，而非课堂教学。结合幼儿园教学的实际特点，可以将幼儿园教师的教学风格定义为：幼儿园教师教学风格是一个高度统一的行为模式体系，这个体系既包括在教学中形成的行为模式，如教学目标设计、教学策略运用、教学环境创设、教学评价方式等，也包括在日常生活中形成的行为模式，如处理幼儿园保育教育事务和突发事件时所采用的一贯的行为模式。这些行为模式是教师在长时间教学和日常生活中积累、内化而形成的。

通常意义上，教学风格指的是优秀教师教学艺术的风格。教学风格的核心是教师个人教学艺术独特鲜明的个性，是教学艺术实践的升华，教学风格标志着教师教学艺术的高度成熟，标志着教师已形成的教学个性和富有教学魅力的教学特色，是教师教学艺术进入高境界的标志。具有以下特点。

（1）独特性

独特性是教学风格的首要特点，是教师在教学活动中区别于他人的主要标志。席勒曾说，最理想的风格就是具有“最高度的独特性”。教师的教学一旦形成自己的风格，就会在整个教学过程中都表现出其本质特色，为其创造的教学艺术打上独特印记。对于幼儿教师来说，这种教学风格的独特性，表现在独特的教育情境创设、独特的教学内容选择与处理、独特的师幼交流、互动方式、独特的教学方法的运用

① 李如密．教学风格的本质和特点［J］．中小学教材教法，2002（14）.

等多个方面。

(2) 稳定性

教学风格的相对稳定标志着教师及其教学艺术的成熟。表明教师在经过一段探索之后，终于找到了适合自己个性、才能、审美理想的位置和目标。这种相对稳定性具体表现为教师教学思想的基本完善、教学方法的富有成效，以及教学个性的定型成熟等方面。例如，有的幼儿教师教学严谨，环节清晰，层层递进；有的情理交融，以情动人，以理服人；有的游戏贯穿，轻松、活泼、幽默，机动灵活；有的善于启发，灵活掌握提问技巧等。这些风格一旦形成，就具有稳定性，不易受其他因素的干扰，良好的教学风格已内化成为一种自身素质。

(3) 多样性

教学风格的多样性既表现在教师的群体风格中，也表现在教师的个体风格中。教师整体教学风格的多样化，是指某一时代、某个历史阶段的横截面上教师教学整体上所呈现的风格的多样化现象。这个"多样"是由一个一个教师的独特的教学面貌构成的，是风格的独特性前提下的多样性，这种艺术创造，反映着各种独特的个人教学特点，以教师个人主体性充分得到发挥为基础。教师个体教学风格的多侧面发展，是指对任何一个有作为有成就的教师，在他纵向发展或横向延伸的教学艺术实践过程中所表现的风格的多样性。这个"多样"是由教师在各个不同的时间和空间里呈现出的，是教学风格一贯性、相对稳定性前提下的多样性。①

(4) 发展性

成熟的教学风格还具有发展性的特征。任何事物的稳定性是相对的，发展性则是绝对的。教学风格基本形成后，并非就固定不变了。因为教学风格一旦成为固定的模式，便会失去其生命力，所以教师的教学风格应注意在稳定中求发展。正如耗散结构理论所认为的，任何

---

① 李如密．教学风格论［M］．北京：人民教育出版社，2002，第71～82页．

系统只有向外开放跟外界进行物质、能量、信息的交换，才能保持其结构的生机与活力，呈现功能态，否则系统就将难以维持，并将导致解体。只有不断地学习别人，突破自己，完善个人教学风格，才能有效地保证其教学风格的活力，这也是每个以教学艺术为追求的教师应该明确意识到的。《学记》中说："教然后知困""知困，然后能自强也"。许多优秀教师早年就享有盛名，形成公认的教学风格后，仍然严格要求自己，审视教学中的不尽完美之处，从而精益求精，达到更高的境界。可以说，在教学风格桂冠上闪亮耀眼的，都是智慧和汗水的结晶！

（5）高效性

高效性是构成教学风格的基本内涵，也是教学风格的功能之所在。因为一方面，教学风格的高效性是由教学本身的结构决定的：包括相对稳定的教学程序和富于变化的教学节奏，它们是保证课堂教学效率的基本前提；而效率的高低，反过来又可以印证教师的教学是否符合教育的基本规律；另一方面，由于教学风格具有鲜明的艺术特征，对教学情境具有渲染作用，特别是对学生的学习主动性和创造性具有强烈的刺激作用，从而对学生知识的掌握、智能、技能的训练和思想品德的发展是行之有效的。

（6）外显性

教学风格是教师在教育价值观念系统指导下表现出的外显教学行为，包括教师在课堂教学中表现出来的系列行为模式，如对教学内容的处理、教学方法的选择和教学过程的组织上的独特性、巧妙性，教师个人的创造性思维在课堂教学中的充分发挥和运用。教学过程中技能技巧的运用恰到好处，不仅体现着一种明确的艺术效果，给人一种和谐、流畅的感觉，而且充满着一种强烈的艺术感染力。

（二）教学风格的类型及构成要素

1. 幼儿教师中几种典型的教学风格类型

（1）理智型

理智型教学风格的教师大多具有丰富的生活经验，也比较擅长情理分析。有敏锐的判断能力，思维逻辑性强，善于概括和推理，讲究方法。其知识结构的特点是知识的系统性强，概念理论知识占的比重大。他们常用的词汇有：我想、我认为、我的意见是……他们不感情用事，对自己的情绪情感控制良好，无论做什么都要有事实理论的依据。

理智型幼儿教师擅长给幼儿讲道理，在教育活动中，不满足于只告诉幼儿应该怎么做，还追求引导幼儿明白为什么应该这样做。教学风格中表现出“以理晓人，以理服人”的教学主旋律。具有理智型教学风格的幼儿教师在组织活动时，注重运用科学、严密的语言进行讲解。注重传授给幼儿系统的知识、科学的概念，有利于培养幼儿的逻辑判断能力和科学的推理能力。理智型的幼儿教师由于具有较强的逻辑思维能力，善于概括和推理，当幼儿产生矛盾冲突时，教师可以迅速地作出判断，理清事实，然后解决问题。理智型的教师冷静、严谨，不容易由于情绪的原因而影响预设的教学进程。

值得注意的是，理智型的教师喜欢给幼儿讲概念，喜欢分析，不轻易表露情感，在教育教学过程中易出现过于严肃、刻板，对幼儿说话的时候如同对大人：讲道理、提要求、下命令。希望幼儿可以严格地遵守老师制订的规章制度，很好地掌握教师传授的知识技能等。易导致忽视幼儿的生理心理特点的倾向，同时，过于抽象的概念掌握、单纯接受学习的方法，不利于幼儿人格和创造力的发展，应力求避免和克服。

（2）情感型

情感型教学风格的教师大多感知能力准确，情感比较细腻、丰富，情绪的感染力强，思维敏捷而灵活，有较好的文学艺术修养，语言音色优美，性格比较开朗等。其知识结构的特点是有相当的广度和深度，事实材料占的比例较大，他们常用的词汇有：我希望、我喜欢、我最爱……他们热情洋溢，感情充沛，习惯从个人的喜怒哀乐出发来进行判断。

情感型幼儿教师擅长从具体的事物中获得经验与认识，从而建立情感框架，强调情感对教学的作用。在教学活动中，注重环境的创设、氛围的营造，为幼儿提供情感体验的机会和自由表达情感的机会。通过表露出自己的情绪情感来感染幼儿，使之产生强烈的情感共鸣，获得情感认同和升华。教学风格中表现出“以情激学”的主旋律，追求精神的感染、情感的陶冶。具有情感型教学风格的幼儿教师在组织活动时，偏爱选择有利于自己情感优势发挥的教学方法，如多媒体展示、音乐烘托、声情并茂朗诵、讲故事等方法，从情感陶冶入手，利用生动多样的形式创设真实的情感体验来激发幼儿的学习兴趣，提高幼儿的参与积极性。教材内容的讲授富有形象性、渲染性，强调的不仅仅是知识训练价值，还包括人格、情感的陶冶价值。情感型的教师在课堂中激情洋溢，给予幼儿自由表达，情感宣泄的机会，对于培养幼儿积极情绪、情感，乐观主动的学习态度极为有益。同时，情感型教学风格充分利用幼儿情感丰富、外露、易感染的特点，不对幼儿说高深的道理，或者解释抽象的概念。创设幼儿可以感受与理解的具体情境，利用幼儿周围世界可见的材料来摆事实、讲道理，更符合幼儿期处于具体形象思维阶段的实际情况。

值得注意的是，情感型幼儿教师丰沛的情感是一把双刃剑。恰当、适时的情感介入，收放自如的情感表达有助于教学效果的实现，如若不能很好地控制自己的情绪，大惊小怪的表情，不适当的情感表达，不理智的情绪行为，只会给教育教学带来负面消极影响。

（3）言语型

言语型教学风格的教师大多普通话标准、语言流利、词汇丰富，有较强的口语表达能力和人际交往能力，思维敏捷，反应迅速，人际互动中能快速感知、理解对方的意思与需求并做出回应，对语言符号敏感，有较好的文学修养，语言生动、优美，其知识结构的特点是丰富而均衡，气质和性格特征上一般比较温和，感情内向，语音较低等。

言语型幼儿教师强调言语在教育活动中的重要作用，擅长灵活地运用语音、语调、语气的细微变化来传达极为丰富、微妙的信息。语言的表现力和感染力较强。处理教学内容时，常常整体设计、思考，以问题线索贯穿，层次清楚，重点突出。在教学活动中，善于诱导和点拨，一个问题接一个问题依序进行，思维清晰，简洁明快。重视采用以幼儿为主的教学方法，擅长对话、谈话、讨论和问答。能根据幼儿的回答，或及时点拨、或质疑问难、或厘清思路、或生成有价值的机遇契机。注意师生间信息、情感的沟通，师生互动积极、回应幼儿的语言适宜、丰富。这种风格特点是：教师讲课亲切自然，娓娓道来，细细诱导，师生在一种平等、协作、和谐的气氛中，润物细无声。

对于言语型幼儿教师来说，如何针对幼儿年龄特点，进一步钻研语言表达和信息交流的艺术，深思熟虑，组织讲究是一种挑战。时刻注意教师言谈举止的示范性和教育性。进一步开阔眼界、完善自身知识结构，与幼儿互动中，注重联系旧知、旁征博引，思路敏捷、善于形象比喻，妙语连珠，启发幼儿思维及全面发展是值得注意的。

（4）活泼型

活泼型教学风格的教师大多性格外向，充满朝气，表情及肢体语言丰富，有较强的模仿能力及感染力，往往具有热爱生活的乐观主义精神和机智风趣的性格特征。有童心、童趣，愿意与孩子打成一片。

活泼型幼儿教师强调快乐情绪在教育活动中的重要作用，擅长自如地运用略显夸张且充满童趣的身体动作或幽默风趣的儿童语言来传达信息。注重创设融洽、平等的师生关系，教学内容选择注重符合幼儿的兴趣、爱好，教学环节设计注重游戏情境的创设，引导幼儿在多种感官参与中，在身体充分活动、游戏中获得发展。教育活动具有轻快的节奏、活跃的气氛和愉快的情绪体验等特点。教师积极投入，融语言表情、动作于一体，指导者、合作者、引导者多种角色为一身，体态语言丰富，非常具有吸引力。教学环节紧凑、流畅自如，课堂气氛活跃，师生关系融洽，课堂欢声笑语，学习充满着乐趣，游戏成为幼儿的基本活动，幼儿在快乐中成长、发展。

值得注意的是，情感型幼儿教师如何准确掌握恰当、适度的分寸感，以保证教学风格的高品位通畅、深入浅出，让幼儿在轻松愉快的玩耍、游戏中获得有益于终生发展的经验，在笑声中获得智慧的启迪，获得心智的训练，如何针对不同发展水平的幼儿适宜、耐心引导，完成教学目标，获得最大限度的发展，需要深入探讨。

总之，幼儿教师的教育风格从不同的角度可以有多种不同的划分，以上介绍的风格类型只是常见、最为典型的类型，而实际生活中，多数幼儿教师往往形成了综合多种典型类型的教育风格。对不同教师来说，教育风格的侧重点不同，在不同的教育情境中，针对不同年龄、不同领域、不同类型活动，专业发展较为成熟的教师会从容自若地表现出教育风格的不同侧面，这是教育艺术的集中体现，也是幼儿教师专业发展应努力达到的目标之一。

2. 教学风格的构成因素

教学风格是教师在长期教学实践的探索和追求过程中逐步形成的。教学过程的复杂性决定了教学风格构成因素的多种多样性，这其中既有主观因素，又有客观因素，简要归纳如下。

（1）主观因素

教学风格即教师本身。如同世界上没有两片相同的树叶、找不出两个完全相同的人的道理一样，世界上不可能存在两种一模一样的教学风格。作为个体人的教师，由于成长经历、社会阅历、受教育程度等不同，在成为社会人、成为他自己、成为教师以及生物人等角色身份上呈现出极大的差异，并且每个教师对教学风格自觉追求的程度上也有差别，这些构成了影响教学风格的主观因素。

①文化因素。教师个体的文化因素，主要是指教师自身的品德修养、知识结构和审美情趣等。教师的品德修养，如达到的人格境界，教师对个人职业角色的认同、对教学工作的热情和责任心、对学生的挚爱与关心等，对其教学境界的深入和教学领域的开拓起着决定性的作用。像历史上曾经出现的“傲气不可有，傲骨不可无”的鲁迅，“捧着一颗心来，不带半根草去”的陶行知……正是他们所拥有的崇高的精神品质和高尚的人格，决定了他们教学风格的高品位和高境界。教师的知识结构，此处特别强调的是有关科学和人文方面的基本

知识。教师的审美情趣，与教学风格的基调、品位、韵致等有着非常微妙的联系。如果教师仅把教师职业生活理解为生存和生计，当作谋生的手段，那么，教师就无法从教学过程中获得快乐、实现自我、感受自由，教学风格也不可能真正提升。

②心理因素。指教师的一般认知特征、意向性特征和个性特征。如感知觉的能力与特点，思维的形式、特点，意志力的强弱、持久性，情感的丰富程度，情绪的控制能力，教师的个性特征，如兴趣、爱好、性格、气质类型等方面的差异都会影响教师的教学风格的形成。奥波特（Gordon Allport）指出，教师主导教学风格的形成与其个性是分不开的，个性的中心特质决定了教师的主导教学风格。具有“直爽”“缜密”“幽默”“温柔”等不同中心特质的教师，在对教学内容的处理、教学方法的选择运用、课堂教学语言和板书的选择等方面，都体现出不同。[①]

③教育理念。教育理念亦可称作教育观念，教育观念是有关儿童发展与教育的看法或观点的综合，教师的课程观、师生观、教育价值观、儿童观等都是教师教育观念的内容和体现。幼儿教师有什么样的儿童观、教育观就会通过教学实际中的语言、动作或活动表现自己的特征，呈现出稳定的教学风貌、作风。例如，教师认为儿童本性顽劣，需要严格管教，就会对幼儿严格控制，形成专制型的教学风格。如果教师认为教育是促进儿童身心全面、和谐的发展，幼儿拥有自主决策权，则会以多种身份参与儿童的活动，与儿童共同商量讨论，展现出民主型的教学风格。

④教学经验。泛指幼儿教师在长期的教学过程中逐步积累起来的有关教与学的感性认识与处理儿童问题行为的方式。诸如如何维持课堂教学秩序，如何处理课堂中的偶发事件，如何对待“调皮”“捣乱”孩子等。教学经验的丰富程度受许多因素的制约，其中最主要的因素是教师的教学年限。一般说来，教学年限长的教师，教学经验就比年

① 陈晓梅．教师的个性与教学风格［J］．教育艺术，2005（4）：45.

限短的教师相对丰富些。教学风格的形成与教师教学经验的丰富程度有关。形成自己教学风格的教师一般都具有少则5～6年，多则几十年的教学经验。但反过来说，具有丰富教学经验的老教师不一定都能形成自己的教学风格。因为教学风格作为教学艺术达到较高境界的标志，虽离不开丰富的教学经验，但仅靠教学经验还不行，还需要教师在科学性教学的同时，通过对教学艺术的不断追求与探索，在教学中体现出自己与众不同的教学个性，并最终使这些教学个性达到成熟的、稳定的状态。

⑤主观探索与追求。即一个教师对教学艺术的主观探索与追求精神和行为。包括清醒的自我意识和顽强的教育科研精神。清醒的自我意识要求教师对自己的整体素质有一个实事求是的评估，对自己教学个性的优势与劣势做到心中有数，对自己的教学过程、教学效果、教学方法、教学作风能够不断地进行反馈调整，而不满足于“做一天和尚撞一天钟”，从而能够不断地改进和提高自己的教学。顽强的教育科研精神要求教师在教学艺术的追求中，要勇于进行教改实验，及时总结自己的教学方式方法，把教育科研作为推动自己提高教育教学质量的重要手段。教育实践中绝大多数已形成自己教学风格的优秀教师都是教育科研战线的“尖兵”。他们中每人都不时地发表自己的教育见解、教改实验研究成果，甚至出版自己的教育教学专著，如应彩云、蒋静、于漪、斯霞、魏书生等莫不如此。可以说，教师的教学经验和教学个性是教学风格的必要前提，而教师对教学艺术的主观追求与探索则是教学风格形成的重要途径。

（2）客观因素

教学风格作为教师教学艺术高度成熟的标志，绝不是一朝一夕偶然轻易得来的，不仅与教师个人密切相关，而且与教学系统的各要素有着密不可分的联系。去除教师自身以外的其他一切关系教学的要素就是影响教学风格形成的客观因素。

①社会环境。指社会传统、时代要求等对教学风格的形成具有一定的制约作用。例如，应试教育之下以教师讲解为主，宣讲成为其主

要的教学风格。随着社会对创造性人才和个性发展的重视，以及教学理论对教学过程中师生主客体关系的新认识，教学中强调充分发挥教师的主导作用和学生的主体作用，强调非智力因素在教学过程中的地位和作用以及创造性人才的培养。因而，形成了各种各样的新教学方法，如问题教学、启发教学、情境教学、合作教学等，从而形成了各种教学风格。

②幼儿园环境。幼儿园环境既包括具体的物质环境，也包括幼儿园教学传统、教育体制、园领导、工作压力等精神环境。幼儿园环境适宜时，教学风格的形成就会以理想的速度得以持续发展，反之，教学风格的形成就会停滞不前。如已有研究表明，教师对于学校领导、工作压力的满意度越高越有可能采取积极、有效的教学风格，而对工作压力不满则倾向于采取消极、保守的教学风格。[①]

③教学内容。教学内容是影响教学风格的一个重要外部因素，对教学风格形成的制约，主要源自不同教学内容的特点、性质和要求。如理科教学更倾向于“理智型”教学风格，而文科教学更倾向于“情感型”或“语言型”教学风格。幼儿园教育内容的综合性、粗浅性决定了幼儿教师的教学风格更加具有兼容性。

④教育对象。教育对象对教学风格形成的影响既表现在群体层面，也表现在个体层面。从教育对象群体来说，处在不同的年龄阶段的群体，具有不同的身心发展特点和规律，在教学风格的适切性上存在差异。按现有教育阶段的划分，幼儿园、小学、中学、大学教师形成的教学风格会有所不同。从教育对象个体来说，不同性别、不同个体在兴趣、智力、个性及学习风格等许多方面的差异都会对教师教学风格的形成有着不可忽视的影响。幼儿园阶段儿童知识经验少、可塑性强，需要成人关怀、照顾等年龄特点，身心发展规律决定了幼儿教师教学风格应突出“情感型”“活泼型”。

---

① 贺文．中学教师教学风格和工作满意度的研究［J］．心理科学，2007（3）：598.

由此可见，教学风格形成的影响因素众多而极其复杂的。教学风格的形成，是各影响因素相互联系，共同制约，在教师教学过程中创造性结合、独特性表现，并达到成熟稳定状态的标志。只有真正认识和准确把握教学风格的影响因素，才可以使教学风格成为每个教师在教学实践道路上的自觉追求。

（三）形成个人教学风格的策略

一名教师从开始从事教学职业时的无风格教学，到逐渐成熟，进而形成自己独特的教学风格，一般总有一个发展的过程，美国的理查德·I. 阿兰兹（Richard I Arends）教授指出，任何人要想在芸芸众生中取得卓越成就都需要很长的时间。要想成为一名真正有造诣的教师也是一样的，需要在期望完美的动力之下有目的地行动，需要这样一种态度：学会教学是一个持续一生的过程，在这期间，教师通过反思和质疑逐渐找到最适合自己的风格。① 这个过程，也必定伴随着教师从适应期到探索期到经验不断丰富的成熟期教师，再到学者期专家型教师的过程，要历经一个较长时期的探索，是在探索和实践过程中逐步形成的。要形成良好的教学风格，以下策略可供参考。

1. 学习理论、更新观念

教师职业是一项复杂的脑力劳动，同其他复杂的脑力劳动行业专业人员一样，教师要想胜任教学工作，必须掌握、精通本专业的理论知识。只有博闻强识、博约结合，具有丰厚的文化底蕴，教师在课堂上才能游刃有余。正如斯坦福大学教授盖奇（N. L. Gage）认为，教学的最高境界是进入艺术之境，但必须有其坚实的科学基础，而想真正了解教学或成功地从事教学的人，必须精通教学的理论和规律。②

幼儿教师只有掌握扎实的心理学、教育学和教育管理学等知识，

---

① 理查德·I. 阿兰兹．学会教学［M］．丛立新译．上海：华东师范大学出版社，2007.

② 培格曼．最新国际教师百科全书［M］．北京：学苑出版社，1989，第14页.

才可能了解幼儿心理特点，掌握教学规律，熟悉教学过程，逐步提高自己的教学观察能力、判断能力和分析能力，教学风格的形成就会少走许多弯路和歧路。只有树立以幼儿发展为本、在活动中发展等科学的教育观念，了解国内外学前教育发展动向和最新研究成果，具备完整的知识结构，才能为教学风格的形成奠定良好的基础。所以，作为教师，必须坚持不懈地学习教育理论，不断充实文化知识，积极吸收现代科技发展的新成就，增加知识储备，提高文化素养，为良好教学风格的形成提供厚实的理论知识条件。

2. 自我修炼、提高职业修养与能力

如果把教学风格比作独具特色的建筑物，如“东方风格”“英国风格”“法国风格”等，那么，这些风格各异的建筑之所以各具特色，在很大程度上是由于它们各自“根基”——教师个人的文化基础和心理基础不同所致。同时，教师教学“根基”的深度和稳固程度也制约着其教学艺术乃至教学风格所能达到的境界。因此，自觉修炼，不断提高自身的品德修养、审美情趣、知识结构、教育技能等对于建立自己的教育风格尤为重要。

首先，爱生乐业，培养积极的情感。教育过程中最能打动儿童的是教师的情感。真正的教育者向来就是情感丰富的人。他们对欢乐，对忧愁，对令人担心的事，都有深刻的内心体验。如果儿童觉察到自己教师的感情是真诚的，他们就会信任他、热爱他。所以要形成自己独特的教学风格，教师必须要有丰富的情感。幼儿教师积极的情感的体现就是安生乐业，热爱幼儿、热爱幼教事业，全身心地投入教学工作，刻苦钻研业务，努力学习，不断总结经验，使自己具有符合时代需要又受学生欢迎的教学风格。

其次，加强教育技能训练，提高教学水平。幼儿教师只有具备良好的教育教学技能，如创设环境的能力、与家长沟通的能力、观察幼儿能力、个别教育的能力、语言技能、调控教学的技能等，才能使自己的教学游刃有余，从而淋漓尽致地展现自己的个性特点，形成自己独特的教学风格。所以，每一个教师要形成良好的教学风格就要打下深厚的教学基本功。

最后，积极参加业余活动，形成良好的个性心理品质。加里宁曾经说过："教师的世界观，价值观，道德品行以及对每一现象的态度，都这样或那样地影响学生 。"一个人的能力、性格、意志品质、良好心理素质的形成与其社会生活经验和实践能力有着紧密的联系。积极参加健康有益的活动，不仅有利于教师增长见识，开阔教师的视野，磨炼其意志，培养教师良好的心理素质，处乱不惊；还可以丰富教师的社会生活经验，形成良好的性格，提高其应变能力。

3. 借鉴他人与实践锻炼相结合

尽管教学风格形成受教师自身因素的影响居多，但是"他山之石，可以攻玉"。有研究将教学风格的形成分成了四个阶段：模仿性教学阶段、独特性教学阶段、创造性教学阶段、教学风格的形成阶段。模仿是形成教学风格的重要因素。每个教师都应留意模仿他人的教学风格，经验证明：不同风格的教育都能使科学性、思想性和艺术性融为一体，产生教育的高效率和高质量。积极吸收别人有益的教学经验，以人之长，补己之短。但模仿的目的不是为了照搬，而是为了熟悉和了解他人的教学艺术，切忌东施效颦、盲目模仿而弄巧成拙。

学习是基础，实践是关键，教学风格是实践的艺术，只有结合自己的教学实际，躬身践行，才能不断地丰富和完善自己的教学风格。幼儿教师应在尊重教学规律的前提下，结合幼儿园教学五大领域，进行综合课程、主题课程、领域课程等不同教法的尝试和实验，是深入教学研究和形成风格的基础。日本学者上寺久雄指出："特别是教师要进行各种类型的授课方式的试验，总结经验，创造出自己独特风格的授课方式。这才是对教师提出的最具体最基本的一个新的任务。"①每位教师都要注意大胆实验、勇于探索、不拘一式、不限一法；既讲求科学化，又讲求艺术性，在不断实验、不断探索中注意摆脱模仿教学的痕迹，及时总结教学经验，寻找自己教学的个性特色和独特风格。

① 上寺久雄．教师的心灵与风貌〔M〕．北京：春秋出版社，1989，第47页．

4. 明确方向、扬己之长

教师教学风格的形成还有赖于教师对自身教学发展的认识与追求。教师在躬身实践，追求教学艺术的道路上也应注意从自己的实际出发，扬其所长，发挥优势，独辟蹊径。不同的教师在知识修养、个性特征与教学技巧上都存在差异，这要求教师具有清醒的自我意识，了解自己的个性倾向、能力系统、教学优势等，有意识地在此基础上构建自己独特的教学风格。"没有最好的，只有最适合自己的"，教师应学会自我分析诊断，依据个人兴趣、爱好、特长、心理和生理条件去选择适合自己个性发展的模式。把自己的性情和教学统一起来，使两者达到和谐发展，才能做到教学上的收放自如，才能有风格形成的沃土。例如，弹、唱、跳、画有绝活的教师，可以尽量将其作为教学亮点，善于激发、调动儿童的感情，可以突出以情感人的优势；声音悦耳、普通话标准，表达流利，可有意识加强语言修养和文学修养；善于思辨，逻辑严密，精心构思教学思路等都能体现出教学的个性、特点，经过教学实践的检验，都可以在促进幼儿全面发展的教育中收到良好的效果。美国教育家弗雷塔科（Freitag Flert A）更进一步指出："只有当教师拥有教育过程中以自己独特的方式寻找自己道路的时候，教育才能成为艺术，才会有高质量。"①

5. 反思求变、大胆创新

因循守旧的教学不是创造性教学，不断创新的教学才能叫富有创造性。一个优秀的教师，不应满足自己初步形成的教学风格，还要随时注意教学改革的新动向，提高自己的教学艺术、审美情趣和个性品质，自觉地将教学艺术运用于教学实践，将各种教学要素融为一体，达到炉火纯青的境界，追求自己的教学风格中既有鲜明独特的"本调"，又有丰富多彩的"众调"。当教师把自己看成是教学活动的反思者和研究者时，他就会时时关注着学科发展的动态，处处搜集着教学反馈的信息，并高屋建瓴地进行研究、试验。完完全全的突破或许很

① 转引自王长纯．当代西方教育艺术论初探[J]．外国教育研究，1992(4)．

难，但一节课有一个突破点则是完全可行的。通过对每次活动的纪录，从中思考解决之道，或与其他教师进行讨论，以发现自己的盲点并进行改进。具备批判思考与反省的能力，才能使教师教学风格的发展得以持续进行与更新。天长日久，教学艺术创新积累，就离形成教学风格不远了。

正如美国的克莱德·E. 柯伦在其名篇《教学的美学》中指出的：艺术性的东西，就是把技能和感情以一种特殊的方式结合起来，使创造的成品赋有一种美。① 教师个人的教学风格正是教学与艺术结合的产物，对于优化教学，打造优质的学前教育必不可少。但是，不少研究表明，多数教师在很大程度上并没有意识到自己的教学风格，尽管不少教师在教学过程中逐步形成了自己的教学风格，但因为缺乏意识，往往没有关注到。在追求教师专业发展的今天，唤醒教师的自我意识，共同培育和发展教师的教学风格迫在眉睫，需要我们的共同努力。

资源 7-4　阅读资料

教学风格与教学艺术美

风格属于美的范畴。美学研究表明，美立足于个性化原理，尤其是艺术美依存于各个艺术家的人格的创造。优秀教师创造的教学风格美，成就了教师吸引学生的教学魅力。在 20 世纪初，梁启超、王国维、陈寅恪这些国学大师当年讲学时均独具风采。梁启超的感情澎湃、深入浅出、文采风流，王国维的学贯中西、中外比较、熔文史哲于一炉，陈寅恪的严谨精微、出语有据、不作空论，都是有口皆碑的。大师们“从心所欲”、各擅其长的教学艺术，实在令人神往。胡适和鲁迅，一个放纵，一个谨严，一个旁征博引，滔滔不绝，有如韩信将兵，多多益善；一个要言不烦，点到为止，“少少许胜多多许”，但都赢得了学生的喜爱。他

① 克莱德·E. 柯伦. 教学的美学 [J]. 周南照译. 教育研究，1985 (3).

们上课时往往济济一堂，甚至过道里和窗户上都挤满了听众。赵家璧先生在《回忆徐志摩和陆小曼》中饱含深情地追叙了徐志摩的教学风格，说他的教学方法不同一般，上课没有指定的课本，从来不按部就班，而是选他自己最欣赏而具有代表性的作品，一边讲课，一边海阔天空、上下古今地发挥自己的思想。就是这样的课，使学生“好像跟了他去遨游天上人间”一般，不知不觉中走入了艺术的殿堂。无疑，这是带有鲜明的个性色彩的教学，也正是因为这种“个性”，使课堂之中的浸染滋养如浓烈的醇酒，越陈越香。

教师的教学风格之美，美在独特而多样。从教师个体来看，美在于独特；从教师群体来看，美则在于多样。教师个人教学风格的独特之美，就像春天里的鲜花，每一朵都有自己的独特形状、色彩与味道，各有所长，不能互相取代；教师群体教学风格的多样之美，一如花园里的百花齐放，万紫千红，争妍斗艳，方显春色的丰富绚烂。有的研究者总结了思想政治课教学风格美，得五美如下：恬静、深沉、幽默、淳朴和豪放。并通过分析认为，不同的教学风格美给学生的影响也是不同的，如恬静的教学风格能使学生的心灵得以净化，有着磁石一样的吸引力；深沉的教学风格能给学生以成熟的美感，有着无法抗拒的征服力；幽默的教学风格能使学生的心灵受到美的陶冶，有着幽默艺术的感染力；淳朴的教学风格能使学生的心灵感受到是雨露的滋润，有着春风化雨般的精神感化力；豪放的教学风格能感动学生的心灵，有着振奋人心的精神感召力。

哲学家尼采有一句名言：“每个人都是一个独特的自我。”其实，每个人都可以像尼采所说“给他的性格以风格”，都可以为世界增添他的一份美。“成为你自己”，开放出你的奇花异卉，展现出你的独特的美，你就为别人带来了鉴赏的愉快。万紫千红，群芳争艳，每人都创造自己的美，人人都是美的创造者和欣赏者，生活在这样的世界上是多么赏心悦目。特级教师窦桂梅认为，教师不能没有独特的风格，不能没有鲜明的个性。随波逐流、循规蹈矩是自己成长的最大敌人。“独立之思想，自由之精神”，也应成为我们为人师者的座右铭。我想对自己说的是，人云亦云的尽量不云，老生常谈的尽量不谈，要学会独立思考，而不是跟着“风”跑。对自己的教学，不要考虑完美，要考虑最有特色。在教学艺术的道路上努力形成个人独特而鲜明的教学风格，是教师们“个性化生存”的必然追求。

（摘自李如密，《教学风格：教学美的重要范畴》．《中国教师》，2009年第1期）

第三节　学者期教师专业发展建议

一、化育生命，力行“生命化教育”

学者型教师作为幼教改革与发展的排头兵和领头雁，不仅践行着先进的理论与科学的实践的融合，而且反过来推动着教育理论与教育实践的发展。他们对本专业的社会责任、对儿童在当前社会中的处境高度关注，对幼儿的身心健康和终生发展高度关注。成熟期教师在向学者期迈进过程中，在大力实施素质教育，追求科学保育教育的今天，应在滋养生命，化育生命，力行“生命化教育”中积极探索，做出表率。

人之所以为人就在于人有高于动物的意识活动，有超越生物性生命的精神世界。人不但要思考如何活下来，还要思考“为何活着”的问题，更要思考如何更好地生活。只要人在世界上存在一天，就要更好的认识世界、改造世界，人类就要创造、就要超越，以至于好好的生存在这世界。苏霍姆林斯基曾说：“我们没有在学生身上看到这个大写的‘人’——我们的主要过失就在这里。”① 生命教育是一种全

① 苏霍姆林斯基．给教师的建议［M］．北京：教育科学出版社，1984，第480页.

人的教育，是为了实现人的最高意义和价值，它不仅包括对生命的关注，而且包括对生存能力的培养和生命价值的提升，化育生命，力行“生命化教育”是整体提升国民素质的基本要求。

幼儿期的素质教育与生命教育密不可分。如何在幼儿园各领域教育中，在幼儿一日生活组织中，以生命为核心，以教育为手段，倡导认识生命、珍惜生命、尊重生命、爱护生命、享受生命、超越生命，真正做到一切为了孩子，为了一切孩子，为了孩子的一切，追求教育的最高境界——对人的终极关怀，继而实现获得生命价值、提升生命质量的目的是值得研究和探讨的。

生命教育应该成为指向人的终极关怀的重要教育理念，幼儿园重在帮助儿童从小开始探索与认识生命的意义，感受发现“人与己”“人与人”“人与地”“人与天”的关系，认识自己，接纳自己，欣赏自己；接纳他人，学会关爱他人、尊重他人，与他人分工合作；帮助孩子看见万物万事的美好，适应环境，爱护环境，体会生命的意义，并珍惜所有生命；带领孩子接触大自然，体会和认识自己与世界、宇宙的关系，面对未来怀抱盼望，朝着生命蓝图前进，给孩子的品格教育带来一生的祝福。

二、注重总结提炼，形成自己的教育理念

教育理念即教师的理想和信念，教师对于教什么、为什么教、怎么教的问题的回答直接影响到教师的教育行为。一般说来，教师的教育理念是在长时期的继续实践中逐步形成的，会经常渗透在教师的日常行为中。只有注重总结提炼，不断对自己的教学理念进行反思并形成习惯，有助于澄清和梳理自己内在的缄默知识，分析反思一系列自动化行为背后的原理，有助于将自身丰富的专家知识外在化、显性化。

作为学者期教师更多应思考：对幼儿成长来说，什么最有价值？所教内容对幼儿成长是否必要？教师在教学中扮演的主要角色是什么？所用的方法是什么？是否有助于幼儿主动学习？采取了什么方法

来评价幼儿的学习过程和结果？评价是否合理？同时，学者期教师还要不断学习新的教育理念，并和自己的教育教学理念比较，当两者发生冲突时，应及时将新的教育理念逐渐融入自己的教学实践中，通过实践探索，比较、综合分析教学效果，做出自己的判断和抉择。

资源 7-5　案例资料

如何培育班级文化

不知道大家有没有听过应老师一个关于班级文化的讲座。从这讲座里，你可以感受这位优秀的特级教师身上所具有的人格魅力和吸引孩子与我们的秘密。我非常赞同她对建立班级文化的想法，我认为良好的班级环境，友善的同伴氛围将有助于一日活动的展开，有助于幼儿多方面的发展。

一般来说，孩子的东西在一个班级里会占上大半。剩下的，就是老师的物品了。关着门的橱柜、几个小抽屉里面常常放些书、纸、工具等物品，黑色大钢琴安置在教室一角。这些在老师眼里没什么了不起的东西，却往往因为神秘成为孩子们最好奇或最向往的地方，可是这又似乎是孩子不能触摸或游戏的禁区。在我的班级里，这些禁区对孩子们是开放的。只要需要，谁都可以打开，谁都可以取用，谁都可以弹奏。问题的关键就在于班级文化之一，也就是规则的建立。

开放老师的橱柜，首先，可以让孩子了解老师摆放物品的方式，对幼儿模仿、学习整理自己的物品是很好的环境提示。其次，幼儿熟悉这些东西后，好奇心减弱，危险系数也随之降低。至于钢琴，它不仅可以满足孩子强烈的愿望，增进老师与他们之间的感情，还能促进幼儿对集体规则的参与、遵守和执行，有助于他们的社会性发展。

一天，音乐活动结束后，有的孩子又像往常一样，围在我的钢琴边，手指不时轻触琴键。他们的行为让我想起了自己的童年。那时，教室里放的是风琴，老师边踩踏板边弹奏琴的样子在我眼里简直太神奇了，太美妙了。琴在那时是很奢侈的东西，孩子们家里是没有的，因此，弹琴成为我小时候非常向往的事。每每教室里无人的时候，用脚悄悄踩踩踏板也是好的。但是，老师在的时候，我们是绝不敢弹的。

此时，祺祺过来问我："佳佳老师，我可以弹你的钢琴吗?"看着他向往的眼神，我对他说："想弹琴吗? 我给你把琴盖打开。"我的提议让他一下子欢呼雀跃起来。很快，他坐在我的琴凳上，像模像样地弹奏起来。琴声吸引了其他的孩子，他们先是看，而后纷纷以迅雷不及掩耳之势围在祺祺身边加入到弹奏队伍中。原本有些杂乱的琴声因为这些小手无规则地加入而逐渐成了噪音。

祺祺一下不乐意了，他边赶他们边说："你们这么多人，我不好弹了。你们又没和老师打过招呼。"这些捣蛋一听啊，一下子把我围住，向我请求，希望我能给他们弹琴。我笑了，对他们说："其实，我心里早就同意给你们玩了，但是你们先要解决一个重要问题，然后就可以玩了。这么多人要弹，怎样安排比较好呢?"孩子们说钢琴大，可以几个人一起弹的。哈哈，这些家伙不知道其实这么多的键都是给一个人弹的。对他们来说，只要能弹出声，能模仿老师上课的样子他们就满足了。"那好，你们看几个人一起弹比较合适?""3个。"我一看，可不是嘛，琴凳上正好可以坐3个人。各人分管高、中、低音，倒也挺好。

卿卿、天天等几个孩子听了不由提出自己的看法："那么其他人呢? 我们什么时候弹?"我心里不由暗暗喝彩，太棒了，孩子们的问题正说明他们在观察、发现，在积极地应对、思考。"是啊，我同意，这个问题也要解决啊。你们觉得每个人弹多久比较合适?"琴凳上的3个人说10分钟，等着的人说2分钟。孩子的想法真的很现实，很为自己的利益打算，我忍不住哈哈大笑，建议他们取个折中数，于是5分钟的约定被这样定了下来。除此之外，为了让琴声不躁，尽兴游戏，我们又约定中间的孩子要踏住琴的板，其他孩子必须在他们身后排队等候，琴盖由老师盖等。这样，在自由活动中可以弹钢琴的活动就这样开始了。

起先，总有一些孩子不守规则，有的是因为忍不住，伸手在琴键上敲击。孩子们护卫规则的意识还比较强，在提醒几次无用后，他们建议取消这些迫不及待的人的弹琴资格。这下还挺见效的，几个小捣蛋被停玩一次后，纷纷变乖了。有时，会出现时间不确定的问题，谁多弹了的问题，有时则是对个别同伴一时兴起，弹奏过于激烈的抗议。但是，无论出现怎样的情况，我都把问题抛给孩子们，让他们来处理，寻找解决的方法。随着该游戏规则的逐渐完善，幼儿游戏的自由度也越来越大。几天后，孩子们弹琴时已经不用我在一边观察引导了。他们完全自主，自己调换，自己协商曾经出现过的或者可以解决的问题。每个轮换上阵的孩子都能遵守时间和游戏中建立的规则。看着他们陶醉其中，乐此不疲，我也特别高兴。他们是快乐的，因为他们有我。而我也希望看到他们快乐！

这只是班级管理中一件很小的事情，却也是良好班级氛围形成的一部分。了解孩子的兴趣和需要，满足孩子合理的愿望，他们就会觉得你是他们的朋友，乐意和你交流自己的想法，更乐意接受你的合理建议。

（此案例摘自佳佳的空间：http://blog.age06.com/u/wujiaying/Default.aspx）

三、把握时代精神，刻苦钻研，追求卓越

在教师专业发展中，个人始终把握着专业发展的主动权，在专业发展中起决定性作用。对于准学者期教师来说，态度决定一切，除个人专业发展意愿外，个人的心胸、气度、眼界、性格、修养都必须同步跟进提高。

首先，要有把握时代精神的意识与能力。教师是专业人员，但在专业发展过程中，绝不能只“埋头拉车，不抬头看路”，闭目塞听，自以为是，割裂与时代的关系。而是要以开放的精神，自信的心态，

敏锐地判断时代的发展趋势，正确认识当今教育改革的本质精神，甚至要前瞻性地把握时代发展的大趋势，顺应时代要求，积极而稳妥地推进自己及幼儿园团队的教育教学改革，使幼儿园教育不仅与时代同步，而且始终能站在时代发展和世界潮流的前列。

其次，善于学习，刻苦钻研。学者期幼儿教师应能充分意识到终身学习的重要性，始终保持对外界新信息的敏感，具有强烈的学习自觉性和热情及求知、探究欲望，视继续学习为可持续发展的动力。平时学习的积累，将成为厚积薄发的坚实基础，也成为取之不尽，用之不竭的创新源泉。爱钻研也是成功者的共同品质。能进入学者期的教师，似乎都有相同之处，他们执著于某个方向而不懈努力，并乐此不疲。不曾因为别人的意愿而影响自己的选择，不曾因为高薪或更好的就业机会放弃自己的理想，不曾因为学前教育发展的跌宕起伏而迷失方向，他们总能把准方向，跟着自己的兴趣走，让自己在平凡的岗位中干出成绩，获得快乐，对待物质水平没有更高的要求，而更满足于精神的富足，把自己的成就、满足、快乐融于儿童的发展之中，与儿童同步成长而倍感充实。

最后，超越自我，追求卓越。学者期幼儿教师应具有不断超越自我的勇气，具有独立思考的能力，不盲目崇拜权威，不拘泥于现有的经验，能多角度地思考和解决某一问题，思路活跃且流畅，能在异中求同，在同中求异，能大胆质疑和批判。以艺术审美观对待自己的教育教学，信奉“没有最好，只有更好”，不断改进行为，追求卓越。在“先破后立”的过程中，尝试探索新的教育教学改革思路，对于同样的教育计划，他们绝不是一名工匠，按图施工；而是一名演奏家，根据自己的体会创造性地加以诠释，促进幼儿生动、主动、活泼地成长。正如上海市建平中学校长冯恩洪曾说过：“教育是一项事业，事业的意义在于献身；教育是一门科学，科学的意义在于求真；教育是一门艺术，艺术的意义在于创新。”① 真正的教育家永远都在憧憬未

① 朱永新．我的教育理想［M］．南京：南京师范大学出版社，2000，第36页.

来。憧憬停止，教育就会终结。

资源 7-6　案例资料

特级教师不是神话

一提起“神话”，人们总会想到周杰伦：他创造了十年销量的神话。

可是，今天去博客空间看看，吓一跳，居然有人把我当做神话。我是人，一个有喜怒哀乐的人，一个有成功失败的人。

这就和大家说说昨天的失败。

见过我的人都知道，我的语速不快，这其实反映了我的思维不快。多年前的一次论文答辩前，领导请专家为我们辅导，教育学院杨院长最担心我：“彩云是慢热型的，答辩时一定要沉着。”

昨天，又参加一次面试。候场时，同行几个一起聊着说：“你不要紧张，慢热的人会越讲越好。”

一进入试场，一看比原来想象中多出很多人，于是，就有点乱了方寸。

再看试题，很常见的话题，一下子文思如泉涌，但却不知从何讲起。

所以，应验了大家说的，慢热型的人前三分钟不知道在讲什么，终于慢慢进入话题，可惜时间已到。

出了试场，久经沙场的我不禁笑出声来。

瞧！我就是慢的。我要打有准备的仗。

所以，大家看见我成功的时候，一定该知道，我是做过多少准备的；大家看见我精彩的时候，一定得知道，我是付出多少努力的。

昨天晚上，我将面试的试题，重新思考了一下，得出几点答这种题型的“体会”。相信以后，令我尴尬的试题，又会少掉一些了。

这样，失败还真是件好事了。

瞧！我的心情只灰暗了一会儿，又明朗起来。哦！似乎还看见下次成功的曙光呢。

明白了吧？我是个人，我的人生和你一样有低谷也有高峰。只是看惯了起起落落，也就把这些也当做乐趣了。

明白了吧？我做到的，你也做得到！

幼儿教师，哪有神。

（此案例摘自应彩云的博客：http：//blog.age06.com/u/yingcaiyun/Default.aspx）

第八章 幼儿教师专业发展的环境建设

研究幼儿教师专业发展问题，本质上就是在探讨人的发展问题。关于个体发展的研究表明，个体的发展不是一个封闭的系统，而是一个开放系统，受到多种因素的影响和制约。个体发展受到时代、物质条件、人际关系以及地缘因素的影响。个体的发展还受到所处环境的生态背景的影响，是个体与环境相互作用的结果。发展同时也受到以往经历、文化背景以及年龄阶段的影响，专业发展贯穿其整个职业生涯之中。本章主要从个体所处的生态背景对其发展的重要影响入手，在现实环境中考察教师专业发展行为、心理与环境的关系，探讨幼儿教师专业发展的环境建设。

第一节 创设有利于教师专业发展的工作环境

幼儿园环境是介于社会大背景以及微观专业生活之间的亚环境，其对幼儿园教师的专业发展具有重要的影响。幼儿园的文化氛围、学习氛围、研究氛围以及合作氛围，直接影响到教师个人的学习、研究以及同事之间合作；幼儿园为教师提供的自我展示、进修学习机会的多寡以及教师进行教学、研究的物质条件的充足与否，也会影响到教师的知识、观念、教学能力以及教科研水平；同时，园领导是否经常性地对教师进行肯定、关心与鼓励等情感上支持也会影响到教师的自我效能感与教师的自我意识和需要。

一、建立学习型组织——研究共同体

长期以来，教师劳动的独立性和创造性，导致教师彼此在专业上、文化上的疏离和孤立。瑞吉欧代表人物马拉古奇这样评论："这种疏离已经被人以学术自由的名目合理化，但事实上是一种错误的理解。"① 瑞吉欧教育的一大特色便是教师之间的协同教学。瑞吉欧教师相当重视同事之间的交流，每周平均有 6 小时用于教师之间的交流、讨论，协商解决教学实际中出现的问题、幼儿的兴趣和需求，整理分析儿童档案记录，争论各种教育问题。从某种意义上说，瑞吉欧的成功可以归结为教师高水准的专业水平，其专业化水平又可以归结为团队学习的结果。"教师必须放弃孤立、沉默的工作模式。"② 各国教育实践共同表明：教师孤军奋战会阻碍教师的专业发展，而教师之间的合作则可以有力推动教师的专业发展。

"学习型组织"（Learning Organization）这一概念最早源于美国哈佛大学佛睿思特教授《企业的新设计》一文中的思想，后经其学生美国学者彼德·圣吉（Peter M. Senge）总结提炼，在 1990 年出版的《第五项修炼——学习型组织管理的艺术与实务》一书中正式提出了"组织修炼"和"学习型组织"的概念与方法。掀起了世界范围内研究和创建学习型组织的热潮。

（一）学习型组织的基本理论

学习型组织的含义为"不断创新、进步的组织，在其中，大家得以不断突破自己的能力上限，创造真心向往的结果，培养全新、前瞻而开阔的思考方式，全力实现共同的抱负，以及不断一起学习如何共

① 屠美如．向瑞吉欧学什么：《儿童的一百种语言》解读［M］．北京：教育科学出版社，2002，第 100 页．

② 同上，第 111 页．

同学习”。① 彼德·圣吉把学习型组织概括为五项技术，即“五项修炼”，包括以下内容：

1. 自我超越

自我超越就是个体不断理清并优化个人和组织的真正愿望，客观地观察现实，学习如何扩展个人的能力，产生一种“创造性张力”，创造出自己想要的结果，塑造出一种组织环境，让所有的成员都全心全意致力于实现自我愿景。

2. 改善心智模型

“心智模式”是影响我们如何了解这个世界以及如何采取行动的储存在人们大脑中的许多设想、信念或图像、印象。通俗地说就是人的心理素质和思维方式，它会对人的行为产生重大影响。学习如何检视和改善我们的心智模式，有助于改变我们内在的世界图像，以开放的心理去接纳别人的想法，逐步深化自己的认识。

3. 建立共同愿景

“共同愿景”是指组织中人们共同愿望的景象，是可以实现的奋斗目标和发展的前景。它是由个人愿景汇集而成。为了实现大家创造的未来，它要求组织的全体成员拥有一个共同向往的目标、价值观与使命感，建立共同愿景，把全体成员团结在一起，创造出众人一体的感觉。

4. 团队学习

团体学习是发展团体成员整体搭配能力和提高实现共同目标能力的过程，即转换对话及集体思考的技巧，让群体发挥出超乎个人才华总和的知识和能力。

5. 系统思考

系统思考是关注整体的一项修炼，要求人们运用系统的观点看待组织的发展。它引导人们由局部纵观整体，透过事物表面现象看事件

① ［美］彼得·圣吉．第五项修炼——学习型组织的艺术与实务［M］．郭进隆译．上海：上海三联书店，1998，第39～86页.

背后的结构和行为变化的形态，以及从静态的分析到认识各种因素的相互影响，进而寻找一种动态的平衡。

学习型组织的建立需要把自我超越、改善心智模式、建立共同愿景、团队学习和系统思考五项修炼有机地融合在一起。

（二）幼儿园学习型组织的基本特征

幼儿园作为实施幼儿教育的专门场所和机构，幼儿教师每天面临着的各种纷繁、具体的教育问题，研究和解决教学实际问题，促进幼儿的发展和教师的专业发展，提高幼儿园教育质量，必须把幼儿园建设为促进教师专业发展的学习型组织——研究共同体。其基本特征如下。

1. 持续学习

任何一所幼儿园要在当今教育改革中保持健康持续发展的态势，学习是关键的支撑和保障。这种学习不仅是教师个体的教育观念更新，教育技能的提高，还应是幼儿园全员性的学习、全程性的学习。首先，树立终身学习的理念，不仅要学习知识和技能，还应学会思考，提高处理和分析问题的能力与信心，富有创造性地工作；其次，还应将学习融入自己的一日生活当中，将学习贯穿于自己成长的每一个历程，形成“工作即学习、生活即学习”的意识和习惯；最后，要有良好的学习机制，为教师创造学习条件，将个体学习和团队学习、组织学习相结合，确保教师的学习时间和空间，提供充足的学习资源，让教师体验到学习的乐趣。只有这样，才能不断地更新教育观念，不断地充实新知识，不断地创新和超越自我，才能应对瞬息万变的教育变革。

2. 问题导向

传统的幼儿园教研组以领域教学为中心，教研活动主要是备课、听课、评课等研讨活动，研究内容多局限在课程和教材方面，局限在领域或年级组教师内部，封闭性较强。而研究共同体则是以成员共同关心的问题为中心，教师可以根据各自的兴趣爱好、特长、专业优势、研究方向自主、自由、自愿地构建不同的研究共同体，开展不同层面的研究，研究活动的边界是开放的，研究成员不仅包括幼儿园内部教师，教学领域的专家、同行，儿童家长和社区成员都可以参与问题研究，分别发表意见，共同攻破难关，解决问题，逐步实现各自的专业发展。

3. 分工合作

研究共同体期待每个成员都是独立、创造的个体，充分彰显各自的独特性和异质性。在工作过程中，成员之间按照各自能力和特长实现分工与合作，如分头收集资料，采集案例，总结提炼各自相关的经验等。每一个成员随时都可以与其他成员产生信息交换。成员既能各尽所能，又可以实现优势互补，从而扩大了组织能效，使组织效能超过了所有个体的效能之和。

4. 资源共享

在研究共同体内部，教师之间实现资源的共享与交换，为最终最大化个人追求和目标服务。研究共同体成员的资源不仅表现在物质层面，更主要表现在价值、思想和关系上。研究共同体内部，教师之间的一些创新观点和思路、良好的关系网络都成为共享的重要资源。通过共享资源促进组织整体发展，并由此带来个人的发展。资源共享不仅体现在幼儿园教师内部，而且也体现在与社会交流对话的过程中，增进幼儿园与社会的相互了解，获得广泛的资源支持，为幼儿园品牌建设提供动力。

5. 创新提高

研究共同体强调由多个创造性个体组成，保持开放的心态，富有创新的精神，善于主动从同伴那里获得有用的知识和信息，鼓励教师标新立异和大胆进行尝试，能够从自我的实践中不断成长。许多研究表明：支持教师学习的组织文化、促进教师积极地对日常工作进行反思的文化、提高学校知识管理的文化，有利于教育改革的实施，有利于民主、平等、合作、创新的教研文化的形成。从而促进教师迅速适应变革，并积极参与改革、敢于创新、敢于面对各种挑战，而不是趋向专业的保守立场。

（三）幼儿园建立学习型组织的策略

1. 建立幼儿园发展共同愿景

愿景不仅是维系共同体成员的基础，更贯穿于共同体成长的全过程。园长带领幼儿园全体成员规划幼儿园愿景，并致力于愿景的传递和实现，是建立研究共同体的关键。以共同的愿景而不仅仅是行政命令、规章制度、甚至个人魅力激发每位教职工工作的动力和热情，使许多不同个性、兴趣、爱好、态度、经历和知识背景的人走到一起，协同工作，并产生众人一体感、归属感、信任感和亲近感，激发师生创造性、聚合师生智慧，实现组织与个人的共同发展是研究共同体的目标追求。

2. 追求科学的核心价值观

幼儿园构建研究共同体的落脚点是在幼儿园形成一种研究的文化。幼儿园每位教职工拥有共同的价值观，这是幼儿园园所文化的支柱。幼儿园作为教育机构，研究发展取向是基于对教育本质的理解。当前幼教教研面临着许多挑战，教研的理念、目标、内容、方式都在不断发生转变。正如李季湄教授在 2007 年 3 月全国“以园为本教研制度建设”项目教研员研修会上的报告指出“教研的理念应转向以教师专业素质发展为本，为幼儿园提供有效、优质的专业服务；教研活动目标要帮助教师成为有思想的教师，让读书成为习惯，让自觉学习成为习惯；教研方式要向着生态化、生活化、常态化、真实多样化发展”。

3. 改善心智模型

要求组织对通常在局部、单项或静态方式下的心智模式进行改造，向注重整体、互动和动态思考的心智模式转变，教师之间必须具有协调、批判、彼此容忍和接受的态度。为此在开展教研活动时，教师个体与教研组、课题组等团体的作用都不容忽视，教师个体有自己独特的认识水平和价值观念，对自己的教育实践有自己的理解和思考；而教研组、课题组等团队也有通过教研活动想要达到的目标，每个独立的个体都在团队中发表着自己的见解。通过同伴互助观课、案例研讨、头脑风暴、参与式研讨等教研活动，教师平等地面对面交流、互动、对话，讨论的目的并不在强化不同观点的冲突，而在于凸显解决的方式与后续策略。教师之间的关系除了相互忠告、提示以外，还有感情上的相互支持，对于彼此之间批评与自我批评的接纳程度。

4. 鼓励教师开展行动的研究

幼儿园研究共同体的核心特征和主要任务是研究。鼓励教师反思自身的教育教学实践，善于发现、搜集并提炼教师在教学实践中遇到的真问题，幼儿园的每位管理者都应重新审视以往的教研活动，并基于本园实际，自下而上，确定切合本园实际的、符合本园教师所需的教研内容和教研方式，注重教研制度建设，使教师真正成为教研的主体，以一种主人翁的意识参与到团队的教研活动中去，调动每个教师参与教研活动的积极性，激活每位教师的聪明才智和潜力，促进教师养成自我反思的习惯，实现同伴互助，在“集体智慧”的推动下促进教师专业发展。

5. 培育合作型幼儿园文化

幼儿园文化发展与研究共同体是相互促进的，共同体建设是学校文化发展的目的和归宿。但是，幼儿园与企业、行政组织不同，是一个非常重视情感的，带有比较突出的人际关系取向的组织，单纯依靠正式的、专业化的科研组织或者行政命令很难实现成员之间的沟通和有效合作，因此，培育合作性的幼儿园文化，需要在师生之间建立一种相互关心、彼此信任、互相支持的关系，使幼儿园真正成为师生的精神家园。这样，教师才有勇气向同行、专家和家长公开自己的课堂，愿意接受来自各方面的质疑，愿意与同伴、家长、社区、专家进行合作，不断改进教学实践。

二、深入开展园本教研

（一）把握园本教研的本质

1. 园本教研的概念

园本教研源于校本教研。校本概念于 20 世纪 60～70 年代盛行于英、美等国家，我国于2003年年初开始在中小学探索和实施以校为本的教研制度研究，取得了丰硕的成果。2006年7月教育部正式启动了“以园为本教研制度建设”项目。园本教研的理论和实践路径在很大程度上是对校本教研的借鉴和发展。基于对校本教研的理解，有关幼教专家对园本教研作了相应的定义：朱家雄和许多学者认为园本教研是指让幼儿园教师做“教学研究”，即要求幼儿教师对自己或他人的教学进行研究。① 刘占兰认为，园本教研要以《幼儿园教育指导纲要（试行）》（以下简称《纲要》）为导向，以幼儿园为研究基地，以促进幼儿和教师的发展为目标。② 赵志毅从理论上归纳出园本教研具有操作性强、整合性高、涉及面广、参与人员众多、完全开放等特点。③ 教师的自我反思、同伴互助以及专业引领被看成是开展园本教研、促进教师专业化成长的三种基本力量。研究共同体的构建是当前园本教研研究的重点和热点。刘占兰认为，“理想的园本教研方式不是教师各自为战和孤军奋战，而是群体合作研究。”④

综上所述，所谓园本教研是指以幼儿园教育者（主要是教师）为研究主体，以幼儿园教育教学活动中的实际问题为研究对象，以促进幼儿园发展为目的，将研究成果运用于幼儿园教学实践中的教学研究活动。

以园为本的教研方式，对于幼儿园来讲，并不是全新的教研模式，所不同的是在过去，教研工作中，教师缺乏反思意识与能力，不善于借鉴同伴智慧，缺乏经常而有效的专业引领。使得幼儿园的教学研究常常是低水平重复徘徊。倡导园本教研理念并不是对过去教研工作的全盘否定，而是在继承过去优秀教研工作基本经验的基础上融入

---

① 朱家雄，王峥．提倡以幼儿园为本位的教学研究［J］．学前教育研究，2005（3）.

②④ 刘占兰．园本教研的基本特征［J］．学前教育，2005（5）.

③ 赵志毅．大力提倡幼儿教师自己的教育科研一兼谈“园本研究”的内容特征与操作机制［J］．学前教育研究，2005（7～8）.

新的内涵，是对现行教研方式和工作机制的调整与改进。

2. 园本教研的特征

园本教研与一般课题研究和幼儿园教研的区别就在于：强调立足幼儿园实际，引导教师在自己的岗位上、在常态的教育环境之中发现问题、研究问题、解决问题，最终促进幼儿、教师、幼儿园共同和谐发展。

(1) 找准真问题，深入开展园本教研

以前课题研究是幼儿园拿出一个方案，教师根据总方案写出自己的子课题，而“以园为本教研制度建设”项目强调要自下而上寻找研究问题，保证问题来源于教师工作实际，保证教师的主体参与性。要找准真问题，首先，可以对照《纲要》寻找问题。通过集体学习，解读《纲要》，逐一对照教师的一日保教工作，从教师角色定位，教育方法方面寻找与《纲要》要求的差距，提出研究问题。其次，对话交流提炼问题。通过管理者与教师、教师与教师、教师与家长多方对话交流，将问题细化并提升，梳理清楚，寻找到教育实践中的真实问题。

(2) 拟定切实可行方案，关注教师的行为改进

幼儿园的教育活动最重要的是我们怎么样才能实现一个有效的教育过程。寻找到幼儿园存在的“真”问题只是开展园本教研的第一步，通过教研活动中同伴对话，讨论交流，制订方案的过程是行动研究的关键环节。在反复讨论，制订切实可行方案的过程中教师学会了寻找问题，思考问题的解决思路和方法，这是教师专业发展所需要的。在随后的实施方案，将园本教研融入幼儿园正常的教育教学之中，解决具体实际问题，体现了园本教研的个性化和操作化，其重点是要关注园本教研中教师的行为跟进。即以理论指导实践，通过针对性、连续性的探讨，将学习、思考与行动相结合，关注实践改进效果。通过深入的观察、分析、比较，提出改进建议，注重及时反思、迁移运用、大胆实践，通过不断的实践反思，提高教师的教学行为水平。如在教育的过程当中，我们幼儿园的老师应该怎么样去创设环

境？怎么样在教学的过程当中真正的使儿童和环境、和教师能够互动、能够促进他的发展？

（3）以推动幼儿园文化建设为落脚点

园本教研本质上不仅是一种教研方式的变革，更是一种文化变革，它是对一种封闭型、传统型教研的挑战。重视民主的、平等的、合作的、创新的教研文化建设，而不仅仅是搞教研活动，是开展园本教研的落脚点，也是与以往教研活动的区别所在。许多幼儿园的教研活动一直在进行，但是一个平等的、民主的、合作的、研究的氛围并没有在这些幼儿园形成。一种文化的改变，需要很长时间，但从现在开始，在每次教研活动中要注意体现民主的、平等的价值取向，如果每次教研活动中依然是园长、专家是权威、专制的，那么，垄断的教研绝对不可能培养出民主的、平等的教师去做教研，我们希望的幼儿园新型教研文化也不可能实现。

（二）关注园本教研的实效性

园本教研的质量和水平不仅关系到幼儿园实际真问题的解决，也关系到教师专业化水平能否切实得到提高。加强对园本教研过程中细节的研究和探索十分必要。

1. 加强对教研活动方案设计研究

教研活动的方案设计是否科学、合理、周密与教研活动能否成功有极大的相关性。犹如教师在开展教学活动之前必须有一份预设的教案一样，教研活动方案中，对此次教研活动研讨的重点问题、研讨的环节、步骤，可能遇到的难点等都应该有充分的预计和思考，如果运用的是“微格研究”法，对呈现的录像要精心的剪辑，突出重难点，便于教师观察思考和讨论。只有这样，园本教研的实施过程，才可能成为教师知行统一的过程、理论紧密联系实际的实践反思过程。它的收获不仅仅是一个具体教学问题的解决或形成一个优秀课堂教学案例，而是在这一过程中，每一位参与教师观点的交流，思维的碰撞，自身的教学业务能力的提高，实现教学、研究、培训一体化。

2. 加强对教研活动组织实施过程的探索

一般来看，作为研究者的教师的研究，具有这样两个本质性的特征。其一，研究的问题往往产生于实际工作情境中，来自于自己的意愿与结构产生的冲突。并且，其计划内容并非是在决定以后就一成不变直到研究完成的，而是要从实际情境出发，根据情境需要，随时检讨，不断修正；其二，研究是教师对自身实践所进行的有意识的、系统的、持续不断的探究反思，因此，研究过程往往就是教师自己教育教学的行动过程，它在突出教师教育实践的“研究特征”的同时，也突出了教师作为研究者的角色。为此，在教研活动组织和实施过程中要通过探索，进一步把握园本教研的规律和特点，细化研究重点，注重“研”的细节，促进“研”的深化。综合运用不同教研形式和多种教研方法，针对问题的不同类型和教师的需求，将教学型教研、研究型教研与学习型教研结合起来，即将以教为着眼点，以课例为载体的教学型研究，以研为着眼点，以课题为载体的研究型教研和以学为着眼点，以阅读为主线的学习型教研结合起来。针对研究的不同阶段和研究问题的性质，将叙事研究、参与性观察、课例研究、案例研究、教学反思等方法综合运用。让教师在反思中用批判的眼光来审视自己那些已经发生的教学行为；在叙事中不断地积累大量的关于具体教学情境的策略，相互借鉴、相互启迪；在课例、案例的分析中形成那些策略性和实践性的知识，共同获得专业的成长。

3. 加强对主持人和引领者策略的研究

任何一个活动，都有不同身份角色的人员参与。教研活动涉及的身份角色主要有主持人、普通参与者、中心发言人及专业引领者等，其中主持人和专业引领者的水平如何直接影响教研活动的水平和质量。主持人能否引导教师围绕本次教研活动重点研究的问题发表观点，保证讨论不偏题，不跑题；能否准确把握参与教师专业水平的原有经验，准确提出问题，引发大家的共鸣；能否敏锐从教师发言中发现有价值的观点，通过巧妙地“抛接球”，穿针引线，引导教师深入思考，提高归纳、总结、提升的能力，促进教研活动深化等，值得在以后学的研究中深入思考。

专业引领方面，应强化“专业引领”的本质在于牵引、引导和促进普通教师思考，拓宽教师视野的观念。克服专业引领模式化、结论化的倾向，帮助教师克服“等、靠、要”的思想，充分发挥教学研究的主动性、积极性和创造性，作为专业引领的骨干教师、园长或专家，必须对自己角色准确定位，一方面，活动前充分准备，通过自己事先的学习研究，收集资料，尽可能给教师以启迪和帮助；另一方面，注意以普通一员参与教研活动，不唱“独角戏”，而带动广大教师一起跳“集体舞”，把“话语权”还给普通教师，使专业引领能适时贯穿教研活动全过程，提高专业引领的针对性和实效性。并在和他们的对话与互动中激发起研究热情，增强其研究意识，提高其研究能力。

4. 搭建平台，加强交流

在幼儿园教育改革过程中会出现很多带有共性的问题，这些问题对于一线教师和专业研究者来说都是新问题，大家都没有现成的答案和解决办法，在这种情况下，纯粹孤立的园本教研是很难解决问题的，而幼儿园之间、教师之间、专业研究者与教师之间的交流与合作却能集思广益，启迪智慧、拓宽视野，从而有利于问题解决。交流可以是幼儿园内部教师之间的交流，可以是园与园之间的交流，也可以是区与区之间的交流。

（1）注重思想的交流，观念的交锋

教师之间的同伴交流、互助很重要，但并非只是想法认识的彼此告知，只停留在就事论事或对事件表面肤浅的议论上，这里的交流更应强调思想的交锋，强调透过现象看本质，透过具体的事件讨论思想观念层面存在的问题，讨论思想方法的问题，讨论工作策略中的问题。这种交流的结果也不是为了取得一个完全一致的意见，学会换位思考，达到对一种偏颇认识的纠正，对一些模糊问题的澄清，彼此理解，多一种分析问题的方法，多一分包容，多一种理解多元的视角，产生对教育意义的理解，这样将更有利于教师的专业发展。

（2）强调搭建平台，整合资源

任何一个幼儿园拥有的资源是极其有限的。站在市级的角度，将高校的老师，科研院所专家的，各区的教研员，还有一线骨干教师、特级教师等资源整合起来，组成专家团队，形成一些专业支持、服务的网络，就可以为幼儿园园本教研深入开展提供强有力的智力支持和专业引领保障，实现为幼儿园教研提供服务的这样一个功能。

（3）展现自我，促进成长

幼儿园教师们平时都在各自的班级、幼儿园忙于自己的教学工作，很少有机会与其他的教师交流。而园级、区级之间的交流与合作，为他们构建了一个展现自我、学习他人、交流情感的平台。同时，各种课例、教学工具和好的教学方法也在教师间或幼儿园间传播、共享。对于正确处理研究与日常实践的关系，进一步让研究走进常态的教育现场，追求园本教研的价值观，促进教师思想观念的转变，修正和完善教育策略，拓展经验，提升认识，从而带动大批中青年教师的成长意义重大。

（三）探索制度建设

制度文化是园本教研的一个重要的取向，科学、合理的园本教研制度不仅可以促使园本教研目标的实现，促进效率和业绩的提升，更重要的是，制度能使所发生的一切良好的变化持续下去，保证园本教研深入、可持续开展，最终形成我们所希望的教研文化。加强制度研究应注重以下几点。

1. 以改进工作，促进发展为制度建设的出发点和归宿

制度建设的出发点是保护教师的创造性劳动，激发研究教学实践中亟待解决问题的自觉性，不断改进工作，促进发展。加强制度建设要体现以人为本，要充分反映出“教研为了谁，教研依靠谁，教研成果由谁共享”的基本要求。“教研为了谁”是制度建设的目标、方向和基本思路，是制度宏观管理的主要手段，要求全面贯彻《纲要》精神，保证指导思想的正确性；“教研依靠谁”是制度建设的核心，是微观管理的根本反映。要求结合幼儿园自身发展的基本情况，针对不

同的岗位、不同的研究工作任务、要实现的既定目标要求来制定相应的制度。要求条理要清楚、内容要具体、目标要明确、定性要明细、定量要准确、操作要连贯、措施要得力、监督要到位、奖罚要分明、针对性要强；“教研成果由谁共享”是制度建设的最终落脚点，是最终检验制度建设成败的关键。要突出体现制度的公平、公正，突出制度条文背后的教育理念和道德关怀，通过可靠的管理制度为教师教育研究生活提供坚实保障，实现共同的梦想和价值追求。

传统的教研制度中，教师往往填鸭式地接受上级分配的任务，形成了“孩子跟着老师走，老师跟着园所走，园所跟着上级走”的被动局面，这种研究既脱离幼教一线实际，同时也剥夺了教师研究的主动权，教师根本谈不上享受研究的乐趣，更是视“教研为额外的枯燥、无意义的写作任务”。在园本教研系列制度的制定和研究过程中，我们重新定位，将“为自己而进行教学研究，对自己的教学进行研究，在自己的教学中进行研究”的教师本位思想根植于每位教师的心中，凸显教师在教研活动中的主体地位。

资源 8-1　案例资料

以制度为平台，确立教师主体研究地位

——教研模式从“要我研”到“我要研”

武昌区康乐幼儿园在“教育叙事研究制度”产生的过程中，首先通过教师说出自己发现隐含教育问题的真实故事，来反思自己的教育教学，发现隐含的问题，剖析缺陷与不足，清晰地审视自己、关注幼儿，获得调整教学行为的清晰思路，探寻教育的规律，以达到提高教育质量的终极目的，调动教师学习的内驱力。在这种研究中产生的制度具有以下突破：

1. 问题的提出者是教师。在叙事研究制度制定中，根据教师的意见，最后规定叙事活动中，教学研究的问题是教师在自身实践中切身感受到的、迫切需要解决的问题；是教师自己提出、自己设计的；研究的成果要能够运用到教学实践中，并能有效提高教学质量，促进教师发展。

2. 活动的组织者是教师。在叙事研究制度制定中，将教师推到台前，明确提出每次活动的组织者是教研组长或一线教师，活动的支持者是业务园长和保教干事。

3. 资源的共有者是教师。在叙事研究制度制定中，有关对教育叙事交流组织的要求，体现了教师成为资源共有者的思想，如交流方案提前一周告知、交流前自学与集中学习相结合、查找的资料群体共享、提炼出的教育经验群体共享等。通过组织者的有效引导，努力构建合作的、民主的、开放的教研状态，确立教师的主体研究地位。

（根据武汉市武昌区教研培训中心教研员王红芳提供资料改编）

2. 结合幼儿园实际完善制度建设，提高制度的针对性

园本教研制度是一个系统工程，它是伴随着园本教研的过程而产生和发展变化，是为幼儿园园本教研活动开展的需要服务的，是动态变化，不断完善的过程。各园应伴随着园本教研的开展，进一步建立、健全适合本园特点的园本教研制度。建议各幼儿园对园本教研制度要作进一步的疏理和整合，以实际情况调查、对已有制度分析为基础，以落实工作责任，明确规范要求为重点，广泛听取不同人员的意见，形成不同层面管理制度，如行政层面管理制度、教研组层面管理制度和教师层面管理制度。不断完善、改进、调整已形成园本教研制度，完善领导管理机制、学习培训机制、研究评价机制、教科研机制等。不断健全园本教研制度，形成有园本特色的教研制度，使之成为园本教研活动开展的有力保障，形成幼儿园可持续发展的一种长效机制。

教研组长对园内的教研活动起承上启下的核心作用，发挥好教研组长的能动性对带动全园教师的参与热情具有不可估量的力量，既可以减轻管理者的压力又可以给教师们最近距离的榜样示范。传

统的教研组长往往有“心有余而力不足”之感，责任重大却不知从何下手开展工作，往往会出现“四个缺乏”现象：缺乏对专题研究的全盘考虑，常常研究到哪里是哪里；制订的专题研究计划比较泛，缺乏操作性；缺乏对教研情况的总结、梳理和归纳；缺乏寻找问题的敏感性。

因此，如何发挥教研组长的引领、中心和全方位负责作用，提高教研组长的工作能力，是幼儿园所必须解决的实际问题。在推动教研组的建设，培养教研组长的过程中，仍需依靠制度建设。

资源 8-2　案例资料

以制度为指南，把教研组长推前

一、湖北省军区幼儿园以“教研组长制度”为指南，开拓教研组长思路

在该园新的“教研组长制度”中，首先强化教研组长引领意识，一改传统的“专家讲，教师记”的局面，明确“专业引领”不等同于“专家引领”，对策之一是在“教研组长制度”中变“专家点评”为“组长点评”；对策之二是成立“组长例会制度”。在例会中，教研组长交流、研讨制订的计划、拟订的专题、聚焦的问题，以提升教研活动实效为目标。并为教研组长配置助理教研员老师，加强教研组长的力量，充分发挥教研组长的能动性，灵活机动地开展定期与不定期相结合，集中教研与分片教研相结合的研训，带动每位教师参与教研，共同成长，形成教研组长独当一面的良好局面。

二、湖北省直机关第三保育院的“教研组长责权利统一制”调动组长积极性

该园的“教研组长责权利统一制”充分体现了“调动组长积极性”这一思路，让教研组长成为教研活动的核心人物。具体做法是：

1. 竞聘

园本教研组长一改原来的自上而下的“委任制”，实行教师自荐、群众投票、领导考核“三位一体”的新型任命制度。

2. 放权与责任

（1）经费的放权：每学期拨放教研经费 3 000 元，由教研组长自由支配。各教研组长可将教研经费中 1 000 元作为培训资金。

（2）任命的放权：每位教研组长可自主任命本组两名教师为助理教研员，助理教研员享受读书津贴 50 元。

（3）时间的保障权：教研组长与助理教研员每月有两个半天为自由活动学习时间。

（4）选举推荐权：每学期的教研之星、教坛新秀等可由教研组长首次推荐。

有权力才能带动责任。一年来，三位年轻的教研组长不仅在园本活动中极富热情，并且以身作则带动本组教师投入教科研活动之中，在园本研训的组织引领中迅速地成长起来，成为幼儿园教研活动的领军人物。

（根据武汉市武昌区教研培训中心教研员王红芳提供资料改编）

3. 加强对制度建设的案例研究，切实发挥制度的保障作用

园本教研制度建设会经历一个从少到多，从旧到新，从不完善到完善的过程。以前，幼儿园虽然也建立了诸多的引导教师从事研究的规章制度，但是外在的制度并没有调动教师内在的研究热情，教师的反思意识并未形成，幼儿园中仍未形成有效的运行机制，研究氛围淡薄。同时由于形式化的教学制度的影响，教师工作蜕变为烦琐的事务性工作，教师在自身工作中难以体悟到由于主动探究、积极创造而达到的精神生活的充实感。

加强园本教研制度建设性尤为重要。生命力强，适合幼儿园实际的园本教研制度一定是源于幼儿园自己的实践创生的，是随着教研活

动的长期开展慢慢积淀下来的。关注制度建立完善的过程，收集制度形成案例，即从发现问题，产生需求，到调查研究，发现已有制度在工作运行过程中存在缺陷和漏洞，到如何遵循民主集中制的原则，形成最初的制度，到制度试运行中出现的问题及解决的办法途径，到再次修改形成制度的过程进行详细记录。不仅有利于突出制度建设的重点，切实发挥制度的保障作用。也能为后续开展研究的幼儿园提供学习参考和借鉴，也是“以园为本教研制度建设”项目研究的落脚点。

资源 8-3　案例资料

武钢金色阳光幼儿园制度建立修订流程

一、明确教研制度修订目的

1. 对幼儿园原有的教研制度进行诊断分析、整合重组，以教研制度为凭借，唤醒教师内在的发展需要，以制度的方式保障教师对教学的自主决策、反思和改进的权利。

2. 变革内部管理组织机制，创造“人和”的民主氛围，寻找进一步改善的空间与途径，形成动态的、开放的系统，促进幼儿园的不断进步。

3. 解决当前教研制度中存在的，阻碍着新课程发展的问题，满足幼儿园课程开发、发展的需要。

二、明晰教研制度修订流程

学——组织学习、培训，使教师了解以“阳光教研精神”为幼儿园主流价值导向的“主流文化”，统一“看”的标准。

看——通过看自己和大家，发现幼儿园在教科研活动中适宜和不适宜的典型事例。

写——鼓励教工将自己对于教科研制度中发现的问题结合自己的所思所感写下来，提出合理的建议。

选——教研室成员对问题进行选择、仔细推敲是否有修改必要。

思——对存在的问题分析、解剖，找出问题背后的生成原因。

提——通过汇总大家的认识，将存在问题部分提炼制度中需拓展的内容和要点，丰富教科研制度的内容，并达到全园的共识。

做——通过教师对制度实践，进一步落实教研制度。

完善后的幼儿园教研制度，努力使教师摆脱事务型工作的纷扰，变形式上的任务为自身发展需要，力图使教师在自身独创性的工作中，感悟到自我价值实现的愉悦。同时注重采用评估、奖励等激励手段加强对教师的影响，激发教师的内驱力，使教师按照一定的目标努力。

三、论证教研制度实施效果

重建的幼儿园教研制度，一定要在实际工作中反复论证，克服以往外在的制度不能调动教师内在的研究热情，形式化的教学制度让教师工作蜕变为烦琐的事务性工作的弊端，努力使教师在自身独创性的工作中，感悟到自我价值实现的愉悦。例如：

——为减轻教师备课的负担，改变过于重视备课教案的检查模式，帮助一线教师解决教学中的困难与困惑、转变教师对备课的认识，明确教学设计、必要的教具设计制作与同伴共同研究、探究教法、积累资料……都是备课，鼓励教师把主要精力放到研究和解决教学中的实际问题和加强教师反思能力上，增强备课的实用性，形成一种钻研、合作、高效的备课风气。

——将原来定期的重在评比结果的检查制度改为由教师参与的、重在通过评比相互学习的检查制度。

——为了促进教师的发展，制定了有利于教师自我培训与学习建议制度，并给予培训原则的指引。

——教师存在着个性、年龄、经验、专业技能等多方面的差异，因而他们在成长过程中必然有不同的发展需求，修订后的教师培训制度以必修和选修内容弹性地满足教师的需要。

（根据武钢金色阳光幼儿园课题组提供资料改编）

三、科学评价教师工作绩效

教师管理是幼儿园管理的核心，新课改的推行，对教师提出了更高的要求。教师素质的高低日益成为推进新课改的“瓶颈”。新课改下，强调以人为本，建立旨在促进人的健康发展的、适应社会进步的科学教师管理和评价体系。关注教师专业发展，实施发展性教师评价。

(一) 幼儿园教师管理中存在的问题

在我国幼儿园中，目前现行的教师评价制度有如下特征。

1. 评价目的方面

现行的教师评价主要是从行政管理的角度出发，为了更好地管理好教师，“其目的是为了使幼儿园正常的运转”，重视对教师教学效果的评价，而没有对教师所参加的专业发展活动本身进行评价，没有对教师参加专业发展的过程进行评价。这种重教师专业发展结果而忽视专业发展过程本身的评价有急功近利的倾向。

2. 评价主体方面

幼儿园教师的评价是以行政管理为其主要特征的，主要实施的是以园长为评价主体的评价制度，一方面说明幼儿园园长在教师心目中有一定的威信，教师们乐意接受园长的领导与评价。另一方面，不能忽视评价中介机构和教师同行的评价还没有发挥应有的作用。评价主体单一，特别是教师自我评价的作用未得到充分体现。

3. 评价内容方面

评价内容主要从绩效责任的角度出发进行设计，如幼儿入园率、生病率、事故率、家长投诉等，远多于从专业发展的角度进行的评价，至于如何通过评价活动提高教师备课、上课、环境创设、教育科研等能力和水平更很少体现，说明利用教师评价制度来促进教师专业发展在一部分幼儿园已经得到重视，但是，大多数的幼儿园还没有利用评价的方式来达到促进教师专业发展的目的。

4. 评价方法方面

多采用量化的方法，几乎每个幼儿园都有一份“教师评价表”，评价者只要根据一张评价表就可以了解全校教师的工作情况，进而依此来管理教师。数据主要通过课堂观察，查看教师的工作计划和总结等文字资料，结合自我评价报告等途径获得。量化评价的确方便了评价活动，简化了评价程序，数字面前，人人平等。但是一些不易捕捉和量化的有价值的客观信息，如教师许多深层的需要与想法，这些想法对他们今后发展是有预见性的、主观的、自觉的，这些见解是重要的评价信息，却被忽视了。同时，冰冷的“数字”说话与教师喜欢的评价方法——交谈后再做评价，有较大出入，难以让教师们感受到应有的人文关怀，甚至一些教师觉得在评价中受到委屈。

现行的教师评价制度对加强教师管理起到了一定的作用，是幼儿园组织运转的不可缺少的因素。但是从教师专业发展的角度而言，对比发展性教师评价的理念，仍然存在不少问题，需要在实践中进一步探索和改进。

（二）幼儿园教师管理的科学理念

自 20 世纪 30 年代以来，行为管理学派逐渐取代了传统的组织理论。此理论特别重视“以人为本”的管理，在指导思想上，将人摆在中心位置，以达成人性需要的满足为最终目的；将“以人为本的”理念运用于教师管理，强调人是管理活动的核心，提倡在管理过程中，管理主客体的平等交流、沟通和相互支持，达到管理的和谐统一；要求管理者以礼待人，以德服人，通过以身作则来影响被管理者。要充分调动教师的积极因素，减少消极因素，让教师明确自己的主人翁地位，以主体身份积极参与到管理中来，自觉感知自己的优势和不足，从而主动改进自己的工作，提升自身的素养。其基本点是“尊重人”“依靠人”“发展人”“为了人”，以追求教师工作的最佳状态。

1. 依靠教师

现代幼儿园管理包括诸多因素，如人、财、物、事、时间、空间和信息等。在这些因素中，人的因素是第一位的，与其他因素相比是起决定作用的。作为专业技术人员的教师，是幼儿园发展的关键力量，在教育过程中起主导作用。教师每天面对每一位幼儿，接待每一位家长，教学通过教师实施，园所文化通过教师传递。儿童的全面发展，优美心灵的塑造，都离不开教师的教学。在目前条件下，任何先进的教学手段都只能作为辅助工具，不能代替教师的作用。影响教学质量的诸因素中，教师的作用是最重要的。任何将教师置于幼儿园管理之外的做法，与教师的对立情绪，都不利于调动教师的积极主动性，也不利于幼儿园的发展，更不利于合格人才的培养。幼儿园管理必须依靠教师，实现幼儿园的整体教学目标，必须调动全园教师的主动性、积极性和创造性。

2. 尊重教师

尊重教师要求尊重教师群体的特点。幼儿园管理的对象是教师群体，有同于一般群体的特点。首先，教师群体的主体意识较强。他们需要更多的机会来表现自己的聪明才智，发挥自己的主观能动性。单纯将教师作为管理对象，动辄以“解聘”为手段，简单压服，久而久之，只会使教师的个性泯灭，创造力丧失殆尽，对本职工作渐失热情。其次，教师群体民主意识较浓。主人翁的责任感浓烈，愿意为幼儿园的发展出点主意，尽自己的一份力量。园领导若能顺其自然，积极听取教师的意见，就能形成群策群力，共谋幼儿园发展的大好局面。反之，若园长经常以“官”的身份出现，把教师看成“伙计”看待，就会形成紧张、沉闷的气氛，从而造成管理的低效率。最后，教师群体需求层次较高。根据马斯洛的需求层次理论分析，教师尊重的需要、自我实现的需要表现得尤为突出。对教师的尊重与信任是调动教师积极性的重要因素。你给他一个尊重，他还你一个收获；你给他一份信任，他还你一份奉献。

3. 服务教师

幼儿园作为教师工作、生活的主要场所，伴随教师的整个职业生涯。教师的职业活动要求教师必须根据自己和儿童的具体情况对教育活动进行科学的构思、灵活的施教，积极主动地探索、创造性地解决问题。因此，教师管理必须为教师个体的主动性、能动性与创造性的发挥提供广阔的空间，为教师提供完成工作所需的环境和条件，为教师有力量和能力做好各自的工作提供服务。作为专业人员的教师，他们是各自工作岗位上的专家。学校管理者和教师之间是伙伴关系，教师管理的过程是合作配合的过程，教师需要的不是领导告诉他们如何工作，而是一个引导者和设计者，不断帮助并激励他们扩展自己的能力和热情；学校管理者要从决策者、控制者、管理者转变为支持者、强化者和促进者。教师管理从直接控制转向提供服务。

4．发展教师

教师队伍管理的真谛在于实现人的价值，发掘人的潜能，发展人的个性。拿破仑说：“人生的最大幸福莫过于自己的潜能得到最大的发挥。”要充分发挥自己的潜能，需要有适宜的环境。俗话所：“尺有所短，寸有所长。”园领导要知人善任，发挥所长。了解每位教师的思想业务水平、性格爱好、健康状况，既要识别人才，又要正确地使用人才，使教师潜能得到发挥，专业得到发展。只有发挥所有教师的特长，使其互相补充，才有助于幼儿园工作的整体优化。

（三）幼儿园教师管理应注意的问题

不同的教师管理理念和策略导致不同的结果。树立发展性教师观，建构学习型教师组织，实施服务式领导，科学评价教师工作绩效是幼儿园教师管理的使命和核心。具体实施过程中应注意：

1. 尊重教师，满足教师不断自我发展的需要

办好一所幼儿园，不仅仅是几个管理者的事情，新一轮基础教育课程改革，要求教师必须由纯粹传授知识的教书匠转变为具有思辨能力、创新能力的研究型教师、学者型教师。新课程能否顺利实施，关键在于教师的素质能否适应要求，更新理念，充实知识，提高技能，不断探索，实施优质教育已成为许多教师的自觉意识与行为。幼儿园管理者应该比以往任何时期更关注教师的成长和发展，在管理者和被管理者之间营造与建立新型的开放与互动、合作与分享、关爱与支持的人际关系。相信教师有责任心，有能力做好本职

工作，鼓励教师根据对教育目标、教育理念、教育原则的理解及对教育内容、教育对象的发展状况、能力水平的把握自主决策教育计划，探寻适合自己的教育方式与风格，管理者只给予适当的指导与点拨。鼓励教师参加有利于教育的培训、进修，想方设法满足教师不断自我发展的需求。

2. 关注过程，建立科学的教师绩效评价体系

教师绩效考评强调每位教师的工作业绩、效率和能力，注重评价结果对教师的选择和甄别作用，评价主体单一、评价内容片面，这些是其客观存在的缺点，但这并非说明绩效考评就毫无可取之处。以教师发展为本的评价，强调量化考核与质性评价相结合，在实际中应把握好奖惩的“度”，规范绩效考核的标准，形成科学的绩效评价体系。一方面，制订科学的绩效考核标准，应特别强调岗位的针对性，特别应针对当前教育改革对幼儿教师专业素质发展的全面要求，如观察幼儿、创设环境、开展科学研究等，通过评价促进教师专业水平提高。另一方面，强调让教师参与考评标准的制订。教师参与标准的制订，能促使教师理解岗位工作目标、认同标准，自觉将其作为奋斗目标，从而增强目标实现的可能性。在重视指标量化的同时更加关注不能直接量化的指标在评价中的作用，强调定性评价和定量评价的结合运用。重视情感、态度和其他一些无法量化的因素对评价对象发展的影响作用。

3. 差异化评价，促进每位教师获得成功

处在不同年龄、不同发展阶段、不同发展水平的教师，他们的兴趣、爱好、特长各不相同，他们身上有不同时代的特点，但都是富有灵性的活生生个体。他们都有自己的特长和创造性，可以尝试制订可供教师选择的自评标准。如《教师能力和行为要求自我评价表》设定自我评价的具体内容与目标、要求，教师可根据自己的能力、行为判定自己达到的程度。通过教师自我评价的内容来说明和检验自己的教学，并确定他们相对的长处和短处，引导教师不断地调整自己的教育行为，促进教师的自我发展，让每位教师实现自身价值。

4. 多元化评价为本，充分发挥教师自我评价的作用

多维度、多元化考察教师的工作情况，有利于提高评价的客观性与公正性。除了幼儿园领导的考评外，还应该包括教师通过自我反思、活动总结形成的“自我鉴定”、同事、家长对教师的评价等，同事、家长、学生以及社会等的评价都要在教师自评的基础上建立起来。这里需要关注的是提高教师自我评价的有效性，即通过教师自评，不断更新自身的教育理念，改善其教学行为，使其达到促进专业水平不断地发展的预期效果。管理者应妥善处理来自各方面的评价结果。通过与教师的面谈，对评价结果进行细致分析，发现存在的优点与不足，与教师共同商量下一步的发展目标。

发展性教师评价是以人为本的思想指导下的评价，它着力于教师的内在情感、意志、态度的激发，特别是使评价对象成为评价主体，更加关注施教过程中的动态变化因素。使评价过程成为评价对象自我认识、自我反馈、自我调控、自我完善、自我提高的过程，成为教师自我教育，主动发展的过程。

四、明确园长的角色定位与职责

在幼儿园人、才、物等诸多管理因素中，人的因素是第一位，园长作为幼儿园各项工作的第一责任人，理应在教师专业发展中付出更多的心血，将其摆在幼儿园管理工作的重要位置。园长对教师专业发展这项管理工作的认识与落实程度，承担的角色定位与职责，直接影响着教师专业发展的进程与质量。

（一）设计者、激发者

1. 园长是教师专业发展的设计师

当今的园长应成为建构式领导者。园长要出思想，是建构者，不是事务工作者。在园长的办园总体规划中应有一个全园教师专业发展的总蓝图。要制订切合本园实际的园所人才培养的中、长期计划，包括具体的培养目标、培养对象、培养措施等。首先，园长要通过调查研究对本园教师队伍现状，如年龄、结构、发展层次、水平、特点

等，做到心中有数。在此基础上，对幼儿园教师队伍建设进行整体科学规划，结合幼儿园的办园理念、办园特色、未来的发展规划等，面向全体调适教师发展规划，幼儿园发展教师必须促进全体教师的发展，这就要求园长一方面兼顾公平，让所有教师都能享受幼儿园的教师发展资源，获得发展的信心与力量；另一方面，注重设计教师专业发展梯队，通过真正的专业引领，引导优秀的教师群体科学发展，全面成长，以他们的成长影响和带动一般教师的发展。

其次，园长在对教师专业发展设计中应思考：教师发展是成全个性还是修补缺陷？显然，以人为本、特色发展的管理理念，需要管理者建立管理新机制，废除大一统的思想与做法，赋予教师自主发展的权利，给予教师自主发展的空间，以此激活教师专业发展的积极性、创造性，成就特色教师。比如对美术、设计好的教师可以培养环境创设特长，对于理性思维好的教师可以突出教育科研特长，对于特别耐心、细心的教师可以鼓励钻研班级管理工作……这样会给教师很大的机会，成就许多教师的发展。

2. 园长是教师专业发展的激发者。

外因是条件，内因是关键。促进教师发展的关键是要解决教师发展的动力机制问题。首先，园长应重视对教师进行价值引领，引导教师思考教师的生命价值如何体现，倡导“热爱儿童，奉献教育”“工作着、快乐着”“有实力才有魅力，有作为才有地位”等。激发教师自我发展的意识和内驱力，使教师产生自我发展的需要，促使其由“旧我”向“新我”的演变。记得有位名人说过，“当一个人缺少信仰时，很可能一切的行为都是功利的”。价值思想的缺席实际是灵魂的缺席。当一个人对教育的追求达到一心一意时，灵魂将不再流浪，思想将不再浮躁，精神将不再漂泊，行动将不再迟疑。

其次，重视教师精神的发展，注重提升教师的精神境界，尽力让教师认识到，教师的幸福不仅来自于家庭，更来自于课堂，来自于儿童，来自于幼儿园；教师的发展、儿童的发展和幼儿园的发展是相互和谐、相互促进的。教育是活生生的生命与生命的对话，教师在教育实践过程中可以尽显风采，在为促进儿童发展不断操劳的过程中，自身生命的潜能得到开掘和显现，生命的智慧得到丰富和发展，生命的活力得到释放和迸发。

最后，要保持教师发展的内驱力。每个教师都有愿景，但时间一长就会淡化，这需要园长不断地对教师进行刺激与激发，不断设置问题情境，让教师争当“给加西亚送信的人”，从而保持教师自身发展的愿望，帮助教师重温并更加坚定“自己的人生定位”，强化教师自觉发展的内驱力。

（二）保障者、服务者

1. 园长是教师专业发展过程中的保障者

幼儿园作为教师专业发展的主要场所，客观上是需要园长在行政管理上提供必要而有效的各种保障措施。园长作为教师专业发展过程中的保障者，首先，应树立专业发展是教师的权益意识。幼儿教师专业发展是社会发展和教师自身发展的需要，更是《中华人民共和国教师法》（以下简称《教师法》）赋予教师的基本权利之一。作为园长应树立相应的权利意识，尊重教师专业活动的权利。如专业追求、专业上的“话语权”，专业“决策权”。在专业事务活动中，园长应学会尊重、重视与采纳那些在专业上真正“术有专攻”的教师的意见或建议。如果园长真正能对教师专业活动的权利给予充分的尊重，肯定会大大地激励幼儿教师的主动性和积极性的。

其次，在管理中提供制度保障，制订并逐步完善有利于教师专业发展的各种有效可行的激励措施，自觉地尽自己的所能去维护教师专业发展的权益，积极创造各种有利的条件去满足不同发展层次教师的专业发展的需要，为教师搭建专业发展的平台，切实为教师专业发展营造良好的外部环境。

最后，积极为教师专业发展提供充足的物质和经费保障。例如，适当控制班生数的规模，保证教师专业发展的精力和时间；积极支持教师外出学习进修，或接受更高学历的教育；提供丰富的图书等阅读参考资料、充足的办公用品、各种教具或制作教具的材料；连接互联网提供丰富的信息资源等。

2. 园长是教师专业发展过程中的服务者

园长服务教师体现在管理者工作的各个方面。从环境服务方面来讲，第一要注重在全园营造民主、开放、合作的氛围，使教师工作处于一种充满安全感、信任感的环境中，从而产生工作的主动性、积极性和协作精神。第二要创造条件，搭建教师正常对话的平台，经常让他们沟通交流、分享经验、进行专题性的碰撞与争论，园长要有意制造冲突性情境，强调“和而不同”学术观点的存在。

从教师的专业发展服务方面来讲，可以有针对性地开展园本研训活动，这也是适应当前课程改革需要，提高教师专业素质的必然要求。幼儿教师的教育观念、知识结构、创新能力等都部分地存在与当前的课程改革要求不相适应的地方，因此，通过园本研训，帮助教师不断提升自身素质具有重要的意义。

（三）先行者、指导者

1. 园长是教师专业发展过程中的先行者

专业发展对一线教师而言，指的是业务水平的提高；而对园长来说，则首先是指管理水平的提高。应该说，师资队伍建设工作一直是幼儿园管理工作的一部分，幼儿教师专业发展赋予了师资队伍建设以新的含义。园长应及时学习有关教师专业发展的一些最新的理论或研究成果，如教师专业发展的阶段性理论等。掌握先进教师教育理念，努力将先进的理念落实到自己的管理行为中去，使管理措施更符合时代要求，更富有理性色彩，在实践中不断地反思自己的管理行为，使自己的管理水平不断地从经验型走向科学型，真正有效地做好教师专业发展管理工作。其次如果园长在做好本职专业发展的同时，也能在业务上躬身实践，做一名教师专业发展的践行者，走专家型园长发展之路，则更为理想。这种对教师专业发展的亲身体验，有利于园长体味到教师专业发展的艰辛，探寻更多的专业发展共同话题，有利于园长更好地做好教师专业发展工作，使其管理措施更合理、更有效。事实表明，园长自身专业发展之路的经验，无论是管理方面的专业化，还是业务方面的专业化，对园长本人在教师专业发展管理上无疑是一笔宝贵的财富，有助于园长切实而有效地做好教师专业发展的引领工作。

2. 园长是教师专业发展过程中的指导者

园长在教师专业发展过程中的指导性体现在，首先，引导教师根据自己的实际情况，拟定不同阶段的专业发展规划。规划是教师专业发展的保障。教师所拟订的个人专业发展计划至少包括：预期要达到的目标是什么？达到该目标的标志是什么？达到最近发展目标有什么具体措施？需要幼儿园提供何种支持与帮助？制订个人专业发展计划，有助于帮助教师将自己的专业发展，从原来的“自然的成熟”状态引向一个有目的的发展轨道上来。

其次，引导教师聚焦教育实践，开展教育教学研究。教师的能力说到底是教育教学的实施能力，它是教师发展的核心要素。教育教学实施能力的提高关键是要聚焦教育实践，指导教师在教学实践中体验和反思，学会从已有的教育教学经验中寻找生长点，从教育教学实践的突出问题中找突破点，从教育教学发展趋势中找挂钩点，从教育教学的先进理论中找支撑点。通过教育教学研究，快速成长，

最后，引领教师突破“高原期”，提升自我。进入高原期的教师一般感到困惑，主要表现为一种心理懈怠，产生生理或心理上的疲劳感。园长要把握教师群体特征，采取相应对策，唤醒教师的发展意识，引领他们着力改造能力知识结构，全面提升认知、情感、人格因素。通过搭建平台，如某教师教学风格、教学特色研讨会等，帮助他们自我发现、成就自我、提升自我。

（四）同行者、保健者

1. 园长是幼儿教师专业发展过程中的同行者

作为幼儿园各项工作的设计者与推动者，园长伴随着教师专业发展的每个阶段。作为同行者的园长，首先，要关注教师作为一个生命个体“人”的全面发展。政治上信任，工作上支持，业务上培养，生活上关心，为教师创设开心的工作环境、顺心的工作条件、舒心的工作体验。不仅要关心教师的专业知识、能力和业务水平的提升，更要

关注教师个人生活中的情感、需求和生命体验。其次，倾听教师，给予适时的鼓励。人际环境既可能成就一个人，也可能让一个人消沉。良好的人际互动环境，对于教师来讲，体现在寂寞与消沉的时候，有人投以“关注与期待”的目光，在需要进步与成长的时候，会有人伸出热忱的“支撑与帮助”之手，在取得进步或收获的时候，会得到广泛的“鞭策与鼓舞”，在遇到挫折或磨难的时候，会得到“理解与宽容”。在这样的队伍中，还会有人不发展吗？

2. 园长是教师专业发展过程中的保健者

园长作为幼儿教师专业发展过程中的保健者，主要体现在适时为教师排压、减压，关注教师身心健康。在当前教育改革情况下，幼儿教师的健康问题日益突出，主要表现在心理不适和心理挫折。如新的教育理念、方法应接不暇引发的不适感；社会、家长较高的要求与自身素质缺失带来的焦虑感；强烈的成就需要与实现渺茫时的不安和失败感；新型师生关系矛盾带来的茫然感；自我否定的痛苦感以及理想和现实发生冲突时的失望与挣扎等。造成教师心理压力大、焦虑水平偏高、职业倦怠频发，头痛、偏头疼神经系统及肠胃系统身体疾病增加等，凡此种种，究其原因除了新课改带来的压力外，也和教师自身的身心素质、抗压能力有关。作为园长，首先要正确认识和理解教师的心理及表现，及时加以帮助引导，不可疏远打击，要设身处地帮助教师分析问题，满腔热情地给予帮助，创造和谐气氛，多替教师着想，尽量减轻教师的不必要的压力。其次要创造条件让教师将情绪释放出来。可通过私下交谈让他们诉说自己的不满，还可在会上与大家交流，甚至可以暂时回避让其适当发泄。最后要注重加强对教师的心理辅导和教育，提高教师的心理素质，掌握减压的方法，帮助教师开展自我教育，提高抗压能力，以健康积极的心态对待新课改。

总之，优秀的管理者的特点是能在多种角色身份中转换，以不同角色视角考察问题，系统性的思考，发现关键性问题，提出针对性的办法。在教师专业发展，明确园长的角色定位与职责，对促进园所教师专业发展意义重大。

第二节 建立支持教师专业发展的社会环境

幼儿教师的专业发展在主观上表现为教师的教学效能感的提高。教学效能感是教师的自我效能感，是教师对教育作用的认识和对自己在教学活动中能否有效地完成教学工作、实现教学目标的一种能力的主观判断与信念①。通过课题研究过程中访谈及对幼儿教师教学行为的观察发现，优秀幼儿教师（学者期教师）具有较高的教学效能感，他们热爱幼儿教师这个职业，对自己的教育在幼儿发展中所起的作用有较高的评价，人际关系和谐，对教学中与幼儿互动、交往，与家长沟通交流中，表现得轻松、自如、自信，积极尝试新的教学方法，主动参与教学改革；而低教学效能感的教师在于幼儿、家长的互动交流中往往表现得迟疑、退缩、不自信，人际关系紧张，对自身的教学能力、对环境中的不确定因素表示怀疑，并表现出一种消极的教学态度，这既有碍于幼儿教师教学能力的正常发挥，也不利于幼儿教师教学效率的提高。

已有研究表明：影响教师教学效能感的因素很多，而社会支持是影响教师教学效能感高低的重要外在因素之一。来自社会的支持越多，教师对个人在教育教学方面的能力越有信心。如果一个教师从家庭和朋友那里得到足够的尊重和理解，特别是幼儿园领导、幼儿家长对教师的高度信任和积极支持，往往会让教师感到自身工作的意义，体验到教育的成功和自身的价值，那么他就会对自身的教育教学能力做出高的判断，从而获得愉快的情绪情感体验，并最终化为进取向上的巨大动力去夺取工作上的更大成绩；同时，教师职业是一种高压力情境的特殊职业。西方学者在对教师职业压力源的研究中发现，社会支持的缺乏与其职业倦怠之间存在着显著的高相关（Burke & Green-

① 俞国良，罗晓路，教师教学效能感及其相关因素研究［J］．北京师范大学学报（人文社会科学版），2000（1）．

glass，1959；Rolan，Michael，1999）。①

社会支持（Social SuPPort）作为一个普通概念来说，通常是指来自父母、配偶或恋人、朋友等的帮助，但作为科学研究的对象和专业上的概念，则是在20世纪70年代才被提出来。Sarason（1983）将社会支持归纳为一种关系，这个关系是客观存在的或人们能够感知到的他们能与他人交流，被关心、被接纳、被爱、有价值感，并在他们需要时给予的帮助（刘陈陵，2002），国内学者易进（1999）的理解，社会支持（Social suport）是以个体（被支持者）为中心，个体及其周围与之有接触的人们（支持者），以及个体与这些人之间的交往活动（支持性的活动）所构成的系统。因此，社会支持是以个体（被支持者）为中心，个体及其周围与之有接触的人们（支持者），以及个体与这些人之间的交往活动（支持性的活动）所构成的系统。在这个系统中，个体能够感知到的他们能与他人交流，他们被关心、被接纳、被爱、有价值感，并在他们需要时给予的帮助。

本章基于环境发展理论，以幼儿教师教学效能感为切入点，探讨社会支持系统对幼儿教师专业发展的保障，探寻构建支持教师专业发展的社会环境。

一、做智慧的女人，争取家人的支持

在中国，女性多数是职业女性，承担着养活自己及子女的责任和义务，能在家做全职太太的女人毕竟是少数中的少数。因此，目前中国妇女的社会地位在世界各国中属于比较高的，幼儿教师也不例外。但随着中国社会经济的快速发展，学前教育改革的深入推进，幼儿教师面临的职业压力也越来越大，如何处理好职业与专业、事业与家庭、个人成长与子女成才的关系，营造和谐家庭氛围，相互支持，相互促进，共同成长，是每位幼儿教师必须思考和面对的问题。

① 梁慧娟，冯晓霞．北京市幼儿教师职业倦怠的状况及成因研究［J］．学前教育研究，2004（5）．

（一）粗中有细，营造温馨、和谐的生活环境

人的一生是由一连串的偶然事件组成，生活、工作、事业、爱情、友情、健身、娱乐等都是这连串偶然事件的组成部分，不可或缺。每个人不妨尽情享受，尽情体会其中的乐趣，唯此，生活才不致单调乏味。但偶然中却蕴涵着必然，每个人的一生中都会出现运气、机会，如果能顺其自然，机会就会成全你，成就你。当然，机会来自上述方方面面，只是在于每个人是否有敏锐感善于抓住机会。有时候，看似不相干的机会，也会通过生活千丝万缕的联系发挥着效应，使事物朝着自己期望的方向发展，这也就是生活有目标、有规划的意义与价值，但前提是，你有一个开放的心态，广泛的兴趣。

在幼儿园教师中，常听见关于“干得好与嫁得好”的争论。事实上，在当今商品社会中，“获得”和“拥有”是判断一个人成功的主要指标，因此，不论干得好还是嫁得好都是一个人价值的充分体现，都是社会衡量一个人成功的指标。但是，这其中也有机会、运气的问题，不是你想事业成功就会成功，你想嫁得好就可以嫁得好。最靠谱的做法就是，积极投入你的工作和生活，认真面对、经营，舍得付出。做幼儿教师就仔细琢磨与幼儿交流、教学中的名堂；进厨房就好好研究菜炒得香的高招；谈朋友、找对象就认真体会、发现人与人性格、喜好的不同，机灵、乖巧的女子有谁能不爱呢？

人常说“睁大双眼找爱人，婚后闭眼过生活”是很有道理的。研究发现：已婚与未婚幼儿教师的总体社会支持差异不显著，仅在陪伴性支持维度上存在显著差异。已婚幼儿教师的陪伴性支持水平较高，给幼儿教师的工作自信心提供了强有力的后盾，这主要是由家庭成员之间的亲密度及社会关系网络扩大带来的差异。亲密度及社会资源就是你睁大眼要寻找的，寻找最终结果是合法的婚姻。无论当初爱得多么惊涛骇浪，在终成眷属、结为连理之后，任何人都要面临漫长而平淡的婚姻。

一个家庭的作为很大程度上在于丈夫，一个家庭的格调绝对在于妻子。在婚姻家庭里，最初的激情终将渐渐冷却，漫长而平常的日子里，能情牵终生和自己的先生走过一辈子的女人，都是非常聪明的女子。聪明就在于知道婚后睁只眼、闭只眼过日子，把对方的缺点当成特点来看待，知道难得糊涂，不必事事计较、事事认真，既然他是你选定的终身伴侣，就应学会用一生的时间去不断地关心他、理解他，体谅他的艰辛，原谅他的粗心和不周到，处理好婆媳、姑嫂之间的关系，这一切需要的都是母性的宽容和理解。

幼儿教师懂得心理学知识又具有弹唱跳画多种才艺，具有调节家庭气氛的知识与技能。你带给每个人快乐和温馨，他们必将以桃报李，支持你的工作与专业发展，一份称心如意的工作反过来又能够平衡事业与家庭的关系，因为称心的工作本身就能够协调女人的情绪，保持女人的身心健康，从而促进家庭的和谐幸福。女人有一份工作可忙，既可填补生活的空白，又能在工作中不断充实自己，提高自己。认真对待你的工作，它能让你感受到自己的价值，而且能跟上时代的潮流，更具有知性魅力。游走在职场当中的女性更能体会到工作的艰辛和压力，才能更理解事业中男人的烦恼，两人的同步成长是婚姻稳定的基础。

资源 8-4　案例资料

聪明女人如何说

不聪明的女人，琐碎而抱怨不停，如果她的先生比较闲散或者恋家，她就会抱怨他“没出息”；如果他忙于事业疏于家事，又会埋怨他不陪自己不顾家，甚至会怀疑他移情别恋，会连讽带刺、含沙射影地指责他。这就是对丈夫的“严加管理”，凡事都要他汇报，什么自由和权利都不给他，以为这样就能管住他。

聪明女人因为聪明而知道何时该说什么，不该说什么，不会吝惜自己的爱和赞扬，她们从不在自己的丈夫面前夸赞别的男人，她们从不抱怨他把时间都花在了外面，对自己关心少了、爱少了，她们努力营造温暖、放松的家庭空间。

当先生说："你看，我母亲怎么会这样呢……"

你就应该说："唉，老人嘛，都是这样的，我父母也一样，你看，我都没有什么感觉，你还这样挑剔啊！"

点评：先生有气只是脱口而出，你若参与就会引发更多的不愉快，甚至他会把矛头重新定位。

当先生说："今年过节给老人买点什么好呢？根据支出平衡的原则，照300元花吧。"

你就应该说："当然是应该买老人最喜欢的东西了，我看我们紧点，还是照500元花吧。"

点评：偷着为父母花钱是男人的心痛，不在钱上斤斤计较的女人总有一份快乐心情。200元钱可能会赢得一份挚爱的真情！而他也绝不会再有瞒着你私下为自己的父母包括其他亲人多做支出的举动。

先生做了并不可口的饭菜，你会说："还不错，下次会更好！"

点评：烹饪原本是艺术，多做就会出真功，在称赞中谁都会产生热情。一个家庭的家务活，两个人分着做，当然就会感到轻松。

先生在外应酬喝酒了，你会说："什么也别做了，喝点热茶洗洗睡吧，怎么这么不爱惜自己呢？"

点评：有时委婉的提醒会比直白的训斥更有效果！

双方正在生气之时，公婆登门，你会说："呵，你看我看电视看得泪水都出来了，噢，还不快给爸妈倒点水啊……"

点评：在公婆面前说先生不好的女人是最不聪明的女人！

（根据武汉市江岸区珞珈山街幼儿园课题组提供资料改编）

（二）耐心倾听孩子，建立良好亲子关系

孩子是家庭的希望，祖国的未来。在常人眼中，幼儿教师是天然的贤妻良母，极佳的婚姻伴侣、孩子成长的专业指导者。但现实生活

中，幼儿教师常常出现爱心、耐心献给了幼儿园的孩子，回到家身心疲惫，对自己的孩子却没有了好脾气的情况。其实这是现代人职业压力大及一日辛苦工作之后的身心自然反应。细想想，工作一天后，有什么职业会让人精神百倍、感觉很轻松呢？没有！即使有，也是个人自我调节精神的力量。因此，提高认识，增强情绪的自我调节能力很重要。从倾听做起，成为教育自己孩子的专家。

首先，倾听是一种态度。幼儿教师作为家长，更应认识到尊重对孩子成长的意义和价值。在与孩子面对时，家长愿意倾听，给孩子更多的表达机会，体现了家长对孩子的尊重，接纳，让孩子体会到：我的想法是很重要的，有价值的。这有利于孩子自我意识的发展、自信心的建立。但有的幼儿教师，基于职业的关系，会接触到许多聪明、伶俐、活泼的孩子，作为家长，特别是当自己的子女品行才干不那么出众超群时，会导致理想和现实落差很大，面对不尽如人意的现实，一味地责备子女或严格培养、甚至超载的现象，此为“当局者迷”的情况，可以通过自我反思加以克服和纠正。事实上，倾听更重要的是对孩子独特性的尊重和接纳，不论孩子是性格内向的还是活泼外向的，是擅长语言表达的还是身体运动的，是逻辑思维占优势还是形象思维更发达，倾听正是了解自己孩子的独特性，并在此基础上给予帮助、因材施教的基础。作为专业的幼儿教师，理应成为你的孩子因材施教的专家。

其次，倾听是一种策略。幼儿教师作为家长，在教育之女方面理应具有更多的策略。脱离孩子的感受、理解，讲大道理或训斥不应成为幼儿教师常见的家庭教育行为。教育以倾听孩子、关注其个人感受为前提，只有深入孩子的心灵去关心他们的“ 实际”，了解他们的想法，分析他们的心理取向，才可能有好的教育效果。对孩子采取平等的态度，尊重孩子的人格，动之以情，晓之以理。通过商量和讨论启发孩子去动脑筋、想办法，使孩子积极参与交谈。当不赞成孩子做什么的时候，应解释原因，讲明道理，并取得孩子的理解和同意。在孩子做错事时，帮助孩子分析原因，说出危害，使孩子心服口服。在与孩子交谈时，特别要注意以下几点：一要以孩子为中心。抓住孩子关心和感兴趣的话题进行交谈，以这类话题为切入点。因为这种交谈最容易沟通，也便于掌握孩子的思想动向。二要地位平等。交谈时不摆家长的架子，在心情好的时候要这样，在心情不佳或被顶撞的时候更要注意态度。三要有足够耐心。有些问题孩子不一定能很快理解，家长要有足够耐心，帮助孩子慢慢认识。对孩子没完没了或者词不达意的表达，家长也不要随意打断，应适当引导，使孩子逐渐提高表达能力。四要讲究交谈艺术。言辞要有设问、反问、假设、对比和幽默、笑话、故事等，并可辅之以手势、动作、画面和景物。

最后，倾听是一种引导。幼儿教师作为家长，更应明白倾听不是“迁就”“顺从”和“溺爱”的代名词，而是具有教育意识的引导。“物质上的低标准，精神上的高标准”引导原则尤为重要，在当今物质条件极大丰富的情况下，家长往往具有补偿心理，误读了“再苦不能苦孩子”理念，想方设法满足孩子的一切物质需求，生怕亏待了自己的“唯一”。误解了“给孩子快乐童年”的意义，在精神上对孩子没要求，独立、礼貌、孝敬、关爱、责任等统统不在孩子的字典中，这样，引导必将失去方向。

同时，在孩子人生不同的发展时期，应理性把握引导孩子的重点和关键。习惯的养成是家庭教育的重点，人一旦养成一个习惯，便成为一种半自动化的潜意识行为，对人生、事业、生活起着永久性的作用，甚至可以决定一个人的命运。学者们的研究指出，一个人的日常活动，90%源自习惯和惯性。甚至连人们的性格都是习惯使然。幼儿期培养重点是良好的自我服务生活习惯和行为习惯，青少年时期培养重点是良好的学习习惯和社会生活习惯、态度。童年期的教育是养成教育，养成教育更多依规而行，“塑造”成分更多，家长可以更强势、严格些；青少年时期，是孩子人生态度、价值观形成关键期，更多应关注孩子与周围人、事、物交往中思想上的波动，情感、认识上的变化，“引导”成分更多，家长应注意退于孩子之后，更多让孩子体会到你的关心和爱。

此外，幼儿教师更应注重发挥以身作则、榜样示范、环境教育的力量，营造良好的家庭氛围，以自身热爱学习，爱岗敬业、远大的理想和高尚的情操，积极上进、百折不挠的人生态度实施润物细无声的教育。唯此，你的孩子会打心眼里敬佩你，成为你的“死党”，支持你的工作和专业发展。

资源 8-5 案例资料

幼儿教师也是优秀母亲

3 年前，中考刚完。我便对初二（即将升初三）的儿子写了这封信。不敢多写，因为那时的他很叛逆。

小宇，亲爱的儿子：

你 14 岁了，在爸爸妈妈的抚爱中，你已经长大了，真是令我们欣喜。

这么多年来，尽管我们会对着你管这儿管那儿，但是我们是爱你的。

在浓浓的爱中，我们这样欣赏你：你很善良，你很侠义，你很细腻，有时也很体贴。这些令我们很得意。

在浓浓的爱中，我们也这样挑剔你：尽管你很聪明，但是还不够勤奋；尽管你可以解决你遭遇的事情，但是还不够热情。这令我们很担心，甚至有些提心吊胆。

没有一个聪明人可以随随便便地成功，你应该可以看见，我们很勤奋地做着自己的工作，并且有属于我们的成就。很奇怪：我们的勤劳居然没有影响你，你不会认为我们不够聪明而只能勤奋吧？

没有一个年轻的躯体里的血是冷的，你应该可以感受，我们对周遭人和事的兴趣：爸爸对朋友和家人的亲历亲为的关心，妈妈对新鲜事物的趣意盎然地投入，都使我们的生活和工作充满希望和乐趣。很奇怪：我们几近惊咋的热情居然没有影响你，你不会认为我们是老天真而不够成熟吧？

儿子，你可以开始勤奋了。因为，明年你要参加中考。我们不研究它是否合理，但必须研究，你如何才能考好它，你必须考好它！为了它，你要用一年的勤奋才够！

儿子，你可以表达你的热情了。因为，初中的时光只有一年了。难道你不想留给少年的伙伴和老师一个阳光而积极的印象吗？你是那样地崇拜NBA明星，怎么就没有承袭一些他们打球时的速度和力量的特质呢？“无所谓”会带给别人空白，会带给自己遗憾。光阴荏苒，赶快为你的同学和集体做些事吧，哪怕从微小的事情做起，爸妈希望你在付出中，锤炼自己的能力，珍藏可贵的记忆。这将是你一生不可或缺的财富。

儿子，好像说得多了，听不进了吗？明年再说吧。

祝你顺利！

爸爸妈妈

2005/05/23

（摘自应彩云的博客：http：//blog. age06. com/u/yingcaiyun/Default. aspx）

上面是上海市特级教师应彩云写给儿子的一封信。从中，我们可以看到作为母亲的应老师对自己儿子的教育同样倾注了大量的心血，针对儿子不同时期的特点，选择合适的教育策略，同样体现了教育引导的艺术性。

二、提供专业服务，赢得家长的尊重

一般教学效能感是幼儿教师对教育教学在幼儿发展中影响力大小的一种信念。研究结果表明，情绪性支持对一般教学效能感有显著的正向预测作用。虽然一般教学效能感的形成更多依赖于教师本人所受的教育理论方面的培训和工作实践，但如果社会公众普遍认为幼儿教育的价值比不上中小学教育，不重视幼儿教育在幼儿一生发展中的重要作用，那么幼儿教师自身对幼儿教育的价值就会产生怀疑，不利于其一般教学效能感的发展。

家长，作为幼儿园教师教育服务对象的监护人，工作中每天都会面对的重要他人，来自家长的尊重、理解和评价对于幼儿教师的工作自信心、专业发展的积极性有重要的影响，构成幼儿教师专业发展社会支持的重要方面。

（一）关注情感，以情育人

家长最关注的就是自己孩子的发展，作为家长，衡量幼儿教师服务专业性的标准，最终还是落脚在孩子的发展上。因此，把握幼儿教育的核心和关键，促进幼儿真实的发展是赢得家长尊重的关键。幼儿期是情感发展的关键期，幼儿也是受情绪、情感影响最大的。作为幼儿教师，首先应带着对孩子真诚的爱心和关心走近孩子，关注孩子情感需求，让孩子对教师产生亲近感，喜欢教师、喜欢班级、喜欢上幼儿园，这不仅是一切教育的基础，也是孩子身心发展的需要。其次教师应知道儿童快乐情绪对记忆与学习的影响是重要的：儿童更有可能学会或记住他们对之有一种积极情感的材料。在尊重孩子兴趣、需要的前提下开展教育，注重在学习过程中培养热爱学习、热爱生活的情感，赋予儿童学习的兴趣和乐趣、不断提高自我学习的能力，自尊、自信、相互尊重，增长爱心和责任。为幼儿一生的学习和发展奠定基础，成为终生教育的奠基阶段。

（二）育人育己，做魅力教师

随着时代的发展，人的许多功能逐渐被机器所替代，有人担心教师是否终将会被机器所取代呢？的确，单从传授知识的功能看，其功能的确可以被机器取代。但是，教育系统是人—人组成的系统，人际互动是其重要特征。教师更为重要的对儿童情感熏陶、人格培养的功能是机器所取代不了的，因此，当今幼儿教师更应强化自己作为人师的意识，加强自我修养，完善人格，育人与育己相结合，做魅力教师，赢得家长认可和支持。首先，提高情绪的自我调节和控制能力。一般来说，女性多数具有情绪化特征，加之幼儿教育的特殊性，幼儿教师肩负保育与教育的双重责任，职业生涯中往往面临着较大的职业压力，会影响到他们的情绪情感体验和专业心态，有的教师，心里不高兴或家中发生了不愉快的事情，常常会直接迁怒于孩子，这是极不成熟的表现。有研究者认为①：幼儿教师具有良好的情绪调节能力有助于改善其专业生活状态和职业心态，增强其工作满意度和专业发展信心。优秀教师常常要求自己保持快乐的情绪，永远以微笑面对孩子。不以个人情绪好坏，或孩子当时表现好坏作为选择师生互动方式的前提，而是从教育的效果、孩子的可接受性作为教育决策的依据。可以说，良好的自我调节和控制能力是教师健全人格的基础，也是教师专业性的重要要求。只有快乐的教师才能培养性格开朗、快乐的儿童。

其次，魅力教师还表现在教师与孩子互动的质量上，明白何时需要耐心等待，何时需要及时介入，何时行为指导、何时语言交流，用高超的互动艺术把事物处理得更加完美。比如，遇到一件事情，教师不仅要详细了解事情始末，还要运用心理学、教育学有关知识进行分析与决策；语言指导交流时，不仅把话说清楚，还要考虑说话对象的特点，包括环境、兴趣爱好、性格特征等，以抓住说话对象的心理，更好地引导对象接受和采纳自己的观点；不仅利用有声语言，还要注意运用无声的语言交流互动，注意调节表情和语气；不仅要分析解决问题，还要遵循幼儿教育的原则。魅力教师以其亲童性，敏锐的思维，幽默、乐观的性格，广泛的兴趣、爱好赢得幼儿的喜爱、家长的认可与尊重。自我教育，陶冶性格，平和的心态、丰富的想象不仅是幼儿教师专业化追求的目标也是教师专业化得以体现的基础。

（三）家园合作，专业引领

幼儿教师在家园合作中是平等中的首席。幼儿教育虽具有服务性，但不同于一般的社会服务，不是一味地满足和顺应，幼儿教师的专业性体现在对家长的引导中。幼儿教师首先应改变与家长沟通的模

① 张燕，刘云燕．幼儿教师情绪调节方式及其对工作满意度的影响［J］．学前教育研究，2008（1）.

式，建立起情感交流、信息互动的多渠道合作模式，真诚邀请家长参与班级管理与教学，树立起全新的教育理念，保持家园教育的一致性。其次，教师应关注家长在家庭教育中的困难和问题，为家长提供最新的科学育儿信息，提供专业的、合理化的建议，帮助家长排忧解难。最后，还要引导家长认识到自身的教育责任，帮助家长营造爱学习的家庭文化氛围，用自己好学的精神感染孩子，成为孩子学习的伙伴，与孩子一起成长。

当家长看到了孩子的变化、发展，当家长感受到教师的人格魅力，教育魅力，自然就会认可幼儿教师的工作，认可幼儿教育的价值，给予幼儿教师以应有的尊重，给教师专业发展以情绪性支持，增强教师的教学效能感，进一步促进教师获得更好的专业发展。

三、与社区密切联系，营造良好的社会氛围

《九十年代中国儿童发展规划纲要》明确指出："必须动员全社会的力量，挖掘当地人力、物力资源，采取多渠道、多形式，提供与当地社会、经济、文化发展相适应的保育和教育，以满足学前儿童发展及家长教育子女的需要。"事实上，构建形式多样、生动活泼、丰富多彩的家、园、社区共育平台，不仅是每个孩子的身心健康与和谐发展的需要，也是幼儿园教师专业发展的需要。社区中"尊师重教"的良好风气是幼儿教师专业不可或缺的社会性支持条件。为此，幼儿园必须发挥其主导作用，成为社区教育中心。

（一）开展丰富多彩的活动，彰显教师风采

幼儿园不仅应关注在园幼儿，而且要面向社区全体幼儿，架起幼儿园和社区之间的桥梁，将幼儿园教育辐射到社区环境中，彰显幼儿教师风采。如开展"家园社区亲子趣味运动会"、乐舞"六一"表演庆祝活动，在社区举办庆祝"母亲节"活动、"金秋重阳节敬老爱幼联谊"活动、"慰问孤寡老人"活动等，不仅给在园幼儿提供的更多接触社会，与人交往、合作，表演、表现的机会，又将科学育儿的理念、先进的文化理念带进了社区，而且，对于展现幼儿教师多才多艺

的特长，组织幼儿活动时收放自如的教育艺术，增进社区百姓对新时期幼儿教师的了解和认识，提升幼儿教师专业形象大有益处。

（二）主动为社区服务，扩大幼儿园在社区的影响力

幼儿园在开发社区教育资源时，应坚持与社区互利互惠、平等交流的原则。把社区良好教育环境的建设看做是教师专业发展不可缺少的外部环境。在社区内形成重视学前教育的意识，理解并接受新的教育观，幼儿园与社区的各项工作才能顺畅进行。一方面幼儿园应开发利用社区内各种教育资源为教育服务；另一方面幼儿园也应以此为突破口，为社区的经济建设发挥自己的优势，主动为社区提供服务，如有的幼儿园为了解决社区内小学生中午用餐难的问题，专门在幼儿园开设“家庭小饭桌”，收取低廉的餐费，让小学生在幼儿园用餐和午休，这不仅为家长解除了后顾之忧，也扩大了幼儿园在社区的影响力，的确是一举两得的好办法，形成幼儿园和社区互惠互利、互相促进的关系。

（三）家、园、社区广泛互动，成为区域性学前教育中心

幼儿园作为幼儿教育和保育的专职机构，应成为社会教育的重要力量，除了教育本身的方式和手段外，还要积极利用多种教育渠道，使教育发挥最大的作用，在最大范围内产生影响。幼儿园要致力于改善社区教育环境，促进社区精神文明建设。如，可以主动邀请社区内街道居委会、企事业单位以及社区内各种与幼儿教育有密切联系的职能部门参与，成立社区幼儿教育委员会，统筹、协调社区内各种教育因素的组织机构，充分发挥其参教、议教、资教、助教的作用，使得社区教育工作有计划、有步骤地进行，促进社区幼儿教育的开展。还可以成立多种形式的家长协作组织“好妈妈俱乐部”“爷爷奶奶俱乐部”等，帮助家长与家长之间建立友谊，互相勉励，互相支持，使家长管教孩子不再感到孤独无助。同时，充分利用家长中丰富的人力资源，增加和拓展有利于孩子成长的育儿活动。还可以聘请社区中热心参与教育、关心幼儿成长的有识之士为幼儿园助教。请他们与孩子们一道参加游戏或活动，还请他们为家长作各种专题讲座。还可以成立家长巡视组和社区关工委，将有时间、有热情的全职妈妈或有一定的管理能力，刚从各种岗位退休下来爷爷奶奶组织起来，参与幼儿园晨间接待、离园管理、幼儿常规和教师教学常规的检查、大型活动的组织与安全保护等，使家园社区合作共育落到实处。家长也因经常有机会与幼儿园的教职员工接触，更乐于对幼儿园提出期望及意见，对改进幼儿园工作有很好的促进作用。

总之，多渠道地宣传，全面构建有利于教师专业发展的和谐环境，争取家人、幼儿园家长、社区居民广泛的社会性支持，让家长、社会各方面人士进一步了解和认识教师在儿童发展中不可替代的作用，为教师赢取应有的社会地位和职业声望，对于提高幼儿教师的教学效能感，使他们体验到教师生涯的尊严和意义，满足他们的尊重需要，为教师营造一种良好的文化心理氛围，对于激发教师的主体意识，促使教师进一步提升教学效能感，自觉追求自我专业发展具有现实意义和价值。

第三节　提供有利于教师专业发展的政策支持保障

自 20 世纪 80 年代以来，加强幼儿教育成为世界未来教育的主要目标之一。幼儿教育对于个体终生发展、国民教育质量与全民素质的整体提升、社会经济的和谐可持续发展，乃至一国综合国力与核心竞争力的增强均具有基础性、全局性的重要价值，[①] 成为国际社会的共识。许多国家把幼儿教育作为整个教育的基础，并依据教育学、心理学、生理学和保健学等方面取得的科研成果，尝试新的改革，以促进本国幼儿教育的发展，幼儿教育逐步被纳入义务教育和终生教育体系。与此同时，关于幼儿教师专业化的研究在国外兴起并得到了迅速

---

① 韩小雨，庞丽娟，李琳．从国家发展的战略视角论幼儿教育的价值 [J]．学前教育研究，2010 (7).

发展。

《中国教育改革和发展纲要》中指出："振兴民族的希望在教育，振兴教育的希望在教师。"目前我国教育正在进行着一场深刻的变革，适应新形势，不断提高教育教学质量，就必须提高教师素质。在学前阶段，幼儿教师队伍的整体素质直接关系着幼儿园教育教学的质量，并最终影响着儿童的发展，进而关系着国民素质的高低。从现实情况看，在我国，幼儿教师专业化的研究尚处于起步阶段，专业化水平较低，存在问题较多。应当引起政府和社会的高度重视和关注，强化政府责任，提供制度保障，促进幼儿教师队伍专业化发展，已成为我国当前的紧迫任务。

一、我国幼儿教师专业发展政策支持现状

就我国而言，完整意义上的幼儿教师专业化的起点，始于1903年湖北幼稚园附设的女学，至今幼儿教师教育已经走完100多年的曲折历程，但专业化水平还很低。

新中国成立特别是改革开放以来，随着教师队伍的不断发展以及社会发展对教师质量要求的不断提高，人们对于教师职业专业性的认识逐步深入，幼儿教师的专业发展得到党与国家的大力支持，教师教育逐步走向专业化。同时，有关法律也为推进教师专业化提供了基本的制度保证。如《教师法》《教师资格条例》《教师资格条例实施办法》等。

1979年，教育部颁发试行的《城市幼儿园工作条例》规定："幼教工作者应热爱幼教事业，努力完成幼儿园的工作任务。"对教养员和保育员的基本要求是："热爱幼儿，对幼儿耐心教育、细致照顾，全面关心幼儿的身心健康，切忌偏爱；保教结合，组织生活、游戏和作业，提高保教质量；以身作则，在思想、言行方面严格要求自己，做幼儿的表率；努力学习，刻苦钻研，不断提高思想政治觉悟和文化业务水平。"

1983年，教育部印发的《关于发展农村幼儿教育的几点意见》

指出："农村幼儿教师应挑选思想品德好，热爱幼儿教育事业，具有初中以上文化程度，身体健康的青年担任。"对未经系统专业训练的幼儿教师要有计划地进行培训。

1986年，国家教委就下发了《关于中小学教师考核合格证书试行办法》，要求中小学教师必须获得《教材教法考试合格证书》和《专业合格证书》，这一文件的许多具体规定已经开始确认教师工作在学科专业和教育专业两个方面的专业性。

1988年，国务院办公厅转发国家教委等部门《关于加强幼儿教育工作的意见》，指出："各部门、各单位举办幼儿园，应根据国家关于幼儿园教师的条件和要求聘用或任用教师。"

1990年2月1日起正式施行的《幼儿园工作规程（试行）》规定："幼儿园工作人员应热爱幼儿教育事业，爱护幼儿，努力学习专业知识和技能，提高文化和专业水平，品德良好，为人师表，忠于职守，身体健康。"同时规定："幼儿园园长、教师应当具有幼儿师范学校（包括职业学校幼儿教育专业）毕业程度，或者经过教育行政部们合格考试。保育员应当具有初中毕业以上程度，并受过幼儿保育职业培训。"

1994年我国开始实施的《教师法》规定："教师是履行教育教学职责的专业人员"，第一次从法律角度确认了教师的专业地位。1995年颁布《中华人民共和国教育法》规定："国家实行教师资格、职务、聘任制度，通过考核、奖励、培养和培训提高教师素质，加强教师队伍建设。"

1995年国务院颁布《教师资格条例》，2000年教育部颁布《教师资格条例实施办法》，国家明确、具体规定了教师资格证书的操作办法，教师资格制度在全国开始全面实施。2000年，我国出版的第一部对职业进行科学分类的权威性文件《中华人民共和国职业分类大典》，首次将我国职业归并为八大类，教师属于"专业技术人员"一类。

2001年1月，以教育部召开的"全国教师资格制度实施工作会议”为标志，我国启动全面实施教师资格认定制度，首次面向社会开展教师资格认定工作。这不仅是提高我国教师队伍整体素质的重大举措与依法治教的重要保障，更是提高教师地位、使教师职业进一步专业化的重要步骤。这些法规与其他相关政策的相继出台，标志着我国对教师职业专业性的认识和实践在不断深化。

尤为令人振奋的是，2010 年颁布的《国家中长期教育改革和发展规划纲要（2010—2020 年）》在第二部分发展任务、第三章中专门论述了学前教育的发展任务，第一次把学前教育纳入到教育的整体体系中来，充分显示了政府重视学前教育发展的决心和理念。并明确提出：依法落实幼儿教师地位和待遇，加强幼儿教师队伍建设。同年 11 月颁布的《国务院关于当前发展学前教育的若干意见》对于多种途径加强幼儿教师队伍建设提出了明确的指导性意见，如依法落实幼儿教师地位和待遇；核定公办幼儿园教职工编制，逐步配齐幼儿园教职工；2011 年国家颁布了《幼儿园教师专业标准（试行）》（征求意见稿）；建立幼儿园园长和教师培训体系，满足幼儿教师多样化的学习和发展需求；三年内对 1 万名幼儿园园长和骨干教师进行国家级培训，各地五年内对幼儿园园长和教师进行一轮全员专业培训。

与此同时，在幼儿园实践层面，幼儿教师专业化水平也随着一系列幼教法规的贯彻、实施而不断推进。

1954 年，在试行《幼儿园暂行规程（草案）》《幼儿园暂行教学纲要（草案）》以及学习苏联幼儿教育的理论和经验基础上，广大幼儿园教养员结合实际，不断改进教养工作，创造了许多优良经验。中央教育部为推广这些经验，召开了京津两市幼儿园教养员工作经验交流会，并邀请 12 个省（市）、自治区教育厅（局）有关领导和部分幼教工作者参加。[①] 1956 年 6 月 18 日，中央教育部又对河北、山东、湖南、广西等 18 个省、自治区发出了《关于组织幼教工作者收集和

① 孙爱月．当代中国幼儿教育［M］．福州：福建人民出版社，1991，第 31 页．

总结经验的通知》。① 自此，全国各地幼教工作者普遍开展了总结业幼儿园教养工作经验的活动，不断地积累、总结和推广幼儿园教养工作经验，在当时对于对转变对幼教工作的认识，提高幼教工作质量，促进教师专业化起到了积极的推动作用。

1990 年，《幼儿园工作规程（试行）》（以下简称《规程》）发布后，国家教委基础教育司曾确定北京、天津、武汉等城市的 10 所幼儿园为全面贯彻《规程》试点园。经这两年多的实践，到 1992 年，试点幼儿园在教育、卫生保健、科学管理等多方面进行了全面的改革和探讨，积累了经验，建立新的教育观、儿童观。幼儿教师在实践《规程》的教育思想的探索中，探索了多种形式的教育活动，增加了幼儿间及师生间交往的机会，注重了教育环境的创设、利用以及活动过程的指导，更新了教师的教育观念，丰富了他们的教育技能，提高了幼儿园的保教质量。②

2001 年颁布的《幼儿园教育指导纲要（试行）》，（以下简称《纲要》）明确地给幼儿教师予专业化的角色定位——幼儿教师是对孩子一生发展具有深远影响的专业人员。充分肯定了幼儿教师在教育、儿童发展中的作用和地位，其中既表达了对教师的尊重和关注，也充满了对教师专业发展的期望。随后，成立了教育部“十五”重点课题“贯彻《幼儿园教育指导纲要（试行）》行动计划”项目组，构建一支由高校教师、教研人员、一线教师共同参与的研究队伍，共同探索优质的中国幼儿教育。来自全国 15 个省市的幼儿园参与了研究和探讨，确立了整体工作思路，即针对目前幼教工作现状和教师在贯彻《纲要》中的需求和困难，以转变教育观念，提升教师的专业素质为目的，全面提升教育质量，促进幼儿全面发展。其后出台的《关于幼儿

① 孙爱月．当代中国幼儿教育［M］．福州：福建人民出版社，1991，第 116 页．

② 张保庆．贯彻《幼儿园工作规程（试行）》试点工作［A］．中国教育年鉴［C］．北京：人民教育出版社，1993．

教育改革与发展的若干意见》为《纲要》的实施提供有力的支持和保障。项目在推进我国幼儿教师专业化中起了一定的作用，全国幼教界创造了很多经验，成长起来许多优秀的园长和教师。

为了不断提高幼儿园教师培养质量，2005年，教育部下发《关于规范小学和幼儿园教师培养工作的通知》，要求各省级教育行政部门要根据当地经济社会发展和基础教育改革发展的实际需要，研究制订教师教育发展规划，统筹规划本地区小学和幼儿园教师培养工作，科学合理地确定小学和幼儿园教师的培养层次、培养规模和实施途径，要加强对小学幼儿园教师培养的统筹管理，组织开展专项评估，采取有力措施确保小学和幼儿园教师培养质量。

2006年7月教育部基础教育司又委托教育部基础教育课程教材发展中心组织实施的“以园为本教研制度建设”项目（以下简称“项目”）正式启动，全国103个基地、700多个幼儿园进入了“以园为本幼儿园教研制度建设”项目。作为十五项目“贯彻幼儿园教育纲要行动计划”的延续，目的是针对中国地域广大，经济发展不平衡的现状，探索一个新的机制来推动改革的进一步深入，提高办园质量，提高教师素质。最大的改变是要求各地幼儿园自己发现问题，提出问题，根据自己的实际情况，寻找自身模式，开展园本教研。园本教研制度的建设和发展通过解决园长、教师关心的具有共同性的实际问题，促进教师专业素质的提高和幼儿园教育质量的改善，并推动幼儿园向着学习型组织的方向发展，最终使幼儿园的文化发生变革。①

二、现阶段我国幼儿教师专业发展面临的挑战

幼儿教师应该成为专业人员已经成为大家的共识。幼儿教师作为一门职业具有与医生、律师等专门性职业共同的要素，如要求具备幼儿身心发展专业知识和教学技能，以“儿童的利益高于一切”“热爱一切儿童”为职业道德以及拥有开展教育教学、因材施教的专业自主

① 李季湄教授在“以园为本教研制度建设”项目启动会议上的讲话.

权。理论上来讲，幼儿教师应该被视为专门职业。但由于我国经济基础薄弱，师范教育起步比较晚，对照职业专业化标准，我国的幼儿教师专业化尚处在初级阶段，发育还很不成熟。现实中，幼儿教师这一职业的社会地位和学术声誉远不如医生、律师。甚至只被社会认可为“孩子王”“保姆”“阿姨”，降低了幼儿教师的职业地位和声望，限制了幼儿教师的专业发展。存在的问题主要表现在以下几方面。

（一）幼儿教师学历普遍偏低

我国《教师法》关于幼儿教师的资格要求偏低，具备幼儿师范毕业及其以上学历即可从事教学。与我国提倡的小学教师学历专科化，中学教师学历本科化，高中教师学历研究生化还相差很远。以国际视野来看，美国、英国、日本等国家都要求幼儿教师应经过大学正规机构培养，学习毕业并取得学士学位。学历不仅体现了教师接受教育的多少也反映了教师专业化的程度。我国关于幼儿教师的从教标准偏低，修业年限短，但就是这样低的要求，也还有相当一部分未达标，在农村及一些民办园中，教师学历、资格不达标情况更严重。据统计，目前，我国幼儿园园长、专任教师共约103.2万人，其中专科以上学历仅占57.5％，大约一半左右的教师没有教师资格证，58.7％的教师未评职称。[①] 此外，对幼儿教师的整体素质要求不高，以及幼儿教师资格相对容易获得，造成了社会对幼儿教师职业的专业认可度不高。

（二）专业自主意识不强，自主权较低

作为专业人员，幼儿教师在专业活动中应当具有自主权，如独立设计教学活动方案，针对幼儿差异开展个别教育，与不同类型家长沟通以及幼儿园管理、课程建设等。但实际情况是，由于幼儿教育的公共性的制约和来自公共政治、行政权力的压力，以及幼儿教师实际专业能力等因素的交织，再加上幼儿教师对专业的内涵、标准认识模

---

① 数据来源：中华人民共和国教育部历年数据统计．转引自李克建．破解当前难题，为长远发展奠基［J］．幼儿教育（教育科学），2011（1～2）.

糊，对教师专业化认识不清，对自己职业性质和意义没有深刻的理性认识，导致在专业行为中更多表现出依赖专家，服从教育行政部门的指令，与家长沟通效果不好，一些家长会对幼儿教师提出一些违背专业精神的不合理的要求，一些幼儿园装上监控设备监督幼儿教师的一举一动，这些都使得幼儿教师的专业自主空间越来越狭窄。更为需要指出的是，部分幼儿教师的主体性还没有充分体现出来，因而不太注重自己专业素质与水平的提高，自觉实践并达到自律，更是导致幼儿教师的专业权利受到各级各类管理机构与行政权力的不断侵蚀，幼儿教师在涉及自身专业发展以及幼儿园教育教学方面的话语权和决策权越来越少。

（三）综合素质不高，从教能力差

幼儿教师的职业声望在整个社会职业声望中处于中上位置，但低于大学和中小学教师。据中国人大学者 1997 年根据我国职业结构中常见的 100 种职业在北京市展开调查所得结果显示：大学教授职业声望排名第二，大学普通教师排名 14，中小学教师排名 29，幼儿园教师排名 36。教师的职业声望随专业化程度降低呈递减趋势。幼儿教师的职业声望处于整个教师职业声望中的最底层，职业声望与职业的专业化水平是成正比的。

从幼儿园的历史发展不难看到，早期幼教机构的重要职能是保育，因此对从业人员的专业素质要求较低，近几十年来，幼教机构的职能开始保教并重，这一发展对从业者的专业涵养提出了较高的请求。但是，教师队伍专业素质的提升并未得到真正的改变，未评职称的幼儿园教师多，具有高级职称的幼儿园教师少。有数据表明：2003 年，未评职称的幼儿园教师开始超过教师总数的一半（50.43%），近 6 年来幼儿园教师未评职称的比例还在逐年增长。① 根据教育部 1991～2008 年逐年发布的《全国教育事业发展统计公报》和 1997～2008

① 庞丽娟．中国教育改革 30 年・学前教育卷［M］．北京：北京师范大学出版社，2009，第 198～200 页.

年逐年发布的《教育统计数据》，截至2008年，具有小学高级教师职称和中学高级教师职称的幼儿教师仅占幼儿园教师的16.51%，而同年在小学教师中这个比例达到50.5%。半数左右教师不愿意或者勉强从事幼教工作，教师的教育行为水平也令人担忧，教师对幼儿对象要求与讲述多，而倾听、关注幼儿少；不会观察幼儿，与幼儿情感交流极其缺乏。① 无法体现出幼儿教师专业的“不可替代性”，加之幼教理论发展的滞后，因此不管是教育还是保育工作，其专业化都未得到表现。

（四）教师培养课程设置不合理，职后教育“滞后”

目前，我国幼儿教师在职前与职后教育中均存在诸多问题。职前教育具体表现在：①我国高校的课程设置以师范性为主，而把学术性放在次要地位。②课程设置的比例不协调。表现在师范院校基础课程安排偏少，学科课程安排过长，教学技能技巧课程安排偏多，教育课程安排偏少，而且理论化过重，重复性大，脱离幼儿园教学实际。③课程设置缺乏弹性。主要体现在课程单一、陈旧、僵化，甚至一本教材用十来年，从而使教材内容很难适应时代的发展。幼儿教师职后教育的问题，其一是缺少培训经费保障；其二是培训机会不均等。虽然在1999年，教育部颁发了《中小学教师继续教育规定》，规定中小学教师继续教育原则上每五年为一个培训周期，要求每个教师每五年累计不少于240个学时的进修。其附则第二十二条明确指出，规定所称的中小学教师，包含幼儿园、特殊教育机构、普通中小学、成人初等和中等教育机构、职业中学以及其他教育机构的教师。但实际上，中小学、高中教师每年均有从中央到地方的各级免费培训，唯独幼儿教育没有专项培训经费。中央教育科学研究所课题组一项关于东、中、西部15省市30个区县的调查显示，近90%的园长认为“教师的培训机会太少”，17%的教师与管理人员、半数保育员整个学年都

---

① 刘占兰．幼儿园的保教质量是入园率的意义前提［J］．学前教育研究，2010（5）.

没有参加继续教育的进修培训,[①] 并且这已经成为他们在工作中遇到的主要困难之一。不仅培训机会少，而且仅有的培训一般只对公办园教师，比如某市教育局有一项每年花费一两千万元的“千农工程”，用于免费培训农村幼儿教师，但培训对象偏向于公办的有编制的教师，民办教师和无编制的教师则兼顾较少。

（五）社会地位偏低，工资待遇不高

所谓社会地位，指人在社会结构体系中所处的位置。决定人们社会地位的因素很多，现代社会学奠基人之一、德国著名的社会学家马克斯·韦伯（Max Weber）认为，其中的主要因素应该是经济因素、社会文化地位和权利因素。[②] 可见，衡量一个职业的社会地位时，总离不开其经济收入。其成员的外在酬赏在某种程度上反映着该职业对资源和权利的占领程度。在现实生活中，幼儿教师的工作虽然很辛苦，但收入状况却一直不尽如人意。全国多数地区，幼儿教师的工资标准仅仅参照当地的最低工资标准，付出和回报不成比例。幼儿教师职业的外在酬赏如薪金、嘉奖等在社会各职业排行中的地位不甚理想。尽管《中华人民共和国教育法》明确规定幼儿教师可享受与中小学教师同等的政治和经济待遇，但事实是，通常大学教师的经济地位高于中学教师，中学教师高于小学教师，小学教师高于幼儿教师。一项对某市 35 所示范园和一级园教师工资的调查显示，有 2.6%的幼儿园教师年总收入在4 000元以下，16.5%的幼儿园教师年总收入4 000～8 000 元之间，而该市的最低工资标准是 450 元，劳动者人均年收入为 1.3 万元，当地居民人均消费性支出为 605 元。[③] 幼儿教师

① 刘占兰．幼儿园的保教质量是入园率的意义前提［J］．学前教育研究，2010（5）.

② 谢维和．教育活动的社会学分析——一种教育社会学的研究［M］．北京：教育科学出版社，2000，第 40 页.

③ 冯晓霞，蔡迎旗．我国幼儿园教师队伍现状分析与政策建议［J］．人民教育，2007（11）.

待遇偏低直接造成了幼儿教师队伍中优秀教师的大量流失。在市场经济的社会背景下，相对偏低的收入程度使得幼儿教师集体在全部社会中处于一种劣势地位，不仅导致现有幼儿教师队伍的不稳定，也使得目前幼师生源质量降低，20 世纪 80 年代以前，幼师可以招收到初中毕业中上等生源，目前，多数是读不了高中的学生才选择读幼师。“入口”人员素质下降，将给幼教事业的长期发展带来各种不利影响。

综上所述，在我国，促进幼儿教师专业发展还刚刚起步，任务是艰苦的，挑战是巨大的。幼儿教育作为国民终生教育系统工程的最初环节，有人形象地将其比喻为“根的事业”，埋在土里，不为人知，但却需要幼儿教师付出更细致、艰苦的劳动，花费更长的时间和更多的劳动，根深才能叶茂，幼儿教师职业更具有利他性，表现出更多长期性、艰苦性和创造性。幼儿教师专业发展、教师教育改革与实践中的问题只是发展中的问题，它需要从事幼儿教育工作的人和关心幼儿教育事业的人一起努力。

三、政策保障建议与展望

进入 21 世纪，随着中国社会发展和人民生活水平日益提高，幼儿教育因其显著地社会补偿功能、增进社会公平的独特作用日益成为城乡家长和社会关注的焦点。中国学前教育及其对幼儿教师需求的重点从量的扩大转向了质的提高，特别是以素质教育为核心的教育改革日益深入，我国幼儿教师质量与全面实施素质教育要求的差距明显表现出来，要求我们不仅要从教师专业性事实的角度认识幼儿教师队伍专业化的问题，而且要从国家的整体发展，21 世纪中国教育质量整体提高的战略高度去看待幼儿教师的专业化问题。

近年来，学前教育改革与发展日益引起全社会的关注。2007 年党的十七大报告明确提出了要“重视学前教育”，2010 年颁布的《国家中长期教育改革和发展规划纲要（2010—2020 年）》（以下简称《规划纲要》），首次将学前教育独立成章，并列为从现在到 2020 年教育发展的六大任务之一，提出了基本普及学前教育的目标、任务和一系列保障措施。同年，国务院召开学前教育专题会议《国务院关于当前发展学前教育的若干意见》明确提出：多种途径加强幼儿教师队伍建设。

大力提高我国幼儿教师队伍专业化水平，解决我国幼儿教师队伍中存在的问题，不可能一蹴而就，需要针对具体情况，采取具体措施，经过一个长期的过程系统解决。有的问题是教育系统内部经过努力和调整能够得以解决的，但有的问题则涉及整个社会的文化、体制等各个方面。这里侧重从宏观层面提出政策保障建议与展望。

（一）强化政府责任，重视幼儿教师队伍的规划和建设

学前教育的奠基性、社会公益性、福利性，要求政府切实加强和履行发展学前教育的公共责任。幼儿教师队伍建设也不例外，只有通过政府的行政管理才可能协调各个职能部门之间进行合作，调动各方资源，统筹规划，合理安排，教育部门代表政府主要对幼儿教师队伍建设实施管理职能。

首先，将幼儿教师纳入国家统一的教师资质管理系统。将幼儿教师纳入国家统一的教师资质系统进行管理，可以使幼儿教师在社会地位、经济收入、身份编制、职称评聘、在职培训等方面享有与中小学教师同等的权利。当前针对幼儿教师队伍年龄老化和缺编问题，应强化幼儿教师编制管理，严格依照我国幼儿教育相关条例和要求，科学合理地配备幼儿教师，并定期公开招聘新教师，合理增加幼儿教师编制，特别是农村乡镇中心幼儿园教师编制。

其次，健全幼儿教师管理制度，进一步推进幼儿教师资格准入制度、聘任制度、职务制度建设。严格的幼儿教师准入制度和规范的幼儿教师聘任制度、职称评定制度是提高幼儿教师社会地位的内在基础，同时也是促进幼儿教师专业化的有效外在措施。当前，应严格幼儿园教师资格证评审制度，在学历和技能等多方面提高要求，以确保教师素质。改革当前幼儿园教师任用制度，完善教师任免体制，建立合理的岗位竞争机制，优化教师队伍结构，提升专业化水平。教师资格认证不仅要面向师范类毕业生，而且要面向非师范类毕业生，以此增加幼儿教师的社会储备。

（二）不断深化幼儿教师培养制度改革

当前，随着教育整体水平的提高，特别是基础教育改革的不断深化，社会发展和教育自身的改革但对教师质量提出了新的要求。教师专业化问题提到了我们的面前，现行的幼儿教师培养制度与教师专业化要求比起来明显滞后，改革教师培养制度迫在眉睫。一方面，需发挥政府的宏观调控职能，加强对幼儿师范教育改革的支持力度。国家应以省为主制定学前师范教育发展规划，落实幼儿师范教育经费，尤其对边远贫困地区的幼儿教师培训应给予直接的经费支持；通过政策引导，实行定向、免费培养，吸引优秀学生报考幼儿师范专业；严格招生，加强对学前教师教育的质量监管，国家要严格控制各中专、大专幼儿师范学校的招生，尤其要控制各职教中心随意举办幼儿教育专业的行为，以保证幼儿师范毕业生的整体素质。同时，在发达地区和大中城市积极探索大专及以上层次的幼儿教师培养模式，提高幼儿教师的学历起点。提高幼儿教师的学历起点有利于从根本上改善幼儿教师的专业素养。实践表明，中专学历起点的幼儿教师已经不能适应时代与社会的需求，大专层次的应用型幼儿教师应该成为幼儿教师队伍培养的方向。

另一方面，需明确各师范院校对幼儿教师的培养责任，改革幼儿教师培养方式和思路。一直以来，我国师范教育专业以理论教学居多，缺乏对学生理智、思考力、创造力和自我意识的培养，因此亟须加强教育理论与实践的联系。① 要根据专业化要求，改革师范院校的教育教学工作，既要注重拓展学术视野，提高学术性和研究性，又要注重将理论密切联系实际，增强综合能力，不断改进课程结构和教学方法，重视普通知识、教育专业与技能知识及实践操作能力的同步提升。增加实习和实践的机会，让学生获得在幼教机构实践、观察、调

---

① 周艳．教育社会学与教育研究［M］．武汉：华中科技大学出版社，2008，第132～135页．

查与反思的经历，在与儿童、家长、社区互动中获得知识、技能与专业态度，增强实践能力，如对儿童个性与发展的理解能力、综合运用知识和实际教学能力、与儿童及家长沟通的能力等。改变长期以来幼师生培养与实践脱节，走出学校进入幼儿园需进行二次培训方能适应工作的状况，让学生走上工作岗位就能独立开展幼儿园教育教学工作。

（三）以教师专业化为导向，加快教师教育一体化进程

教师的专业发展是一个终生的过程，“一朝受教，终生受教”的时代已经过去。世界各国都认识到，教师职前培养的功效是有限的，它的作用在于完善未来教师的知识结构和初步的教育教学技能，只是教师专业发展的起步，专业发展的更重要时期在于职后的实践和培训。如何以教师教育一体化的观念建立、健全及整合我国的教师培养和培训工作，还是一项艰巨的任务。

首先，要着力打造省市级幼儿教师培训基地。建立覆盖全省或全市的一个或多个省市级幼儿教师培训基地，由省市级教育行政部们直接管理，统筹规划，整合高等院校、科研院所和进修学院等优质师资资源与课程资源，建立面向全体幼儿教师的全员培训机制。

其次，要构建层次分明，有机配合的职前培养和职后培训课程。职后课程要体现发展性、上升性和连续性，应将重点放在更新幼儿教师教育观念、提高其教科研和教学水平上。积极推进区县级教师进修学校及幼儿教师培训机构建设，制订相关评估标准，并按照标准进行督导评估验收，按照“小实体、多功能、大服务”的工作思路，充分发挥教师进修学校等在教师培训、教研、科研等多方面功能，提升区县幼儿教师培训水平。

最后，建立立体化的远程继续教育模式，建设省市级幼儿教师研修网站，精心选择并上传各种教育资源，供幼儿教师免费下载学习；利用省市电视台教育频道开设“空中课堂”，制作针对幼儿教师需求的电视节目，解决幼儿教师培训受训面大、任务重、工学矛盾突出、经费短缺等问题。

（四）制订我国幼儿教师专业标准，促进幼儿教育职业专业化

目前我国亟须建立国家级权威性的幼儿教师专业标准，明确专业发展要求，并与行政部门合作重视幼儿教师准入资格管理，以此限定幼儿教师队伍最低起点，保护优质幼儿教师教育资源。同时，制定不同层次水平幼儿教师专业标准，引导不同群体教师的专业发展，提高整体幼教师资质量。强调以实践为导向，注重教育理论与多种教学方法的应用以及教学过程中师生平等互动等能力与伦理的考核，教师的专业能力与专业培训的资力应被确立为专业内晋升和奖励的重要依据，并与不同层次幼儿教师资格认证制度相联系。通过建立结构严谨、重形成性评价、自我评价的发展性评价方式，一方面通过制度和管理逐层甄别、选拔不同层次的幼儿教育人才；另一方面发挥行政法规和标准的导向、促发展功能，激发教师参加专业培训，提高专业能力的积极性，督促各类幼儿教师不断更新、拓宽教育知识、教育观念与教育技能，引导幼儿教师走专业发展的道路。引导幼儿教师不仅能勤奋地工作而且能聪明地、有创造性地工作，从而享受工作中不断向自己的智慧、人格、智力发出挑战后获得成功的快乐，体现个人生命的意义和价值，最终获得理想的专业发展。

（五）整合资源，搭建区域教研平台，提高教师专业性培养的有效性

教师职业不同于一般职业，其劳动是复杂的脑力劳动，具有极大地创造性和灵活性，幼儿教师的专业实际上包括两个专业，一个是学科专业；另一个是教育专业。教师工作要求教育工作者既是学科知识方面的专家，又是学科教学和教育知识的方面的专家，当前更是强调教师的实践技能。发达国家教师专业发展的经验表明：教师专业发展的最佳方式是在自己的工作岗位上、在常态的教育环境之中发现问题、研究问题、解决问题，继而获得专业发展。因此，开展园本教研，实现教学研究与教学实践一体化尤为重要。然而，任何一个幼儿园拥有的资源是极其有限的。需要发挥管理的职能，将高校教师、科研院所专家、各级教研员，还有一线骨干教师、特级教师等资源整合起来，组成专家团队，形成一些专业支持、服务的网络，克服幼儿教师专业发展中孤军奋战的状况，为幼儿园园本教研深入开展提供强有力的智力支持和专业引领保障。实现为幼儿园教研提供服务的这样一个功能。同时，在区域内园与园之间、跨区园与园之间建立协作园、协作区关系，开展手拉手教学帮扶活动、园本教研现场研讨活动、经验展示交流活动等，形成区域联动的制度，实现“强弱互补，资源共享，交互引领，双赢共好”的目标。

（六）完善幼儿教育法律体系，为教师专业化提供法律保障

教师专业化是一种观念，更是一种制度。它的发展和完善，必须以建立、健全一整套完备的教师专业化制度作为保障。我国颁布实施的《教师法》和《教师资格证条例》为我国教师专业化的发展提供了法律保障。但从我国幼儿教师队伍现状来看，由于缺少有效监督执行机制，尚与相关法律制度存在较大差距，生存权无保障，过重的职业压力和收入不平衡已经造成许多幼儿教师改行或流失，其严重性和严峻性需要政府采取更有利的措施和机制，制定相关法律，明确幼儿教师的法律地位和身份，保障幼儿教师的合法权益；

首先，应解决现有法律、法规与政策文件之间相互矛盾冲突之处，如虽然《教师法》明确规定，幼儿园教师与中小学教师地位等同，但国家后续出台的一些法律、法规却出现了与《教师法》不一致的地方，以2009年颁布的《关于义务教育学校实施绩效工资指导意见的通知》为例，文件中没有包括幼儿园教师，致使不同教师群体之间的差距进一步加大，幼儿园教师的劣势地位进一步加剧。

其次，国家应尽快制订非公办幼儿园教师工资标准和其他相关政策。据2008年的数据统计，民办幼儿园已占到我国幼儿园总数的62.16%，民办幼儿园教师队伍数量日益庞大，他们的待遇更需要法律的保障。关注民办幼儿教师的生存状态可以尝试走幼儿教师职业化发展道路，建立以教师职称为基础的统一的幼儿教师绩效薪酬制度：由教育部门制定幼儿教师的任职资格标准；完善教师职称评定制度，把民办幼儿园教师纳入现行的幼儿园教师职称评定体系；按教师职称确定基本薪资标准；将教师标准化的工资保险等纳入办园成本；行政部门加强监管，确保幼儿园教师不因民办还是公办、不因在编和不在编，不因城市还是农村，能同工同酬，拥有不低于公务员的待遇，保证幼儿教师生存权。

最后，政府对幼儿教师继续教育应进行统一管理，运用有关规划、政策等手段，规定相关部门职责，理顺关系，保证经费投入，给予幼儿教师更多的培训机会。加大对幼儿教师培训的投入力度，保障幼儿教师接受继续教育的权利。还应通过督导和表彰等形式建立激励机制，保证幼儿教师的发展权。

令人欣喜的，上述方面内容在《规划纲要》和《国务院关于当前发展学前教育的若干意见》中都有涉及，《规划纲要》要求：严格执行幼儿教师资格标准，切实加强幼儿教师培养培训，提高幼儿教师队伍整体素质，依法落实幼儿教师地位和待遇（第三章）；制定幼儿园教师配备标准（第十七章）；对农村幼儿园园长和骨干教师进行培训（第二十一章）。

目前各级政府都在制订“学前教育三年行动计划”，教师队伍建设、教师素质提升是其中主要内容，如宁波市政府设计了一整套学前教育发展制度，其中包括教师聘用管理制度、教师待遇保障制度、教师专业发展制度；[①] 辽宁省大连市建立了幼儿教师最低工资制度，保证农村幼儿教师每月工资不低于500元，部分乡镇还为农村幼儿教师办理了养老和医疗保险[②]；《湖北省学前教育三年行动计划的通知》(鄂政发［2011］60号）中明确规定“2011～2013年，全省新建和扩建幼儿园1 500所，培训3万名以上幼儿园园长和教师”，“努力建设一支数量充足的高质量的保教队伍”。武汉市已经打破了数十年幼儿

① 周永明，林佩玲．宁波学前教育事业发展的制度设计（上）（下）［J］．学前教育研究，2010（2）（3）．

② 辽宁省发展农村学前教育的策略与政策研究课题组．辽宁省农村学前教育的发展现状与策略研究报告［M］．沈阳：辽宁民族出版社，2008，第13页．

教师不进编的现状，硚口区、汉阳区、汉南区等都开始公开招聘事业编制教师，江岸区、江汉区、武昌区等加大对公办园的投入，为幼儿园解决编制缺口聘用教师工资等。

这意味着各级政府要承担起提高幼儿教师地位和待遇、制定幼儿教师配备和编制标准、对幼儿园园长和教师进行培训的具体责任，并以此为基础保证幼儿教师队伍的整体稳定和专业素质的不断提高。应该看到，高质量的幼儿教师队伍是高质量学前教育的核心和保障。只有真正重视和解决好幼儿教师问题，才谈得上办好人民满意的学前教育，才谈得上“保障幼儿快乐健康成长”。冰雪开始融化，春天还会远吗？让学前教师“体面地工作”“有尊严地活着”是我们的希望和追求，为此，我们坚守！

参考文献

1. 教育部师范教育司组织编写．教师专业化的理论与实践［M］．北京：人民教育出版社，2003.
2. 叶澜等．教师角色与教师发展新探［M］．北京：教育科学出版社，2001.
3. 吴康宁．教育社会学［M］．北京：人民教育出版社，1998.
4. 傅道春．教师的成长与发展［M］．北京：教育科学出版社，2001.
5. 钟启泉等主编．为了中华民族的复兴，为了每位学生的发展［M］．上海：华东师范大学出版社，2001.
6. 袁振国主编．中国教育政策评论 2010［M］．北京：教育科学出版社，2011.
7. 谢维和．教育活动的社会学分析——一种教育社会学的研究［M］．北京：教育科学出版社，2000.
8. 周冬祥．校本研修：理论与实务［M］．武汉：华中师范大学出版社，2007.
9. 李如密．教学风格论［M］．北京：人民教育出版社，2002.
10. 施良方．学习论［M］．北京：人民教育出版社，1992.
11. 中国教育学会编．新世纪教师专业化的理论与实践［M］．长春：东北师范大学出版社，2003.
12. 朱小蔓．教育的问题与挑战——思想的回应［M］．南京：南京师范大学出版，2004.
13. 皮连生等．教学设计——心理学的理论与技术［M］．北京：高等教育出版社，2005.
14. 王道俊，王汉澜主编．教育学［M］．北京：人民教育出版社，1989.
15. 王天一等．外国教育史（上）［M］．北京：北京师范大学出版社，1993.
16. 王天一等．外国教育史（下）［M］．北京：北京师范大学出版社，1985.
17. 中国学前教育史编写组．中国学前教育史资料选［M］．北京：人民教育出版社，1989.
18. 张沪．张宗麟幼儿教育全集［M］．长沙：湖南教育出版社，1985 年.
19. 陶行知．幼稚园之新大陆［M］．见陶行知全集．第一卷．长沙：湖南教育出版社，1984.
20. 朱志贤．儿童心理学［M］．北京：人民教育出版社，1982.
21. 陈帼眉，冯晓霞，庞丽娟．学前儿童发展心理学［M］．北京：北京师范大学出版社，1988.
22. 刘炎．幼儿园游戏教学论［M］．北京：中国社会出版社，1999.
23. 屠美如主编．向瑞吉欧学什么［M］．北京：教育科学出版社，2002.
24. 周兢，王坚红．幼儿教育观察方法［M］．南京：南京大学出版社，1990.
25. 唐淑，虞永平主编．幼儿园班级管理［M］．南京：南京师范大学出版社，2004.
26. 教育部基础教育司组织编写．幼儿园教育指导纲要解读［M］．南京：江苏教育出版社，2002.
27. 中国学前教育发展战略研究课题组．中国学前教育发展战略研究［M］．北京：教育科学出版社，2010.
28. 庞丽娟主编．中国教育改革 30 年·学前教育卷［M］．北京：北京师范大学出版社，2009.

29. 蔡迎旗. 学前教育教育概论［M］. 武汉：华中师范大学出版社，2006.
30. 孙爱月．当代中国幼儿教育［M］．福州：福建人民出版社，1991.
31. 陈帼眉，刘焱主编．学前教育新论［M］．北京师范大学出版社，1996.
32. 阎水金，张燕主编．学前教育行政管理［M］．上海：华东师范大学出版社，2003.
33. 上海市中小学（幼儿园）课程教材改革委员会办公室组编．幼儿园教师成长手册［M］．上海：华东师范大学出版社，2010.
34. 赵祥麟，王承绪编译．杜威教育论著选［M］．上海：华东师范大学出版社，1981.
35. ［美］甘第尼，福尔曼，爱德华兹．儿童的一百种语言［M］．罗雅芬等译，朱家雄审定．南京：南京师范大学出版社，2006.
36. ［美］马克斯·范梅南．教学机智——教育智慧的意蕴［M］．李树英译．北京：教育科学出版社，2001.
37. ［美］彼得·圣吉．第五项修炼——学习型组织的艺术与实务［M］．郭进隆译．上海：上海三联书店，1998.
38. ［美］丽莲．凯兹．与幼儿教师对话——迈向专业发展之路［M］．廖凤瑞译．南京：南京师范大学出版社，2004.
39. ［俄］苏霍姆林斯基．给教师的建议［M］．北京：教育科学出版社，1984.
40. ［美］Stephen D. Brookfield. 批判反思型教师 ABC［M］．张伟译．北京：中国轻工业出版社，2002.

后 记

书稿完成之际，心中仍有许多感慨，借此表达诚意。

首先感谢华中师范大学蔡迎旗教授应邀为本书作序以及在课题研究、专著写作过程中给予的指导！

感谢华东师范大学周兢教授、湖北省教科所姜瑛莉研究员、华中师范大学吴航博士及武汉市教科院周冬祥研究员给予的指点和帮助！特别是我的同事周冬祥研究员，在本书的框架拟定及写作中给予的交流、碰撞与具体指导，让我受益匪浅！

感谢与我并肩开展课题研究的同事、园长和教师们！我的同事陈红梅参与了“十五”期间的课题研究，提出了有价值的意见与建议；武汉市一批省市级示范性幼儿园、一级幼儿园的园长和教师们参与了课题研究，如江岸区珞珈山街幼儿园、武汉市直机关健康幼儿园、武汉市常青阳光幼儿园、省直机关第三保育院、省直机关第一保育院、湖北省实验幼儿园、大桥局幼儿园、市直机关育才幼儿园、市直机关育才二园、汉阳玫瑰幼儿园、青山第二幼儿园、青山隆达石化幼儿园、海军工程大学幼儿园、市直机关曙光幼儿园、江岸区竹叶山幼儿园、江汉区小精灵幼儿园、省贸易厅幼儿园、武钢十一幼儿园、汉阳二桥一幼、武汉理工大学幼儿园等20多所。在日常工作繁忙的情况下，园长和教师们始终高度重视课题研究，按时参加课题研讨会，逐一按要求开展研究、调查、访谈，为保证研究质量和研究进度，收集、整理资料，提炼研究成果花费了大量的工作时间甚至休息时间。你们的参与让我们结成研究团队，你们的智慧为课题研究提供了大量的一手材料和案例资料，在研究过程中，我和你们共同获得成长。

感谢有关的专家在课题开题、结题论证会上给予的中肯意见，这些意见成为我在课题研究过程中反复思考、斟酌、探讨的重点，对于理清研究思路，突出重点，进一步彰显本课题的价值具有参考意义！

感谢教科院领导及教科所领导和同事们在课题研究过程中给予的大力支持！感谢湖北省教育厅基教处、武汉市教育局基教处、教师工作处相关领导对课题研究的重视和关心！

感谢北京师范大学出版社张丽娟编辑的信任和辛勤劳动，使本书得以顺利出版！

最后，我还要衷心感谢我的母亲、爱人和女儿！在十年的课题研究过程中，我同时承担着日常对全市幼儿园的教学入园指导、常规管理、学会工作、科研指导等。白天工作疲惫、紧张，回到家始终有份温暖、关爱等着我，帮助我调节身心，全力投入到研究中，感谢你们的鼓励、支持和体谅！

人因为有梦想，所以快乐！人因为有追求，所以充实！我为自己是一名幼教工作者而自豪！让我们幼教人携起手来，共同迎接即将到来的美好的幼教春天！用我们的行动谱写春天最美的乐章！用我们的热情唱出春天最美的旋律！

感谢所有关心和支持本课题研究的朋友们！

彭　兵

2011 年 8 月于武汉